国家出版基金项目
NATIONAL PUBLICATION FOUNDATION

国家社会科学基金重大项目成果
湖南大学哲学社会科学高水平著作

中國經學史

宋明編

姜广辉◎著

岳麓书社·长沙

宋

明

编

目录

第三十章
宋明经学概说

儒家经学作为中国文化的本原和根干，贯穿中国历史两千余年，成为中华民族传统价值观的集中体现。而价值观说到底是一种人文信仰，人文信仰的价值在于，它通过某种文化遗产的载体，为某一社会共同体的人们构建一种心灵沟通的平台，促进人们精神的提升与人格的自我完善。尤其在物欲横流的社会中，为了抵御外物的诱惑，防止自我迷失，人们往往会走向人文信仰，到那里去与先哲的心灵对话，到那里寻找自己精神的乐土。然而儒家经学在唐末五代时期曾一度衰落，陷入低谷，以致人们产生了对儒学的信仰危机，纷纷到佛学中寻求精神的慰藉。宋代儒者发愤重建儒学的人文信仰，因而有持续的经学革新运动。

皮锡瑞在其所著《经学历史》中提出了他的著名的经学观："凡学皆贵求新，惟经学必专守旧。经作于大圣，传自古贤。先儒口授其文，后学心知其意，制度有一定而不可私造，义理衷一是而非能臆说。世世递嬗，师师相承，谨守训辞，毋得改易。如是，则经旨不杂而圣教易明矣。"[1]从此观点出发，他以宋代为"经学变古时代"，元明为"经学积衰时代"，清代为"经学复盛时代"。从经学信仰的角度看，皮锡瑞的观点似乎无可厚非，但两千余年中儒家经学一直是社会的指导思想，若人人抱持此种经学观，"世世递嬗，师师相承，谨守训辞，毋得改易"，社会又如何进步？若经学是一门专尚守旧、不求进步的死学问，并且独立于社会发展之列，那两千余年中第一流人才的聪明学识岂非虚掷在此无用之学上？"凡学皆贵求新"，此天下之通义也。"经学必专守旧"，此学究一己之信念也。纵使此信念有十分的道理，也是小道理，而小道理应当服从大道理。既然凡学皆贵求新，则经学也不应例外。更何况即使从"经学复盛时代"的大学者的眼光看，皮锡瑞的经学观也并非笃论，如钱大昕就曾说："当宋盛时，谈经者墨守注疏，有记诵而无心得，有志之士若欧阳氏、二苏氏、王氏、二程氏，各出新意解经，蕲以矫学究专己守残之陋。"[2] 由是而言，我们看待宋人之经学，不应从贬义的"变古"眼光去挑剔他们改变了什么，而应从其适应时代需要的视角来体会他们锐意革新、与时俱进的精神。

第一节　宋学形成的历史原因及其学术走向

清代乾嘉时期的学者从治学方法上将汉代以后的经学分为两类：一种是"汉学"，一种是"宋学"。汉学偏重考证之学，宋学偏重义理之学。从汉学到宋学的学风转变，以北宋庆历年间划一界限。北宋庆历以前的八十年间，经学的主要成就是邢昺所主持修纂的《论语注疏》《尔雅注疏》《孝经注疏》等经书，这可以说是唐代孔颖达《五经正义》、贾公彦《仪礼注疏》《周礼注疏》、杨士勋《春秋穀梁传注疏》、徐彦《春秋公羊传注疏》等义疏体经注的延续。它可以说是汉唐经学的绪余，而不是"宋学"。

所谓"宋学"，非指有宋一朝之学术，而是从治学方法上界定的。因此，我们下面讲"宋学"发展的几个阶段，未将宋初八十年列于其中。唐中期至宋初的二三百年可以看作是由汉学到宋学的一个过渡和准备阶段，而"宋学"的开端则从北宋庆历时期算起。北宋庆历以后，"学统四起"，义理之学勃兴，经学从此走上开新之路。这时，义理之学的概念是广义的，王安石、王雱父子所代表的新学，苏轼、苏辙兄弟所代表的蜀学，程颢、程颐兄弟所代表的洛学，张载、张戬兄弟所代表的关学，等等，都属于义理之学。因此，这些学派也都可以视为"宋学"。

然而在清儒中有将"理学"概念与"宋学"概念相混淆的情况，如江藩《宋学渊源记·达序》说："自宋儒'道统'之说起，谓二程心传直接邹鲁，从此心性、事功分为二道，儒林、道学判为两途。"[3]这可以视作对"道学"（"理学"）的界说，而理学可以说是宋学中的大宗，并不是宋学的全部。这也就是说，宋学的概念较理学的概念外延要宽。在我们看来，四库馆臣以偏重考证之学或义理之学来界定"汉学"与"宋学"是合适的。

汉学与宋学的治学方法有很大的不同，并且很难相互认同。这里，首先就有这样一个问题：汉学是如何转变到宋学的？或者说，宋学形成的历史原因是什么？我们认为有如下几点原因：

（一）经学发展的内在逻辑

任何一种学术，从其发展的历史过程看，都可以展现出一条内在的发展脉络和逻辑，如对儒家经典的解释，先有汉晋儒者的笺注阶段，笺注以"简当无浮义"为原则。但由于此种注经形式并非字皆加注，后人读经仍不能通晓经旨，于是而进入南北朝隋唐儒者的义疏阶段，义疏以"详正无剩义"为原则，

对经注作尽量详细明正的串讲和疏解。唐代孔颖达领衔修纂的《五经正义》作为官修经典，是对南北朝以来义疏之学的统一。此节一出，古来其他说经之书渐废而不传，可谓"一花独放百花摧"。儒家经学从此进入了一个"大统一的时代"，但同时也是一个思想僵化、扼杀生机的时代。要么就此衰亡，要么重创生机。经学要延续发展，必须从整体上经历一次创造性诠释的大转变，于是而有北宋庆历时期义理化经学的兴起。

（二）宋代士人的担当精神

汉唐时期的学术，若细分之，有两汉经学、魏晋玄学、隋唐佛学的说法，这表明，汉代以后，儒家经学在新兴起的玄学和佛学思潮的光芒照耀下显得暗淡无光，已经不能作为其时代的文化学术表征。虽然，孔颖达所主持修纂的《五经正义》以及后来续修的诸经正义成为当时钦定的科举考试内容，但官修经典统一思想的用意本身即在扼杀学术的自由发展。而与此同时，佛教中的天台宗、华严宗、禅宗的兴盛，则标志中国化的佛教在学术思想界已经据有了压倒性的地位，以致许多儒家士大夫歆羡佛教的精致哲学，而皈依佛门。

但就全国民众而言，他们不可能在社会生活和精神生活上同中国几千年的文化传统与思想理念割开，而人人成为佛教徒。因而此时便有了发展儒学以适应当代社会生活需要的呼声，这反映在宋初，便是书院在民间乡党社会中的蓬勃兴起。

宋代儒者在复兴儒学以回应佛教挑战的同时，从佛教高僧那里潜移默化地学到了一种自觉觉他的宝贵精神，从而将佛家"我心即佛"的主体意识与"普度众生"的悲悯情怀，转化为儒家的"以天下为己任"与以学术救世的历史使命。范仲淹"先天之忧而忧，后天下之乐而乐"的精神境界感化了宋世几代儒者，当范仲淹为边帅时，青年张载欲投效疆场，范仲淹对他说："儒者自有名教，何事于兵！"[4]后来张载成为理学的创始人之一，他提出"为天地立心，为生民立命，为往圣继绝学，为万世开太平"[5]的治学目标，也激励了后世无数儒者。俗语说"品高文自胜"，宋代学术文化之所以超胜前之汉唐、后之元明，其端盖在于此。

而儒学要复兴，首先应该起衰振靡的就是经学。北宋初，古文家柳开对于汉唐经师"不明理道"深致不满，因而一直抱有重新注解儒家五经、复兴儒学的宏愿。他常说："吾他日终悉别为注解矣。"[6]孙复亦曾致函范仲淹，希望他上言天子，"广诏天下鸿儒硕老，置于太学"[7]，重新注解儒家六经。重注儒家经典，这正是有宋一代儒者的宏愿与梦想，但汉唐注疏乃积千年来儒者之研究成果而成，要抛开这些成果重作注解，又岂是易事？有鉴于此，司马光说："经犹的也，一人射之，不若众人射之，其为取中多也。"[8]宋代儒者勇于议经、解经、注经，人才蔚起，名家辈出。

（三）宋儒所面对的时代课题

在我们看来，社会发展所形成的"时代课题"也是促使宋学形成的重要原因，甚至是根本性的原因。那么，宋代儒者面临哪些历史和现实的课题呢？根据我们的分析，主要有如下几项：

1. 五代时期篡弑屡起、君臣之伦崩解所造成的历史阴影，使得宋世经学家刻意修复与强化君臣伦理。唐末五代，儒家三纲五常之道废绝不行，儒学完全失去了它维持世道人心的功能。如程颐指出："唐有天下，如贞观、开元间，虽号治平，然亦有夷狄之风。三纲不止，尤父子、君臣、夫妇，其原始于太宗也。故其后世子弟，皆不可使。玄宗才使肃宗，便篡。肃宗才使永王璘，便反。君不君，臣不臣，故藩镇不宾，权臣跋扈，陵夷有五代之乱。"[9]五代时期，武臣司政，篡弑屡起，欧阳修指出："前日五代之乱，可谓极矣。五十三年之间，易五姓十三君，而亡国被弑者八，长者不过十余岁，甚者三四岁而亡。"[10]

2. 北宋时期，辽与西夏强邻压境；南宋时期，宋与金南北对峙。而两宋之世岁输缯币给西夏、辽、金，并且内部支出、冗官冗员等费用庞大，以致财政拮据，这使得宋世经学家刻意强调夷夏之大防，使得一些有为的政治家着意从经典中寻求富国强兵之方。如清儒颜元所指出："宋岁输辽、夏银一百二十五万五千两，其他庆吊、聘问、赂遗近幸又倍是，宋何以为国？买以金钱，求其容我为君，宋何以为名？又臣子所不可一日安者也。而宋欲举兵，则兵不足；欲足兵，饷又不足。荆公为此（按：指王安石变法），其得已哉！"[11]

3. 在文化思想上，唐五代以来佛教的兴盛恰与儒学的衰落成反比，许多士大夫到佛教那里去寻求心灵的安顿，野史中所录王安石与张方平的一段对话最足以说明此种情势。王荆公尝问张文定："孔子去世百年生孟子亚圣，后绝无人，何也？"文定言："岂无又有过于孔子者？"公问："是谁？"文定言："江西马大师、汾阳无业禅师、雪峰、岩头、丹霞、云门是也。儒门淡薄，收拾不住，皆归释氏耳。"荆公叹服。[12]这种情势促使儒家中的"豪杰之士"发愿创立儒家的安身立命之学。

以上三项，至少前两项是有连带关系的。宋朝开国君主赵匡胤鉴于五代篡弑屡起，使出"杯酒释兵权"的妙招，轻而易举地解除了重要将领的兵权，此后历朝君主因为害怕大臣篡弑的事情发生，始终重文轻武，不敢大修武备。因而在面对西夏、辽、金强敌压境的情势下，宁愿采取纳币称臣以求苟安的屈辱政策，由此造成国家财政拮据的局面。

对以上这些历史症结，宋朝的大臣们曾提出过许多具体的因应方案，我们且不去说它。而学者为解决上述的"时代课题"，是怎样以注经解经的方式阐发儒家的思想原则，从而引导学术发展的历史走向，这是我们所要探讨的。

首先我们来看，要解决上述的"时代课题"，传统儒学有哪些文化思想的资源。对于"君臣纲常"与"夷夏之防"的问题，儒家经典《春秋》是一种很好的资源。而宋代的春秋学，从孙复、刘敞到胡安国都着力阐扬这两个问题。后世学者往往批评他们的春秋学深文周纳，有如苛法。而这正是宋代春秋学的特点，经学家刻意强化"君臣纲常"与"夷夏之防"，乃是时代和现实课题的要求所致。孙复、刘敞是庆历时期的学者，那时理学尚未形成，胡安国虽然与二程多名弟子交游，且自称"私淑二程"，但严格说来，他与二程一系，并无师承关系，他的春秋学继承孙复思想为多。二程与朱熹都不专擅春秋学。因此，从一种思想发展脉络说，宋代春秋学由孙复、刘敞、胡安国自成一种系统。只是因为后世理学家大多认同他们的学术思想，自然也将他们的春秋学纳入理学的思想体系之中。

对于如何通过理财以达到富国强兵的目的，儒家经典《周礼》似乎是一种较好的资源。至少在王安石看来，"《周礼》一书，理财其半"[13]。王安石以"先王之道"为号召，具有理想主义的特征。熙宁变法，颁《诗》《书》《周礼》三经新义，此三经中言"先王"之语为多。王安石通过国家功令建立了作为官学的新学系统，这一新学系统在熙宁变法之后仍在学术思想界占据统治地位近六十年。王安石新学的教训是，作为人文经典，本以解决人的价值观问题为其所长，而以解决现实的具体问题为其所短。宋代的财税政策改革牵涉到现实社会各阶层的利益以及许多复杂的操作技术，如果不从现实出发考虑问题，而寄希望于经典文本的权威，这不仅可能无补于政策的制订与实施，也可能反过来损害经典的权威。而宋代王安石变法的失败，不仅使政治改革至此止步、国势越发不振，也使荆公新学成为一种僵化的教条和既得利益者的护身符，因此，至南宋以后其学遂成断港绝潢。这标志儒学中的功利主义学派遭受了重大的挫折，而此后的学术发展将一路循着理学的路数发展。

对于士大夫及广大民众寻求安身立命之道的精神诉求，儒家经典《周易》和"四书"则是一种较好的资源。北宋中期以后的儒家学者立志要恢复和重建对儒家道德的信仰，从理论上说，当时所能采取的方式只有两种：一是将儒学转化成一种宗教神学，这条路在西汉时今文经学家们曾经尝试走过，没有走通。二是建构"道德"的形上学理论，找出具有终极关怀意义的超越理念，作为信仰的对象。由此，周敦颐、二程、张载等人利用《周易》和"四书"的学术思想资源建构了一种历史上称为"道学"或"理学"的学术思想体系。从表面上看，这是一种心性哲学的理论体系，而从更深层次看，则是一种理性化的道德信仰体系。但这种思想体系只有贯通在经典诠释之中，成为儒家经学的指导思想和灵魂，才能最终实现其理论的价值。因为传统教育是经典教育，一种流行的经典诠释著作，就意味着是一部社会通用的教科书。从这个意义上说，儒家经学的发展至周敦颐、张载、二程兄弟的时代，开始进入了理学化的诠释阶段。宋代儒者经历了几代人近二百年的努力，才使儒学各经有了许多不同于唐及宋初官修儒家经典注疏的新的优秀注本。其中尤以二程、朱熹及其后学的经注最为著名。

第二节　理学化经学的"中道"立场

从宋明时期经学思想发展的视角说，理学化的经学可以说是宋学的大宗。相对于佛老的虚无主义与王安石的功利主义而言，理学化经学取一种"中道"的路线。而正是由于唐代以来佛学的兴盛与北宋中期王安石功利之学的思想统治，才构成了"道学"（"理学"）兴起的思想背景。理学家给自己提出的历史任务，就是要左手打倒佛老"异端"的虚无主义，右手打倒急功近利的功利主义，并以此维护儒家道德优位的"中道"精神。

然而这一历史课题颇不轻松。当时佛老之学的理论形态是一种"心性之学"或"性理之学"，而要战胜佛老之学，就要建立足以与之抗衡的儒家心性之学或性理之学。另一方面，王安石变法的失败被归结为"学术不正"和"心术不正"，道学人物并不是一概反对功利，但他们认为，统治者的一切政治作为都应以"正心""诚意"为本，不以"正心""诚意"为本，而去求所谓"功利"，那就是"舍本逐末"。因此，无论从回应佛学挑战而言，或从反对功利之学而言，道学（理学）的开创者都感到创立儒家心性本体论（道德形上学）的重要性和迫切性。

正因为"道学"（理学）因应佛老之学与荆公新学而起，所以，"道学"（"理学"）又同佛老之学与荆公新学有某种割不断的联系，甚至学术思想精神有某些相似之处，这就引起后世学者的误解，而导致学术源流混淆不清的情况。为此，我们在这里有必要厘清以下两个问题：第一，道学（理学）的兴起与佛老之学的关系；第二，道学（理学）的兴起与荆公新学的关系。弄清了这两个问题，我们便会看清理学化经学的"中道"路线，以及其在宋学中的位置。

（一）道学（理学）的兴起与佛老之学的关系

在谈这个题目之前，我们先来了解一下传统儒学对待佛老之学的态度。

佛教于汉代传入中国，其始势力较弱，并没有引起儒家学者太多的关注，待其慢慢兴盛起来，佛教文化与儒家文化便长期处在一种冲突与互补的矛盾当中。佛教有关轮回果报、天堂地狱之类的教义，对于一般民众而言，有劝善戒恶的作用，有助于教化。但佛教的兴盛也带来一系列的社会问题，比如大量兴建壮观的寺庙，长期开凿石窟造像，耗费了无数人力物力；天下僧众日增，以至于达到数百万计，不仕不农、不工不商，成为社会的寄生者；况佛教徒灭君臣之道、绝父子之亲，严重扰乱了中土的政教秩序。这些因素促使一些儒者起而辟佛，韩愈是"辟佛"的健将，他甚至提出要"人其人，火其书，庐其居"[14]，即强令僧人还俗，焚毁佛典，改寺院为民居。这种主张把问题看得过于简单，付诸实践并不能奏效，历史上三次重大的灭佛事件——所谓"三武灭佛"最后都失败了。正如北宋欧阳修《本论》所说："佛法为中国患千余岁，世之卓然不惑而有力者，莫不欲去之。已尝去矣，而复大集，攻之暂破而愈坚，扑之未灭而愈炽，遂至于无可奈何。"[15]

佛教、道教作为与儒学长期并行的思想流派，本有其合理的因素与优长之处，儒学对之加以吸收消化，为我所用，本无不当，但当时儒者对此讳莫如深。我们以韩愈为例，韩愈在其所作《原道》中引《大学》之文，然后说："古之所谓正心而诚意者，将以有为也。今也欲治其心，而外天下国家者，灭其天常，子焉而不父其父，臣焉而不君其君，民焉而不事其事。"[16]他区分儒家与老、佛之道的不同在于：儒家是"正心而诚其意者，将以有为也"；老、佛之道是"欲治其心，而外天下国家"。实际上韩愈在这里已经默认和预设了儒家和老、佛二教在"正心"或"治心"这件事上有相同点。

"道学"或"理学"从理论形态说，属于心性之学。道学家明确把"正心"或"治心"作为学问的根本。就此而论，道学家与佛教禅宗站在了相同的起点上。正统道学家如二程、朱熹等人创立儒家心性之学，其儒家的原则和观点是很鲜明的，其"辟佛"的立场是坚定的。但是"心性之学"作为一门学问如果有其固有的规律和真理性的话，那佛教禅师们是否也曾发现了其中的部分规律和真理呢？如果有，那儒家心性之学是否也应加以肯定并吸收？实际上，道学家们正是这样做的。

所以，真能辟佛者在于能对儒学作创造地理论转化，能融合吸取佛学之精义而超胜佛学，在这方面，道学或理学无疑是做得很成功的。程颐所作《明道先生行状》言及程颢曾"出入于老、释者几十年，返求诸六经而后得之"[17]。吕大临《横渠先生行状》言及张载曾"访诸释、老之书累年，尽究其说，知无所得，反而求之六经"[18]。他们特别于程颢、张载的学术历程中着此一笔，似乎意在告诉学者：张、程始求诸老、释之道而无所得，返求于六经之后而知大道之要。事实上，恰恰因为张、程曾"尽究"佛老之说的底蕴，所以在对儒学作创造性的理论转化时才能左右逢源。对此，南宋学者叶适曾有深刻的认识："本朝承平时，禅说尤炽，……豪杰之士，有欲修明吾说以胜之者，而周、张、二程出焉，自谓出入于佛老甚久，已而曰：'吾道固有之矣。'……及其启教后学，于子思、孟子之新说奇论，皆特发明之，大抵欲抑浮屠之锋锐，而示吾所有之道者此。"[19]问题在于，道学家们明明是吸收了佛学，却不愿坦白承认，反而用"吾道固有之"的思维方法加以掩饰，因而被佛教信徒指控为偷窃。如金朝李纯甫说："宋伊川诸儒，虽号深明性理，发扬六经圣人心学，然皆窃吾佛书者也。"[20]余英时先生所著《朱熹的历史世界》上册第九十九页引朱熹之言

称"伊川偷佛说为己用"，兹摘引朱熹之言于下：

> 近看《石林过庭录》，载上蔡（谢良佐）说伊川参某僧，后有得，遂反之，偷其说来做己使，是为洛学。某也尝疑如石林之说固不足信，却不知上蔡也恁地说，是怎生的？……但当初佛学只是说无存养底工夫，至唐六祖始教人存养工夫。当初学者亦只是说不曾就身上做工夫，至伊川方教人就身上做工夫。所以谓伊川偷佛说为己使。[21]

《宋史》卷二〇五《艺文四》子类杂家类著录叶模《石林过庭录》三十七卷。叶模是叶梦得之子，石林是叶梦得的号。《宋元学案》谓叶梦得曾助蔡京定元祐党籍，因此他攻击程颐"偷佛说为己用"之事未必可信。但朱熹的分析却颇值得重视。笔者以前曾指出，在二程之前，唐代禅宗六祖惠能已先倡导"主敬"工夫。如惠能说："常行于敬，自修身是功，自修心是德。"[22]陈淳《北溪字义》说："敬一字，从前经书说处尽多，只把做闲慢说过，到二程方拈出来，就学者做工夫处说，见得这道理尤紧切，所关最大。"[23]上引朱熹之言正说此事，他似乎认为程颐所倡导的"主敬"工夫，并不是自家首先从经书中"拈出来"的，而是受启发于六祖惠能的"主敬"修养工夫。在我们看来，二程洛学之所以能开此后数百年道学（理学）之风，而有别于传统儒学，正在于他们一面辟佛老，一面又借鉴了佛老之学，尤其是佛老之学的"本体"与"工夫"的理论架构，开创了儒学的心性哲学的学术思想体系。

（二）道学（理学）的兴起与荆公新学的关系

一般的学术思想史著作很少谈到王安石曾是"义理之学"

强有力的倡导者，以及其对于"道学"（理学）兴起的前导作用。陈植锷先生所著《北宋文化史述论》指出，宋代之有所谓"义理之学""道德性命之学"等说法，推其原始，大都与王安石有关。[24]如南宋赵彦卫说："王荆公为《新经》《说文》（按：指《三经新义》与《字说》），推明义理之学。"[25]南宋晁公武《郡斋读书后志》卷二"《王氏杂说》十卷"条中引北宋蔡卞《王安石传》之言曰："自先王泽竭，国异家殊，由汉迄唐，源流浸深。宋兴，文物盛矣，然不知道德性命之理。安石奋乎百世之下，追尧、舜、三代，通乎昼夜阴阳所不能测而入于神。初著《杂说》数万言，世谓其言与孟轲相上下。于是天下之士始原道德之意，窥性命之端。"[26]又:《靖康要录》卷五载钦宗靖康元年（1126）四月二十三日臣僚上言略云："熙宁间王安石执政，改更祖宗之法，附会经典，号为新政，以爵禄招诱轻进冒利之人，使为奥援，挟持新政，期于必行。自比商鞅，天下始被其害矣。以至为士者非性命之说不谈，非庄老之书不读。"[27]而年辈与朱熹弟子黄榦相近的金国人赵秉文说："自王氏之学兴，士大夫非道德性命不谈，而不知笃厚力行之实，其弊至于以世教为俗学，而道学之弊，亦有以中为正位，仁为种性，流为佛老而不自知，其弊反有甚于传注之学，此又不可不知也。"[28]根据上述资料，陈植锷先生得出这样一个结论：

　　以"性命之说"或"性命之理"作为宋学讲求义理的内容，乃王学、洛学之所同。南北宋之交，王学和洛学，水火不相容地斗争了一百多年，直至理宗（1225年即位）时代以程朱之学的胜利而告终。自那以后，王学被排除在性理之学以外，而后者长期以来成了程朱之学的代名词。通过上述两家说法的比较，给王学也给宋学

正了名。作为宋学内部的两个最大派别，王安石新学和
二程洛学，在"穷性命之理"或者说"窥性命之端"一
点上，原来是一致的。[29]

陈植锷先生发现王安石新学的前导作用，以及与程朱理学
的联系，这是一个贡献，可补现代一般学术思想史研究之缺
失。但他进一步的推论，却有混淆王安石新学与二程洛学之
嫌。他认为，王安石新学和二程洛学，在"穷性命之理"或者
说"窥性命之端"一点上，原来是一致的。这里，我们对于王
安石的"义理之学"或"道德性命之学"的内容及其水准尚须
有一个清醒的认识。

儒家的"道德性命之学"虽然自宋代才兴盛起来，但早
在《中庸》和《孟子》中就已有过深入的思考，此后讨论此
问题的如董仲舒、扬雄、韩愈、李翱等，代有其人。王安石
作《虔州学记》说："余闻之也，先王所谓道德者，性命之理
而已。"[30]宋世"道德性命之学"的说法当从此语化出。由
于王安石在当时的巨大影响力，我们相信，他的这一说法推
动了"性命之理"的深入研究和讨论。

但从《王文公文集》来看，王安石本人探讨"性命之理"
的文字并不多，并且在理论形态方面对前人也没有较大的突
破。陈植锷先生关于王学与洛学在"性命之说"方面"原来是
一致的"结论是从旁人的评论中推论出来的，评论者大多是道
学（理学）的局外人，他们把当时的学术风气皆归于王安石的
影响，而没有看到其中更有二程等道学人物的学术影响。如果
我们更广泛地参考其他人的评论，那当时及后世批评王安石新
学为功利之学的声音要大得多，而将"穷性命之理"或"窥性
命之端"更多地与二程等道学人物联系起来。

持平而言，王安石变法对于科举制度的改革，可以说是儒

家"义理之学"的初步胜利，它实现了儒者对于治学方向的调整与转变。作为一种"义理之学"，王安石新学较早注意到了"道德性命之学"的理论价值，但其学术的重心和焦点并不是"道德性命之理"的问题，而是当时社会经济、政治制度的改革问题，它的现实政治的目的性是很明确的。历史上将王安石新学界定为"功利之学"，应该说是恰当的。而正是在这一点上，王安石新学与稍后兴起的"道学"具有明显的区别。二程所代表的"道学"，正如程颐《颜子所好何学论》所说："凡学之道，正其心，养其性而已。"[31]其学问的侧重点是反观内省的心性之学；而王安石新学，则如王安石《上皇帝万言书》中所说："今士之所宜学者，天下国家之用也。"[32]其学问的侧重点是经世致用的功利之学。两家之学的差别是很大的。王学和洛学，之所以"水火不相容地斗争了一百多年"，其根本的原因还是那句老话："道不同，不相为谋。"因此，对于王安石新学与后起"道学"的关系，我们既要承认前者倡导"义理之学"的前导作用，同时也要看到两家之学的重要差别。后世学术史家不把王安石置于"道学"或"理学"的系谱中并无不妥。

这里，再顺便讨论一下"义理之学"与"性理之学"的概念内涵及二者之间的关系。陈植锷先生将义理之学与性理之学当作宋学的两个不同的发展阶段，并将北宋嘉祐二年（1057）定为宋学从义理之学转向性理之学的重要标志。理由是：程颢、程颐兄弟十五六岁时即有求道之志，经过十年的摸索，方"知尽性知命"之理，嘉祐二年正是程颢二十六岁登进士第之年，也是程颐初入太学发表《颜子所好何学论》之年，在这篇文章中程颐明确提出："凡学之道，正其心，养其性而已。"[33]

在我们看来，义理之学是从经学的视角来说的，是相对于汉唐经师的训诂之学而言的，大体来说，宋明儒者的经学著作

都可以说是义理之学，并不以嘉祐二年为下限；而性理之学是从理学的视角来说的，凡以"性理"二字冠书名的，如《性理字义》《性理群书》《性理大全书》之类，皆是指理学一类书。与义理之学相比较，性理之学较为晚起，但性理之学的概念出现后并没有取代义理之学，而是长期共存而各有所指的。

以上讨论了道学（理学）的兴起与佛老之学的关系，以及道学（理学）的兴起与荆公新学的关系。弄清了这两个问题，我们便会深刻理解道学（理学）在宋学中的位置。

第三节　理学化经学的解释学特点

经典的神圣性和权威性来自历史传习，这是任何当世思想家都难与相比的。而经典信仰的维系在于它能否适应现实生活，因而对经典不断作出新的诠释，使之适应现实的需要，是绝对必要的，也是必然的。也正因为如此，每一时代的经学都有其自身的特点。那么，理学化经学的解释学特点是什么呢？我们以为，至少有如下几点：

（一）注重解决安身立命的时代焦虑

从根本上说，儒家经学的功用主要在于解决制度的焦虑和生命的焦虑。制度的焦虑和生命的焦虑，是人类的两大焦虑。人类是以群居形态生活于一定的环境中的，其环境的好坏直接关系人们的生活品质，而环境的好坏主要决定于其社会制度是否合理。如何制定一个适应共同体文化传统的社会制度，实现长治久安，这是制度的焦虑。汉唐经学重名物制度，所体现的正是一种制度的焦虑。汉唐儒者致力于国家的礼制建设，五经自然成为礼制建设的大经大法，而随着唐代《开元礼》的修定，标志君主专制国家的礼制已臻于完备。

而此时社会上佛教已然盛行，很多人成了佛教世界观与人生观的信奉者，这便使人们由制度的焦虑转向生命的焦虑。当时人们普遍在思考：人作为个体而言，其生命是短暂的，这短暂的生命如何安身立命？如何把握永恒？若从宗教信仰方向考虑，人死之后灵魂会在哪里？灵魂能否得到安宁？若从意义信仰方向考虑，生命不能白白流淌，生命如何化作意义？这些问题都是生命的焦虑。宋代中期以后，儒者重视性命道德之学，所体现的也是这种生命的焦虑。

佛教"以山河大地为幻妄"，以为众生皆处在六道轮回[34]之中，世人接受了这样的理论，便会这样理解世界的存在与人的生命存在[35]，从这个意义上说，我们之所谓"存在"其实乃是一种"解释"。因此要清除佛教世界观与人生观对人们的影响，改变人们的生命状态就需要一种有说服力的对"存在"的新解释，这就需要借助传统的儒家经典。然而汉唐经师对传统儒家经典的解释完全不能胜任这样的工作。这个工作要由宋代的大儒们来担当。而他们首先要做的，就是重新发掘和认识儒家经典中的思想资源，赋予这些思想资源以新的意义。因而对经典的诠释，归根结底乃是对人的生命实存的诠释。而宋儒中的不同流派从不同侧面对儒家经典的阐释，实际上都是在对世界存在与人的生命存在作一种儒家式的哲学阐释，以消除佛教世界观与人生观对社会的影响。

宋代儒者同传统儒者一样有深沉的忧患意识，但因为时代变迁，其忧患意识又有不同的表现。首先是忧患纲常坏乱，纲常坏乱会直接导致社会分裂，而每当社会分裂，便会内战无已，民不聊生，非数十年不能统一安定。唐末五代之乱，便是前车之鉴。宋代经学家强调"尊王"，其意盖出于此。二是忧患社会生活的宗教化路向，反对将人类命运托之于虚妄的鬼

神。宋明理学家反对佛、道二教，其意盖出于此。三是忧患人们单纯追逐物欲，有同动物，因而倡导有觉悟、能反省的精神境界，宋明理学家提出的"休认天理""致良知"，等等，其意盖出于此。

总而言之，儒学毕竟与佛教不同，它是入世的，而不是出世的；它是此岸的，不是彼岸的。儒者必须在现实的人伦日用生活中来解决其安身立命的问题。

（二）先须识义理，方始看得经

儒学元典中有许多概念和命题，宋儒往往将它们作为开放讨论的话题，从中阐发哲学的意蕴，用以建构新的思想理论，而其中权威的见解又被回输、吸收到新的经典注疏中。程颢说："吾学虽有所受，'天理'二字却是自家拈出来。"[36] 清人黄百家说：程颢"以'天理'二字立其宗"[37]。我们知道，一个哲学思想家虽然可能著作等身，但他一生最重要的理论贡献，可能就是他"拈"出来的一两个概念或命题，由这一两个概念或命题阐发出一套哲学体系来。"天理"概念涵盖性很大，可以用来整合儒学的其他许多形上学的概念。所以"天理"这一核心概念的发明，使儒学从此进入了一个理论思维大发展的时期。理学家建构"天理"论的思想体系，就是要人们用"天理"论的观点来看待自然、社会和人生。但由于古代社会人们的经学思维方式，一种思想观念只有贯通在经典解释之中，才能最终发挥其理论指导的价值。程颐说："古之学者，先由经以识义理。……后之学者，却先须识义理，方始看得经。"[38] 对程颐此语，可以做这样的解读：后世学者只有首先成为一个理学家，才能成为一个经学家。理学家特别看重以理学思想对儒家经典作重新注释，这一方面是为了增强儒家经典解释世界、主导社会的理论力度，另一方面也是要通过传统的经典教育的形式传播他们的理学思想。因而宋明时期许多注经的著作中已经渗透了理学思想，而理学家的讲学内容也大多不离经学的主题。因此，理学与经学的关系变成了一种相互交叉的关系，"你中有我，我中有你"。在中国古代官定的注经著作中，经典与传注有这样一种关系：经典固然具有以往的神圣的尊崇地位，传注亦因为钦定而具有准经典的地位，而且经文往往因传注而有其新的解释向度。在宋以后的经学中儒者已不甚关心经文的逐字解释，而更关心其中包含的哲学范畴和义理，像"理一分殊"这类命题，儒家十三经中本无其语，但当它被作为注文堂而皇之地写进注经著作中，而此一注经著作又被立为官学之后，那这类命题实际上已经作为经典的一个有机部分为士子研读和讨论，由此而形成一种普遍的"问题意识"。

（三）争立"道统"——使解释体系成为信仰对象

从经典诠释的历史来看，有两大类解释：一类是陈陈相因的解释，所谓"集解""通释"之类的经典解释著作，虽然其中一些内容也不乏新意，但最多不过是前人注疏之学的集成；另一类是推陈出新的经典解释著作，如程颐、朱熹等著名理学家的解经之作，都具有解释体系整体改观的特征。这些新的解释之所以能耸动人心，从根本上说是它适应了时代发展的需要。但从另一侧面而言，它自身也必须具备成为信仰对象的"资格"，即要人们相信只有他们自己才是圣人之道的真正继承者。最典型的是宋明儒者所发明的"道统论"，按照宋明理学家的说法，尧、舜、禹、汤、文、武、周公、孔子圣人相传之道，至孟子而后千载不传，直至宋代周敦颐、二程、朱熹始接续"道统"。这种"道统论"具有"判教"的意涵。它起初被作为"伪学"加以禁绝，后来则得到官方肯定，悬为功令，作为人们信奉的对象。因此研究新的解释体系的出现原因，以及何以有的解释体系成为人们的信仰对象，而其他解释体系却未能成为人们的信仰对象，这是儒家经典解释学所应主要关注的。

注释:

[1]〔清〕皮锡瑞著，周予同注释:《经学历史》，北京：中华书局，1959 年，第 139 页。

[2]〔清〕钱大昕著，陈文和主编:《潜研堂文集》，《嘉定钱大昕全集（增订本）》第 9 册，南京：凤凰出版社，2016 年，第 397 页。

[3]〔清〕江藩著，钟哲整理:《国朝宋学渊源记·达序》，《国朝汉学渊源记》，北京：中华书局，1983 年，第 151 页。

[4][18]〔宋〕吕大临:《横渠先生行状》，见〔宋〕张载著，章锡琛点校:《张载集》，北京：中华书局，1978 年，第 381 页。

[5]〔清〕朱轼:《朱轼康熙五十八年本张子全书序》，见〔宋〕张载著，章锡琛点校:《张载集》，第 396 页。

[6]〔宋〕柳开著，李可风点校:《补亡先生传》，《柳开集》，北京：中华书局，2015 年，第 19 页。

[7]〔宋〕孙复著，陈俊民点校:《孙明复先生小集》，载北京大学《儒藏》编纂与研究中心编:《儒藏·精华编·二零五》，北京：北京大学出版社，2014 年，第 16 页下。

[8]〔宋〕司马光著，李之亮笺注:《古文〈孝经〉指解序》，《司马温公集编年笺注》第 5 册，成都：巴蜀书社，2009 年，第 132 页。

[9][17][31][38]〔宋〕程颢、程颐著，王孝鱼点校:《二程集》，北京：中华书局，2004 年，第 236，638，577，164 页。

[10][15]〔宋〕欧阳修著，李逸安点校:《欧阳修全集》，北京:中华书局，2001年，第862，288页。

[11]〔清〕李塨:《颜习斋先生年谱（卷下）》，载颜元著、王星贤等点校:《颜元集》，北京:中华书局，1987年，第779页。

[12]〔宋〕陈善:《扪虱新话》卷十"儒释迭为盛衰"条，见上海师范大学古籍整理研究所编:《全宋笔记·第五编·十》，郑州:大象出版社，2012年，第79—80页。

[13]〔宋〕王安石撰，程元敏等整理:《周礼新义》，《王安石全集》第3册，上海:复旦大学出版社，2016年，第222页。

[14][16]〔唐〕韩愈撰，〔宋〕魏仲举集注，郝润华、王东峰整理:《五百家注韩昌黎集》，北京:中华书局，2019年，第676，675页。

[19]〔宋〕叶适:《习学记言序目》，北京:中华书局，1977年，第740页。

[20]〔金〕刘祁著，崔文印点校:《归潜志》，北京:中华书局，1983年，第105页。

[21]〔宋〕黎靖德编，王星贤点校:《朱子语类》，北京:中华书局，1986年，第3040页。

[22]〔唐〕慧能著，郭朋校释:《坛经校释》，北京:中华书局，1983年，第65页。

[23]〔宋〕陈淳著，熊国祯、高流水点校:《北溪字义》，北京:中华书局，1983年，第35页。

[24][29][33]陈植锷:《北宋文化史述论》，北京:中国社会科学出版社，1992年，第225，226，224页。

[25]〔宋〕赵彦卫著，傅根清点校:《云麓漫钞》，北京:中华书局，1996年，第135页。

[26]〔宋〕晁公武撰，孙猛校证:《郡斋读书志校证》，上海:上海古籍出版社，1990年，第525—526页。

[27]〔宋〕汪藻著，王智勇笺注：《靖康要录笺注》，成都：四川大学出版社，2008年，第680页。

[28]〔金〕赵秉文：《大学·性道教说》，《滏水集》卷一，《景印文渊阁四库全书》第1190册，台北：商务印书馆，1986年，第80—81页。

[30][32]〔宋〕王安石：《王文公文集》，上海：上海人民出版社，1974年，第401、6页。

[34]佛教所谓六道轮回，谓天、人、阿修罗、地狱、饿鬼、畜牲。

[35]人们唯恐自作恶业，堕入地狱、饿鬼轮回道中，因而整日内心惶惧，这虽然有劝人为善的功效，但作为一种生命状态却是很低级的。

[36]此条出自《上蔡语录》，转自〔清〕黄宗羲原著，〔清〕全祖望补修，陈金生、梁运华点校：《宋元学案卷二四·上蔡学案》，北京：中华书局，1986年，第919页。而《二程外书》卷十二所记略有差异："吾学虽有所受，'天理'二字却是自家体贴出来。"（参见〔宋〕程颢、程颐著，王孝鱼点校：《二程集》，第424页。）

[37]〔清〕黄宗羲原著，〔清〕全祖望补修，陈金生、梁运华点校：《宋元学案》，北京：中华书局，1986年，第569页。

第三十一章
庆历学风及对"二大经"的新解

第一节　北宋庆历时期的新学风

赵宋王朝承五代十国之乱后立国，从宋太祖建隆元年
（960）到南宋卫王（宋帝昺）祥兴二年（1279），有三百二十
年的历史。与前面的汉朝、唐朝以及后面的元朝、明朝相比，
宋王朝是一个长期存在内忧外患、国势积弱不张的王朝。然而
在学术文化方面，却又是传统文化发展的一个巅峰时期，南宋
朱熹曾指出："国朝文明之盛，前世莫及。"[1]前辈史学家陈寅
恪认为："华夏民族之文化，历数千载之演进，造极于赵宋之
世。"[2]王国维则说：宋代文化"前之汉唐，后之元明，皆所
不逮也"[3]。

笔者以为，宋代出现的这种国势积弱不张与文化兴盛不衰
的反差现象，有许多复杂的因素，其中一个重要的原因，是由
于当时统治者相对减弱了对思想文化的主导与控制，使得此一
时期的学者较前之汉唐与后之元明具有更多学术上的自由发展
空间。从中国经学思想史的视角来看，唐宋时期经学思想的更
新过程，实际上是一个从钦定经学到自由讲学的演变过程。

这个过程的发生有政治和文化两方面的原因。从政治方面
说，五代时期，武臣司政，篡弑屡起，欧阳修指出："前日五

代之乱，可谓极矣。五十三年之间，易五姓十三君，而亡国被弑者八，长者不过十余岁，甚者三四岁而亡。"[4]儒家道德的核心是维护君臣、父子的伦常关系和秩序，然而五代时期儒家的道德信念已经丧失殆尽，完全失去了它维持世道人心的功能。宋代儒者认为，产生这些历史乱象，汉唐儒者应负其历史责任。汉唐儒者没有树立起儒家的价值理想，"经典注疏之学"已经堕落成为一种"禄利之路"。当时所谓儒学已经失去了灵魂，只有躯壳。这种情况激发了宋代儒者发展儒家的"义理之学"，重建对儒家道德的信仰。宋初古文家柳开（947—1000）自作《补亡先生传》说："先生又以诸家传解笺注于经者，多未远穷其义，常曰：'吾他日终悉别为注解矣。'"[5]柳开对汉唐经师"不明理道"深致不满，因而一直抱有重新注解儒家经书的宏愿。

从文化方面说，五代时期儒家经学虽然无可称述，但有一件事对于宋代经学与文化的发展有着密切的关系，这就是雕板印经的出现。后唐明宗长兴三年（932）开始依唐石经文字雕造九经印版，此后虽然又经历后晋、后汉、后周的朝代更迭，但此项雕板印经的工程却被各王朝接续下来，而于后周太祖广顺三年（953）最后完成，使得儒家经书从此可以广为传布。

宋代社会比之于前代，又多了一项新事物，即在北宋庆历以后，以讲学为目的的书院兴起，并得以迅速发展。这一新事物的意义非常重大。因为汉代儒学的传承，主要依靠学官制度与经师私授；唐代儒学的传承，则通过科举取士制度作为诱导机制；而宋代儒学的传承，除了仍以科举取士制度作为诱导机制外，更增加了书院讲学的崭新载体。书院与官办的太学和州县学有所不同，大多属于"私学"性质。由于书院较少受到官方的直接控制，因而有相对的学术自由，这是宋代文化欣欣向荣、蓬勃发展的一个根本原因。以讲学为目的的书院的出现是宋代学术文化中的一件大事。

全祖望在《宋元学案》说:"庆历之际,学统四起。"[6]此时距宋朝开国已有八九十年的时间。在君主时代,王朝更替之际,往往战乱不已,对社会生产与生活造成很大的破坏。一个新王朝开国之后总有一个军事平定、经济恢复的较长过程,至于在全国范围内发展教育文化事业,那至少需要两三代人的社会财富积累才有可能,由此而产生一个值得注意的历史现象,即一个政治稳定的王朝在开国七八十年之后,始有教育与学术文化的大发展。

庆历时期,政治与文化的中坚人物是范仲淹(989—1052),此一时期他任参知政事,积极推动政治改革,亦积极推动学术教育的进步。范仲淹一生光明磊落,才兼文武,从道德、功业、学问、文章等方面而言,皆可称卓荦俊伟。南宋时吕中说:"先儒论宋朝人物,以范仲淹为第一。"[7]朱熹也称赞范仲淹"天地间气,第一流人物"[8],"本朝道学之盛……亦有其渐。自范文正以来已有好议论,如山东有孙明复,徂徕有石守道,湖州有胡安定,到后来遂有周子、程子、张子出"[9]。

范仲淹曾指出当时学风与文风的弊病说:"修辞者不求大才,明经者不问大旨。师道既废,文风益浇;诏令虽繁,何以戒劝? 士无廉让,职此之由。"[10]范仲淹认为,政治与学术风气的败坏,在于执政者未能在士林中确立"师道",以致不能究明儒经之大旨,培养治世之大才。并说治国之道的逻辑起点在于"宗经":

> 夫善国者,莫先育材;育材之方,莫先劝学;劝学之要,莫尚宗经。宗经则道大,道大则才大,才大则功大。……故俊哲之人,入乎六经,则能服法度之言,察

安危之幾，陈得失之鉴，析是非之辨，明天下之制，尽
万物之情。[11]

为此，范仲淹倡导在国内郡县一级设立学校，开设经学，
以培育人才。李祁《文正书院记》说："当是时，天下郡县未
尝皆置学也，而学校之遍天下自公（范仲淹）始。若其察泰
山孙氏（孙复）于贫窭中，使得以究其业，延安定胡公（胡
瑗）入太学为学者师，卒之泰山以经术大鸣于时，安定之门人
才辈出，而河南程叔子（程颐）尤遇赏拔，公之造就人才已如
此。其后横渠张子（张载）以盛气自负，公复折之以儒者名
教，且授之以《中庸》，卒之关陕之教与伊洛相表里。"[12]全
祖望《鲒琦亭集外编》卷四十五称："自庆历修举学校，而书
院之盛，日出未已。"[13]

在倡导建立各级学校的过程中，范仲淹还注意发现和拔擢
学校人才，如大儒胡瑗、孙复、石介、李觏等便是由他发现和
拔擢的。朱熹《三朝名臣言行录》卷十一所记："文正公门下
多延贤士，如胡瑗、孙复、石介、李觏之徒，与公从游，昼夜
肄业，置灯帐中，夜分不寝。"[14]黄震说："师道之废，正学
之不明久矣。宋兴八十年，安定胡先生、泰山孙先生、徂徕石
先生，始以其学教授。而安定之徒最盛，继而伊洛之学兴矣。
故本朝理学虽至伊洛而精，实自三先生而始。故晦庵有'伊川
不敢忘三先生'之语。"[15]清朱轼《史传三编》卷二："当宋
之盛，名臣辈出，至奖掖人才，必以范仲淹为称首。（孙）复
之成学，由于仲淹。其后又与瑗、介及李觏，并为仲淹招致，
与子纯仁共学。故北宋臣轨，尤最仲淹；而师道之抗，从三子
始。自是而后，大儒踵兴，圣学遂明。"[16]

第二节　庆历时期的易学

孙复曾称《周易》与《春秋》为"二大经",他说:"尽孔子之心者,大《易》;尽孔子之用者,《春秋》。是二大经,圣人之极笔也,治世之大法也。"[17]这不仅是庆历时期学者的共识,也是整个宋明时期儒者解经的重点所在,以致《四库全书总目》谓:宋明时期"解五经者,惟《易》与《春秋》二家著录独多"[18]。《周易》与《春秋》,一则推明天道,一则弘演人道。明此二经,则举凡性与天道之精微,人伦日用之切近皆括而统之。宋儒试图以研究《周易》来究明天地自然造化之理,以研究《春秋》来维护社会名教纲常之序。《周易》和《春秋》两部经典除了自身的重要性之外,也还由于其经文过于简略,因此在解释上有较大的自由发挥空间。所以,这两部经典成为宋人议论之渊薮。下面让我们来看庆历时期前后学者对这两部经典的诠释。这一节主要谈庆历时期的易学。

庆历时期,易学渐渐成为显学。这同当时范仲淹、欧阳修、胡瑗、刘牧、李觏等为表率的士大夫阶层的学术趣向有密切的关系,那时他们已将读《易》、解《易》当作他们精神生活的一个重要组成部分。这里仅介绍范仲淹、欧阳修、刘牧、李觏等人的易学思想,关于胡瑗的易学思想则留待第三十四章《理学视域下的周易学流派》来介绍。

（一）范仲淹崇尚"刚健"的易学思想

《宋史·范仲淹传》称范仲淹:"泛通六经,长于《易》。学者多从质问,为执经讲解,亡所倦。"[19]范仲淹自述则称"忘忧曾扣《易》,思古即援琴"[20],"况有南窗《姬易》在,此心那更起纤尘"[21]。治《易》已经成为范仲淹毕生的嗜好,他论《易》的文章有《易义》《四德说》，还有几篇赋如《乾为金赋》《易兼三材赋》《天道益谦赋》《穷神知化赋》《蒙以养正赋》《水火不相入而相资赋》《制器尚象赋》等，这些诗赋中充满了对《易经》的赞叹。

范仲淹没有系统的解《易》著作，但他的解《易》诗文却处处体现一种刚健有为、正直忠毅的精神。《易传·系辞下》说："天行健，君子以自强不息。"又说："天地之大德曰生。"天体运行，健动不止，生生不已，人的活动也应效法天，刚健有为，自强不息。庆历年间，范仲淹"回狂澜于既倒"，力挺刚健精神，他在《乾为金赋》中写道：

> 大哉乾阳，禀乎至刚。统于天而不息，取诸金而可方。……况乎运太始之极，履至阳之位。冠三才而中正，秉一气而纯粹。万物自我而资始，四时自我而下施。[22]

范仲淹把"乾"看作纯阳至刚的纯粹之气，贯穿天地人之间，流转不息，万物由此而生成，四时由此而更替。"天"的这种健行不已的品格正是君子所应该效法的。

范仲淹于《周易》中特别喜欢《井》卦，这是因为《井》卦集中讲了君子之德。《井》卦卦辞："井，改邑不改井，无丧无得，往来井井。汔至，亦未繘井，羸其瓶，凶。""改邑不改井"，是说城邑民居可迁，而井不可迁，犹如君子身可以迁，而德不能变。"无丧无得"，是说井水终日汲之而不至于丧失，终岁不汲也不至于盈满，犹如君子积德于身，做官了，德不见得多；不做官，德也不见得少。"往来井井"，往者取其井水，来者也取其井水。往来之人无不靠井水来滋养，就好比是君子之德，远近之人都受他的感召。"汔至，亦未繘井"，"汔至"就是"几至"；"繘"是汲井水的绳索；汲水几乎汲到，但井绳未出于井，比喻君子进德修业，当力行以达目标，不可半途而废。"羸其瓶，凶"，"羸"是"丧败"的意思，如果汲水之器破败，将没有水饮用，这里比喻废坏道德学业，最终将至失败。范仲淹在《清白堂记》中对《周易·井》卦作出独特的解释，他说：

> 观夫《大易》之象，初则井道未通，泥而不食，弗治也；终则井道大成，收而勿幕，有功也。其斯之谓乎！又曰"《井》，德之地"，盖言所守不迁矣；"《井》以辨义"，盖言所施不私矣。圣人画《井》之象，以明君子之道焉。[23]

凿井取水的过程，是由浑浊变清白，由无用变有用；由《井》卦之义，引申出做人的道理，修身心而成德，守清白而不迁，施万民而不私。这是范仲淹从《周易·井》卦中所得到的启示。

再看范仲淹对《损》卦的解释。《损》卦卦辞："损，有孚，元吉，无咎，可贞，利有攸往，曷之用，二簋可用享。"《损》卦兑下艮上，兑代表泽，艮代表山，《损》卦卦名的取象是挖掉湖泽里的泥土往山上堆，损下以益上，引申为取民以奉君。卦辞开头便说"损，有孚"，损下益上，要有信用，取之有时，用之有制；钱粮从民间来，怎么使用也应该有制度。"元吉，无咎"，能做到这一点，使人民愿意奉上，则可以获大吉而无咎。"可贞，利有攸往"，既有孚信，又能守之以正，则所往无不利。"曷之用，二簋可用享"，以上取下，能出以孚信之心，那么当你祭祀鬼神的时候，二簋之祭，虽不丰盛，也可以交于神明，格于天地。就是说在人民那里得到了孚信，也会感动天地神明的。范仲淹解释说：

损，……下卦二阳，上卦二阴，取阳资阴，以实益
虚者也。虚者反实，则实者反虚矣。然则下者上之本，
本固则邦宁。今务于取下，乃伤其本矣，危之道也。损
之有时，民犹说（悦）也。损之无时，泽将竭焉。故曰
"川竭必山崩"，此之象也。无他，下涸而上枯也。"百
姓不足，君孰与足？"其斯之谓欤。[24]

范仲淹通过对《损》卦的解释，告诫统治者应使民以时，
取民有度，若竭泽而渔，乃自损邦本。"川竭必山崩"，百姓困
穷则统治者也就岌岌可危了。这一解释，不仅新颖，且充分发
挥了《周易》教诫的功能。

（二）欧阳修对《易传》的怀疑

苏辙称欧阳修"于六经，长于《易》《诗》《春秋》，其所
发明多古人所未见"[25]。欧阳修作诗表白自己晚年的时光大
多是"饮酒横琴销永日，焚香读《易》过残春"[26]，《易》成
了他生活中不可或缺的部分。欧阳修对易学颇有研究，其易学
著作有《易童子问》《易或问三首》《易或问》《传易图序》《系
辞说》等各种，其中《易童子问》怀疑"十翼"中的六篇非圣
人所作，对后世影响巨大。

司马迁在《史记》中指出："孔子晚而喜《易》，序《彖》
《系》《象》《说卦》《文言》。读《易》，韦编三绝。"[27]认为
《周易》之"十翼"为孔子所作，后人也一直把《系辞》《文
言》《说卦》等视为孔子所作的"圣经"。汉代纬书《周易乾凿
度》说："孔氏……究《易》作'十翼'。"[28]班固《汉书·艺
文志》说："孔子为之《彖》《象》《系辞》《文言》《序卦》之
属十篇。"[29]唐陆德明《经典释文》说："孔子作《彖辞》《象
辞》《文言》《系辞》《说卦》《序卦》《杂卦》□□'十翼'。"[30]

孔颖达《周易正义》更谓:"其《彖》《象》等'十翼'之辞,以为孔子所作,先儒更无异论。"[31]而欧阳修却对《系辞》以下六传提出了大胆的怀疑。他写道:

> 童子问曰:"《系辞》非圣人之作乎?"曰:"何独《系辞》焉,《文言》《说卦》而下,皆非圣人之作。而众说淆乱,亦非一人之言也。昔之学《易》者,杂取以资其讲说,而说非一家,是以或同或异,或是或非。其择而不精,至使害经而惑世也。然有附托圣经,其传已久,莫得究其所从来而核其真伪。故虽有明智之士,或贪其杂博之辩,溺其富丽之辞,或以为辩疑是正,君子所慎,是以未始措意于其间。若余者可谓不量力矣,邈然远出诸儒之后,而学无师授之传,其勇于敢为而决于不疑者,以圣人之经尚在,可以质也。"[32]

欧阳修提出《系辞》上下、《文言》、《说卦》、《序卦》、《杂卦》非孔子所作,把历来认为是孔子所作的十篇《易传》,一下削去了六篇。这一观点的提出,石破天惊,在当时学术界引起了强烈的震动。

欧阳修指出这六篇《易传》,内容叠床架屋,文句重复,"繁衍丛脞",前后矛盾,定非圣人之文。如他认为,《文言》篇叠床架屋,对于《乾》卦初九爻辞的解释,雷同的文句重复了四次。他说:

> 《乾》之初九曰"潜龙勿用",圣人于其《象》曰"阳在下也",岂不曰其文已显而其义已足乎?而为《文言》者又曰"龙,德而隐者也",又曰"阳在下也",又曰"阳气潜藏",又曰"潜之为言,隐而未见"。[33]

再如,《系辞》论八卦的起源,提出二说:其一是"河出图,洛出书"说,其二是"圣人观象立卦"说。欧阳修认为,这两种说法是互相矛盾的,如果说"河出图,洛出书,圣人则之",这是说"八卦者,非人之所为,是天之所降也"。如果说"圣人观象立卦",这又意味"八卦者是人之所为也,河图不与焉。""斯二说者已不能相容"。另外,《说卦》又提出"八卦出于揲蓍"说,认为八卦是古人在筮占实践中摸索出来的,这种说法与《系辞》二说又不同。他由此得出结论说:"谓此三说,出于一人乎,则殆非人情也。"总之,欧阳修认为这三种说法互相抵牾、"自相乖戾",存于一书,将它说成一人所作,不合逻辑,非人之常情。[34]

欧阳修提出的怀疑理由,条条在理,并非无根之谈。只是孔子作"十翼"之说,久已深入人心,牢不可破。欧阳修对《文言》《系辞》的批评被视为异端害道之言。

(三)刘牧、李觏的《河图》《洛书》

宋代易学较前代新异之处,为新出现的"图书之学",又称"易图之学",最著名的易图有三种:一是刘牧的《河图》《洛书》,二是邵雍的《先天图》,三是周敦颐的《太极图》。南宋朱震称此三家皆出自五代末、宋初的道士陈抟。此当是宋儒一种巧思,称易图是上古圣人所传,之所以数千年不为世人所知,乃因向来由世外高人秘传之故。有了此一说辞,既可上接远古圣人道统,又可回避世儒质疑。

我们认为,宋代的《河图》《洛书》之学,由刘牧"导夫先路"。刘牧,字长民,生平事迹不详。晁公武《郡斋读书志》和陈振孙《直斋书录解题》说,刘牧号长民,曾任太常博士,著有《刘长民易》《卦德通论》《易数钩隐图》等书。《郡斋读书志》云:

　　《刘长民易》十五卷。右皇朝刘牧长民撰，仁宗时
言数者皆宗之，庆历初，吴祕献其书于朝，优诏奖
之。[35]

王应麟《玉海》则称：

　　牧撰《易数钩隐图》一卷，……黄黎献受于牧，撮
为《略例》一卷、《隐诀》一卷。吴祕受于黎献，作《通
神》一卷，以释《钩隐》，奏之，凡三十四篇。[36]

　　依这两处记载，庆历初年献书的吴祕乃是刘牧的弟子或再
传弟子。吴祕献刘牧之书及献自己解释《易数钩隐图》的著作
于朝廷，此举说明刘牧卒于庆历以前。试想，刘牧曾任太常博
士，他若健在，则他自己最适合解释《易数钩隐图》，不需烦
劳吴祕作出三十四篇释文，也不需假手吴祕献其著作于朝廷。
吴祕诠释《易数钩隐图》并献书这件事只有一种解释是合理
的，即庆历初年刘牧已经作古。
　　《河图》《洛书》之学，又称河洛之学。即以“河图”“洛
书”为研究对象。《论语·子罕》记载孔子说：“凤鸟不至，河
不出图，吾已矣夫！”《周易·系辞上》说：“河出图，洛出书，
圣人则之。”古人认为，凤鸟、“河图”、“洛书”这些祥瑞的出
现，是太平时运的表征。“河图”“洛书”传说悠久，儒家视之
为神迹和祥瑞而载之于经典，但长期以来人们一直不知它们究
竟为何物。
　　在刘牧以前，关于《河图》和《洛书》，流传着各种零散
的说法，其图式亦未能定型。刘牧以汉代以来流传的“太乙行
九宫图”为“河图”，以“天地五行生成图”为“洛书”，两图
式如下：

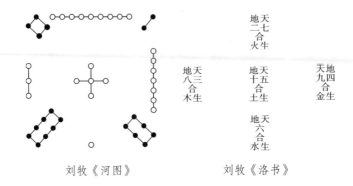

刘牧《河图》　　　　　刘牧《洛书》

刘牧用黑白点子所表现的所谓"河图"，俗称"戴九履一图"，不载于经典，其原形实为汉代易纬《乾凿度》所载之"太乙行九宫"之图：

四巽	九离	二坤
三震	五中	七兑
八艮	一坎	六乾

所谓"太乙行九宫"，是说名为"太乙"的北辰之神，如何行于八卦日辰之间，大体是按照上图中由一至九的数字顺序行进。而此"九宫"格中的数字的特点是，无论横、竖、斜相加都是十五。此即今日数学之所谓"幻方"。

刘牧所谓的"洛书"，其根据主要来源于《易传》和郑玄注。《周易·系辞上》有所谓"天地之数"的论述："天数五，地数五。五位相得，而各有合。天数二十有五，地数三十。凡天地之数，五十有五，此所以成变化，而行鬼神也。"又说："天一，地二；天三，地四；天五，地六；天七，地八；天九，地十。"所谓"天地之数"，就是从一到十的十个自然数，奇数一、三、五、七、九为天数，加在一起是二十五。偶数二、四、六、八、十是地数，加在一起是三十。《洛书》的哲学意义在于，它讲了一种新的宇宙生成模式，即天地配合自然数而生成水、火、木、金、土，进而生成万物。郑玄注说："天一生水于北，地二生火于南，天三生木于东，地四生金于西，天五生土于中。阳无耦、阴无配，未得相成。地六成水于北，与天一并；天七成火于南，与地二并；地八成木于东，与天三并；天九成金于西，与地四并；地十成土于中，与天五并。"[37]

刘牧根据这些文字叙述画出"洛书"之图，而他之所以用文字表示，而不用黑白点子表示，是他认为"洛书"是"书"而不是"图"。他说："《河图》，八卦垂其象也，故可以尽陈其位。《洛书》，五行含其性也，必以文字分其类。"[38]把《天地五行生成配合图》也改造成黑白点图式的工作是由谁完成的呢？根据现有的资料，黑白点子的五行生成图当为刘牧后学所制。在刘牧之学流行的庆历前后，学者李觏曾购得《易数钩隐图》，删其繁复，写成《删定易图论》。该《论》卷首开列三图，分别为《河图》《洛书》《八卦》，其中《河图》《洛书》图式[39]如下：

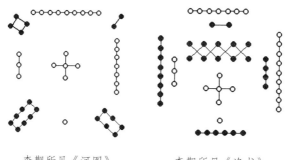

李觏所见《河图》　　　　李觏所见《洛书》

《删定易图序论》说"删其图而存之者三"，表明三图都来自刘牧学派。也就是说，李觏记载的《洛书》图式（后世所称《河图》）在刘牧之后发生了变化，由文字图变成了黑白点子图。

南宋年间，朱熹和蔡元定合撰《易学启蒙》，称刘牧的《河图》图式为《洛书》，《洛书》图式为《河图》，并对《河图》图式略作修整，最后形成了如下图式[40]：

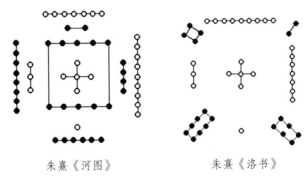

朱熹《河图》　　　　　　朱熹《洛书》

较之李觏所见图式，朱熹和蔡元定的图式在形式上更加对称，更富于美感。后来，朱熹在其《周易本义》卷首也沿用了这两个图式。元、明、清之际，朱熹的影响巨大，他所介绍的《河图》《洛书》图式及其名称遂广泛流传。

第三节　庆历时期的春秋学

儒家之经学，以春秋学对现实政治的关怀最为强烈。《春秋》因为文简义丰而有较大诠释空间，治春秋学者往往能适应社会政治需要赋予新义，与时俱进。南朝刘宋颜延之曰："辅制衰王，《春秋》为上。"[41]每当世衰主弱之时，春秋学便格外活跃。在宋元时期的经学中，春秋学实为显学。

北宋春秋学名家，以孙复、刘敞最为突出，四库馆臣比较两家春秋学说："北宋以来，出新意解《春秋》者，自孙复与敞始；复沿啖、赵之余波，几于尽废三传；敞则不尽从传，亦不尽废传，故所训释为远胜于复焉。"[42]

（一）孙复的《春秋尊王发微》

自唐安史之乱以及五代武臣屡篡之后，"尊王"意识成为社会政治安定的重要保证。孙复的《春秋尊王发微》就是在这一背景下撰著的。孙复本《公羊传》《穀梁传》"常事不书"之例，以为《春秋》凡合礼者，皆属常事不书，所书者皆悖礼乱常之事，由此认为《春秋》有贬而无褒。因而《春秋尊王发微》一书，刻酷深细，实为"诛心"之书。晁公武《郡斋读书志》载常秩之言说："明复为《春秋》，犹商鞅之法，弃灰于道者有刑，步过六尺者有诛。"[43]《四库全书总目》则评论说："宋代诸儒，喜为苛议，顾相与推之，沿波不返，遂使孔庭笔削，变为罗织之经。……过于深求，而反失《春秋》之本旨者，实自复始。虽其间辨名分、别嫌疑，于兴亡治乱之机亦时有所发明。统而核之，究所谓功不补患者也。以后来说《春秋》者、深文锻炼之学，大抵用此书为根柢。"[44]这也就是说，宋儒之春秋学，自孙复以下，大抵有深文锻炼的特点。而理学的奠基人之一程颢也在此意义上评价《春秋》经："五经之有《春秋》，犹法律之有断例。"[45]

关于《春秋尊王发微》一书的刻酷深细，可以下例为证：

《论语·宪问》载："子曰：桓公九合诸侯，不以兵车，管仲之力也。如其仁，如其仁！"管仲（？——前645）辅佐齐桓公，打出"尊王攘夷"的旗帜，保护了中原经济和文化的发展，为华夏文明的存续做出了巨大贡献，所以为孔子所称许。

孙复《春秋尊王发微》卷三指出：

孔子称"桓公九合诸侯，不以兵车，管仲之力也"。案：桓公之会十有五……孔子止言其九者，盖十三年会北杏，桓始图伯，其功未见；十四年会鄄，又是伐宋诸

侯……皆有兵车也，故止言其会之盛者九焉。此圣人之
贵礼义、贱武力之深旨也。[46]

实际的情况是，齐桓公之会诸侯共有十五次，其中四次以
兵车相会，十一次不以兵车相会。齐桓公、管仲意在团结诸
侯，同心为善，多次与诸侯会盟，虽然霸业渐显，犹不敢以盟
主自居。并且在会盟之时，齐桓公厚以信义，从不举行歃血为
盟的仪式。在他主盟期间，诸侯之间不曾有大战，说明他是贱
视武力、爱惜民命的。孔子肯定知道齐桓公仍有数次以兵车会
诸侯的情况，也知道齐桓公、管仲在经营霸业，但在当时形势
下，齐桓公、管仲的作为客观上维护了华夏社会的团结稳定与
天下和平，所以评价管仲，观其大节，高扬其积极、正面意
义，而不提其负面意义。相比之下，孙复却以挑剔的眼光指出
齐桓公还有四次以兵车相会诸侯的经历。虽然这更符合历史事
实，但孙复的目的却在彰显齐桓公、管仲"图伯（霸）"的主
观动机。

再如，《春秋》经文记载，鲁定公十三年冬，"薛弑其君
比"，关于此事《左传》《穀梁》《公羊》三传皆未载其事。薛
国在春秋时是小国，为任姓，在今山东省境内。根据这个记
载，在鲁定公十三年冬，薛国民众弑杀了国君任比。弑杀国君
者不书具体人名，而书"薛弑其君比"，这叫"称国以弑"，如
"弑君"有罪责的话，谁来担责呢？按通常的案例应该由"当
国者"即执政大臣担责。孙复认为，凡此类案例，一国之人皆
当诛：

众弑君，则称"国"以诛之，众谓上下乖离，奸
宄并作，肆祸者非一。言举国之人可诛也。故称国以诛
之。文十八年莒弑其君庶其、成十八年晋弑其君州蒲、

定十三年薛弑其君比之类是也。[47]

南宋胡安国不赞同这种观点，指出：

> 称国以弑者，当国大臣之罪也。孙复以为举国之众皆可诛，非矣。三晋有国半天下，若皆可诛，刀锯不亦滥乎？颍川常秩曰："孙复之于《春秋》，动辄有罪，盖商鞅之法耳。弃灰于道者有诛，步过六尺者有罚，其不即人心远矣。王回以是尚秩，此善议复者。"[48]

历史上，凡君主为国内民众所杀，无非有两种情况：一是国君无道，人民起义而杀之，这种情况本无须追责；二是国君本无错，为臣下所弑杀，这种情况应首先追责于执政大臣。薛国国君任比被弑杀，《春秋》不载其事，不知其何故被弑杀。《春秋》经师对此往往阙而不论。孙复不问其因，以为凡弑君即有罪，若一国民众弑君，甚至不惜诛杀一国之民众。这就"尊王"太过了。所以，家铉翁《春秋集传详说》卷二十八批评说：

> "薛弑其君比"，"三传"不言其所以弑之故，以书法而言，与晋弑厉公州蒲之例同。州蒲之弑，众弑之也。薛弑其君，当视州蒲之例。泰山孙氏谓以国弑者，言举国之人皆可诛。此求经之过耳。儒者辨理未详，立论失中，其流弊将如秦汉之用法，一人为非，流毒一州一道者，非独法家之罪，亦学者用意刻深，有以济其为恶，不可不谨也。[49]

家铉翁的批评是很深刻的。在我们看来，这一批评不仅针对孙复其人，亦可视为对宋明时期许多理学家的批评，宋明

理学家大多认同孙复的思想，清代戴震说理学家"以理杀人"，即是批判此一思想。

（二）刘敞的春秋学

刘敞（1019—1068），字原父，临江新喻人（今属江西新余市）。庆历六年（1046）进士，廷试第一，后避嫌列为第二。他历仕仁宗、英宗两朝，曾任扬州、郓州知州，又任过知制诰、侍读学士等朝中贵显之职。他的著述很多，流传下来的有春秋学四种，即《春秋权衡》十七卷，《春秋传》十五卷[50]，《春秋传说例》二卷[51]，又《春秋意林》二卷；其他考论群经者计有《七经小传》三卷，《公是弟子记》四卷；另有诗文集《公是集》七十五卷[52]等。

刘敞与孙复同为北宋中期春秋学名家[53]，而年辈稍晚。孙复的经学研究，属于"学究"式的，所谓"学究一经"，对《春秋》专经作"窄而深"的研究。相比之下，刘敞的经学研究，则属于通儒式的，他除了对春秋学做了专深的研究外，还对儒家的其他经典做了系统而深入的研究，他的《七经小传》成为了庆历时期新经学的标志性的著作[54]，他本人也成为那个时代最为博学的经学家[55]。

刘敞春秋学有自己的特色，他也倡导"尊王"，但在倡导"尊王"的同时，又强调"以天正王"，强调以尊重大臣尊严为特征的君臣之道等。他对《春秋》的解释贯穿着这些思想观念。

1. 以天正王

传统的儒者一般都是重视王权的。在他们看来，王权是国家统一的象征，如果天下无王，社会便有可能陷入混乱相争的过程中。"尊王"本身不是目的，尊王是为了维护国家的统一和社会的稳定。但王权也可能带来另一个问题，即王者有可能利用其至高无上的权力为所欲为，推行暴虐统治。刘敞在讲"尊王"的同时，又强调对专制王权有所限制。但臣下不能限制王权，只能"托天"以限制王权。

《刘氏春秋传》卷一释"元年春王正月"时，提出："王者受命于天，诸侯受命于君。""曷为先言春，而后言王？王者法天也。"[56]将"天"置于"王"之上，主张"以天正王"。

《春秋·庄公元年》经文："王使荣叔来锡桓公命。"鲁桓公篡弑其庶兄隐公而即位，当鲁桓公生时，周天子（周庄王）未曾伸张正义，加以诛伐。当鲁桓公去世、鲁庄公即位时，周庄王却派周大夫荣叔来追赐鲁桓公为诸侯。周庄王可谓失礼之甚。按《春秋》笔法，凡言及周天子往往书为"天王"，此经文"王"前无"天"字，孙复认为"不书'天'者，脱之"，将"王"前无"天"，归为脱字。但刘敞则认为，这是孔子故意不书"天"字，以彰显周庄王的过错，刘敞说："今桓公篡君取国，终不受命，而王不能诛，反追命之，此无天法甚矣、其失非小过小恶也。"[57]

2. 对君臣关系的新诠释

两千年来中国传统的君主专制制度一直强调"乾纲独断"，君主一人独自站在权力金字塔的最高点。宋太祖于宋朝开国之初，提出"设科取士，欲得贤以共治天下"。这一理念为宋朝历代皇帝所继承，这意味在权力金字塔的顶端开辟了一个小平台，除了皇帝之外，容许有其他政治精英一同参与。相对而言，宋朝君王以文治为主轴，较其他王朝统治者尊礼大臣，而不以家奴视之，这种君臣关系的新观念对于宋代政治、文化影响重大。

作为经师，当这种君臣关系的新观念出现之时，需要通过经典的诠释来肯定它、论证它。胡瑗在讲到《未济》卦六五爻辞"贞吉无悔，君子之光，有孚吉"时发挥说："有孚吉

者，言六五以柔顺之质，委任九二刚明之臣，与之共治天下，当绝疑忌之心，以信相待，则兴治之功毕，而终获其吉也。"[58] 这一解释，便是对宋人祖"得贤以共治天下"理念的呼应。

宋朝优礼士大夫，绝少诛戮，有西周"刑不上大夫"之风，经师也通过经典注释加以肯定和论证。《春秋·僖公二十六年》载："曹杀其大夫。"孙觉评论说：

> 《礼》曰："刑不上大夫。"盖大夫者，一国之选，而人君之所尊任者也。选之得人而任之当其才，故君臣相与而国家以治；不幸其选之非人而任之不见其功，则放之而已。盖大夫有罪而放之，为之君者已有罪矣，况刑之乎！
>
> 《春秋》杀大夫三十有八，有书国杀之者，有书人杀之者，未尝有书爵者也。盖圣人之意犹曰："大夫者，人君之所尊任，而与之治国家之人也。"同体之相须，同业以相济，求取之不精，任用之不当，则已有罪矣，何至于杀之乎！……故《春秋》可书国人杀之，不可以君杀之也。虽其君杀之者而不言，盖有之，不许之也。曹杀其大夫则是曹君杀之，不言其爵，不许其专杀大夫也。[59]

在北宋的经典注释中，像这类重新界定君臣关系的见解屡屡出现，当然不是偶然的。这应该是当时士人阶层独立、自尊意识的觉悟与提升。

刘敞在谈论君臣关系时，不是强调君如何对待臣，而是强调臣如何对待君。若君是昏君，应及早离开，不予合作，更不要说尽忠效忠。若为昏君效愚忠，死了也白死，一文不值。

《春秋·宣公九年》记载："陈杀其大夫泄冶。"按《左传》所记，陈灵公与其臣子孔宁、仪行父都与"不老妖女"夏姬私通，三人甚至在上朝时都拿出夏姬的内衣炫耀。泄冶进谏陈灵公说：国君和大臣公开宣扬淫乱，就算老百姓不效仿，传出去也不好听，请君主能吸纳臣下的意见。陈灵公说：我能改正。随后将此事告诉孔宁与仪行父，两人要杀死泄冶，陈灵公也不禁止。泄冶由此被杀。刘敞评论说："君子之所谓大臣者，以道事君，不可则止，是以乱邦不居。"[60]认为泄冶不是该不该尽忠言的问题，而是应该及早退隐，不应该与这种昏乱的统治者合作。

在刘敞看来，从根本上说，君与臣的关系不是私恩关系，而是公德关系。这种公德是建立在国家和人民的公共事务的基础之上的。这种关系虽然有尊卑上下地位的不同，但因为长期的相互配合与支持，也有风雨同舟、休戚与共的那种感情。故刘敞说：

> 君臣之义，非虚加之也，寄社稷焉尔，寄宗庙焉尔，寄人民焉尔。夫若是，其孰轻之？故君有庆，臣亦庆；君有戚，臣亦戚。《书》曰："元首明哉，股肱良哉！"尊卑异而已矣。虽于其臣亦然。故臣有疾，若亲问之；臣死，君亲哭之，所以致忠爱也。[61]

传统儒学强调君臣关系的重要，将君臣关系作为"五伦"之一，与父子关系相类同，因而有"君父"之称，甚至有"君要臣死，臣不得不死；父要子亡，子不得不亡"的片面义务观念。刘敞此论，显然已迥出于这一观念，接近于近代人的意识。这是难能可贵的。

注释：

[1]〔宋〕朱熹集注：《楚辞集注》，上海：上海古籍出版社，1997年，第300页。

[2]陈寅恪：《邓广铭〈宋史职官志考证〉序》，《金明馆丛稿二编》，上海：上海古籍出版社，1980年，第245页。

[3]王国维：《宋代之金石学》，《静庵文集》，沈阳：辽宁教育出版社，1997年，第208页。

[4][25][26][32][33][34]〔宋〕欧阳修著，李逸安点校：《欧阳修全集》，北京：中华书局，2001年，第862，247，1119，1119，1120，1121页。

[5]〔宋〕柳开著，李可风点校：《补亡先生传》，《柳开集》，北京：中华书局，2015年，第19页。

[6]〔清〕黄宗羲原著，〔清〕全祖望补修，陈金生、梁运华点校：《宋元学案卷六·士刘诸儒学案》，北京：中华书局，1986年，第251页。

[7]〔宋〕吕中：《宋大事记讲义》，《景印文渊阁四库全书》第686册，台北：商务印书馆，1986年，第289页。

[8][10][11][12][20][21][22][23][24]〔清〕范能濬编集，薛正兴点校：《范仲淹全集》，南京：凤凰出版社，2004年，第1048，176，208，1023，86，77，434，167，123页。

[9]〔宋〕黎靖德编，王星贤点校：《朱子语类》，北京：中华书局，1986年，第3089—3090页。

[13]〔清〕全祖望著，朱铸禹汇校集注：《答张石痴征士问四大书院帖子》，《全祖望集汇校集注》，上海：上海古籍出版社，2000年，第1722页。

[14]〔宋〕朱熹撰，朱杰人、严佐之、刘永翔主编：《朱子全书（修订本）》第12册《三朝名臣言行录》，上海：上海古籍出版社；合肥：安徽教育出版社，2002年，第718页。

［15］〔宋〕黄震:《黄氏日抄》卷四十五,《景印文渊阁四库全书》第 708 册,第 253 页。

［16］〔清〕朱轼:《史传三编》,《景印文渊阁四库全书》第 459 册,第 51 页。

［17］〔宋〕石介著,陈植锷点校:《徂徕石先生文集》,北京:中华书局,1984 年,第 223 页。

［18］［42］［44］〔清〕永瑢等撰:《四库全书总目》,北京:中华书局,1965 年,第 220,215,214 页。

［19］〔元〕脱脱等:《宋史》卷三一四《范仲淹传》,北京:中华书局,1985 年,第 10267 页。

［27］〔汉〕司马迁:《史记》卷四十七《孔子世家》,北京:中华书局,1982 年,第 1937 页。

［28］〔汉〕佚名:《易纬乾坤凿度》卷下,转引自林忠军:《易纬导读》,济南:齐鲁书社,2002 年,第 139 页。

［29］〔汉〕班固:《汉书·艺文志》,北京:中华书局,1962 年,第 1704 页。

［30］〔唐〕陆德明著,黄焯断句:《经典释文》,北京:中华书局,1983 年,第 4 页下。

［31］〔魏〕王弼、〔晋〕韩康伯注,〔唐〕孔颖达等正义:《周易正义》,〔清〕阮元校刻:《十三经注疏》,北京:中华书局,2009 年,第 19 页。

［35］［43］〔宋〕晁公武撰,孙猛校证:《郡斋读书志校证》,上海:上海古籍出版社,1990 年,第 33,112 页。

［36］〔宋〕王应麟著,武秀成、赵庶洋校证:《治平周易图义》,《玉海艺文校正》,南京:凤凰出版社,2013 年,第 86 页。

［37］〔宋〕王应麟著,郑振峰等点校:《周易郑康成注·六经天文编·通鉴答问》,北京:中华书局,2012 年,第 57 页。

［38］〔宋〕刘牧:《易数钩隐图·龙图龟书论》,《景印文渊阁

四库全书》第 8 册，第 158 页。

　　[39]〔宋〕李觏著，王国轩点校:《李觏集》，北京：中华书局，2011 年，第 53 页。

　　[40]〔宋〕朱熹撰，朱杰人、严佐之、刘永翔主编:《朱子全书（修订本）》第 1 册《易学启蒙》，2002 年，第 210 页。

　　[41]转引自〔清〕朱彝尊原著，林庆彰等编审，汪嘉玲等点校:《点校补正经义考》第 5 册，台北："中央研究院"中国文哲研究所筹备处，1997 年，第 491 页。

　　[45]今本《二程集》似无与此相同之文句。转引自〔明〕丘濬著，金良年整理:《大学衍义补》，载于朱维铮主编:《中国经学史基本丛书》第 3 册，上海：上海世纪出版股份有限公司；上海：上海书店出版社，2012 年，第 554 页。

　　[46][47]〔宋〕孙复:《春秋尊王发微》，《景印文渊阁四库全书》第 147 册，第 38，8 页。

　　[48]〔宋〕胡安国:《胡氏春秋传》，《景印文渊阁四库全书》第 151 册，第 236 页。

　　[49]〔宋〕家铉翁:《春秋集传详说》卷二十八，《景印文渊阁四库全书》第 158 册，第 476—477 页。

　　[50]按：此书诸家所藏皆为写本，入清刻入《通志堂经解》，始有刊本。四库馆臣谓："论者或疑其伪，然核其议论体裁，与敞所著他书一一吻合，非后人所能赝作也。"（《四库全书总目》卷二十六《刘氏春秋传》）今考元无名氏《春秋三传》，其中多引刘敞《春秋权衡》《春秋传》，核其所引与今本皆同，足证四库馆臣之论不误。

　　[51]按：此书自宋以后学者罕觏，宋元说经诸家均未见征引，四库馆臣从《永乐大典》中缀辑得二十五条，合为一卷，约为原书之半。

　　[52]此书原佚，四库馆臣辑自《永乐大典》，复得五十四卷。

［53］四库馆臣称："北宋以来，出新意解《春秋》者，自孙复与敞始。复沿啖、赵之余波，几于尽废三传。敞则不尽从传，亦不尽废传。故所训释为远胜于复焉。"（上述诸语见于〔清〕永瑢等撰：《四库全书总目》，第215页。）

［54］王应麟说："自汉儒至于庆历间，谈经者守训故而不凿，《七经小传》出而稍尚新奇矣。"（见〔宋〕王应麟著，翁元圻辑注，孙通海点校：《困学纪闻》，北京：中华书局，2016年，第1192页。）

［55］刘敞年辈晚于欧阳修，但欧阳修"每于书有疑，折简来问，对其使挥笔答之不停手，修服其博"。（见〔元〕脱脱等著：《宋史·刘敞传》，北京：中华书局，1985年，第10387页。）又据叶梦得所述，欧阳修撰《五代史》《新唐书》时曾就凡例问题求教刘敞。《文献通考·经籍考六十二》载："石林叶氏曰：庆历后欧阳文忠公以文章擅天下，世莫敢抗衡者。刘原父虽出其后，以博学通经自许，文忠亦以是推之，作《五代史》《新唐书》，凡例多问《春秋》于原父。"（见于〔元〕马端临著：《文献通考·经籍考》，北京：中华书局，2011年，第6414页。）

［56］［60］〔宋〕刘敞：《刘氏春秋传》，《景印文渊阁四库全书》第141册，第365，430页。

［57］〔宋〕刘敞：《刘氏春秋意林》，《景印文渊阁四库全书》第147册，第494页。

［58］〔宋〕胡瑗撰，〔宋〕倪天隐述：《周易口义》，《景印文渊阁四库全书》第8册，第448页。

［59］〔宋〕孙觉：《孙氏春秋经解》，《景印文渊阁四库全书》，第147册，第634—635页。

［61］〔宋〕刘敞：《公是集》，《景印文渊阁四库全书》第1095册，第722页。

第三十二章
王安石变法与荆公新学

王安石（1021—1086），字介甫，抚州临川（今属江西）人。宋仁宗庆历二年（1042）进士。宋神宗熙宁二年（1069）任参知政事（副宰相），次年任宰相，开始改革旧政，推行新法。

王安石的著述极为富赡，而以儒学、经学的著述为主。他的著述计有《临川文集》一百卷，《易解》二十卷，《礼记要义》二卷，《孝经义》一卷，《论语解》十卷，《孟子解》十卷，《周官新义》二十二卷，《字说》若干卷。王安石有关经学的专门著述，除《周官新义》之大部由清人从《永乐大典》中抄出，从而存于《四库全书》之外，其余皆已佚失。

自北宋末期至今，学术界对王安石的评价分歧甚大。毁之者如刘大中说："熙宁之初，王安石假《周官》理财之说，变乱祖宗法度，恣为聚敛，民始不堪。"[1]而誉之者如梁启超则称"若乃于三代下求完人，惟公庶足以当之矣"[2]。

笔者以为，在评价古人时，应先确定我们的评价方法与标准。王安石在多个领域都有突出的表现，评价他应从不同领域来进行。此其一。在某个领域来评价他，一是看其历史贡献，二是看其可否取法。此其二。

在文学方面，王安石是公认的唐宋古文八大家之一，向无异议。在经学方面，王安石的《三经新义》毁誉参半。在政治改革方面，"熙丰变法"是王安石一生的重头戏。而恰在此问题上，关于他的争议最大。人们之所以还要在千百年之后讨论他，是因为在他身上折射着我们自己的精神困扰，我们究竟应该怎样对待社会政治改革？期待政治改革的人把他当作先行的改革家；担心改革失败的人把他当作"前车之覆"。可是，社会要进步，毕竟离不开改革。承继其勇于改革的担当精神，规避其"前车之覆"的鉴戒和教训，应该是学术研究的应有之义。

王安石才学过人，少年得志，领袖群伦。[3]虽然他早年比较低调，但在此时他已开始形成恃才傲物、不可一世的性格。关于这一点当时同僚已有所察觉[4]。王安石后来坚持"变法"，因为此性格而有内在的精神支撑，也因为此性格最终导致变法失败。这是一位"天才领袖"的性格缺陷的失败。我们之所以不愿意给他很高的评价，是意在提醒今后的"天才领袖"不宜效法他，若效法他也必然会导致失败。

虽然如此说，王安石变法还是极有研究的价值，这是因为王安石变法实际上是北宋政治、经济、文化、军事各方面矛盾的一个聚焦点。就本文而言，它也是王安石《三经新义》撰写、颁行的一个现实背景。

从中国经学史来说，王安石的《三经新义》在北宋中期具有标志性的意义。南宋王应麟曾说："自汉儒至于庆历间，谈经者守训故而不凿。《七经小传》出，而稍尚新奇矣！至《三经新义》行，视汉儒之学若土梗。"[5]北宋庆历时期（1041—1048）是一个重要的转折点。在此之前，经学一直延续汉儒以来重训诂的路数；在此之后，则开出宋儒重义理的新学风。王应麟认为北宋经学学风的转变，肇端于刘敞，完成于王安石。其重要的标志事件便是熙宁八年王安石《三经新义》的颁行。南宋吕祖谦也曾谈到荆公新学对北宋经学的影响，他说："前辈之守注疏如此严。至王荆公始以注疏不可用，作《三经说》，令天下非从三经者不预选。"[6] 相比于后世义理经学的发展，王安石经学还只是一个发端，远谈不上精致。但无论你是否喜欢王安石的经学，它作为中国经学发展史的重要环节都不能被无视或忽略。

今人对"王安石变法"或耳熟能详，但对王安石的《三经新义》则知之甚少。王安石的政治实践与学术研究有着紧密的联系，因而南宋后当"王安石变法"受到政治上的清算和批判之时，连累王安石的《三经新义》也受到清算和批判。但对于王安石的政治主张与学术成就是否应该分开来看待呢？北宋时，上官均（1038—1115）就主张将二者分开来看。上官均于熙宁三年科举应试时曾名列第一，但因所作策论诋毁新法，被改为第二。他虽然曾反对新法，但却推崇王安石的经学造诣。他后来为王安石的经学成就辩护说：

> 安石自为宰辅，更张政事，诚有不善；至于沉酣六经，贯通理致，学者归向，固非一日。非假势位贵显，然后论说行于天下。其于解经，虽未能尽得圣人之意，然比诸儒注疏之说，深浅有间矣。……此中外士大夫之所共知也。[7]

上官均并没有像其他学者那样，因为否定变法，而连同王安石的经学成就也一起否定。他批评新法"诚有不善"，但认为王安石于解经则卓有建树。

虽然，本章的目的只是要从经学史的角度，给王安石《三经新义》一个正确的定位，但因为《三经新义》的确与王安石变法有较密切的联系，所以，本章拟以王安石变法为背景，来探讨他在经学研究上的路径与特点。

第一节 关于王安石变法的再认识

与汉、唐及以后的元、明、清等工朝相比，宋王朝是一个实力较为弱势的政权。以疆域而论，南宋不论，即使是北宋王朝，其疆域也不及唐朝最盛时之一半。当时中国的北部地区大部为契丹人占据而建立的辽朝，西部地区为党项人占据而建立的西夏。所以当时宋王朝不能像汉、唐那样强势立国，并不能完全归咎于宋王朝立国政策的不当，而多半是由其客观态势使然。因为在同时并存的几个国家中，当时最强盛的是契丹族建立的辽国，相比而言，汉族建立的宋王朝长期处于下风。此正如富弼在其《辞枢密副使》的奏疏所说：

> 契丹委实强盛，奚霫、渤海、党项、高丽、女真、新罗、黑水、鞑靼、回鹘、元昊，尽皆臣伏，一一贡奉，惟与中原一处为敌国而已。兵马略集，便得百万，霈然余力，前古不如，非是不敢南牧，只是不来尔，来之，则无以枝梧。[8]

自宋初太宗始，北宋与辽国的数次争锋均告失败，至真宗缔结澶渊之盟，宋王朝以输币纳绢的方式换取了屈辱的和平。这当然是不得已之举。而由此便形成了北宋君臣长期以来的共识：与其战则必败，不如委屈求和。

有鉴于此，前人常用"积贫""积弱"来概括宋代国势的一般特点。清人蔡上翔所撰《存是楼读上仁宗皇帝事书》评论说：

> 自宋承五代之余，西北世为边患，太祖、太宗尚苦于兵，至澶渊之役，和议始成。虽以景德（宋真宗年

号——笔者注）仁爱，有不忍战其民之心，而金缯岁币数十万，岁输于边，中原之财赋耗矣。浸寻至仁宗、英宗，天下安于无事，又六十余年，而积弱之势成矣。[9]

宋仁宗在位长达四十二年，承平日久，天下无事，君臣皆以为国策英明所致。宋仁宗也因而成为历史上与汉文帝、唐太宗相提并论的明君。宋仁宗本人并无著作问世，但他却在当时及后世成为一个仁爱和平的精神偶像，若用现代的说法，是以和平为最高价值，为了和平而和平，可以称之为"和平至上主义"。但这种思想带来一个弊病，使得朝臣渐生惰习，苟且偷安，士气萎靡不振。

新锐士人如王安石等对此深致不满，认为朝廷居安而不能思危，得过且过，因而在政治上求变，在学术上求新，主张通过政治与学术变革来实现"富国强兵"，试图从根本上转变国家贫弱萎靡的局面。王安石在宋仁宗末年所上之万言书便反映了他的这种思想观念。王安石的主张，若用现代的说法，是以富强为最高价值，为了富强而改革，可以称之为"富强至上主义"。此后十余年间，这两种思想此消彼长，遂在政治界、思想界形成新旧两党势力。而王安石已隐然成为新党之领袖。

由于宋神宗即位后对于新党势力给予强有力的支持，新党获得了一次难得的主政改革的机会，于是而有闻名中外的"王安石变法"的历史事件。

关于"王安石变法"，现代史学通常把支持王安石变法的人物称作"革新派"，把反对王安石变法的人物称作"保守派"，虽然这也符合历史实际，但"革新派"和"保守派"的概念被赋予了一些特定意义，如说革新派代表中小地主阶级，是进步的；保守派代表大地主阶级，是落后的等，这便使问题变得简单化和绝对化了。实际上旧党代表人物如韩琦、富弼、司马光、吕公著等人都是竭诚为国家、为人民着想的，并未有个人私利掺杂其间。两派政见的不同，用现代语言来说，乃是"主义之争"，即上文所说的"和平至上主义"与"富强至上主义"之争。两种观念，见仁见智，各有道理。具体来说，直到"王安石变法"之前，"和平至上主义"并未破局，旧党人物珍惜数十年来之不易的和平局面，是可以理解的。而王安石等新党人物防患未然、未雨绸缪，想通过变法来实现富国强兵，也未可厚非。如果他们改革成功，相信旧党人物以及后世史家也会心悦诚服的。可惜变法失败，政局反而变得更糟。这就不能归咎于旧党的抵制，而应检讨变法的理念和过程在哪里出了问题。

王安石因为他所主持的政治改革失败，在历史上英名受损，"熙丰变法"也因此在中国历史上成了负资产，此后士大夫中很少再有人敢倡言变法，政治改革因而变得更加艰难。这里我们只能说，后世学人未能很好地总结历史经验，使得王安石宝贵的政治改革经验教训，连同他的富国强兵理想俱付之东流。此正如杜牧《阿房宫赋》所说："秦人不暇自哀，而后人哀之；后人哀之而不鉴之，亦使后人而复哀后人也。"[10]

笔者以为，首先要弄清王安石变法是否符合形势的需要。其实，这个问题几乎是当时朝野上下的共识，即使后来批评王安石变法的朱熹，也承认王安石变法符合形势的需要。他说："只当是时，非独荆公要如此，诸贤都有变更意。"[11]又说："熙宁更法，亦是势当如此。"[12]清代思想家颜元作《宋史评》，对此有一充分的论述：

> 荆公昼夜诵读，著书作文，立法以经义取士，亦宋室一书生耳；然较之当时，则无其伦比。……所行法如农田、保甲、保马、雇役、方田、水利、更戍、置弓

箭手于两河，皆属良法，后多踵行。……惟青苗、均输、市易，行之不善，易滋弊窦。然人亦曾考当日之时势乎？……宋岁输辽、夏银一百二十五万五千两。其他庆吊聘问、赂遗近幸又倍是，宋何以为国？奉以岁币，求其容我为君，宋何以为名？又臣子所不可一日安者也。而宋欲举兵，则兵不足；欲足兵，饷又不足。荆公为此，岂得已哉！……宋人苟安日久，闻北风而战栗，于是墙堵而进，与荆公为难，极诟之曰奸曰邪，并不与之商榷可否，或更有大计焉，惟务使其一事不行、立见驱除而后已，而乃独责公以执拗可乎？且公之施为，亦彰彰有效矣，用薛向、张商英等办国用，用王韶、熊本等治兵，西灭吐蕃，南平洞蛮，夺夏人五十二砦，高丽来朝，宋几振矣。而韩琦、富弼等必欲沮坏之，毋乃荆公当念君父之仇，而韩、富、司马等皆当恝置也乎？……其指斥荆公者，是邪、非邪？虽然，一人是非何足辨，所恨诬此一人，而遂忘君父之仇也。而天下后世，遂群以苟安颓靡为君子，而建功立业、欲撑柱乾坤者为小人也，岂独荆公之不幸，宋之不幸也哉！[13]

既然王安石变法符合当时形势的需要，那么，王安石所提出的改革办法又是否合适？

今举王安石变法中的两个重要法规为例，首先说"青苗法"。青苗法的创立，让官府向农户提供小额贷款，这可以说是财政史上的一个创举。王安石在知鄞县时经过具体实践证明有益于民众。后朱熹于婺州金华县设置的社仓便是仿照青苗法的创意，当时曾有人质疑朱熹的做法有似"青苗法"，朱熹首先肯定"青苗法"立法本意之善，然后又分析二者的差异说：

> 凡世俗之所以病乎此者，不过以王氏之"青苗"为
> 说耳。以予观于前贤之论，而以今日之事验之，则"青
> 苗"者，其立法之本意固未为不善也。但其给之也，以
> 金而不以谷；其处之也，以县而不以乡；其职之也，以
> 官吏而不以乡人士君子；其行之也，以聚敛亟疾之意，
> 而不以惨怛忠利之心。是以王氏能以行于一邑，而不能
> 以行于天下。[14]

这是说青苗法"其立法之本意固未为不善"，但具体实施
的措施则不免有漏洞，"能以行于一邑"，未必"能以行于天
下"。引申言之，能以行于一时，未必能以行于长远。所谓
"一着不慎，满盘皆输"。关于这一点我们留待后面讨论。

再如"免役法"，变法反对派中的范纯仁、苏轼、程颐都
在不同的场合发表过赞同的意见。当司马光主持元祐朝政对王
安石新法予以全盘否定时，身为元祐旧党骨干的范纯仁再三坚
持"差役一事，尤当熟讲而缓行，不然，滋为民病"[15]。又
据《二程遗书》的记载，一向反对新法的程颐也不赞成司马光
变更免役法：

> 后来温公欲变法，伊川使人语之曰："切未可动着役
> 法，动着即三五年不能得定叠去。"未几变之，果纷纷
> 不能定。[16]

当初王安石推出新法，不免仓促，而司马光废除新法亦失
之草率。在变法问题上，朝中形成了以王安石为首的革新派和
以司马光为首的保守派，两派政见不同可以理解。但后来演变
为意气、朋党之争，互相拆台，王安石新法中一些好的办法也
被否定和废除。

在笔者看来，王安石变法符合当时形势的需要，其改革办法也大多适当。但王安石变法为什么最终会失败呢？是因为保守派竭力反对所造成的吗？当然不是。

王安石变法与商鞅变法表面上有某些相似之处：商鞅变法得到了秦孝公的支持，王安石变法得到了宋神宗的支持，而秦孝公与宋神宗都是励精图治的君主。王安石是很想效法商鞅的，他曾作《商鞅》诗说："今人未可非商鞅，商鞅能令政必行。"[17]王安石虽然心仪商鞅，但他骨子里还是一位儒家。

商鞅变法与王安石变法最大的区别：一个是法家主持的变法，一个是儒家主持的变法。法家是现实主义者，儒家是理想主义者（且是回归"尧、舜、三代"的倒退式的理想主义者）。西方的变法容易成功与中国法家变法的容易成功，是由于其变法思想是建筑在"人心本恶"的哲学基础上的，他们在实施变法时，会充分考虑到各种不同的人从私利出发，会利用"变法"做什么事情，因而会考虑到可能发生的最坏的情况，所以在推行变法时会预先制定种种防范措施。而中国儒家式的变法之所以屡屡失败，是由于其变法思想是建筑在"人心本善"的哲学基础上的，他们在实施变法时，会认为只要变法符合当时形势的需要，改革办法也适当，只要一声令下，改革自然会成功。例如青苗法，官府向农户提供小额贷款，"其给之也，以金而不以谷"[18]，有的农户可能不考虑有无偿还能力而贷款，最终导致无法偿还而引来牢狱之灾；"其职之也，以官吏而不以乡人士君子"[19]，官吏有可能利用变法实行聚敛，以发横财。正如宋赵善璙《自警编》卷九所指出的："所遣新法使者，皆刻薄小人，急于功利，遂至决河为田、坏人坟墓、室庐、膏腴之地，不可胜纪。青苗虽取二分之利，民请纳之费至十之七八，又公吏冒名，新旧相因，其弊益繁。"[20]这些弊病到处发生，导致了青苗法的失败。这就给保守派留下了攻击变法革

新的口实。所以，王安石变法的失败，并不是保守派极力反对造成的，首先是自身理想主义的天真所导致的。

除此之外，王安石变法还犯了改革者最容易犯的大忌：急于求成。改革是要改变人们日久形成的思维和习惯，会触动既得利益者的利益，凡改革操之过急者，都有一个共同的缺点，即因为准备不足而自身比较脆弱，经不起反对派的打击，而最终导致改革的失败。其实，王安石也懂得这个道理，他曾说："缓而图之，则为大利；急而成之，则为大害。"[21]但在具体实践中，他又偏离了原先的设想，急于在短时间内落实更多的改革措施。结果事与愿违，欲速而不达。王安石在熙宁二年至六年（1069—1073）的四年间，同时铺开了机构改革、财政改革、农田水利改革、军事改革、科举改革，颁布了均输法、青苗法、农田水利法、募役法、方田均税法、市易法、免行法、保甲法、裁兵法、将兵法、保马法、军器监法等十几条法令。要在短短的四年时间里如何完成好这些改革设计呢？而且哪一件事出了纰漏，都有可能被保守派抓住大做文章。所以清儒钱大昕指出：

> 予尝论安石之学，出于商鞅，而鞅之法专而一，安石之法繁而纷，则才已不逮。鞅自言其治之不如三代，而安石借口讲学，动必称"先王"，以掩其言利之名，则鞅犹不若是之诈也。此所以败坏灭裂，不如鞅之尚有小效也。[22]

保守派领袖多是有名望的老臣。宋神宗急功好名，性格优柔，在改革派与保守派之间容易动摇。改革派没有充分估计保守派的潜在实力，当遭到保守派质疑，便显得激烈和急切，做出要强力惩治反对者的动作。这就激起保守派的合力反扑。作为最高决策者的皇帝一旦犹豫退缩，便导致改革瞬间翻盘。

第二节 熙宁新法与《三经新义》

与庆历时期的儒者重视《周易》和《春秋》"二大经"不同，熙宁新学重视《周礼》《诗经》和《尚书》三经，因而有《三经新义》的撰作，并且是以官学的形式颁布的，如同唐代《五经正义》的颁布。

时贤认为，《三经新义》是对变法所作的理论指导或舆论准备，这是不够准确的。因为这样表述，给人的感觉似乎是《三经新义》撰于新法推行之前。事实上，新法于熙宁二年已经开始推行，随后，在新法推行过程中出现了一些意想不到的问题，因而招来许多质疑与非难。也正是在这种背景下，王安石等人开始考虑编撰《三经新义》，为新法的合理性作理论论证与辩护。也是在此时，宋神宗也意识到要通过经术统一来"一道德""定于一"。《续资治通鉴长编》卷二二九载：

> （熙宁五年正月）戊戌（十八日），上曰："经术今人人乖异，何以一道德？卿有所著，可以颁行，令学者定于一。"安石曰："《诗》已令陆佃、沈季长作义。"上曰："恐不能发明。"安石曰："臣每与商量。"[23]

这是说，王安石于《三经新义》已先筹划，并着手研究，但有了神宗此番"卿有所著，可以颁行，令学者定于一"的上谕，新经义编撰的接续措施便转入经义局的设置与运作。经义局设立于宋神宗熙宁六年三月，由王安石任提举，总领其事。参与经义局、从事《三经新义》撰述的，除了王安石父子外，

还有王安石的门生弟子及其他儒者。熙宁八年书成，颁行天下，为科举取士之标准本。

下面我们着重讨论《三经新义》的编撰主旨与王安石新法的关系。

（一）《周官新义》与"青苗钱"等新法的关系

《周官新义》，或称《周礼新义》，它是《三经新义》中最重要的著作。当明人修《永乐大典》时可能尚有完帙，故《永乐大典》所采颇夥。文渊阁《四库全书》本《周官新义》乃从《永乐大典》辑出。其书共有注文十六卷，四百五十二条。台湾学者程元敏所著《三经新义辑考汇评》中有《周礼》（上下），在收录此书基础上，又从各书中辑出王安石与《周礼》相关的言论，以及宋至清代学者对《周官新义》的评论附于其中，此书可以说是研究王安石《周官新义》最全的资料汇编。

《三经新义》中，唯有《周官新义》是王安石独立撰著的。虽然王安石于熙宁年间才动手撰作此书，但王安石关于《周礼》等经典的研究甚早，并由此形成了他关于政治改革的构想。早在宋仁宗嘉祐三年 (1058 年)，时年王安石三十八岁，此前任提点江东刑狱。当他任满返京、入为度支判官之时，给宋仁宗上了一篇万言书[24]，其文言辞激切，极陈当世之务，倡言改革。宋仁宗并没有接受他的意见，但这篇万言书却成为了王安石日后变法的纲领，其中所可注意者有如下两点：

1. 其文首先提到："天下之财力日以困穷，而风俗日以衰坏，……患在不知法度故也。"[25]这是王安石日后以"青苗法"为变法核心内容的动因，也是他特别重视《周礼》一书的动因。王安石变法首先要解决的就是当时国家的财政困局。

2. 其文接着提到："今之失，患在不法先王之政者，以谓当法其意而已。……法其意，则吾所改易更革，不至乎倾骇天下之耳目，嚣天下之口，而固已合乎先王之政矣。"[26]这是王安石日后撰作《三经新义》的动因，因为《周礼》《诗经》《尚书》三部经典正是讲"先王之政"的书，撰作《三经新义》正是为"改易更革"张目，以消弭保守派关于变法的种种质疑与非难。

王安石所立新法的顶梁柱是"青苗法"。青苗法的实质是由官府向农户发放小额贷款——"青苗钱"。"青苗钱"的放贷是由新党人物李参（清臣）首创的，《宋史·李参传》称李参任"陕西转运使，部多戍兵，苦食少，参审订其阙，令民自隐度麦粟之赢，先贷以钱，俟谷熟还之官，号'青苗钱'。经数年，廪有羡粮。熙宁'青苗法'盖萌于此矣"。[27]这是说，放贷青苗钱，起始于陕西转运使李参征购军粮之时。王安石推行青苗法的立意在于：农户困乏常在庄稼青黄不接之际，兼并之家常于此时趁火打劫，以加倍的利息放贷，而农户常苦于借贷不到。实行青苗法，农户便可以从官府处得到较低利息的贷款，由此亦可抑制兼并之家的巧取豪夺行为。青苗法规定，每年由官府两次发放农户小额贷款，农户在夏、秋两次收成之后偿还贷款并加纳二分（20%）的利息。青苗法还规定："不愿请者，不得抑配。"[28]所谓"不得抑配"即不得强行摊派贷款。

"青苗法"从好处方面说，一则对于困乏的农户而言，是救急的良法；一则贷款利息可以较大增加政府的财政收入。王安石新党之所以下大力气推行"青苗法"，是因为他们自认为找到了解决"天下之财力日以困穷"的良方妙法。但王安石或者是没有想到，或者是放松了警惕，"良方妙法"若运用得不好，也会变成毒药恶法。

由于贷款利息迅速增加了政府的财政收入，使得"青苗法"在实施过程中变味、走样，一些地方官吏故意采取强行摊派的方式，不论贫富之家，强迫贷款。而原本就"以理财为方今先急"的王安石，对此做法非但没有及时纠正，还似乎作为一种行政经验加以推广。因此，青苗法便引起朝廷中新旧两党官员日趋激烈的斗争。

其实，任何一种改革，应完全从现实出发来解决和纠正新出现的实际问题。书生气十足的王安石却企图通过经典的解读，来解决和平息纷争。但恰恰在经典的解读上，王安石并不能一手遮天、钳人之口。因为旧党人物如文彦博、韩琦、富弼、司马光、吕公著等人都是饱读经书的经筵老臣，他们对经典完全可以作出不同的解读。

王安石推行"青苗法"从《周礼》中找到了理论根据。《周礼·地官·泉府》讲到"泉府之官"，"泉"是古"钱"字。"泉府之官"有似近代国家银行与商贸部的混合体。其曰：

> 泉府，掌以市之征布。敛市之不售，货之滞于民用者，以其价买之；物楬而书之，以待不时而买者，买者各从其抵。……凡赊者，祭祀，无过旬日；丧纪，无过三月。凡民之贷者，与其有司辨而授之，以国服为之息。凡国事之财用，取具焉。[29]

这段话前面是说，西周官府为了备民之缓急，设泉府之官，存储市集商人的钱财，若商人有货物滞留市集而无人买，官府则以时价将它买下来，并列表逐物书其价格以示民，"以待不时而买者"，届时再以原价卖给他。若民有祭祀、丧纪等事，临时急用，而又无钱购买，官府允许其在一定限期内，或赊欠货款，或借贷钱款。赊欠货款取偿不取息，借贷钱款则按本以计息。这段话关键的一句是"以国服为之息"，"国服"二字向来解释不明，有人解"服"为"服役"，"以服役公家为息"；有人解"服"为甸服、侯服等，由地域远近不同，收取的利息不同。地域越远，利息越高。按照郑众、郑玄等人的解释，当时的最高利息是"二十而五"，即借贷二十千钱，年息五千钱，即年息不超过 25%。上面一段话应该说是《周礼》作者本人的"乌托邦"式的设计，西周之时未必真的实行过这种制度。

王安石以《周礼》为根据制定和推行"青苗法"，最重视的是上面引文中的这句话："凡民之贷者，与其有司辨而授之，以国服为之息。"政府发放"青苗钱"，凡有农户要借贷者，主管官吏要研判他有无还贷能力，然后才会借贷给他，而借贷青苗钱收取利息是合理的。革新派强调这种利率比当时"兼并之家"放贷的利率要低，并且也并未超过《周礼》"泉府之官"的利率。但旧党人物韩琦随即指出，青苗钱"凡春贷十千，半年之内便令纳利二千；秋再放十千，至岁终又令纳利二千。则是贷万钱者不问远近，岁令出息四千"[30]，则年利率已达40%。这当然已是很高的利息了。《周礼》是以"期"即一年来计算利息的，新法是按半年来计算利息的；新法比《周礼》的最高利率还要高出许多，因而韩琦批评新法"与民争利"。

再有，《周礼·旅师》中有"以质剂致民，平颁其兴积"之语[31]。《周礼》原文语意含糊，其大概的意思是，当向人民放贷时，要有担保人（"质"）和契约书（"剂"）；并且要本着公平（"平"）的原则。而王安石《周官新义》在注"平颁其兴积"一句时说："无问其欲否，概与之也，故谓之平。"[32]这样解释，那放贷青苗钱也不必考虑农户情愿与否，可以一概与之了。

王安石对《周礼》"平颁其兴积"的解读，遭到后世的批评，其中具有代表性的是杨时的批评，杨时说：

　　今兼并之家，能以其资困细民者，初非能抑勒使之称贷也，皆其自愿耳。然而其求之艰，其出息重，非迫于其急不得已，则人孰肯贷也？今比户之民概与之，岂尽迫于其急不得已哉？细民无远虑，率多愿贷者，以其易得而息轻故也。以易贷之金资不急之用，至期而无以偿，则荷校束手为囚虏矣。……余以为青苗利害不在愿与不愿，正在官司以轻息诱致之也。……青苗其意乃在取息而已。[33]

《周官》"平颁其兴积"，说者曰："无问其欲否，概与之也。"故假此为青苗之法，当春则平颁，秋成则入之，又加息焉。……取其息而曰"非渔利也"，其可乎？……今也无问其欲否而颁之，亦无问年之丰凶而必取其息，不然则以刑法加焉，《周官》之意果如是乎？[34]

杨时一句"青苗其意乃在取息而已"，可谓道破天机。"青苗法"的本质是解决国家的财政困难，其方法是通过政府向农户贷款取息，以使国库的钱增多。其所以取名"青苗法"，是为了使这种贷款取息行为具有正当性。因为农户当庄稼"青黄不接"、度日困难时，会向富户借粮借钱，富户会开出比较苛刻的条件，要求比较高的利息，而此时政府可以向农户贷款，并且只要求比富户低的利息。这首先是便利了农户，其次也可使国库日益充实。

但官府这样大规模地向农户放贷钱款，难免要出问题。司马光曾经预言："愚民知取债之利，不知还债之害。"由于"青苗钱"利息较富户放贷的利息要轻，并且容易贷到，农户率多愿贷，但其中有相当的人并非急需，而有些人因种种原因到期无力还本付息，便会由此惹上官司，束手成为囚虏。而官府陷入与农户的众多债务纠纷中，那社会怎会不乱套呢？

王安石喜欢引古以证今，以此来化解人们对他"好新立异"的批评，殊不知这又成为他"泥古不化"的铁证。"画虎不成反类猫"，成为其变法的一大败笔。如他于熙宁五年十二月《上五事札子》中所说：

> 盖免役之法，出于《周官》所谓府、史、胥、徒，《王制》所谓"庶人在官"者也。然而九州之民，贫富不均，风俗不齐，版籍之高下不足据，今一旦变之，则使之家至户到，均平如一，举天下之役，人人用募，释天下之农，归于畎亩。……
>
> 保甲之法，起于三代丘甲，管仲用之齐，子产用之郑，商君用之秦，仲长统言之汉，而非今日之立异也。然而天下之人，兔居雁聚，散而之四方而无禁也者，数千百年矣，今一旦变之使行，什伍相维，邻里相属，察奸而显诸仁，宿兵而藏诸用。……
>
> 市易之法，起于周之司市，汉之平准。今以百万缗之钱，权物价之轻重，以通商而贳之，令民以岁入数万缗息。……
>
> 故免役之法成，则农时不夺，而民力均矣；保甲之法成，则寇乱息，而威势强矣；市易之法成，则货贿通流，而国用饶矣。[35]

王安石把他所制定实施的免役法、保甲法、市易法等，都上溯于三代的历史渊源，以便这样那样地与《周礼》一书发生联系。其实，王安石援引《周礼》以论证变法的正当性，既无补于变法本身，也无益于经典诠释。

韩琦当日曾批评王安石说："今古异制，贵于便时。《周礼》所载有不可施于今者，其事非一。"[36] 王安石怀抱一种虚幻的先王理想，企图用以解决棘手的现实问题，而无视历史与

现实的巨大差异，这就注定了其改革的失败。

（二）关于《诗经新义》

《诗经新义》为王安石、王雱父子合撰，后世《诗经》注本引用此书称"王氏曰"，即统指王安石父子。此书早佚，恩师邱汉生先生所作《诗义钩沉》为此书之辑本。其后台湾学者程元敏著《三经新义辑考汇评》，其中《诗经》一编，是更全的辑本。元代梁益《诗传旁通》卷十五称：

> 至唐孔颖达氏取《毛传》《郑笺》而疏之，谓之《正义》，《诗》之制度名物于是大备，然其训说皆不敢背乎《小序》，未有舍《序》而自为之说者。惟宋欧阳公、王荆公诸先生出，卓然有见，高视千古之上，舍《序》舍《传》而研究经旨，理明义精，犁然允当，如唐之啖助、赵匡、陆淳舍传言《春秋》，非寻常识见所及。[37]

关于《诗经》研究，西汉时有齐、鲁、韩、毛四家诗说，齐诗、鲁诗、韩诗为今文经学，毛诗为古文经学。齐、鲁、韩三家诗说先后亡佚，唯毛诗独存，毛诗有《小序》，提示每首诗的本事与美刺。东汉郑玄曾为之作《笺》，唐代孔颖达又为之作疏。此后之学者皆被牢笼其中。北宋时欧阳修作《诗本义》，王安石、王雱作《诗经新义》，争出新意，摆落毛郑旧说，对《诗经》研究起到了一种思想解放的作用。兹举二例：

1. 《小雅·我行其野》，按传统诗说，衰乱之世，人失忠厚之心。当饥荒之年，女婿投奔岳父，岳父嫌贫爱富，不肯收容女婿，欲将女儿另嫁。此诗所言即是女婿的怨怒之言。吕祖谦《吕氏家塾读书记》卷二十转述王安石父子《诗经新义》说：

> 王氏曰：此民不安其居，而适异邦，从其婚姻而不
> 见收恤之诗也。先王之诗曰："既有肥牡，以速诸舅，宁
> 适不来，微我有咎。"又曰："笾豆有践，兄弟无远。"其
> 躬行仁义，道民厚矣。犹以为未也。又建官置师，以
> 孝、友、睦、姻、任、恤六行教民。为其有父母也，故
> 教以孝；为其有兄弟也，故教以友；为其有同姓也，故
> 教以睦；为其有异姓也，故教以姻；为邻里乡党相保相
> 爱也，故教以任；相赒相救也，故教以恤。以为徒教之
> 或不率也，故使官师以时书其德行而劝之；以为徒劝之
> 或不率也，于是乎有不孝、不睦、不姻、不弟、不任、
> 不恤之刑焉。方是时也，安有如此诗所刺之民乎？[38]

王安石父子《诗经新义》解释《小雅·我行其野》是很精彩的，因而为吕祖谦、朱熹诸家所引用。但细品王安石父子的解释又是与《周礼》相表里的。因为以孝、友、睦、姻、任、恤六行教民，正是《周礼·地官·大司徒》的内容。

2.《七月》之诗为《豳风》之首篇，旧说谓周公所作，细数周族先民创业之艰难。此诗从七月写起，缕述周之农人一年中各月的劳动和生活，诗中虽亦言及年终燕享之乐，但大部分篇章所述乃人民之辛苦劳作。然而在传统经师那里，凡被定为圣人所作之诗，皆尽力加以美化，王安石推崇三代政治，特别是成王、周公所主导的西周政治，因而对《七月》一诗所反映的社会生活极力加以美化，以为他政治改革的先王理想张目。

> 仰观日星霜露之变，俯察虫鱼草木之化，以知天
> 时，以授民事。女服事乎内，男服事乎外。治自内而

外，化自上而下。上以诚爱下，下以忠报上。父父子子，夫夫妇妇。养老而慈幼，食力而助弱。不作无益也，备豫乎桑田之事而已；非特备豫乎桑田之事而已也，苟可以除患者皆备豫焉。不贵异物也，致美乎桑田之器而已；非特致美乎桑田之器而已也，苟可以成礼者皆致美焉。人无遗力矣，故事不足治也。地无遗利矣，故物不可胜用也。女不淫而仁也，又有礼焉；士不惰而武也，又有义焉。……其祭祀也时，其燕享也节。夫然，故天不能灾，人不能难，上下内外和睦，而以逸乐终焉。此《七月》之义也。[39]

南宋时朱熹、吕祖谦等皆将王安石此序录进自己的诗注中，而元代方回评价说："王荆公说诗，极有佳者，其说《七月》之诗曰：'……'回谓此一段文势铿锵浏亮。……荆公说《七月》之诗，论先王之治，如指诸掌。"[40]其实，无论是朱熹、吕祖谦，还是方回，在对所谓"周公之诗"的解释上都有相同的文化情结。

王安石父子《诗》注虽新，但其中不免有许多牵强附会的主观臆见。其实，有时《毛传》的解释并不错，而王安石新注反而改错了。宋洪迈《容斋随笔》卷十五《注书难》云：

注书至难，虽孔安国、马融、郑康成、王弼之解经，杜元凯之解《左传》，颜师古之注《汉书》，亦不能无失。王荆公《诗新经》，"八月剥枣"解云："剥者，剥其皮而进之，所以养老也。"毛公本注云："剥，击也。"陆德明音普卜反。公皆不用。后从蒋山郊步至民家，问其翁安在？曰："去扑枣。"始悟前非。即具奏乞除去十三字，故今本无之。[41]

《诗经》中的诗原本是文学作品，因为作者的好恶具有正当性，而被赋予了公共道德的价值观意涵，并非作者先有了这些价值观，而后把它转换成诗的语言。但王安石解释《诗经》，将其中一些平常的语词，皆作仁义礼智信的道德意涵来解释，不免有刻意拔高和牵强附会之嫌，如《唐风·有杕之杜》：

> 有杕之杜，生于道左。彼君子兮，噬肯适我。中心好之，曷饮食之？有杕之杜，生于道周。彼君子兮，噬肯来游。中心好之，曷饮食之？

王安石解释说："'道左'者，盖以况'仁'；'道周'者盖以况'礼'。"如此解诗，那诗歌便索然无味了。所以宋李樗批评说：《诗》言'道左''道周'，王氏以谓'仁'与'礼'。如此则何之而不可为也？其穿凿至于如此。"[42]

又如《秦风·蒹葭》是一首意境极其优美的诗篇，今录其首章：

> 蒹葭苍苍，白露为霜。所谓伊人，在水一方。溯洄从之，道阻且长；溯游从之，宛在水中央。

《毛诗序》认为这是刺秦襄公的诗："《蒹葭》，刺襄公也，未能用周礼，将无以固其国焉。"由于这个解释与王安石欲复兴"周礼"的政治理想有合拍之处，王安石便曲生义训，解释说："仁，露；义，霜也。而礼节斯二者。襄公为国而不能用礼，将无以成物，故刺之曰'蒹葭苍苍，白露为霜'。"又说："降而为水，升而为露，凝而为霜，其本一也。其升也、降也、凝也，有度数存焉，谓之时，此天道也。畜而为德，散而为仁，敛而为义，其本一也。其畜也、敛也、散也，有度数

存焉，谓之礼，此人道也。"这种解释太过离谱，以致李樗批评说："王氏乃曰：'仁，露；义，霜也。而礼节斯二者。……'其说固已迂矣，而义谓：'降而为水，升而为露，……'其言破碎，一至于是！"[43]

（三）关于《尚书新义》

《尚书》如笔者所言，乃是以春秋之前的老古文撰写的，艰深难懂，在韩愈那里就有"周诰殷盘，佶屈聱牙"[44]的评语。宋初的《尚书》传本，是以伪托汉孔安国的传注为底本，而由唐孔颖达等人综合前人义疏而成的《尚书正义》。宋初诸儒早已厌倦汉唐儒者的经典注释，因而有一种喜奇求新的治学心态。刘敞的《七经小传·尚书》、王安石父子的《尚书新义》、苏轼的《书传》等皆为重新解释《尚书》做出了"求新"的尝试。

由于王安石的《三经新义》（包括《尚书新义》）是以官学的形式颁布于全国，并用于科举考试。所以它在当时的声势气焰之高，其他经注的地位是无法与之比隆的。可是当宋徽宗之时元祐党祸兴起，许多正派的学者遭打压之后，学者羞于再提王安石的《三经新义》，《三经新义》（包括《尚书新义》）便逐渐失传了。

《尚书新义》由王雱主撰，王安石最后定稿。晁公武《郡斋读书志》卷一上谓："王安石提举，而雱董是经，颁于学宫，用以取士，或少违异，辄不中程，由是独行于世者六十年。而天下学者喜攻其短，自开党锢之禁，世人羞称焉。"[45]《尚书新义》早已失传，今人所了解的部分内容，基本是其后攻驳此书的学者所引录的，其中南宋初林之奇的《尚书全解》引录最多。台湾程元敏先生的《三经新义辑考汇评——尚书》是现今最全的辑本。

《尚书新义》有其显著的优点，如对《酒诰》"矧惟若畴，圻父薄违，农父若保，宏父定辟"的断句，先前儒者皆断句为"矧惟若畴圻父，薄违农父，若保宏父定辟"[46]。朱熹评价说，仅此而论，便见王安石"复出诸儒之表"[47]。

王安石父子注《尚书》，本着"阙而不论"的原则，凡书义疑有脱误而不可知者，皆阙而不注。林之奇对此态度加以肯定，说：

> 自《汩作》至《亳姑》凡四十有六篇，皆逸书也。其书既逸，则其序之义不可以强通。而孔氏……顺序文而为之说，未必得书之本意。……王氏解经，善为凿说，凡义理所不通者，必曲为凿说以通之。……而于逸书，未尝措一辞，皆阙而不论，此又王氏之所长，而为近世法者也。[48]

王安石的《尚书新义》虽然有许多"复出诸儒之表"的精辟见解，但也有不少穿凿、破碎的无根之谈。如解《虞书·尧典》"乃命羲和"，《尚书新义》说："散义气以为羲，敛仁气以为和。日出之气为羲，羲者阳也；利物之谓和，和者阴也。"[49]林之奇批评说："羲和即人之名，安有阴阳、仁义之说哉？此不可行也。"[50]

又如解《商书·仲虺之诰》"佑贤辅德，显忠遂良"，《尚书新义》说："佑者，右也；辅者，左也。"[51]林之奇批评说："此言为善者必为人之所助也。……学者观其大意可也。若求之太深，必欲从而为之说，……则将不胜其凿矣。"[52]

也有学者指出，王安石《尚书新义》的突出问题，既不是"复出诸儒之表"，也不是穿凿破碎，而是"道术之不正"。陈渊为杨时弟子，为人正直有气节，他对王安石也有所批评，但

比较公正，不似其师杨时那样激烈。《默堂集》卷二十二记载他与楼炤（仲晖）的一次对话，颇有意趣，今录之如下：

> 楼仲辉（晖）云："从来解书义，谁解得好？"余曰："若论注解，莫无出荆公。由汉以来专门之学，各有所长，唯荆公取其所长，绚发于文字之间。故荆公为最。"仲辉云："穿凿奈何？"余曰："穿凿固荆公之过，然荆公之所以失，不在注解，在乎道术之不正，遂生穿凿。穿凿之害小，道术之害大。"仲辉曰："荆公之说本于先儒，先儒亦有害乎？"曰："先儒只是训诂而已，不以己意附会正经，于道术初无损益也。"[53]

陈渊的品评极有见地，王安石父子的《三经新义》较前人解释有许多高明之处，但一涉及与现实政治有联系之处，便"以己意附会正经"，为强力推行新法进行理论辩护。

如：《商书·仲虺之诰》有"用人惟己"之语，向来注家有两种理解：一种理解是采用别人的建言，如自己的建言；一种理解是任用什么人要由自己做主，但这种理解，与古来"用人惟贤"的理念显然有别。而王安石所采用的恰是第二种理解，他说："用人惟己，己知可用而后用之。如此则是果于自任，而不从天下之所好恶也。王者心术之真，大抵如此。"[54] 王安石这样注解《尚书》，与他推行"变法"时所实行的用人政策正相吻合。所以林之奇批评说："王氏心术之异，大抵如此。"[55]

又如：王安石父子的《尚书新义》喜欢在"盘庚迁殷"和"周公东迁"两件事上做文章。首先是"盘庚迁殷"之事，商朝先王盘庚，欲率族众迁都邑于殷地，遭到大多数贵族的强烈抵制。这些贵族贪图安逸，不愿搬迁。一些有势力的贵族甚至制造妄言诡说，煽动平民，所以小民也多有怨言。盘庚面对强大的反对势力，没有动摇迁殷的决心。他对贵族势力的反对言论加以斥责，并发出警告：凡奸诈邪恶、不听话者，将给予他们严厉的打击。结果挫败了反对势力，完成了迁都之举。王安石父子的《尚书新义》说："妄言适足以乱性，有至于亡国败家者，犹受人之妄刺，非特伤形，有至于杀身者矣。故古之人疾谗说、放淫辞，使邪说者不得作。"[56]南宋初林之奇批评说："当时王介甫变史祖宗之制度，立青苗、免役等法，而当朝公卿，下而小民皆以为不便，而介甫决意行之，其事与盘庚迁都相类，故介甫以此借口，谓臣民之言皆不足恤。……故虽以盘庚自解说，而天下之人终不以盘庚许之者，以其迹虽同而其心则异也。……观王氏此言，其与诵六经以文奸言者何以异哉？"[57]

其次是"周公东征"之事。周武王病逝，成王年幼，由周公摄政。周公的兄弟管叔、蔡叔、霍叔（三叔）散布谣言，说周公将要篡夺王位，并联合商纣王的儿子武庚及东方诸方国起兵叛乱。周公多方权衡，决定兴师东征。但朝中一些大臣表示疑虑，不予支持。周公作《大诰》，阐发东征的理由，其中讲到民间贤者有十人（"民献有十夫"）支持东征。王安石父子的《尚书新义》说："武庚，周所择以为商臣；三叔，周所任以商事者也。其材似非庸人，方主幼国疑之时，相率而为乱，非周公往征，则国家安危存亡殆未可知。然承文、武之后，贤人众多，而迪知上帝以决此议者，十夫而已。况后世之末流欲大有为者，乃欲取同于污俗之众人乎？"[58]王安石父子的这个注释，意在为新法做辩护。当时朝中大臣支持新法的不多，认为这不足为虑，因为当初支持周公东征的朝中大臣也不多。林之奇对此批评说：

王氏此言，假之以为新法之地也。故每于盘庚迁

都、周公东征以傅会其说，而私言之以寓其意焉。殊不知己之所为，与盘庚、周公之事相近而实不侔也。盘庚之迁都，将以奉上天之命而复先王之业也，不迁则有垫溺之患；周公之东征亦将以奉上天之命而终前人之功也，不征则有割据之祸。而当时邦伯师长、邦君御事，玩一时之安而不虑他日之忧，故扇为异论以摇其上。盘庚、周公于此，惟不忍以利驱而势迫之，故丁宁反复，至于再三，必使之心悦诚服而后已，非是诰之而不从则遂胁之以刑威，而有所不恤也，盖必使其心皆信其所为而后与之共事。使其诰之而不从而遂有所不恤，则其与不诰也何以异哉？故盘庚之迁、周公之征，虽其始也有异同之论，而其既已诰之矣，则莫不改心易虑，惟上之是听，不独"民献十夫"以为可征也。[59]

不管王安石父子的《尚书新义》有多少合理成分，只要将此书用来作为其变法的辩护书，那此书便已失败了。不管王安石变法之事是否与"盘庚迁殷"和"周公东迁"之事类似，只要王安石想要照搬盘庚、周公的历史经验，仿照他们的行事风格，那就注定要失败了。因为时过境迁，这种泥古、复古的书生气如何成得了"变法"这种大事呢？

第三节　熙宁变法对此后科举制度的影响

北宋的科举考试，是沿用唐朝的办法，主要有明经科和进士科，明经科重"帖经"与"墨义"，在于课试考生对经典的死记硬背功夫，其具体方法是怎样的呢？唐杜佑《通典·选举三》讲到唐代明经科的"帖经"之法说：

　　凡举司课试之法，帖经者以所习经掩其两端，中间开唯一行，裁纸为帖，凡帖三字，随时增损，可否不一。或得四、或得五、或得六者为通。（后举人积多，故其法益难，务欲落之，至有帖孤章绝句、疑似参互者以惑之。甚者，或上抵其注，下余一二字，使寻之难知，谓之"倒拔"。）[60]

　　中国古书例皆竖写，此法只取某经书中的一行，中间贴糊数字，要考生根据上下文义填充空字。若出十题，以填对其中的若干题（或四、或五、或六）为通经。后来考生增多，考官挖空心思出刁钻之题，由于经书是经注合抄，经文中间夹有注文，考官帖经有时上抵注文，下仅余一二字，因为经文与注文不能连读，所以只能根据后面的一二字来判断帖经内容，这种帖经考试方法，当时谓之"倒拔"，若非对经书能倒背如流的人是很难考取的。

　　马端临在其《文献通考·选举三》中讲到宋初"墨义"课试的具体方法：

　　自唐以来，所谓明经者，不过帖书、墨义而已。愚尝见东阳丽泽吕氏家塾，有刊本吕许公夷简应本州乡举试卷，因知"墨义"之式盖十余条，有云："作者七人矣。请以七人之名对。"则对云："七人某某也。谨对。"有云："见有礼于其君者，如孝子之养父母也。请以下文对。"则对云："下文曰：'见无礼于其君者，如鹰鹯之逐鸟雀也。'谨对。"有云"请以注疏对"者，则对云："注疏曰：云云。谨对。"有不能记忆者，则只云："对未审。"盖既禁其挟书，则思索不获者不容臆说故也。……大概如儿童挑诵之状，故自唐以来贱其科，所以不通

者，殿举之罚特重，而一举不第者不可再应，盖以其区区记问犹不能通悉，则无所取材故也。艺祖许令再应，待士之意亦厚矣。[61]

由上述资料可知，所谓"墨义"，类似于现代备有标准答案的问答题，不过所涉及的内容全部是儒家的经文与注疏，这要完全依靠背诵记忆，不能记忆者亦不许瞎猜乱说。这也就是后来理学家们所一再批评的所谓"记问之学"。

唐宋时期的科举考试制度可以说是一种文官选拔制度，它为士人参与政治提供了一种公平竞争的机会，就此点而言，它在历史上是具有积极意义的。既然是考试，就必须有一种使人无可争议的硬性标准。当经典注疏的标准读本与科举考试捆绑在一起的时候，便有了上面所说的"帖经"与"墨义"的办法，这也许是当时所能提出的唯一可行的办法。但从后来历史的发展看，这并不是一个好办法。因为无论是"帖经"还是"墨义"，都强调一种死记硬背的功夫，用这种办法遴选人才，"所学非所用，所用非所学"，非但不能选拔出优秀的政治管理人才，反而会将士人引入歧路，败坏人才。

早在唐代宗宝应二年（763）礼部侍郎杨绾就上书指出现行科举考试制度的弊病，当时他批评明经科"比试帖经，殊非古义"；进士科的诗赋考试使得士人"争尚文辞，互相矜炫"[62]。宋代科举的明经科和进士科的考试也有同样的弊病。因而宋仁宗庆历三年（1043）范仲淹任参知政事（副宰相），上《十事疏》，其中第三项"精贡举"指出："国家乃专以辞赋取进士，以墨义取诸科，士皆舍大方而趋小道，虽济济盈庭，求有才有识者十无一二。况天下危困，乏人如此，将何以救？"因而提出："取士之科，即依贾昌朝等起请，进士先策论而后诗赋；诸科墨义之外，更通经旨。使人不专辞藻，必明理道，则天下讲学必兴，浮薄知劝，最为至要。"[63] 这是一个不失温和的改革方案，但因"庆历新政"的失败而流产。

宋神宗熙宁四年，朝廷下令废除陈旧的科举考试制度，推行以注重阐发义理为特点的新的科举考试制度。李焘《续资治通鉴长编》卷二二〇记载：

> 熙宁四年二月丁巳朔，……定贡举新制：进士罢诗赋、帖经、墨义，各占治《诗》《书》《易》《周礼》《礼记》一经，兼以《论语》《孟子》。每试四场，初本经，次兼经，并大义十道，务通义理，不须尽用注疏；次论一首；次时务策三道；礼部五道。中书撰大义式颁行。[64]

这里值得注意的有两点：其一，改革以诗赋、帖经、墨义取士的科举考试方法，自唐代宗时的杨绾提出，到宋神宗熙宁年间王安石变法得以实施，足足经历了三百多年的时间。

其二，王安石改革科举考试首次以国家法典的形式将《孟子》一书正式升格为"经"。[65] 王安石青年时即推崇孟子，欧阳修是宋代古文运动的领袖，他称赏王安石的古文写得好，说王安石日后可比肩韩愈。王安石则回答说他心目中的理想人物是孟子，不是韩愈。他在《奉酬永叔见赠》一诗中说："他日若能窥孟子，终身何敢望韩公。"[66] 由于他的大力倡导，孟子学在北宋受到士大夫的广泛重视。四库馆臣评论说："唐以前，《孟子》皆入儒家，至宋乃尊为经。元丰末，遂追封为邹国公，建庙邹县，亦安石所为。"[67] 四库馆臣肯定了王安石对推尊孟子的历史贡献。

荆公新学之所以称为"新"，乃在于它通过国家政令改革科举考试制度，破除汉唐以来的经典训诂之学，而代之以经典义理之学。宋代儒家义理之学的勃兴，实由荆公新学扫清道路。

宋神宗去世后，哲宗即位，年甫十岁，太皇太后听政，起用旧党领袖司马光为尚书左仆射（宰相），王安石所立新法废罢殆尽，唯有关于科号制度的改革得以保留下来。当时司马光评论此项改革政策说："神宗罢赋、诗及诸科，专用经义、论、策，此乃复先王令典，百世不易之法。"[68]在这方面，同属旧党一派的程颐也对传统的传注之学表现了鄙弃的态度，如他说："汉之经术安用？只是以章句训诂为事。"[69]"经所以载道也，诵其言辞，解其训诂，而不及道，乃无用之糟粕耳。"[70]王安石废罢传统的诗赋、帖经、墨义的科举考试方法，而改用经义、论策取士，得到了司马光的认同。当时所谓旧党、新党，主要是反映在当时经济政治改革上的党争，而在对待传统的传注之学及科举考试弊病的看法上，两派却有一致的立场。

旧党人物虽然赞同王安石的科举考试改革，但却不赞同以《三经新义》作为科举考试的标准。王安石以"一道德"的名义将其所著《三经新义》颁行天下，作为学校教习与科举考试的内容，这又意味着一种新的思想禁锢，会妨碍学术的自由发展。因此司马光批评说："王安石不当以一家私学，欲盖掩先儒，令天下学官讲解及科场程试，同己者取、异己者黜，使圣人坦明之言转陷于奇僻，先王中正之道流入于异端。若己论果是，先儒果非，何患学者不弃彼而从此，何必以利害诱胁如此其急也？"[71]苏轼也说："文字之衰，未有如今日者也。其源实出于王氏。王氏之文，未必不善也，而患在于好使人同己。自孔子不能使人同，颜渊之仁，子路之勇，不能以相移。而王氏欲以其学同天下！"[72]思想统一与学术自由从来就是一对矛盾，汉武帝时有思想统一的要求，董仲舒因而提出"罢黜百家，表章六经"的对策；唐太宗时有经学统一的要求，于是而有孔颖达等人的《五经正义》；宋神宗时，在"庆历之际，学统四起"的背景下，又有经学统一的要求。宋神宗向王安石明确提出："经术今人人乖异，何以一道德？卿有所著，可以颁行，令学者定于一。"[73]王安石的《三经新义》乃是奉敕而作，立为功令的，并非其个人非要如此。既然科举取士要有一定的标准，《三经新义》就自然成为了取士的标准。这自然给撰著者带来了荣誉，但也要撰著者被迫承担压制学术自由的责任。与董仲舒、孔颖达不同的是，王安石并不是一位纯粹的学者，他同时身兼宰辅之任，这就意味着其会利用权力地位来强制推行自家学说。[74]

在当时，王安石无论在政治上，还是在学术上都有其反对派，足以与之分庭抗礼，在汉唐注疏之学的权威已然被打破的情况下，王安石要利用权力地位树立自家学术思想的新的权威已经是不可能的。这不仅是在司马光所代表的旧党主政时如此，即使在元祐党禁、新党人物重新执政之后，也是如此。事实上，直到北宋末年王安石新学一直居于"官学"地位，但它已不能阻止民间学术的自由发展。

注释：

[1]〔南宋〕李心传：《建炎以来系年要录》，北京：中华书局，1956年，第1508页。

[2]梁启超：《王荆公》，《饮冰室合集·专集》第7册，北京：中华书局，2015年，第1页。

[3]朱熹《三朝名臣言行录》云："公好读书，能强记，虽后进投贽及程试有美者，一读过辄成诵在口，终身不忘。其属文动笔如飞，初若不措意，文成，见者皆服其精妙。……议论高奇，能以辨博济其说，人莫能屈。始为小官，不急急于仕进。……由是名重天下，士大夫恨不识其面。"（参见〔宋〕朱熹撰，朱杰人、严佐之、刘永翔主编：《朱子全书（修订本）》第12册，上海：上海古籍出版社；合肥：安徽教

育出版社，2002 年，第 537 页。）又，宋马永卿编《元城语录解》卷上：
"当时天下之论，以金陵（王安石）不作执政为屈"。（参见〔宋〕马永
卿辑；〔明〕土崇庆解，崔铣编行录，〔清〕钱培名补脱文：《元城语录解》，北京：
中华书局，1985 年，第 9 页。）

[4]"（熙宁二年）二月庚子，以翰林学士王安石为右谏议
大夫、参知政事。初，帝欲用安石，以问曾公亮，公亮力荐之，
唐介言安石不可大任，帝曰：'卿谓安石文学不可任邪，经术不
可任邪，吏事不可任耶？'介曰：'安石好学而泥古，议论迂阔，
若使为政，恐多更变。'……帝不以为然，竟用安石。"（参见〔
清〕毕沅：《续资治通鉴》，北京：中华书局，1957 年，第 1634 页。）又，《宋
史》卷三一二："（韩）琦曰：'安石为翰林学士则有余，处辅弼
之地则不可。'"（参见〔元〕脱脱等：《宋史》，北京：中华书局，1985 年，
第 10229 页。）

[5]〔宋〕王应麟：《困学纪闻》，上海：上海古籍出版社，
2008 年，第 1094 页。

[6][61][68][71]〔元〕马端临著：《文献通考》，北京：中华书
局，2011 年，第 939，876—877，712，713 页。

[7][23][64][73]〔宋〕李焘：《续资治通鉴长编》，北京：中华
书局，2004 年，第 9500，5570，5334，5570 页。

[8]〔宋〕吕祖谦：《皇朝文鉴》（一），载黄灵庚、吴战垒主
编：《吕祖谦全集》第 12 册，杭州：浙江古籍出版社，2008 年，
第 874 页。

[9][18][19]〔宋〕蔡上翔：《王荆公年谱考略》，上海：上海人
民出版社，1974 年，第 112，228，228 页。

[10]〔唐〕杜牧著，吴在庆校注：《杜牧集系年校注》，北京：
中华书局，2008 年，第 10 页。

[11][12][14][47]〔宋〕朱熹撰，朱杰人、严佐之、刘永翔主
编：《朱子全书（修订本）》第 20—25 册，第 4052，4040，3776，

2057 页。

[13]〔清〕颜元:《颜元集》,北京:中华书局,1987 年,第 799—800 页。

[15][27][30]〔元〕脱脱等:《宋史》,第 10286,10619,4283 页。

[16][69][70]〔宋〕程颢、程颐著,王孝鱼点校:《二程集》,北京:中华书局,2004 年,第 425,232,671 页。

[17][21][25][26][35][66]〔宋〕王安石:《临川先生文集》,北京:中华书局,1959 年,第 355,440,410,410—411,440—441,264 页。

[20]〔宋〕赵善璙:《自警编》,北京:中华书局,1985 年,第 247 页。

[22]〔清〕钱大昕著,陈文和主编:《潜研堂文集》,《嘉定钱大昕全集(增订本)》第 9 册,南京:凤凰出版社,2016 年,第 54 页。

[24]梁启超称之为"秦汉以后第一大文"。(参见梁启超:《王荆公》,《饮冰室合集·专集》第 7 册,第 53 页。)

[28]〔清〕徐松等:《宋会要辑稿》,北京:中华书局,1957 年,第 4854 页。

[29][31]〔汉〕郑玄注,〔唐〕贾公彦疏:《周礼注疏》,〔清〕阮元校刻:《十三经注疏》,北京:中华书局,2009 年,第 1591,1606 页。

[32]〔宋〕王安石撰,程元敏等整理:《周礼新义》,《王安石全集》第 3 册,上海:复旦大学出版社,2016 年,第 267 页。

[33][34]〔宋〕杨时:《龟山集》,《影印文渊阁四库全书》第 1125 册,台北:商务印书馆,1986 年,第 150,201 页。

[36]〔宋〕韩琦著,李之亮、徐正英笺注:《安阳集编年笺注》,成都:巴蜀书社,2000 年,第 1683 页。

[37]〔元〕梁益著,李山主编:《诗传旁通·直音傍训毛诗句

解》，载《元代古籍集成·经部诗类》，北京：北京师范大学出版社，2012年，第284页。

[38]〔宋〕吕祖谦：《吕氏家塾读书记》，载黄灵庚、吴战垒主编：《吕祖谦全集》第4册，第398—399页。

[39][46][49][51][54][56][58]〔宋〕王安石撰，程元敏等整理：《尚书新义·诗经新义》，《王安石全集》第2册，上海：复旦大学出版社，2017年，第488—489，215，20，112，110，126—127，197页。

[40]〔元〕方回：《桐江集》，《续修四库全书本》第1322册，上海：上海古籍出版社，2002年，第403页。

[41]〔宋〕洪迈：《容斋随笔》，北京：中华书局，2015年，第256页。

[42][43]〔宋〕李樗、黄櫄：《毛诗集解》，《景印文渊阁四库全书本》第71册，第271—272，286—287页。

[44]〔唐〕韩愈撰，〔宋〕魏仲举集注，郝润华、王东峰整理：《五百家注韩昌黎集》，北京：中华书局，2019年，第714页。

[45]〔宋〕晁公武撰，孙猛校证：《郡斋读书志校证》，上海：上海古籍出版社，2005年，第67页。

[48][50][52][55][57][59]〔宋〕林之奇：《尚书全解》，《景印文渊阁四库全书》第55册，第69，13，269，266，338，535页。

[53]〔宋〕陈渊：《默堂集》，《景印文渊阁四库全书》第1139册，第539页。

[60]〔唐〕杜佑撰，王文锦等点校：《通典·选举三》，北京：中华书局，1988年，第356页。

[62]〔后晋〕刘昫等撰：《旧唐书》卷119《杨绾传》，北京：中华书局，1975年，第3430页。

[63]范仲淹著，李勇先、王蓉贵校点：《范仲淹全集》，成都：四川大学出版社，2002年，第523页。

[65] 杨伯峻《孟子译注·导言》称："到五代后蜀时，后蜀主孟昶命毋昭裔楷书《易》《书》《诗》《仪礼》《周礼》《礼记》《公羊》《穀梁》《左传》《论语》《孟子》十一经刻石，宋太宗又加翻刻，这恐怕是《孟子》列入'经书'的开始。"（参见杨伯峻：《孟子译注》，北京：中华书局，2010 年，第 9 页。）依杨氏之说，《孟子》在后蜀孟昶时已经被作为经书了。杨氏此说不知何据？赵抃《成都记》云："伪蜀孟昶有国，其相毋昭裔刻《孝经》《论语》《尔雅》《周易》《尚书》《周礼》《毛诗》《礼记》《仪礼》《左传》凡十经于石。"（参见〔清〕顾炎武：《石经考》，北京：中华书局，1985 年，第 52 页。）范成大《石经始末记》又称：北宋仁宗皇祐 (1049—1054) 中"田元均补刻《公羊》《穀梁》二传，然后十二经始全。"（参见〔宋〕范成大著，孔凡礼辑：《石经始末记》，《范成大佚著辑存》，北京：中华书局，1983 年，第 160 页。）晁公武《石经考异序》则称《石经孟子》乃成于北宋徽宗宣和 (1119—1125) 年间："《石经孟子》十四卷。皇朝席旦宣和中知成都，刊石置于学官，云伪蜀时刻六经于石，而独无《孟子》，经为未备。"（参见〔元〕马端临著：《文献通考》卷 184，第 5431 页。）清儒杭世骏撰《经解》一文，总结诸家之言称："陆德明撰《经典序录》，只称'九经'，而亦为《孝经》《论语》《孟子》《尔雅》撰音，是'十三经'已萌芽于此。但其末附以老、庄二子，则'经'之名反隐。故开成刻石，长兴镂板，亦只有九经。斯时《孝经》以石台别行，《尔雅》为书学专习，故不兼及耳。孟蜀广政毋昭裔等渐次刊布，逮宋 (太宗) 淳化始得毕功。然《孟子》尚阙，宣和间席旦刻于成都学官而后备。"（参见〔清〕杭世骏：《道古堂文集》卷 1，上海：上海古籍出版社，2010 年，第 19 页。）

[67]〔清〕永瑢等撰：《四库全书总目》，北京：中华书局，1965 年，第 1050 页。

[72]〔宋〕苏轼著，李之亮笺注：《苏轼文集编年笺注》第 6 册，成都：巴蜀书社，2011 年，第 364 页。

[74] 这个做法，给人以恶劣的印象，所以当变法失败后，王安石成了历史的"罪人"，其学术地位也一落千丈，学者从此羞谈《三经新义》，原本可以传世的著作最后落得个失传的下场。

第三十三章
宋明理学与经典诠释

第一节　理学形成的历史背景及其意义

　　唐代中期到北宋初期二三百年间，虽然儒家经学仍居于官学的地位，但许多学者更心仪于佛教的精致理论，甚至将佛教禅师奉为人生的导师，而儒家的经师则被冷落在一边。其中一个重要的原因，就在于汉唐经学以章句训诂为主，理论肤浅，不能餍沃士子之心。这种境况使得宋代儒者发愤要复兴儒学，建构起足以抗衡佛学的理论学说。

　　当时儒者最为担忧的是，中土之人有可能被西来的佛教文化洗脑。佛教"以山河大地为幻妄"，以为众生皆处在六道轮回[1]之中。世人接受了这样的理论，便会这样理解世界的存在与人的生命存在[2]，要改变这种对"存在"的解释，改善和提升人们的生命状态就需要一种更权威的解释。这个历史使命要由宋代的大儒们来担当。而他们首先要做的，就是重新发掘和认识儒家经典中的思想资源，赋予这些思想资源以新的意义。因而对经典的诠释，其本质乃是对人的生命实存的诠释。

　　宋代"庆历之际，学统四起"[3]，义理之学勃兴，经学从此走上开新之路。这时，义理之学的概念是广义的，王安石、王雱父子所代表的新学，苏轼、苏辙兄弟所代表的蜀学，张载、张戬兄弟所代表的关学，程颢、程颐兄弟所代表的洛学，等等，都属于义理之学。所谓"义理之学"，犹今之所谓"理论"，各家学说皆有一套理论，而有别于汉唐经学的章句训诂之学。这也折射出自宋代起，社会对于理论的需要，以及学人对于理论的热衷。

所谓"理学"，并不等同于义理之学。上面提到的王安石父子、苏轼兄弟的义理之学，并不被学术史家视为"理学"流派。学术史所说的"理学"是指"性理之学"，它以程朱理学为典型代表。以二程、朱熹为轴心，上下左右，涉及周敦颐、邵雍、张载、胡安国、陆九渊、张栻、吕祖谦、蔡沈等人的学术。

程颐、朱熹原称他们的学术为"道学"，但此一名称有自诩"道统"、过于标榜的意味，"起人不平之心"[4]。所以更多的学者愿意接受"理学"这样一个包容性较大的名称。理学之所以以程朱之学为典型代表，乃在于程朱之学是以"理"或"天理"为其学说最高本体的。程颢曾说："吾学虽有所受，'天理'二字却是自家体贴出来。"[5]"体贴"，其意为"体会""发明"。我们知道，一个哲学思想家虽然可能著作等身，但他一生的最大理论贡献，可能就是他"体贴"出来的一两个概念或命题，由这一两个概念或命题引发出一套哲学体系来。显然，这"体贴"出来的一两个概念或命题，不仅仅是发明一种新语汇，而且揭示了"真理"的某个面向，或者提示了接近"真理"的某种方法和途径。

程颢"体贴"出"天理"二字，其意义究竟是什么？学者几乎千篇一律地说是发明了一个哲学的最高概念。但这话只说对了一半。因为在此前中国思想史中并不缺乏哲学的最高概念，如"道""天""天命"等，而二程称他们所言之"天

理"与这些哲学概念都是相通的，若如此说，程颢"体贴"出
"天理"二字，也只是增加一新名词而已，有何必要大书而特
书呢?

问题当然不会这样简单。"理"与"道"是意义最相近
的两个词，古来即可互训，如魏人张揖《广雅·释诂》说：
"理……道也。"[6]这里我们有必要辨析一下这两个概念的异
同。从大处说，"理"与"道"是相通的，都可以作为一种超
越的理念，比如二程说，"理则天下只是一个理"，要说成"道
则天下只是一个道"，并无不可。但若从小处说，两者的差别
就显现出来了，比如，"物理"不可以讲成"物道"；"格物穷
理"，不可以讲成"格物穷道"；"一物有一物之理"，不可以讲
成"一物有 物之道"；这在今天的语言中也是如此，如"公
说公有理，婆说婆有理"，不可以讲成"公说公有道，婆说婆
有道"。反过来也是一样，"悟道"不可以讲成"悟理"，"体
道"不可以讲成"体理"，如此等等。这种语言中概念意义的
差别说明什么呢? 说明"理"字的意义较实较确定，可以从经
验知识中求得认知。而"道"字意义较虚较浑沦，不可以从经
验知识中求得认知，因而要讲"体道"和"悟道"。陈淳《北
溪字义·理》说："道与理大概只是一件物，然析为二字，亦
须有分别。……与理对说，则道字较宽，理字较实，理有确然
不易底意。"[7]

通过比较，我们可以了解，二程所"体贴"出的"天理"
二字，既有经验层面的意义，又有超越层面的意义。换言之，
二程是将原来只有具体、现象意义的"理"，赋予了抽象、本
体的意义。正因为"理"字可以很容易沟通经验层面与超越层
面的两种意义，所以在二程及以后的理学家那里重视和频繁地
使用"理"字，也就是很自然的了。

正因为二程赋予了"理"字新的意义，因而引出"理为道

体""体用一源，显微无间""理一分殊""格物穷理""存理灭欲"等一大套理论来。

宋明理学中，除了主张"理"本论的程朱学派外，还有主张"气"本论的关学学派（以张载为代表），以及主张"心"本论的陆王学派（以陆九渊、杨简、王阳明等为代表）。现代哲学史家套用西方哲学范式，把宋明时期的"理"本体、"气"本体、"心"本体理解为世界的本原，即宇宙发生学意义上的最初动因，这种看法导致对宋明时期思想的巨大误解。其实，宋明理学基本上没有讨论这样的问题。宋明理学所谓的"本体"，只是我们所见的自然现象和社会现象背后的根本原因。

而为了认识自然现象和社会现象背后的原因或本质，理学各派的大学者都有一个悟求的过程。如程颢悟求到的是"天理"，张载悟求到的是"气"，陆九渊悟求到的是"本心"等，从而建立起自家的哲学体系，并从他们各自的哲学体系出发来解释经典。相比较而言，以"理"或"天理"来对经典作贯通的理解，是容易被人们接受的。而以"气"或"本心"对经典作贯通的理解则难以为人们所接受。这也是张载、陆九渊的经学思想不能兴盛的原因。正因为这样，二程、朱熹及其弟子们的经注之书成为宋明经学的典范，程朱理学也因而成为一支独大的学术流派。

然而问题在于，程朱理学以其"理"本论哲学对经典所做的贯通式理解，及以此对自然与社会的理解是值得肯定的吗？是的。经典的活力就在于创造性的诠释，儒家经典若没有宋明儒者对它所做的创造性的哲学诠释，可能早已寿终正寝了。清代汉学家动辄批评宋明儒者的经典诠释，然而他们所能指责的多半是名物制度之类的注释，或者是某些个人的凭空杜撰，并不能从整体上撼动宋明理学的体系建构。我们今天研究宋明经学，所看重的并不全在于他们的解释是否符合本文的原意，而是要重点思考他们出于什么目的做这样的解释。

第二节　宋明理学是经学演变的合逻辑产物

宋明理学家虽然批评汉唐儒者"学不知道"，但宋明理学并不是汉唐经学的异化物，相反，它却是经学演变合乎逻辑的产物。为什么这么说呢？

"六经"中，《诗》《书》《礼》《乐》《易》，乃是西周以来的公共文本，非儒家所独有，《春秋》虽为孔子所修，然他所依据的乃是鲁国《春秋》，也可以说是一种公共文本。东周以降，礼崩乐坏，道术大裂，从而有诸子百家之学。直到汉初，诸子百家之学仍有其余波。汉武帝时，董仲舒建言："今师异道，人异论，百家殊方，指意不同，是以上亡以持一统……臣愚以为诸不在六艺之科、孔子之术者，皆绝其道，勿使并进。"[8]汉武帝接受了这一建议，《汉书·武帝纪》赞曰："孝武初立，卓然罢黜百家，表章六经。"[9]经学从此确立了思想统治地位。这是一种学术导向，它标示今后儒学的发展必须走经学的路线，而不能走子学的路线。

然而此时之经典，已非复旧观。汉代经学确立之时，上距秦始皇"焚书坑儒"已经八十年，五经重现于秦火劫余，简编残阙，传本不一，因而经典文本及文义的确定须依据经师训诂考释，由此便导致了经学的"师法""家法"之争，今文经学和古文经学之争。这种情况决定了此后经学曲折而缓慢的发展。其曲折性表现在：

第一，汉代今文经学家讲"微言大义"，后来出现了"说'尧典'二字三万言"的烦琐流弊，难以为继。

第二，古文经学兴起，以笺注原典字词的方法解经，但笺注形式并非字皆加注，后人读经，仍不能通晓经旨，因此南北朝以后经学家采取了一种"义疏"形式，对经注作进一步串讲和疏解。但义疏之学，家派繁多，学者莫知所从。

第三，唐初孔颖达等奉诏修纂《五经正义》，对南北朝以来的义疏之学加以规范和统一。唐至宋初数百年，士子大多谨守官书，莫敢异议。由此经学变得僵化、教条，限制了经学经世作用的发挥。

综而论之，汉唐经学乃是章句训诂之学。章句训诂不过是理解经典文本的一种手段，即以理解经典文本的目的而言，这种手段也是不够的。因为经典所记叙的是古人行事之迹及其价值选择，每一种记叙都有其历史事件的原型，古人之所以如此行事，如此做出他们的价值选择，自有他们的一番大道理。但古人由于当时书写条件和社会政治条件的种种限制，反映在经典中的文字，无论记事还是记言，都相当简略。后人依据这些简略的文字，如何再现历史事件的原型，如何体会寄寓经典中的"圣人之意"呢？要达到这样的认识，就不能仅仅停留在对于经典文字的注疏之上。

更何况经典所记叙的并不单纯是"历史事件"，还有许多"思想观念"，如"太极""道""天命""阴阳""性""理""仁""义""诚"等概念反复出现在各经书之中。这些思想概念与一般日常用语不同，一般日常用语是公众性的、往往是直接指陈某种具体事物的，而思想概念则明显带有思想家个性化的特征，它反映为思想家对客观世界和主观世界的抽象认识，而每一个概念背后都有一套理论。这种概念及其理论只有被学者普遍接受，才能转化为公众的语言。因此如何熟读经典，会通其精神，体悟其境界，使经典义理得以阐发出来，这是经学进一步发展的内在需要。

然而更为重要的是，五经之被称为"经典"，乃在于强调其对于社会的思想指导作用。但五经所承载的毕竟是先秦的文化信息，千百年之后，随着社会的进步与发展，人们对世界的认识无论从广度和深度上实已超过前人，而人们的精神生活的需要也大为提高，在这种情况下，经学如何才能适应社会发展的需要呢？五经中的许多思想观念本来具有进一步发挥哲理的潜质，只是为传统的依经注疏的形式所束缚，使它很难演绎出丰富的义理来。因此，儒家学者要想继续担负"师道"的责任，就必须突破传统的经典章句之学的狭隘局限，广泛融汇吸收历史上各家各派的思想养料，发展儒家经典的义理之学，以增强经典解释世界、主导社会的理论力度。

从汉武帝时经学的确立到宋代庆历年间，大约度过了一千二百年，儒家经典文本一直停留在章句训诂的阶段，其中所可能蕴含的义理宝藏一直未能得到开发。那么宋儒有能力将它开发出来吗？凭什么要由宋儒来首先开发它？唐迄宋初，儒、释、道三家思想交流互渗，相辅相成，其中面临一个"谁主沉浮"的问题。由于原始儒学理论思辨性差等自身缺陷，需要佛、道思想作为补充，而不能绝对排斥它们。但儒家又不能与佛、道思想平分秋色或和光同尘。恰当的态度是，坚持儒学为主导，反对佛老的宗教思想，而又改造、吸收它们的合理因素。这个历史使命便落在宋代理学家身上了。

而此时，适逢王安石熙宁变法失败，其功利主义的思想主张到后来发生蜕变，被章惇、蔡京之流利用为党同伐异、牟取私利的工具；而以"道德性命"之学作为安身立命根本的程朱理学，便在元祐党禁和庆元党禁的逆境中崛起[10]，成为此后儒家义理之学的中流砥柱。

第三节　宋明儒者重"道"的特点及"天理"论的建构

宋明儒者看不起汉唐经师只明训诂而不明道的读经方法，认为是"学不见道"。程颐提出："经所以载道也，诵其言辞，解其训诂，而不及道，乃无用之糟粕耳。"[11]在程颐看来，经本由载道而贵，若读经而不能入道，那经也就成了"无用之糟粕"。程颐鼓励士子放弃以往儒者章句训诂的解经事业，变而为"由经以求道"的"体道"工夫。

宋明理学家对"道"的认知追求，用今天的话说，即是对"真理"的认知追求。理学家坚信：研习儒家经典，即是通向"真理"之门。理学家从不认为儒家经典与"道"是相互隔绝的。许多时候，正是儒家经典中的某些字词激发了他们的灵感和彻悟。

宋代儒者自周敦颐、张载、二程等人开始，重视从经典中选择重要的概念作极深研幾的思考和讨论。这种情形与西方重视辨析哲学范畴的情形有相似之处。南宋陈淳《北溪字义》对理学的若干范畴作了一种总结性的讨论，该书卷上讨论了"命""性""心""情""才""志""意""仁义礼智信""忠信""忠恕""一贯""诚""敬""恭敬"十四个范畴；卷下讨论了"道""理""德""太极""皇极""中和""中庸""礼乐""经权""义利""鬼神（魂魄附）""佛老"十二个范畴；总共二十六个范畴。但这只反映陈淳看问题的角度，并不能涵盖理学的全部内容。

就今人对理学的研究角度看，在形上学方面，有形上、形下问题，有无极、太极关系问题，有理气关系、理事关系、道器关系、心物关系问题，有太极、阴阳、动静问题，有天人关系问题，有"理一分殊"问题，有体用、本末关系问题等；在自然哲学方面，有宇宙、太虚、太和、天地、自然造化、鬼神问题等；在心性学方面，有"天地之性"与"气质之性"问题，有天理、良知关系问题，有人心、道心问题，有本体、工夫问题，有未发、已发问题，有"穷理持敬"问题，有主静与主敬问题，有心、性、情关系问题，有知、意关系问题，有"观圣贤气象"与"看孔颜乐处"问题等；在伦理学方面，有道德认识、道德践履问题，有公私、义利关系问题，有天理、人欲问题等；在认识论方面，有"诚明之知"与"闻见之知"问题，有知、行关系问题，有格物、致知、穷理问题，有"一旦豁然贯通"问题等；在学术系谱方面，有道统、学统、治统问题，有正学、异学、杂学、俗学问题，有儒、禅之辨问题，有朱、陆异同问题，有"天泉证道"问题等；在学术宗旨方面，有"学圣人"之旨，有"体认天理"之旨，有"发明本心"之旨，有"致良知"之旨，有"慎独"之旨等。讨论范围可谓巨细无遗。

对于宋明儒者来说，所谓"讲学"，就是要透彻地辨析与理解这些概念和问题。理学家讨论这些问题，并不是纷然杂陈、就事论事的，而是从一种哲学的高度，将这些问题统合于一个最高概念和总的思想体系之下一以贯通的。

程颢说："吾学虽有所受，'天理'二字却是自家体贴出来。"[12]"天理"二字仅在儒家经典《礼记·乐记》中出现过一次。但二程却拈出此二字来建构"天理"论的理学体系，正如南宋真德秀《明道书院记》所说："自有载籍而'天理'之云，仅一见于《乐记》，（程颢）先生首发挥之，其说大明，学者得以用其力焉，所以开千古之秘，而觉万世之迷，其有功于斯道，可谓盛矣！"[13]这一说法是在表彰程颢建立儒家本体论哲学的功绩，指出"天理"概念的发明及其内涵的揭示，对于儒家本体论哲学的建立具有关键性、决定性的意义。清人黄百家也说：程颢"以'天理'二字立其宗"[14]。"天理"概念涵盖性很大，可以用来整合儒学的许多形上学概念以及儒家经典的其他思想资源。二程将许许多多的理学问题皆纳入"天理"论的埋学体系之中，由此建构了一个博大精深的思想体系，以至于清人李威反讽宋儒说："宋儒乃把'理'字做个大布袋，精粗巨细，无不纳入其中。"[15]

在我们看来，"天理"论的提出，是宋儒对中国文化所做的一个重大贡献，它使儒学理论提升到了一个"世界统一性"的哲学高度，使中国人从此能以"自然法则"的理性视角认识天地万物，也使中国人从此有了一个对人的行为作价值评判的最高准则。

在二程思想中，"天理"是作为世界最高本体的意义使用的，"天"有本原、至上、自然之义，"理"是法则、秩序之义。"天理"的意思就是"自然法则"。陈淳《北溪字义·理》解释得很好："理无形状，如何见得？只是事物上一个当然之则便是理。则是准则、法则，有个确定不易底意。……理与性字对说，理乃是在物之理，性乃是在我之理。在物底便是天地人物公共底道理。"[16]"天理"既是天地万物的"自然法则"，同时也是社会人际关系的"自然法则"。

下面来看二程关于"天理"（自然法则）的一些具体观点和论述：

一、天理是自然的：

> 莫之为而为，莫之致而致，便是天理。[17]

二、天理是客观存在的，是不以人的意志为转移的：

> 天理云者，这一个道理，更有甚穷已？不为尧存，不为桀亡。[18]

三、天理是超越时间和空间的：

理则天下只是一个理，故推至四海而准。须是质诸天地，考诸三王不易之理。[19]

四、天理反映天地万物的永恒运动和无穷变化：

天下之理，未有不动而能恒者也。[20]
通变不穷，事之理也。[21]

五、天理反映天地万物对立统一的生成法则：

天地万物之理，无独必有对，皆自然而然，非有安排也。[22]
理必有对，生生之本也。[23]

六、天理反映事物产生、发展、衰亡的变化规律，反映物极必反的规律：

物极必返，其理须如此。有生便有死，有始便有终。[24]
物极则反，事极则变。困既极矣，理当变矣。[25]

七、天理体现在万事万物之中，每一事物都有其个性和特殊性：

有物必有则，一物须有一理。[26]

八、天理又反映为万事万物的共性和普遍性，它是万殊之理的共相：

> 万理归于一理。[27]
> 二气五行刚柔万殊，圣人所由惟一理。[28]

九、天理作为本体与现象世界是统一的：

> 至微者理，至著者象，体用一源，显微无间。故善学者求之必自近。[29]

十、天理是天道与人道的统一，父子君臣之伦常关系也是天理（"自然法则"）的体现：

> 凡眼前无非是物，物物皆有理。如火之所以热，水之所以寒，至于君臣父子间皆是理。[30]
> 物有自得天理者，如蜂蚁知卫其君，豺獭知祭。礼亦出于人情而已。[31]
> 父子君臣，天下之定理，无所逃于天地之间。[32]

从以上归纳的二程的"天理"论观点中，可以看到其中有许多真理的因素。这里值得特别指出的是，二程"天理"论的世界观有别于传统儒学。传统儒学一般不在经验世界之外追问第一因的问题（所谓"六合之外，圣人存而不论"），但又保留原始宗教神学的残余思想，含糊地承认经验世界之外有人格神意义的"天命"存在。二程以"天理"（自然法则）作为世界的本体和第一因，完全排除了人格神的意义。同时，二程"天理"论的世界观也与佛老的世界观划清了界限，它完全拒绝承认有彼岸世界，理本体并不在现象界之外，而是即现象即本体。

　　二程最受诟病的言论之一就是："父子君臣，天下之定理，无所逃于天地之间。"论者认为，二程强调父子君臣的服从关系，是为维护君主专制制度服务的。二程的思想当然会反映他那个时代的社会需要，但在今天，人们之间的服从关系问题又何尝不存在呢？

　　不同文化和宗教背景的人有不同的真理观，基督教徒会认为真理来自"上帝的启示"，佛教徒会认为真理是"空"，而理学家认为真理是"自然法则"，假如有此三种不同真理观的人一起讨论真理问题，他们之间将如何沟通呢，这就是古人所说的"道不同，不相为谋"吧。我们今天来评价二程"天理"论所代表的理学真理观，也有一个真理评价的立场问题，但有一点是可以肯定的，即理学家的看法是从人们关于自然和社会的经验理性中总结出来的，不是凭空杜撰的。

第四节　宋儒经典诠释的理学化特征

　　理学家建立"天理"论的思想体系，就是要人们用"天理"论的观点来看待自然、社会和人生。但这种思想体系只有贯通在经典诠释之中，成为儒家经学的指导思想和灵魂，才能最终实现其理论的价值。因为传统教育是经典教育，经典诠释的指导性意义在于，它最终引导士人成就怎样的人才。因此，一种流行的经典诠释著作，就意味着是一部社会通用的教科书。当理学"天理"论观点形成后，理学家的一个重要任务，就是用它来重新诠释儒家经典，以取代汉唐经师的经典注疏。从这个意义说，儒家经学发展到宋代，进入了理学化的诠释阶段。

（一）程颐以"天理"论解《周易》之例

儒家经典《周易》中很少谈到"理"，不过这并不妨碍理学家用"天理"论来解释《周易》。程颐解经的代表作是《周易程氏传》（又称《伊川易传》），这是二程唯一的一部系统解经的著作。下面我们来看程颐是如何以"理"解经的。

首先程颐在《乾》卦初九下指出："理无形也，故假象以显义。"[33] 其解《乾·文言》"嘉会足以合体"说："不合礼则非理，岂得为嘉？非理安有亨乎？"[34] 又解该篇"亢之为言也"一句说："极之甚为亢，至于亢者，不知进退存亡得丧之理也。"[35] 其解《讼》卦九四"复即命"说："命谓正理。"[36] 其解《履》卦卦名说："履，人所履之道也，……上下各得其义，事之至顺，理之至当也。"[37] 其解《豫·象传》"豫顺以动"说："天地之道，万物之理，唯至顺而已。"[38] 其解《复·象传》"复其见天地之心乎"说："消长相因，天之理也。"[39] 其解《无妄》卦卦辞"元亨利贞"说："无妄有大亨之理。"[40] 其解《咸·象传》"天地感而万物化生"一句说："观天地交感化生万物之理，……感通之理，知道者默而观之可也。"[41] 其就《咸》卦九四爻辞"憧憧往来，朋从尔思"发挥说："天下之理一也，……虽物有万殊，事有万变，统之以一，则无能违也。"[42] 其解《恒·象传》"利有攸往，终则有始也"说："天下之理，未有不动而能恒者也。"[43] 其解《睽·象传》"天地睽而其事同也"一句说："生物万殊，睽也。……物虽异而理本同，故天下之大，群生之众，睽散万殊，而圣人为能同之。"[44] 其解《解》卦卦义说："物无终难之理，难极则必散，解者散也。"[45] 其解《损》卦卦义说："损之义，损人欲以复天理而已。"[46] 其解《益》卦上九象辞"莫益之，偏辞也；或击之，自外来也"一句说："理者天下之至公，利者众人所同欲，苟公其心，不失其正理，则与众同利，无侵于人，人亦欲与之。"[47]其解《困》卦上六之义说："物极则反，事极则变。困既极矣，理当变矣。"[48]其解《归妹·象传》"归妹，天地之大义也"说："一阴一阳之谓道，阴阳交感，男女配合，天地之常理也。"[49]等等，可谓俯拾皆是，不胜枚举。

从以上所举的例证看，程颐处处用"天理"论的观点解释《周易》。在他看来，"天理"是无处不在的，《周易》是"圣人有以见天下之赜"的书，当然要处处体现"天理"的存在。

（二）朱熹以"天理"论解释《四书》之例

理学家利用儒家经典资源来建构其理论体系，除了重视《周易》外，也很重视《论语》《孟子》《大学》《中庸》四书。因为这些文献比较集中讨论了儒家的天道性命、格物致知、正心诚意、仁义礼智等范畴和问题，便于阐发儒家的道德理想，以建构儒家的哲学思想体系。《宋史·道学传》称：二程"表章《大学》《中庸》二篇，与《语》《孟》并行，于是上自帝王传心之奥，下至初学入德之门，融会贯通，无复余蕴"[50]。朱熹继承和发扬了二程的思想，用毕生的时间以理学思想注释四书，使四书在以后数百年间得以与五经相提并论。

朱熹于四书中，尤重《大学》一书，他说："我平生精力尽在此书。"[51]以为学者先通此书，方可读其他经典。这里我们选择朱熹《大学章句》中对《大学》首句的解释来分析、了解理学家解经的典型方法。

《大学》开篇首句讲："大学之道，在明明德，在亲民，在止于至善。"这就是所谓"三纲领"，而朱熹极尽精微，于此句下作了一个长注：

> 程子曰："亲，当作新。"大学者，大人之学也。明，明之也。明德者，人之所得乎天，而虚灵不昧，以其众

理而应万事者也。但为气禀所拘，人欲所蔽，则有时而昏；然其本体之明，则有未尝息者。故学者当因其所发而遂明之，以复其初也。新者，革其旧之谓也，言既自明其明德，又当推以及人，使之亦有以去其旧染之污也。止者，必至于是而不迁之意。至善，则事理当然之极也。言明明德、新民，皆当至于至善之地而不迁。盖必其有以尽夫天理之极，而无一毫人欲之私也。此三者。大学之纲领也。[52]

"三纲领"的第一条纲领是"明明德"，前一个"明"字是动词。"明德"一词，是西周的常用语，反映在儒家经典中如《尚书》《周易》《诗经》《礼记》《春秋》中就有数十条之多，其中作"明明德"提法者，只有《礼记·大学》一处。归纳西周时期"明德"一词的用法，大约有二：一是"明德"作"崇德"解，如《左传·成公二年》："明德，务崇之之谓也。"二是"明德"作"光明之德"解，它主要有两层含义，一层含义是圣人、先王、君子之德，如《左传·昭公二年》"圣人有明德者"、《尚书·梓材》"先王既勤用明德"、《大戴礼记·少间》"桀不率先王之明德"、《周易·晋·象传》"君子以自昭明德"等等。另一层含义是天佑之德，如《诗经·皇矣》"帝谓文王，予怀明德"；《尚书·君陈》"至治馨香感于神明，黍稷非馨，明德惟馨"；《左传·宣公三年》"天祚明德，有所厎止"等等。总括这两层意思，即"明德"是伟大高贵人物才有的德行，并不是一般民众所可能具有的德性。

《大学》一书大约作于战国时期，其书讲"明明德""亲民""止于至善"的三纲领，以及"格物""致知""诚意""正心""修身""齐家""治国""平天下"的八条目，是当时儒家学者为贵族子弟设计的教育大纲。"明德"似乎已不再是极少数人的特有德性，但仍然具有贵族阶级的气味，试想，那齐家、治国、平天下的事，是一般平民百姓所想所做的事吗？

汉唐儒者对《大学》"明明德"一语的注解很简单，郑玄注曰："明明德，谓显明其至德也。"孔颖达疏曰："在明明德者，言大学之道，在于章明己之光明之德。谓身有明德，而更章显之。"[53]所谓汉学重训诂，于此可见。郑玄、孔颖达仅仅是解字和疏通文义，第一个"明"字解作"显明"或"章明"，而"明德"则解作"至德"或"光明之德"。

上面所录朱熹的注解，充分反映了宋学重义理的特点。朱熹此注可以视为一篇精致的短文，文字背后更依托于一个博大的理学思想体系。朱熹所说的"明德"实际上是一种内在于一切人的先验的道德本体，是"天理"之在于人心者，亦即仁、义、礼、智四德，发用出来就是孟子所说的恻隐、辞让、是非、羞恶的四端之心。在理学的心性哲学中，心、性、情等有一种结构性的关系，这里"虚灵不昧"是说心之明，"具众理"是说性之实，"应万事"是说情之发用，而心统性情，合而言之，即是所谓"明德"。所谓"人之所得乎天""本体之明"，即是说它是一种先验的道德本体。朱熹认为，人皆有"本体之明"，人们之所以表现出贤智昏愚的不同，是由于"气禀所拘，人欲所蔽，则有时而昏"。他把"亲民"解释为"新民"，"新"就是去掉"气禀所拘，人欲所蔽"等"旧染之污"，恢复人性本有的"明德"，这也就是"复其初"。朱熹所言"虚灵不昧""人欲所蔽""本体之明"等与佛教禅宗思想相似，"复其初"一语则出于《庄子·缮性篇》，这表明朱熹的心性学说吸收、融合了佛教和道家的思想。

在儒家的经典中，"理"字出现本不很多，"天理"和"人欲"相对而言，仅在《礼记·乐记》中出现过一次。在《大学》"大学之道，在明明德，在亲民，在止于至善"这句话中很难看出与"理"或"天理"相关联的意思。但在朱熹的注中却二次提到"理"字，即"众理""事理"和"天理"，最后并点出"尽夫天理之极，而无一毫人欲之私"的理学宗旨。从解经的角度说，这可以说是过度诠释。但这也正是以理学注经的方式。这种注经方式将儒家的道德观念作哲学本体论的解释，使之具有内在超越的信仰力量。这一注经方式也同样体现在朱熹注解《论语》《中庸》《孟子》及其他儒家经典之中。如：

> 《论语·颜渊》"颜渊问仁章"《集注》云："心之全德，莫非天理，而亦不能不坏于人欲。故为仁者，必有以胜私欲而复于礼，则事皆天理，而本心之德，复全于我也。"[54]
>
> 《孟子·公孙丑》"矢人岂不仁于函人哉章"《集注》云："仁，在人则为本心全体之德，有天理自然之安，无人欲陷溺之危，人当常在其中，而不可须臾离者也。"[55]
>
> 《中庸章句序》论及"人心惟危，道心惟微"时说：人心、道心"二者杂于方寸之间而不知所以治之，则危者愈危，微者愈微，而天理之公，卒无以胜夫人欲之私矣"[56]。

其他理学家也像朱熹一样，在他们的解经著作中，"天理"概念被广泛而频繁地使用。朱熹在谈到经与理的关系时曾说："借经以通乎理耳。理得，则无俟乎经。"[57]这里，经虽然仍受到充分的尊重，但在位置上则明确是载道的工具，最终服从于理学体系的建构。但从另一方面看，理学家又特别看重以理学思想对儒家经典作重新注释，这一方面是为了增强儒家经典解释世界、主导社会的理论力度，另一方面也是要通过传统的经典教育的形式传播他们的理学思想。

注释：

〔1〕佛教所谓六道轮回，谓天、人、阿修罗、地狱、饿鬼、畜牲。

〔2〕人们唯恐自作恶业，堕入地狱、饿鬼轮回道中，因而整日内心惶惧，这虽然有劝人为善的功效，但作为一种生命状态却是很低级的。

〔3〕〔14〕〔清〕黄宗羲原著，〔清〕全祖望补修，陈金生、梁运华点校：《宋元学案》，北京：中华书局，1986年，第251，569页。

〔4〕〔宋〕陆九渊著，钟哲点校：《陆九渊集》，北京：中华书局，1980年，第437页。

〔5〕〔11〕〔12〕〔17〕〔18〕〔19〕〔20〕〔21〕〔22〕〔23〕〔24〕〔25〕〔26〕〔27〕〔28〕〔29〕〔30〕〔31〕〔32〕〔33〕〔34〕〔35〕〔36〕〔37〕〔38〕〔39〕〔40〕〔41〕〔42〕〔43〕〔44〕〔45〕〔46〕〔47〕〔48〕〔49〕〔宋〕程颢、程颐著，王孝鱼点校：《二程集》，北京：中华书局，2004年，第424，671，424，215，31，38，862，1029，121，1171，167，945，193，195，83，1200，247，180，77，695，699，705，731，749，778，819，822，855，858，862，889，900，907，917，945，978页。

〔6〕〔清〕钱大昭：《广雅疏义》，北京：中华书局，2016年，第232页。

〔7〕〔16〕〔宋〕陈淳著，熊国祯、高流水点校：《北溪字义》，北京：中华书局，1983年，第41—42，42页。

〔8〕〔9〕〔汉〕班固：《汉书》，北京：中华书局，1962年，第2523，212页。

［10］南宋初期，二程洛学与荆公新学两派交争，此消彼长。宋高宗初年褒赠程颐为龙图阁学士，其门人高弟往往进为时用，致位通显。绍兴十四年（1144），宋高宗调和新学与洛学两派说："王安石、程颐之学各有所长，学者当取其所长，不执于一偏，乃为善学。"（见〔南宋〕李心传：《建炎以来系年要录》，北京：中华书局，1956年，第2431页。）

［13］〔宋〕真德秀：《西山文集》卷二十四，《景印文渊阁四库全书》第1174册，台北：商务印书馆，1986年，第361页。

［15］〔清〕方东树纂，漆永祥点校：《汉学商兑》，南京：凤凰出版社，2016年，第22页。

［50］〔元〕脱脱等：《宋史》，北京：中华书局，1985年，第12710页。

［51］［57］〔宋〕黎靖德编，王星贤点校：《朱子语类》，北京：中华书局，1986年，第258，192页。

［52］［54］［55］［56］〔宋〕朱熹：《四书章句集注》，北京：中华书局，1983年，第3，131，239，14页。

［53］〔汉〕郑玄注，〔唐〕孔颖达等正义：《礼记正义》，〔清〕阮元校刻：《十三经注疏》，北京：中华书局，2009年，第3632页。

第三十四章
理学视域下的周易学流派

《四库全书总目·经部·易类》提要说："汉儒言象数，去古未远也。[1]一变而为京、焦，入于禨祥。[2]再变而为陈、邵，务穷造化。[3]易遂不切于民用。王弼尽黜象数，说以老庄，一变而胡瑗、程子，始阐明儒理。再变而李光、杨万里，又参证史事。易遂日启其论端。"[4]《四库提要》将传统易学概括为"两派六宗"，"两派"为象数派和义理派，"六宗"即象占宗、禨祥宗、造化宗、老庄宗、儒理宗和史事宗。

上述"六宗"，宋代易学被提到的有：以陈抟、邵雍为代表的"造化宗"；以胡瑗、程颐为代表的"儒理宗"；以李光、杨万里为代表的"史事宗"。上段引文提到历史上九位有代表性的易学家的姓氏，宋代就占了六位。通观两千年的《易经》诠释史，宋代是一个顶峰，前之汉、唐，后之元、明、清皆不能与之相比。而通观此数家易学，《易经》之大义可得十之八九。《四库全书》于此数家《易》注之外，尚收有百余家《易》注，其中虽不乏真知灼见，然从总体上说，不过补苴此数家之罅漏而已。由此可见，四库馆臣纵论易学源流，仅仅举此数家，不是没有理由的。

但宋代有一位大儒，四库馆臣未在这里提到，他就是朱熹。显然，四库馆臣认为朱熹易学不能代表宋代的发展方向。朱熹认为《易》为卜筮之书"，与程颐"《易》为说理之书"的观念不合，且吸收邵雍等人的思想，不能将之归于"儒理宗"，但正因为他坚决主张《易》为卜筮之书"，我们可以将他看作宋代象占宗的最大代表。朱熹易学与汉代的"象占宗"有很大不同，但在将《周易》看作卜筮之书这一点上，却是一致的。虽然清代如顾炎武、黄宗羲、皮锡瑞等学者对朱熹易学评价不高，但它毕竟是宋代易学的一个重要流派，并且曾对后世产生过巨大的影响，我们还是应该给予它应有的历史地位。以下着重对宋代易学中的"造化宗""儒理宗""史事宗""象占宗"四个流派一并介绍。

第一节　造化宗

宋代"造化宗"的代表人物，除了陈抟、邵雍外，尚有周敦颐等人。因为他们重视宇宙生成论的探讨，所以名之为"造化宗"，此即宋代易学中的易图派（或称图书派）。宋代易图学特别发达，而最著名的易图有三种：一是刘牧的"河图""洛书"，二是周敦颐的"太极图"，三是邵雍的"先天图"。前一种易图已于第三十一章介绍，现讨论后两种易图：

（一）周敦颐的《太极图说》

周敦颐（1017—1073），字茂叔，原名敦实，因避宋英宗旧讳而改名，自号"濂溪"。湖南道州人。曾历任县主簿、县令、州判官、州通判、知州军等职。其主要著作有《太极图说》《通书》等。

当时学者苏轼、黄庭坚、程颢、程颐等人推重周敦颐的人品和学问。苏轼写诗说："坐令此溪水，名与先生俱。先生本全德，廉退乃一隅。"[5]认为周敦颐人格完美，廉洁只是其品德的一方面。黄庭坚称誉他:"人品甚高,胸中洒落,如光风霁月。"[6]朱熹谓"此句形容有道者气象绝佳"[7]。二程兄弟曾拜周敦颐为师。其后程颢谈到当时感受说:"吟风弄月以归,有'吾与点也'之意。"[8]宋儒崇尚人格风范和气象,类似周敦颐这种风范和气象的学者,并没有第二人。所以,南宋朱熹作《伊洛渊源录》首列周敦颐。自此之后,学术界接受了这样的理念,即将周敦颐看作宋代理学的开山祖师,尊之为"道学宗主"。学界习惯以濂、洛、关、闽称谓理学的四大流派。其中"濂学"即指周敦颐的学术。元人修《宋史》,作《道学传》,明确肯定了周敦颐上接孔孟"道统",下开"道学"学脉的历史地位:

> 孔子没,曾子独得其传,传之子思,以及孟子,孟子没而无传。……至宋中叶,周敦颐出于舂陵,乃得圣贤不传之学,作《太极图说》《通书》,推明阴阳五行之理,命于天而性于人者,了若指掌。[9]

用一张图来讲宇宙发生论,是周敦颐的一个大发明,这张图叫《太极图》。根据周敦颐的生前好友潘兴嗣所撰《周敦颐墓志铭》记载,周敦颐"尤善谈名理,深于易学,作《太极图易说》《易通》数十篇,诗十卷,今藏于家"[10]。《太极图易说》应是流传至今的《太极图说》原名。由"太极""易说"之语可知,此图是以《周易·系辞》"太极生两仪,两仪生四象,四象生八卦"为基调而创作的。

中国古人深知人类认识的有限性,一向不愿讨论宇宙发生论这类邈远无稽的问题,所谓"六合之外,圣人存而不论"。但是佛教喜欢谈论极乐世界、阿鼻地狱、因果报应、轮回转世等,这虽然有劝人行善的效果,但却把世界人生的道理讲歪了,给人们的心理笼罩上了很大的阴影。因而儒家很需要用一

种简便而又权威的方式，来概括地宣传儒家的世界观。周敦颐的《太极图说》正好适应了这种需要，对这个宇宙生化模式作了介绍。它很简短，今录全文于下：

> 无极而太极，太极动而生阳，动极而静，静而生阴，静极复动，一动一静，互为其根。分阴分阳，两仪立焉。阳变阴合而生水、火、木、金、土。五气顺布，四时行焉。五行，一阴阳也；阴阳，一太极也；太极，本无极也。五行之生也，各一其性。无极之真，二五之精，妙合而凝。"乾道成男，坤道成女"，二气交感，化生万物。万物生生，而变化无穷焉。惟人也，得其秀而最灵。形既生矣，神发知矣，五性感动而善恶分，万事出矣。圣人定之以中正仁义而主静（无欲故静）立人极焉。故"圣人与天地合其德，日月合其明，四时合其序，鬼神合其吉凶"。君子修之吉，小人悖之凶，故曰："立天之道，曰阴与阳；立地之道，曰柔与刚；立人之道，曰仁与义。"又曰："原始反终，故知死生之说。"大哉《易》也，斯其至矣。[11]

太极图

以一幅图和一篇短文来概括地解释世界，确是一种令人赞叹的创造。此图高度凝聚了中国古人的智慧，巧妙地把太极、阴阳、五行、四时、人事、万物联系起来，组成了一个优美和谐的宇宙图景。《太极图》囊括了千古之上、六合之外的一切不可究诘的东西，它告诉人们，宇宙间"原始反终"，不过如此。这种理论的积极意义是以自然造化论代替了宗教神学的世界观。这个世界模式，有这样几个值得重视的基本特点：

其一，整体性。世界是一个统一体，"万物统体一太极"，万事万物都统摄于太极。

其二，对立互补性。阳动阴静犹如一个互补的循环体，截取一段说，静为动根，而从全体看，则是阴阳无始，动静无端。

其三，生化性。由太极而有阳动、阴静，而生水、火、木、金、土。又由于木属阳稚配春，火属阳盛配夏，金属阴稚配秋，水属阴盛配冬，土为冲气，这样木、火、土、金、水五气顺布，而有四时运行。又由于阴阳、五行气化交合（"二五之精，妙合而凝"），而产生万物；人也是造化的产物，与天地万物同体，而独称灵秀。这种化生机制是太极自然之理，本然之妙，不假安排。

其四，万殊一本。周敦颐另一部阐发《太极图说》的著作《通书》说："二气五行，化生万物，五殊二实，二本则一，是万为一，一实万分。"[12]所谓"是万为一"是说，合万物而言为一太极；所谓"一实万分"，是讲太极与万物的关系，物物各有一太极。后来理学家讲的"理一分殊"，即是发挥这一思想。

周敦颐的《太极图说》首先得到了朱熹、张栻等人的推崇，他们认为：

惟先生（指周敦颐）崛起于千载后，独得微旨于残

编断简之中，推本太极，以及乎阴阳五行之流布，人物
之所以生化，于是知人之为至灵，而性之为至善。万理
有其宗，万物循其则，举而措之，则可见先生之所以为
治者，皆非私知之所出。孔孟之意于以复明。[13]

他们称赞周敦颐能够从儒经中"独得微旨"，建立起一个太极、阴阳、五行、人物化生的宇宙论体系，为儒家伦理、先王之治奠定了大本大原的思想基础，从而深化了对儒家经典的认识。

然而，太极图毕竟是思辨的，而非实证的。它的宇宙模式体现了一种完美性，却不能体现科学性。遗憾的是，自宋以来历代士人对于自然事物不是从其自身去求其本质和规律，而是套用太极图去加以解释，以为它包含着宇宙奥秘，并可从中得到一种似是而非的满足。因此，太极图虽曾宣传了自然造化论，反对了有神论，但它对科学的发展并没有起到积极的作用，加上"主静""无欲"思想指导人生的有害性，以及关于"无极""太极"的讨论最后已沦为自欺欺人的概念游戏，因而引起清代一些启蒙学者的极度反感，如戴震要"发狂打破宋儒家中太极图"[14]。

关于《太极图》的来源及其思想，当时及后世有过许多争论，我们留待以后再详加讨论。

（二）邵雍的《先天图》

周敦颐、邵雍、张载、程颢、程颐被后人称为"北宋五子"，被视为理学的开创者。其中邵雍的学术贡献主要是在易数方面。《东都事略》曾这样概括其学："自天地运化，阴阳消长，皆以数推之。"[15]这种以易数推演天地万物的理论，在易学史上被称为"数学"。

邵雍（1011—1077），字尧夫，谥康节。祖籍河北范阳，

少时随父邵古（字天叟）迁卫州共城（今河南辉县市），晚年定居洛阳。邵雍青年时刻苦自学，博览群书，一生不求功名，过着隐逸的生活。富弼、司马光、吕公著等名公巨卿十分尊敬他，常与之饮酒作诗，并买宅园送他居住。他在此过着耕樵自给的生活，名其居曰"安乐窝"，自号"安乐先生"。

邵雍勤于著书，著有《皇极经世》《观物内外篇》《渔樵问对》《伊川击壤集》等书。南宋朱震曾述其学术渊源说："陈抟以先天图传种放，放传穆修，修传李之才，之才传邵雍。"[16]而朱熹则认为邵雍传自陈抟，陈抟也有所承传。他说邵雍发明先天图，"图传自希夷，希夷又自有所传"[17]。从朱震、朱熹记载看，邵雍的思想源于道家系统，而直接传授者是李之才。但《宋史·邵雍传》说：邵雍"乃事之才，受河图、洛书、宓羲八卦六十四卦图像。之才之传，远有端绪，而雍探赜索隐，妙悟神契，洞彻蕴奥，汪洋浩博，多其所自得者"[18]。《宋史·邵雍传》只说其受学于李之才，不再往上推溯，并强调邵雍之学虽有渊源，但更多的是自己的体悟。

邵雍易学中最有代表性的是《先天图》。"先天"二字取自《周易·乾·文言传》"先天而天弗违，后天而奉天时"。而《先天图》的创始则托名于伏羲，它实际上是一种新的八卦卦序和六十四卦卦序。它共有四图，故又称《伏羲四图》或《伏羲先天四图》。邵雍曾在其《皇极经世书》中提到他的学术是围绕"先天图"立说的："图虽无文，吾终日言而未尝离乎是，盖天地万物之理尽在其中矣。"[19]朱熹所著《周易本义》卷首即列有"伏羲先天四图"。朱熹说："伏羲四图，其说皆出邵氏。"[20]又说："自有《易》以来，只有康节说一个物事如此齐整。"[21]

近几十年来学术界讨论的一个非常热门的话题就是：德国大哲学家、数学家莱布尼茨（Gottfried Wilhelm Leibniz,

1646—1716）发明二进制与邵雍《先天图》的关系。讨论的焦点之一是：邵雍的《先天图》卦序是否是一种二进制的进位方法？主流的学术观点认为邵雍的《先天图》不是二进制的进位方法，或至少不是一种自觉运用的二进制的进位方法。在我们看来，认识《伏羲先天四图》，首先而重要的环节，是要懂得怎样去读邵雍的《先天图》，从中看它的卦序是不是二进制的进位方法，它如何是或如何不是二进制的进位方法。

《伏羲先天四图》的卦序之间有一种"齐整"、严格的数学逻辑法则，程颢当时将它概括为"加一倍法"，邵雍欣然首肯。然而历史上关于"加一倍法"的实质是什么，其具体的进位方法是怎样的，历来学者语焉不详。实际上"加一倍法"就是严格意义上的"二进制"的进位方法。从这个意义上说，早在九百多年前中国哲人就已经发明了二进制的进位方法，但当时及后世学者几乎无人真正认识到邵雍这项发明的价值。

《伏羲先天四图》中，有二图比较直观，兹附图如下：

伏羲八卦次序图

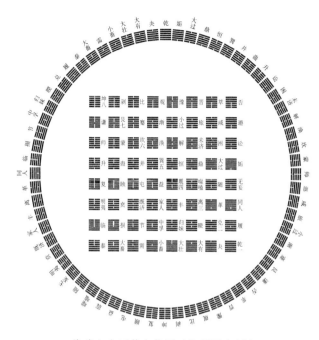

伏羲六十四卦方位图（即圆图方图）

　　邵雍的《先天图》无论八卦还是六十四卦，其卦序顺读都是始《乾》终《坤》，我们的绝大多数学者都按顺读的方法来读它，这当然不容易发现其中的二进制的记数方法。但邵雍已经指出："夫易之数，由逆而成矣。"[22]他告诉我们考察《先天图》的易数关系的要诀是"逆数"，其中包括卦序的"逆数"和爻序的"逆数"。卦序的"逆数"是从《坤》卦至《乾》卦，如果我们将卦画中的 -- 设定为"0"，— 设定为"1"，那上面的《伏羲八卦次序图》正好是按二进制记数方法所表示的0—7的自然数表：

坤　　　　　　　☷　　　　　000-0

艮　　　　　　　☶　　　　　001-1

坎　　　　　　　☵　　　　　010-2

767

巽	☴	011-3
震	☳	100-4
离	☲	101-5
兑	☱	110-6
乾	☰	111-7

《伏羲六十四卦方位图》在六十四卦的圆图中，又置有一个六十四卦的方图。无论圆图还是方图，卦序之中都内在地体现严格意义上的二进制的记数方法。其中的方图更为典型而直观，读懂它的要诀就是"逆数"，即由左向右，第一行始坤终否，接第二行始谦终遯，再接第三行始师终讼，以下接第四行、第五行、第六行、第七行，最后接第八行始泰终乾。而这正是按二进制方法所表示的 0—63 的自然数表：

坤	䷁	000000-0
剥	䷖	000001-1
比	䷇	000010-2
观	䷓	000011-3
豫	䷏	000100-4
晋	䷢	000101-5
萃	䷬	000110-6
否	䷋	000111-7
谦	䷎	001000-8
艮	䷳	001001-9
蹇	䷦	001010-10
渐	䷴	001011-11
小过	䷽	001100-12
旅	䷷	001101-13

咸	䷞	001110-14
遯	䷠	001111-15
师	䷆	010000-16
蒙	䷃	010001-17
坎	䷜	010010-18
涣	䷺	010011-19
解	䷧	010100-20
未济	䷿	010101-21
困	䷮	010110-22
讼	䷅	010111-23
升	䷭	011000-24
蛊	䷑	011001-25
井	䷯	011010-26
巽	䷸	011011-27
恒	䷟	011100-28
鼎	䷱	011101-29
大过	䷛	011110-30
姤	䷫	011111-31
复	䷗	100000-32
颐	䷚	100001-33
屯	䷂	100010-34
益	䷩	100011-35
震	䷲	100100-36
噬嗑	䷔	100101-37
随	䷐	100110-38
无妄	䷘	100111-39
明夷	䷣	101000-40
贲	䷕	101001-41

既济	䷾	101010–42
家人	䷤	101011–43
丰	䷶	101100–44
离	䷝	101101–45
革	䷰	101110–46
同人	䷌	101111–47
临	䷒	110000–48
损	䷨	110001–49
节	䷻	110010–50
中孚	䷼	110011–51
归妹	䷵	110100–52
睽	䷥	110101–53
兑	䷹	110110–54
履	䷉	110111–55
泰	䷊	111000–56
大畜	䷙	111001–57
需	䷄	111010–58
小畜	䷈	111011–59
大壮	䷡	111100–60
大有	䷍	111101–61
夬	䷪	111110–62
乾	䷀	111111–63

　　需要指出的是，《先天图》的二进制数表是以《周易》卦画为形式的。从易数的观点看，卦画所表示的是数，而不是象。其记数方式是通过两个基本的卦画符号 -- 和 — 来进行的。而爻位就是二进制数的位值。先天八卦图体现的是三位二进制数表（0—7），先天六十四卦图体现的是六位二进制数表

（0—63）。

以上所说，是读懂《先天图》卦序的要诀：卦序的"逆数"。而要进一步理解先天易数的具体进位方法，还有一个要诀，就是爻序的"逆数"：由低数位向高数位进位，是上爻向五爻进位，五爻向四爻进位，四爻向三爻进位，三爻向二爻进位，二爻向初爻进位。而进位的原则是逢二进一位。如剥☶000001 为自然数 1。若加 1，则以此 1 加上原来的 1 而为 2，则进一位为比☷000010，为自然数 2。再加 1，因此数位上是 0，则不须进位，将 0 改为 1 而为观☴000011，为自然数 3。再加 1，因观☴000011 后两数位为 11，则连续进两位而为豫☳000100，为自然数 4。如此类推。

现代国内外有学者提出邵雍《太极图》的易数关系并不是一种自觉运用的二进制的记数方法。我们认为，如果邵雍不是自觉运用"二进制"的记数方法排出这一卦序，我们想不出他还可能用其他什么方法排出这种卦序，而正巧与"二进制"的数表完全相吻合。因为大家都知道，如果我们对六十四卦任意排列组合，那可以排出的卦序的种类，应是 64 的阶乘：1 乘 2 乘 3 乘 4……乘 64，其结果将是一个无比庞大的数字。而邵雍能一卦不差地排列出符合二进制数表的卦序，如果将这说成是一种"无意识的巧合"，那此种"巧合"的概率渺乎其微，几乎完全不可能。这也就反过来说明邵雍已经发明并能熟练运用"二进制"的记数方法。

邵雍的"加一倍法"后来受到了朱熹的肯定，朱熹说："自有《易》以来，只有康节说一个物事如此齐整。"[23] 又在其《易学启蒙》中说："……自是而推之，由四而八，由八而十六，由十六而三十二，由三十二而六十四，以至于百千万亿之无穷。虽其见于摹画者，若有先后而出于人为，然其已定之形、已成之势，则固已具于浑然之中，而不容毫发思虑作为于其间也。程子所谓'加一倍法'者，可谓一言以蔽之。"[24] 从上述朱熹的话中，可知他已经认识到运用"加一倍法"（实际即是二进制的进位方法）可以写出从小到大，"以至于百千万亿之无穷"的自然数。

在朱熹那里，"加一倍法"又称"加一位法"。而"加一倍法"的要点就在于，加一位即加一倍。我们从清初学者那里可以看到，他们是明白邵雍的计数方法的。如王夫之《周易稗疏》卷三："邵子（雍）执加一倍之小数（术），立一二画之象：一纯阳，一纯阴，一阳上阴下，一阴上阳下，谓之'四象'。更加一画，而其数倍为'八卦'，遂画四画之象十六，五画之象三十二，无名无义，但以八生十六，十六生三十二，三十二生六十四，教童稚知相乘之法则可，而于天人之理数，毫无所取，使以加一画即加一倍言之，则又何不可加为七画，以倍之为一百二十八，渐加渐倍，亿万无穷，无所底止，又何不可哉？"[25] 从王夫之这段话中，可以看出他已经懂得"加一画即加一倍"的计数方法，他所说的"一画"，即是一个爻位，而在这里爻位即是数位。加一位，则加一倍。

作为二进制，每向前增加一个数位，意味着所包含的自然数的数目较此前翻了一倍。比如二进制六个数位包含了六十四个自然数（0—63），若增加到七个数位，那自然数的数目也便翻了一番，而包含一百二十八个自然数（0—127）。若增加到八个数位，便包含二百五十六个自然数（0—255）。而若从八个数位增加到十个数位，那自然数的数目便翻两番，而包含一千零二十四个自然数（0—1023）。而若从十个数位增加到十五个数位，那自然数的数目便翻五番，而包含三万二千七百六十八个自然数（0—32767）。如此类推，数位越多，包含的自然数的数目也越多。而即使再多数位，其中包含的自然数的数目再多，要用二进制的计数方法写出它所包含的所有自然数，也并不困难。这也就是说，只用两个符号便可以以一种明白无误的逻辑方法（可操作、可验证的）表示从 0 至无穷大的自然数。反过来也可以说，一切自然数都可以用两个符号以逻辑的方法表示出来。

邵雍的"加一倍法"意味着中国早在九百多年前的北宋时期，就已经发明了二进制的记数方法，这是中国先哲的智慧和光荣，我们作为后人应该记住它，而不应该抹杀它！

第二节 儒理宗

宋代"儒理宗"以胡瑗、程颐为代表。胡瑗为"理学三先生"之一，其以儒理说易，开宋代义理派易学之先河，他在太学授《易》时，程颐是他的学生。程颐的《伊川易传》可谓理学定鼎之作。下面分别对胡瑗和程颐加以介绍：

（一）胡瑗

胡瑗的易学思想，反映在其弟子倪天隐所整理的《周易口义》中，其最突出的特点，是纯以儒家的义理解《易》。汉代的易学主流是以象数解《易》，魏晋玄学大师王弼首开易学"义理"一派，但其解《易》多掺杂老庄之说。胡瑗的易学亦主"义理"，他不仅一扫西汉灾异之说、东汉谶纬之说，同时也不取王弼的道家、玄学之说，而代之以儒家的纲常名教之说和性命道德之言。南宋赵汝楳指出，易学在后世发展过程中，分别受到西汉灾异之说、东汉谶纬之说、魏晋老庄玄学的影响，"赖我朝王昭素、胡安定诸儒挽而回之"[26]。

胡瑗之所以被视为"儒理易"的开创者，在于他以纯正的儒家立场解释《易经》。今举数例以说明：

1. 解《乾》卦："九四：或跃在渊，无咎。"

儒家最重君臣之义，但王弼、孔颖达在解此爻辞时，隐约传达了一种"臣取尊位"的思想，王弼注说：九四之爻"近乎尊位，欲进其道，迫乎在下，非跃所及。……持疑犹与（豫），未敢决志，用心存公，进不在私，疑以为虑，不谬于果。故无咎"[27]。孔颖达加以疏解说："犹若圣人位渐尊高，欲进于王位，犹豫迟疑，在于故位，未即进也。云无咎者，以其迟疑进退，不即果敢以取尊位。故无咎也。"[28]

而胡瑗则将九四看作是"太子"之位，将"或跃在渊"理解为"或跃以进其德，在渊以守其位分，是进其德不进其位"，认为"欲进其道""以取尊位"，是篡逆之道，非臣子所当为。他说：

> 九四出人臣之上，切近至尊之位，既非人君，又非王官，是储贰之象也。……夫太子者，天下之本，生民之望也，不有所进，则无以副四海之望；欲进其位，又恐侵君之权。处多惧之地，故不得不疑也。始则疑惑，终则无咎者，盖或跃以进其德，在渊以守其位分，是进其德不进其位也。……今辅嗣之注曰："近乎尊位，欲进其道，迫乎在下，非跃所及。"孔颖达从而疏之曰："以其迟疑进退，不敢果敢以取尊位。"且圣人六经垂万世之教，为天下之法，所以教人臣之忠，人子之孝也，今其言曰"不敢果敢以取尊位"，是何人臣之忠、人子之孝哉？[29]

2. 解《观》卦卦辞："观，盥而不荐，有孚颙若。"

古代宗庙祭祀，礼仪盛大。"盥"礼简略，盥手酌香酒，洒地以降神，人皆尽其至诚之心。荐为献牲之礼，礼数繁缛，人易生倦怠。《论语》载孔子之言曰："禘自既灌而往者，吾不欲观之矣。"（《论语·八佾》）"孚"为诚信，"颙"为虔敬。"有孚颙若"形容行盥礼者之虔诚庄严。胡瑗认为，"盥而不荐，有孚颙若"是一个比喻：

> 圣人在上临御天下，必当如始盥之时，尽其至敬之心，以为天下所观法也。固不可如行荐之时，礼数烦剧，其志懈怠，则不能使天下之人观之以为法则也。[30]

在胡瑗看来，国君既是国家的政治领袖，也应是国家的道德楷模，一言一行皆应为民树立榜样、确立法则。

3. 解《蹇》卦："六二：王臣蹇蹇，匪躬之故。"

《蹇》卦艮下坎上，山上有水，这水不是山上的溪水泉水，而是如《尚书》中所说的"怀山襄陵"之水，用现在的话说就是"堰塞湖"，一旦决口，山下之人有灭顶之灾。在《易经》中《屯》卦、《困》卦都有险难之意，相比之下，《蹇》卦是更加险难的一卦。

胡瑗解释说：六二有中正之德，处人臣之位，上应于九五之君。而君在蹇难之中，必尽忠竭力，奋死不顾，虽重险在前，亦冒险而往。而所以犯险而进者，上以为君，下以为民，非为其一身之故。他说：

> 凡为人臣，苟不尽忠竭节，见危授命，则有不忠之罪。[31]

《蹇》卦诸爻，皆不要人轻易犯险，唯六二、九五两爻，则许其前往，这是因为九五履大君之正位，六二为辅政之大

臣，他们要不主持救险，谁能担此重任呢？胡瑗用儒学的爱民思想解释《蹇》卦，解释得很到位。

在两宋时期，胡瑗《周易口义》的影响是很大的。比如他解《渐》卦上九"鸿渐于陆，其羽可用为仪，吉"，改经文"陆"为"逵"字，以为云路。因为此卦九三爻辞也是"鸿渐于陆"，两"陆"字重复，于卦义费解。胡瑗提出他的改字理由说：

> 此一卦皆以"鸿渐"为象，初则渐于干，二则渐于磐，三则渐于陆，四则渐于木，五则渐于陵，至此上九复言陆者，按诸家之说以谓上九、九三皆处一卦之上，故皆言陆。陆者，高之顶也。遍观经文又无"高顶曰陆"之文，且陆者，地之高平者也；陵者，大阜也。又安有地而反高于山阜者哉？……陆氏之说言高过即反下，故上九处至极之地，反为陆也。按《渐》卦自下而渐于上，自微而至于高大。且陵者，未为极高之地，岂有反下之义哉？
>
> 今考于经文，陆字当为逵字。盖典籍传文字体相类而录之误也。逵者，云路也，言鸿之飞，高至于云路。其羽翎毛质可以为表仪，亦犹贤人君子自下位而登公辅之列，功业隆盛，崇高远大，可以为天下之仪表，故获吉也。[32]

胡瑗所改之字是否即符合《易经》原意，我们无法判断，但他改字后对于卦义而言更为合理，是可以肯定的。以是，程颐的《伊川易传》、郑刚中的《周易窥余》、朱熹的《周易本义》皆取其说。他对宋代儒者解《易》的影响，由此可见一斑。

胡瑗解释《周易》，义理质实，表达明白直接，这对后世以儒理解《易》，起到了一个很好的示范作用。四库馆臣提出胡瑗、程颐开以儒理说《易》之宗。而胡瑗是程颐极为尊重的老师，程颐治《易》，明显受到老师的影响。所以宋人晁公武说程正叔解《易》"颇与胡翼之相类"[33]。

（二）程颐

程颐年轻时于太学从胡瑗学习《周易》，程颐《易传》中就有多处援引胡瑗的《易》说。二程在二十四五岁时就已经是出色的易学家了，《二程外书》卷十二记载："横渠（张载）昔在京师，坐虎皮说《周易》，听从甚众。一夕，二程先生至，论《易》。次日，横渠撤去虎皮，曰：'吾平日为诸生说者，皆乱道。有二程近到，深明《易》道，吾所弗及，汝辈可师之。'横渠乃归陕西。"[34]虽然程颐很早就已"深明《易》道"，但他并未急于著书，他曾说："吾四十岁以前读诵，五十以前研究其义，六十以前反复绌绎，六十以后著书。"[35]程颐经过几十年的反复研究，大约到了六十岁的时候，动手完成他的唯一的一部专著——《伊川易传》。此书初稿完成后，程颐并没有急于让其面世，而是准备再用十年的时间修改它，"某于《易传》，今却已自成书，但逐旋修改，期以七十，其书可出"[36]。事实上，直到程颐七十五岁逝世前，《伊川易传》才授予弟子。朱熹《伊川先生年谱》："时《易传》成书已久，学者莫得传授，或以为请。先生曰：'自量精力未衰，尚觊有少进耳。'其后寝疾，始以授尹焞、张绎。"[37]

义理派解《易》重视将卦、爻之象与自然、社会之象相结合来阐释义理。其解《易》的水准往往表现在义理的精到与卦例的谨严上。这就是说，谁解《易》在义理上更为精到，在卦例上更为谨严，谁就会超迈前人。这里我们试比较胡瑗与程颐两家解《易》的例子。

《渐》卦六四爻辞说:"鸿渐于木,或得其桷,无咎。"胡瑗未能理解"或得其桷,无咎"的意思,将之解释为六四阴爻与九三阳爻相"邪配","情意相合","可以相辅佐而乐得其所",所以"无咎"。他说:

> 此一爻渐进至于上卦,其位渐高。然则鸿者,水禽也,今渐于木,非其所也。言四进无正应,而下比于三。三亦无正应,乐于邪配。亦非其所也。桷者,榱椽之属也。言六四以阴居阴,本得其正,虽比于三,有邪配之事,然三亦无正应,近而相得,情意相合,可以相辅佐而乐得其所。犹得修长劲直之木,可以安栖,不至于失所,而可以无咎也。[38]

而程颐从鸿雁的生理结构予以解释。他提出鸿雁脚蹼不分趾,不能握树枝,或得横平之桷,乃能安处而无咎。他说:

> 鸿之进于木也,木渐高矣,而有不安之象。鸿趾连,不能握枝,故不木栖。桷,横平之柯。唯平柯之上乃能安处。谓四之处本危,或能自得安宁之道则无咎也。[39]

这种解释要言不烦,揭示了爻辞的真正意思,完全没有必要像胡瑗那样牵扯六四与九三的所谓"邪配"关系。

义理派解《易》还有一个特点,就是不用互体方法解《易》。当年,王弼反对汉儒采用烦琐的取象解《易》方法,他说:"互体不足,遂及卦变,变又不足,推致五行。一失其原,巧愈弥甚。纵复或值,而义无所取。"[40]南宋时,有人请教张栻，为什么程颐令学者读王弼、胡瑗、王安石三家《易》书？张栻回答："三家不论互体故云耳。"[41]程颐曾多次强调解《易》应"因象以明理"，但他所说的"象"只是本卦之象，不取本卦之外的"象"。所谓"互体"主要是指取二三四、三四五爻成三卦画的经卦，而后取此三画卦的象，来解说卦爻辞。在义理派看来，互体之象已是本卦之外的"象"。义理派的本领在于，他们不用互体等方法解释卦、爻辞，也能解释得非常贴切、令人拍案叫绝，这是义理派能最终战胜象数派的根本原因。下面我们不妨举两个例子：

1. 解《谦》卦："九三：劳谦，君子有终，吉。"

象数家认为，《谦》卦二至四爻互体《坎》卦，而《坎》卦有劳象，所以圣人作爻辞时才写"劳谦"，而此"劳"为辛劳之"劳"。程颐解此卦，首先认为圣人名此卦为《谦》就是表彰谦德，历史上持谦德的榜样是周公。此卦只有第三爻为阳爻，其余皆为阴爻。从三爻对君爻（第五爻）而言，君爻为阴爻，其象为能臣辅幼弱之主，从三爻对其余五阴爻而言，其象为万民宗从，所以九三象辞说："劳谦君子，万民服也。"程颐说："三以阳刚之德而居下体，为众阴所宗，履得其位，为下之上，是上为君所任，下为众所从，有功劳而持谦德者也，故曰劳谦。古之人有当之者，周公是也。身当天下之大任，上奉幼弱之主，谦恭自牧，夔夔如畏然，可谓有劳而能谦矣。既能劳谦，又须君子行之有终，则吉。"[42]他认为"劳谦"之"劳"为功劳之"劳"，"劳谦"就是"有功劳而持谦德者"，这样解释，不取互体坎劳之象，义理仍然说得很充沛，令人激赏。

2. 解《豫》卦："六二：介于石，不终日，贞吉。"

象数家认为，《豫》卦二至四爻互体《艮》卦，艮为山石之象，所以圣人作爻辞时才写"介于石"。程颐解此卦，首先认为圣人名此卦为《豫》卦是讲处豫之道，豫是安乐和悦之意，一方面，民非和悦不服；另一方面，久溺于逸乐而失正，乃是危亡之道。此卦初爻、三爻、五爻为阴爻，四爻为阳爻，皆不得其正，唯六二爻处中正，意谓众人皆耽恋逸乐之时，君子耿介如坚石，中正自守。程颐说："逸豫之道，放则失正，故《豫》之诸爻，多不得正，才与时合也。唯六二一爻处中正，又无应，为自守之象。当豫之时，独能以中正自守，可谓特立之操，是其节介如石之坚也。介于石，其介如石也。人之于豫乐，心悦之，故迟迟遂至于耽恋不能已也。二以中正自守，其介如石，其去之速，不俟终日，故贞正而吉也。"[43]这样解释，不取互体艮石之象，竟也解释得天衣无缝。

程颐所著《易传》是继王弼《周易注》之后的第二部义理派名著，也是以道学（理学）思想解经的第一部成功之作，被儒家学者视为易学之正宗。此书在后世享有盛名，被列为官学科举考试的规定内容。而二程在学术上的成就，也主要以此书为代表。清初顾炎武评价此书说："昔之说《易》者，无虑数千百家，如仆之孤陋，而所见及写录唐宋人之书亦有十数家，有明之人之书不与焉。然未见有过于《程传》者。"[44]

第三节　史事宗

宋代"史事宗"以李光、杨万里为代表。自汉代郑玄以后，学者时或有用史事诠解《易经》，但那只是偶一为之。由宋代李光开始，《周易》全经皆用史事加以诠解，于是而有"史事宗"。杨万里有文学之才，也采取同样的方法解释《周易》，并产生了很大的社会影响。下面对李光和杨万里分别加以介绍。

（一）李光

李光（1078—1159），字泰发，越州上虞（今浙江上虞东南）人。崇宁五年进士。南宋高宗朝进吏部尚书，除参知政事（副宰相），因力主抗金，反对奸相秦桧和议之谋，被贬官远谪藤州，不久再移琼州。陆游《老学庵笔记》记载，李光远谪临行之日，"谈笑慷慨，一如平日。问其得罪之由，曰'不足问，但咸阳（秦桧）终误国家耳！'"[45]李光贬居岭南期间，自号读易老人，攻读《易经》，而于世之治乱，一身进退，观象玩词，摅其所得，著成《读易详说》。其书旧本散佚。朱彝尊《经义考》亦称"未见"[46]。乾隆年间，此书从《永乐大典》中录出。

刘弇有诗云："赖足杯中物，时将块垒浇。"[47]李光解《易》亦有此意，寄兴于古之《易经》，以浇自家胸中块垒。例如《坤》卦六四爻辞"括囊，无咎无誉"，是说六四一爻最近君位，乃人臣居高履危处嫌疑之地，当小人当道之时，为了明哲保身，应该像结扎囊口那样，闭嘴不言。李光对此批判说：

> 汉儒乃以括囊不言为训，岂不陋哉！……大臣以道事君，不可则止。若君有失德而不敢谏，朝有阙政而不敢言，则是冒宠窃位、持禄养交，岂圣人垂训万世之意哉！……不然，则是凡为大臣皆当坐视国之颠覆，孰任其咎？学易者不观其时，不悟其幾，曷足以究圣人之微言哉！[48]

李光这一意见，不仅批判了历代经师，实际也批判了《易经》本身，《易经》过多强调明哲保身，因而在许多时候不是

鼓励君子与小人作不妥协的斗争，而是告诫君子当规避小人，不免消极。

作为"史事宗"的创始人物，要以史证经，《易经》卦辞、爻辞皆引证史事以立论，就难免会有牵合之弊。但李光引证史事，经常有神来之笔，恰到好处。今举数例：

1. 解《损》卦："初九：已事遄往，无咎。酌损之。"

整句话的意思是说，事情已经做成，不贪其功，宜速离去，这样就没有咎过。为什么呢？因为初九居下卦之下，处于弱势，如果弱者去争功，可能会有咎过。应当"酌损之"，斟酌自损以全己。就是说，你有十分的功劳，要五分就可以了。你想要十分，或者想要更多，就会有咎过。史事宗的特点是用历史故事来诠释经文的意思，以便于读者的理解，李光解释此爻说：

> 汉惟张子房一人既佐沛公以有天下，则愿与赤松子游，封留足矣。是能亟退而酌损之也。后世贪沓之士，欲以谀说人主，至竭百姓膏血为淫荒之用，自谓益上而窃位冒宠，不知纪极，岂有不丧身覆族者哉！[49]

汉代张良辅佐刘邦得天下，成功之后，急流勇退，"与赤松子游"，被封留侯，已很满足。后世的贪婪之士，为求升进，竭尽百姓的膏血，以满足统治者的荒淫之用，自以为能够"益上"。历史上有很多这样的人，最终丧身覆族。所以要知道"功成弗居"的道理。李光用这个故事来解释《损》卦初九，便觉得生动鲜活，易于理解。

2. 解《夬》卦："初九：壮于前趾，往不胜为咎。"

"夬"为决断之意。《夬》卦乾下兑上。乾为天，本宜在上，今乃在下。当夬之时，初九"壮于前趾"，果断前行。然往而能胜，则其决断为是；往而不能胜，则有咎过。又此卦有五阳决去一阴、君子决去小人之意，初九居下卦之下，尚处弱势，而果于前行，有躁动之嫌。

李光引史事立论说，当年武王观兵孟津，八百诸侯不期而会，众皆曰"纣可伐"，而武王以为"未可"，退而还师。[50] 应该说李光所举的史例是很能说明问题的。

3. 解《蛊》卦："初六：干父之蛊，有子，考无咎。"

《蛊》卦初六爻辞意思是：子承家道，堪任大事，革治先父弊政，可使先父无咎过之责。李光以周宣王、唐肃宗中兴之业来解爻辞，他说：

> 人君狃于宴安，湛于逸乐，天下蛊坏，非得善继之子，堪任大事，曷足以振起之？宣王承幽王（按：当为厉王）之后，修车马，备器械，复会诸侯于东都，卒成中兴之功。禄山之乱，明皇幸蜀，肃宗即位灵武，以复两京，可谓有子矣。故考可以无咎。然乱自我致，非吾君之子孰与兴之？然则中兴之业，难以尽付之大臣。故《蛊》卦特称父子者以此。[51]

李光不只是在说历史，也是在说现实。他是在暗示宋高宗应该学习周宣王、唐肃宗，成为中兴之主，并告诫他中兴之业，不能尽付之大臣，这明显又是在暗讽宋高宗倚重秦桧之事。李光"因事抒忠，依经立义，大旨往往类此"[52]。

（二）杨万里

杨万里（1127—1206），字廷秀，号诚斋。吉州吉水（今江西吉水）人。绍兴二十四年（1154）进士。一生力主抗金。官至宝谟阁学士致仕。杨万里著《诚斋易传》，其书大旨本于程颐《伊川易传》，宋代书肆曾与程《传》并刊以行，谓之《程杨易传》。《诚斋易传》以古史解《周易》卦序，谓《乾》《坤》为开辟之世，《屯》《蒙》为鸿荒之世，《需》养为结绳之世，《讼》《师》为阪泉、涿鹿之世，《畜》《履》为书契大法之世，《泰》通为尧舜雍熙之世，过是而后，泰而否，否而泰，一治一乱，治少乱多。又以历史人物故事解《周易》卦爻辞，段段节节用古事引证。杨万里本为著名诗人，文章清奇，论说巧妙，因而人多喜读其书。今试举其解《易》之例：

1. 解《夬》卦："九三：壮于頄，有凶。君子夬夬。独行遇雨。若濡有愠，无咎。"

《夬》卦有五阳决去一阴、君子决去小人之意。九三一爻列于五阳众君子之中，又与上六小人为正应，依违于君子、小人两者之间，面临着严峻的人生抉择。杨万里对此爻解释的文字很长，但却极为生动。他说：

"壮于頄"，王辅嗣谓上六是也。頄者，颊之骨也，体之在上者也。九三外列乎五阳众君子之林，而内为上六一小人之助，此小人之谋而君子之家寇也。虽然不可疾而可晓也。圣人晓之曰：来，汝九三。取凶在汝，取无咎亦在汝。汝，君子徒也。舍君子，从小人，凶之道也。舍小人，从君子，无咎之道也。"壮于頄"，是从小人也。"独行遇雨"，是从小人也。"君子夬夬"，是从君子也，"若濡有愠"，是从君子也。居下而壮乎上，处阳而应乎阴，非"壮于頄"之象乎？舍群阳而孑与之同志，应一阴而任己以独行，不惟应之，又与之和合，若阴阳之和而雨焉，非"独行遇雨"之象乎？弃同而即异，叛正而附邪，天下其孰能说（悦）之？此其所以凶也。汝曷不决而又决，以绝上六之交，汝曷不决而又决，以协

群阳之志。"夬夬"者，决而又决也。"若濡"者，若上
六之濡己而污己也，"有愠"者，以上六为羞恶而愠见
也。去污以自洁，舍故以自新，天下孰不与之？此其所
以无咎也。[53]

杨万里指出，《夬》卦九三本在君子阵营中，却可能成为
小人的内应。圣人通过《易经》教导此类人要站稳立场：在关
键的历史时刻，人生道路的选择全靠自己。而道路只有两条，
一条是舍君子而从小人，一条是舍小人而从君子。接着他又举
出一反一正两个历史实例来补充他的论述。他说：

> 段纪明助阉尹而害忠烈，"壮于頄"而"独行遇雨"
> 者也。温太真舍王处仲而归朝廷，"君子夬夬"而"若
> 濡有愠"者也。为九三者，其亦谨所择以从圣人之晓己
> 哉！[54]

东汉将领段颎（？—179），字纪明，战功卓著，官至太
尉，为保富贵，诏附阉党中常侍王甫，迫害忠良。汉灵帝时，
坐罪下狱，饮鸩自杀。这是舍君子而从小人的下场。东晋温峤
（288—329），字太真，历官显职，开始对王敦缺乏认识，当
看清王敦的叛乱阴谋后，坚决站到朝廷一边，平乱立功，名留
青史。这是舍小人而从君子的突出事例。

2. 解《巽》卦："九二：巽在床下。用史、巫纷若；吉，
无咎。"

巽，通"逊"，《巽》卦中心议题是逊顺。巽，善则为谦
逊，为恭敬；过则为谄媚。此爻辞意思是说，九二当大臣之
位，过于卑顺，非大臣所应为。然用此人当史巫之职以事神，
礼仪纷错，不厌其恭，则吉而无咎。杨万里解释此爻说：

巽，德之顺也。善则为谦，为恭，为逊；过则谄矣。鞠恭不已，将及俯偻，俯偻不已，将及床下。九二，人臣之位也，抑其阳刚之德，而自处于阴柔，此已卑巽矣。不惟自处于阴柔，而又处于卑下，此又过于卑巽矣。不曰"巽在床下"乎？大臣，君之股肱，国之栋干，民之表极也。今若此，岂所望于大臣乎？其孔光、张禹、胡广、赵戒之徒乎？然则巽之九二，又无所可用乎？其惟用之以祭祀则吉而无咎乎？……用祝史、用巫觋……纷然有事，禳焉降福，百拜而不为谄，骏奔而不为卑，何也？事神不嫌于卑巽也。……然则过于卑巽者，用之为史巫则吉，用之为大臣则凶；用之于事神则无咎，用之于事君则有咎矣。[55]

这里，杨万里用文学的笔法将《巽》卦九二的性格刻画得栩栩如生，你看他对谄媚之臣的描写，"鞠恭不已，将及俯偻，俯偻不已，将及床下"，读之不禁令人喷饭。《诚斋易传》多有此类文字，虽说是解《经》之作，人读之却不觉枯燥。而所列之孔光、张禹、胡广、赵戒之徒在汉代皆曾居宰辅之位，然而在位不言，望风承旨，望尘下拜，贻笑千古。凡此之类，皆大臣之柔顺而无固志者。所以《诚斋易传》不仅是一部《易》著，也是一部史评。

第四节　象占宗

学者论宋明理学，向以程、朱连称，称为"程朱学派"。然在易学上，朱熹与程颐则有较大距离。朱熹评论程颐《易传》说：《易传》义理精，字数足，无一毫欠阙……只是于本义不相合。"[56]因为在他看来，《周易》本是卜筮之书，而程颐全不提及。朱熹强调《易》本卜筮之书，因著《周易本义》。元仁宗延祐复科举，程颐《易传》、朱熹《周易本义》并列学官；明初，朱熹的《周易本义》作为《伊川易传》的"补传"。其后学者厌博而就约，避难而趋易，于是专主《周易本义》。

朱熹易学综合象数学与义理学，亦吸纳北宋刘牧、邵雍等人的图书学的成就，所著《周易本义》卷首即加有易学九图。清代学者皮锡瑞予以严厉批评，称其是画蛇添足，佛头着粪，鄙薄之意跃然纸上。皮锡瑞说：

> 朱子以《程传》不合本义，故作《本义》以补《程传》，而必兼言数。既知《龙图》是伪书，又使蔡季通入蜀求真图，既知邵子是《易》外别传，又使蔡季通作《启蒙》，以九图冠《本义》之首，未免添蛇足而粪佛头。[57]

在我们看来，朱熹以为《周易》本为卜筮之书，并从此立场上批评程颐，这并不能表明程颐的无知和错误，而只能表明朱熹本人的立场。在易学史上，象数、义理两派形同水火，势不两立。朱熹以易学九图加于其所著《周易本义》之前，此九图未必真符合《周易》的发生史。但邵雍的《先天图》曾一度失传，已不见于其所著的《皇极经世书》，而赖朱熹将其图附于《周易本义》中而得以流传，更何况邵雍的先天图还内蕴"加一倍法"（实即"二进位制"，参见本书邵雍章）的精华于其中。因此皮锡瑞对于朱熹《周易本义》的批评或有所过分。

在我们看来，朱熹最应该受到批评的是，他将《周易》当占书，其书中总是说"占得此爻当如何"，此是其易学思想中之最陋劣者。朱熹自己也相信占筮。庆元元年（1195），朱熹六十六岁，此时"庆元党禁"尚处于初起阶段，丞相赵汝愚被政敌迫害，按道义朱熹有责任上书为赵汝愚鸣冤，史称，朱熹"草封事数万言，陈奸邪蔽主之祸，因以明赵汝愚之冤。子弟诸生更迭进谏，以为必贾祸，熹不听。蔡元定请以蓍决之，遇《遯》 ䷠ 之《同人》 ䷌。熹默然，取稿焚之，遂上奏，力辞职名，诏仍充秘阁修撰"[58]。《遯》之《同人》，《遯》之初爻是变爻，主占筮之义。"遯"者，逃去之名。《遯》初六爻辞说："遯尾，厉。勿用有攸往。"朱熹《周易本义》曾为此作注说："占者不可以有所往，但晦处静俟，可免灾耳。"[59]朱熹于是放弃上书，自号遯翁。

如果我们不相信世界上有鬼神存在，那关于吉凶悔吝的所谓"占筮"，只表现为一种随机性、偶然性的概率而已。《遯》卦为六十四卦之一，再加上各种可能的变爻形式，要筮得"《遯》之《同人》"的概率极低。鉴于这种情况，笔者颇疑此事之真实性。当朱熹应当担负道义责任之时，却以蓍草决疑，而又那样十分凑巧地筮得"《遯》之《同人》"，由此借口秉承神的旨意而逃避道义责任。

虽然我们对朱熹的易学思想总体评价不高，但同时也认为，他在对具体问题的解释上有许多真知灼见。今举数例：

1. 解《乾》卦卦辞："乾，元亨利贞。"

关于"元亨利贞"，有两种断句法，一是"元，亨，利，贞"，作四项说，被《彖辞》《文言》称为乾之"四德"，为易学家所普遍认同。二是"元亨，利贞"，作两项说，朱熹即持此一观点。他说："乾之元亨利贞，本是谓筮得此卦则大亨，而利于守正。而《彖辞》《文言》皆以为'四德'，某尝疑如此等类，皆是别立说以发明一意。"[60]在笔者看来，这段话是说到《周易》本意了。"元亨利贞"是占辞，是说占筮者筮得此卦，按照此卦的卦爻辞的意思去做，就会"大亨"。"元"是"大"的意思，"贞"是"正"的意思。《乾》卦是健德，有健德就会"大亨"。但有一个附加条件，就是"利于守正"。也就是说，不守正道就不会"大亨"。《屯》卦、《随》卦、《临》卦、《无妄》卦、《革》卦这五个卦都有"元亨利贞"，那也就是说，筮得这五个卦都"大亨，而利于守正"。为什么会这样？因为这五卦非同一般：《屯》卦讲创业；《随》卦讲循守；《临》卦讲临民；《无妄》卦讲修养；《革》卦讲变革，都是关于大事的选择和决定，《周易》对这些大事的选择和决定都是支持的，都说会"大亨"。但都有一个附加条件，是"利于守正"。守正道，就会"大亨"，不守正道就不会"大亨"。这样理解，就将各卦都讲通了。

2. 解《大畜》卦："上九：何天之衢，亨。"

"何"，胡瑗、程颐以为衍文。朱熹《周易本义》以为惊喜之词，解为"何天之衢，言何其通达之甚也"[61]。笔者以为，比较两种解释，以朱熹之说为好。此卦互体震为大涂，上九更在大涂之上，故称"天衢"。上九导下乾而上，有养贤用贤之象。下乾始抑而今亨通，故有惊喜之词。

3. 解《未济》卦："六三：未济，征凶，利涉大川。"

此一爻辞前后似有矛盾，既然说"未济，征凶"，为什么又"利涉大川"呢？前人于此多强作解释，如程颐解释说："未济，征凶，谓居险无出险之用而行，则凶也。……然未济有可济之道，险终有出险之理。上有刚阳之应，若能涉险而往从之，则济矣。故利涉大川也。然三之阴柔岂能出险而往，非时不可，才不能也。"[62]程颐翻来覆去地说，总难自圆其说。而朱熹则另辟解释的途径，他说："阴柔不中正，居未济之时，以征则凶。……盖行者可以水浮，而不可以陆走也。或疑'利'字上当有'不'字。"[63]朱熹注意到爻辞本身存在矛盾。他提出两个解决方案：一是将"征"字解释为"陆走"，以为"陆走"则凶，涉水则有利。这样就消解了爻辞的相互矛盾。二是

在"利涉大川"前加"不"字，这样就前后统一了。这两种解决方案，似乎比程颐的强解要好。

注释：

[1] 汉兴，易以卜筮存，而以田何之学为首。

[2] 京、焦，即京房、焦延寿。京房受易于焦延寿，其学好言灾异，故以其学为"禨祥宗"之代表。

[3] 陈、邵，即陈抟、邵雍，传易图之学，由易图以观天地运化、阴阳五行，以及万物化生，故以其学为"造化宗"之代表。

[4][52]〔清〕永瑢等撰：《四库全书总目》，北京：中华书局，1965 年，第 1，8 页。

[5]〔宋〕苏轼著，〔清〕王文诰辑注，孔凡礼点校：《苏轼诗集》，北京：中华书局，1982 年，第 1667 页。

[6][7][10][11][12]〔宋〕周敦颐撰，梁绍辉、徐荪铭等校点：《周敦颐集》，长沙：岳麓书社，2007 年，第 141，141，167，5—8，76 页。

[8][34][35][36][37][39][42][43][62]〔宋〕程颢、程颐著，王孝鱼点校：《二程集》，北京：中华书局，2004 年，第 59，436—437，314，174，345，976，775，780，1024 页。

[9][18]〔元〕脱脱等：《宋史》，北京：中华书局，1985 年，第 12709—12710，12726 页。

[13]〔宋〕张栻：《南康军新立濂溪祠记》，《张栻全集》，长春：长春出版社，1999 年，第 706 页。

[14] 引自〔清〕段玉裁著，钟敬华校点：《答程易田丈书》，《经韵楼集》卷七，上海：上海古籍出版社，2008 年，第 182—185 页。

[15]〔宋〕王称：《东都事略》，济南：齐鲁书社，2000 年，

第 1031 页。

[16]〔宋〕朱震:《朱震集》,长沙:岳麓书社,2007年,第1—2页。

[17][21][23][56][60]〔宋〕黎靖德编,王星贤点校:《朱子语类》,北京:中华书局,1986年,第2552,2546,2546,1651,1645页。

[19][22]〔宋〕邵雍:《皇极经世书》,郑州:中州古籍出版社,2007年,第518,516页。

[20][59][61][63]〔宋〕朱熹:《周易本义》,北京:中华书局,2009年,第17,135,117,219页。

[24]〔宋〕朱熹撰,朱杰人、严佐之、刘永翔主编:《朱子全书（修订本）》第1册《易学启蒙》,上海:上海古籍出版社;合肥:安徽教育出版社,2002年,第217—218页。

[25]〔明〕王夫之:《周易稗疏》,《船山全书》第1册,长沙:岳麓书社,2011年,第789页。

[26][46]转引自〔清〕朱彝尊原著,林庆彰等编审,许维萍等点校:《点校补正经义考》第1册,台北:"中央研究院"中国文哲研究所筹备处,1997年,第387,526页。

[27][40]〔魏〕王弼著,楼宇烈校释:《王弼集校释》,北京:中华书局,1980年,第212,609页。

[28]〔魏〕王弼、〔晋〕韩康伯注,〔唐〕孔颖达等正义:《周易正义》,〔清〕阮元校刻:《十三经注疏》,北京:中华书局,2009年,第22页。

[29][30][31][32][38]〔宋〕胡瑗撰,〔宋〕倪天隐述:《周易口义》,《景印文渊阁四库全书》第8册,第177,273,346,403,402页。

[33]〔宋〕晁公武撰,孙猛校证:《郡斋读书志校证》,上海:上海古籍出版社,1990年,第40页。

［41］〔宋〕张栻：《张栻集》，北京：中华书局，2015 年，第 1570 页。

［44］〔清〕顾炎武：《与友人论易书》，《顾亭林诗文集》，北京：中华书局，1983 年，第 42 页。

［45］见〔宋〕陆游：《老学庵笔记》，北京：中华书局，1979 年，第 10 页。

［47］〔宋〕刘弇：《莆田杂诗录》（八首），《景印文渊阁四库全书》，第 1438 册，第 66 页。

［48］［49］［50］［51］〔宋〕李光：《读易详说》，《景印文渊阁四库全书》第 10 册，第 276，380，388，321 页。

［53］［54］［55］〔宋〕杨万里：《诚斋易传》，《景印文渊阁四库全书》第 14 册，第 642，642—643，689 页。

［57］〔清〕皮锡瑞：《经学通论》，北京：中华书局，1954 年，第 35—36 页。

［58］〔清〕毕沅：《续资治通鉴》，北京：中华书局，1957 年，第 4144 页。

第三十五章
南宋至元代春秋学的标志性人物

南宋至元代，解释《春秋》之书有数十家之多。《春秋》之事本来难理，加上各种经解异说纷呈，这正如韩愈诗所说"迷魂乱眼看不得"[1]。治经学史者，必须理清此一时期春秋学的发展主线，寻找其中标志性人物，方有下手之处。

那么，什么是此一时期春秋学的发展主线呢？简单说，汉代春秋学重视《公羊》《穀梁》《左氏》三传，然自中唐"啖助、赵匡攻驳三传，已开异说之萌，至孙复而全弃旧文，遂贻春秋家无穷之弊"[2]。南宋以后，胡安国《春秋传》从众多春秋学经解中脱颖而出，成为春秋学的新权威。事实上，胡安国已经开始改变了啖助、赵匡之后学者"攻驳三传"的做法，而向《春秋》三传回归，如晁公武所说："安国师程颐，其传《春秋》，事按《左氏》，义取《公》《穀》之精者。"[3]元代延祐复科举，考试程序规定："《春秋》许用'三传'，及胡氏《传》。"[4]《春秋》三传再次受到重视，胡安国《春秋传》附之于后，合称"《春秋》四传"，实际上，此四传之中，胡安国《春秋传》受到更大重视。[5]在此一文化背景下，元代黄泽春秋学明确主张回归《左传》，兼及二传。其弟子赵汸承其学，提出尊王亦尊霸的主张，认为孔子所作《春秋》既有"褒贬"，也有"实录"。此外，明代李开先推崇赵鹏飞《春秋经诠》，以为"高出朱注之

上"。因而胡安国、赵鹏飞、黄泽、赵汸四人，可视为南宋至元代春秋学的标志性人物。

第一节　胡安国："华夷之辨"与"天下大同"

胡安国（1074—1138），字康侯，建宁崇安人。宋哲宗绍圣四年（1097）进士，授提举湖南学事。徽宗初年，为权臣蔡京倾轧罢官，后复原官。胡安国五十四岁时，金兵攻入北宋都城汴京（今河南开封），徽宗、钦宗二帝被掳，北宋亡。这一年五月，徽宗第九子康王赵构在南京应天府（今河南商丘）登基，改元建炎，是为高宗。金兵迫逐，高宗南渡，建都临安(今浙江杭州），史称南宋。

宋高宗南渡有似历史上的周平王东迁，高宗本人也意识到这一点，因而很想了解周平王以后亦即春秋时期的历史，遂于绍兴五年（1135），诏令春秋学名家胡安国纂修《春秋传》，胡安国"感激时事，往往借《春秋》以寓意"[6]，其所作《春秋传》以"尊君父，讨乱贼，辟异说，正人心，用夏变夷"为宗旨，坚主复仇之义。这意味胡安国《春秋传》不仅是一部学术性著述，而且是一部政论性著作。[7]

（一）胡安国的"华夷之辨"思想

胡安国《春秋传》一个重要特点就是突出"华夷之辨"，主张"不以夷狄主中国"。所以他经常会在《春秋》关涉华夏与夷狄关系处做大段的发挥议论。如《春秋·僖公十九年》记载："冬，会陈人、蔡人、楚人、郑人，盟于齐。"这件事的背景是，齐桓公作为霸主时，华夏地区强盛，夷狄不敢窥伺中原。齐桓公既殁，华夏诸侯群龙无首，人心涣散。当时的夷狄之国楚国国力强盛，渐有令行诸夏之势，诸侯相率而从楚。楚国于是得以参与华夏诸侯的盟会，楚国争霸中原自此开始。孔子愤其为祸之首，故以史笔记其事，以表达一种批判态度：当时参与盟会的都是各国国君和卿大夫，但《春秋》不提鲁僖公与会，也不提他国与会者的爵位与名字，只称"人"，是故意贬抑他们；楚国是强国，但在叙述的时候故意不把它排在前面，这是"不以夷狄主中国"。因此，胡安国说：

> 盟会，皆君之礼也。微者，盟会不志于《春秋》。凡所志者，必有君与贵大夫居其间也。然则为此盟者，乃公与陈、蔡、楚、郑之君或其大夫矣。曷为内则没"公"，外则"人"诸侯与其大夫，讳是盟也。楚人之得与中国会盟，自此始也。庄公十年荆败蔡师始见于经，其后入蔡伐郑皆以号举，夷狄之也。僖公元年改而称"楚"，经亦书"人"，于是乎浸强矣。然终桓公世皆止书"人"，而不得与中国盟会者，以齐修伯业，能制其强故也。桓公既没，中国无伯，郑伯首朝于楚，其后遂为此盟。故《春秋》没"公"，"人"陈蔡诸侯，而以郑列其下，盖深罪之也。又二年，复盟于鹿上，至会于盂，遂执宋公以伐宋，而楚于是乎大张，列位于陈、蔡之上而书爵矣。圣人书此岂与之乎？所以著蛮荆之强，伤中国之衰，莫能抗也。故深讳此盟，一以外夷狄，二以恶诸侯之失道，三以谨盟会之始也。[8]

又，《春秋·襄公十六年》记载："叔老会郑伯、晋荀偃、卫甯殖、宋人伐许。"许国是小国，经常为楚国欺凌，不幸沦为楚国的附庸国。在春秋时期，楚国被视为夷狄之国，许国也就成了夷狄。这一年，许国与晋国相约，欲投奔晋国，弃夷狄而归中国。但被许国大夫阻止，不果于行。于是晋国便组织盟国军队讨伐许国背约。关于这次军事行动，按鲁史记载，鲁国的大夫叔老也参加了，并先后拜会了盟军中的各国主导人物。本次军事行动的统帅是盟主国——晋国的荀偃，但在爵位上，郑伯是国君。所以在叙述上先叙郑伯，这个原则就是"不以大夫主诸侯"。胡安国在评论此事时，又把"不以夷狄主中国"连在一起说：

> 春秋之大义，夷夏之辨、君臣之分而已。是故僖十九年盟于齐，陈非主盟也，不以夷狄主中国，则书"会陈"。今年伐许，郑非主兵也，不以大夫主诸侯，则书"会郑"。[9]

又，《春秋·僖公二十四年》记载："冬，天王出，居于郑。"这一事件有其前因后果。其初，滑国背叛盟国郑国，亲附卫国。郑文公派兵为讨叛，攻入滑国。周襄王派使者为滑国求情。郑文公怨恨襄王偏袒滑国，不但不听王命，还拘押了襄王的使者。周襄王大怒，派周大夫颓叔借狄师讨伐郑国。当时大臣富辰进谏说："周、郑是姬姓兄弟之国，若借师狄人，将来必然导致外侮。"襄王不听，借用狄师占领了郑国的栎地。事后，周襄王为了表示感谢，立狄人首领之女隗氏为王后。其后，隗氏与襄王的异母弟王子带勾搭成奸。周襄王得知，遂废黜隗氏。狄人首领闻女被废，率军伐周。周襄王仓促逃到郑国，郑国不计旧恶，接纳了襄王。周天子由此蒙尘于外。《春秋·僖公二十四年》所记"冬，天王出，居于郑"，即指此事。孔子为什么要这样写呢？按道理，"溥天之下，莫非王土"，周天子到哪里，都不应该写"出"。之所以在这里写"出"，是暗喻此时周襄王处事无状，已无"天子"之实。因此，胡安国批评说：

> 王者以天下为家，京师为室，而四方归往，犹天
> 之无不覆也。东周降于列国，既不能家天下矣，又毁其
> 室而不保，则是寄生之君耳。贬而书"出"，以为后戒。
> 唐资突厥之兵以伐隋，而世有兵戎之祸；晋借契丹之
> 力以取唐，而卒有播迁之辱。……而华夷之辨，可不谨
> 夫！[10]

胡安国进而指出，历史上凡借重外夷以求内战之胜者，最
终都给国内带来无穷之祸，所以说"华夷之辨，可不谨夫"！

胡安国强调"华夷之辨"，并非对夷狄有歧视之意，而是
认为华夏与夷狄各有活动区域，应该相安无事，而不应互相
侵害。夷狄不应侵害华夏，华夏也不应侵害夷狄。《春秋·宣
公十五年》记载："六月癸卯，晋师灭赤狄潞氏，以潞子婴儿
归。"潞国是赤狄之国，潞子是国君，婴儿是国君的名字，他
娶了晋景公的姐姐为夫人。时酆舒为潞国执政大臣，杀了晋景
公的姐姐，并伤了潞子婴儿之目。晋国派荀林父率军讨伐，灭
了潞国，并带回了潞子婴儿。这件事情晋国做得太过分了，所
以，胡安国批评说：

> 其称"日"，谨之也。上卿为主将，略而称"师"
> 者，著其暴也。"灭"而举号及氏者，"减"见灭之罪，
> 著"灭"者之甚不仁也。潞婴儿不死社稷，比于中国而
> 书爵者，免婴儿之责词也。然则"攘夷狄，安诸夏，非
> 耶？"徐夷并兴，东郊不开，伯禽征之；猃狁孔炽，侵
> 镐及方，宣王伐之；楚人侵郑，近在王畿，齐侯攘之，
> 皆门庭之寇，不可纵而莫御者也。虽御之，亦不极其

兵力殄灭之无遗育也。今赤狄未尝侵掠晋境，非门庭之寇，而恃强暴以灭之，其不仁甚矣！《春秋》所以责晋而略狄也，又有异焉者。夫代国之要，讨其罪人斯止矣。按《左氏》：潞子夫人，晋景公之姊也，酆舒为政而杀之，又伤潞子之目，则酆舒者，罪之在也。为晋计者，执酆舒辕诸市，立黎侯安定潞子，改纪其政而返，则诸狄服，疆域安矣。今乃利狄之土，灭潞氏以其君归，何义乎？《春秋》所以责晋而略狄也。[11]

这是说，孔子《春秋》教人处理民族关系，并不是一味站在华夏族的立场，而是站在人类各民族平等的立场上，一视同仁的。因此，孔子不仅为中华民族立法，也为全人类立法。所以，孔子不仅是中华民族的伟人，也是全人类的伟人。胡安国等人之释《春秋》，记载表彰孔子这种伟大的人类精神。

胡安国强调"华夷之辨""不以夷狄主中国"，为后世清代统治者所不满，因为清人正是以夷狄而入主中原的。乾隆皇帝曾批评一些学者持"胡安国华夷之见，芥蒂于心"[12]，所以在其亲自主持的《四库全书》编纂中，尽力清除胡安国的"华夷之辨"思想。但胡安国《春秋传》传承已久，要完全清除已非易事。

（二）胡安国的"天下大同"思想

儒家经典《礼记·礼运》篇载孔子告子游之语："大道之行也，天下为公，选贤与能，讲信修睦"云云，汉唐传经之儒于此语多略而不讲，或疑非儒家之说。而胡安国《春秋传》则屡言：孔子作《春秋》，有志于天下为公之世。如《春秋·隐公三年》载："冬，十有二月，齐侯郑伯盟于石门。"胡安国解释说：

外盟会，常事也。何以书？在春秋之乱世，常事也；于圣人之王法，则非常也。有虞氏未施信于民，而民信。夏后氏未施敬于民，而民敬。殷人作誓而民始畔，周人作会而民始疑。子曰："大道之行与三代之英，丘未之逮也。而有志焉。"诸侯会盟来告，则书而弗削者，其诸以是为非常典，而有志于天下为公之世乎？故凡书盟者，恶之也。[13]

又，《春秋·隐公八年》载："秋，七月庚午，宋公、齐侯、卫侯盟于瓦屋。"胡安国解释说：

程氏曰："宋为主盟，与郑绝也。"大道隐而家天下，然后有诰誓；忠信薄而人心疑，然后有诅盟；盟诅烦而约剂乱，然后有交质子。至是倾危之俗成，民不立矣。《春秋》革薄从忠，于参盟书日，谨其始也。周官设司盟掌盟载之法，凡邦国有疑则请盟于会，同听命于天子，亦圣人待衰世之意尔。德又下衰，诸侯放恣，其屡盟也不待会，同其私约也。不由天子，口血未干而渝盟者有矣。其末至于交质子犹有不信者焉。春秋谨参盟，善胥命，美萧鱼之会，以信待人而不疑也。盖有志于天下为公之世。凡此类，亦变周制矣。[14]

又，《春秋·桓公十一年》："冬，十有二月，公会宋公于阚。"胡安国解释说：

《春秋》之志，在于天下为公，讲信修睦，不以会盟为可恃也。[15]

胡安国认为，诸侯之间歃血结盟，在春秋时代乃是常有之事。但《春秋》三传，特别是《公羊传》和《穀梁传》有"常事不书"之例，以为孔子修《春秋》，省义叙事，以一字为褒贬，合于礼者则以为常事不书，凡书者皆属失礼反常之事，而存讥弹警世之意。那为什么《春秋》会屡书诸侯会盟之事呢？这是因为诸侯会盟对于"天下为公"的圣王之世而言，则属反常之事。因为会盟之举，从其诅咒发誓、歃血载书，乃至交换质子等形式而言，皆反映了"大道隐而家天下""忠信薄而人心疑"的时代特征。并且这种结盟也未必靠得住，在春秋时代，常有"口血未干而渝盟""交质子犹有不信"的事件发生。孔子修《春秋》之所以屡书诸侯会盟之事，亦在讥刺"大道隐而家天下""忠信薄而人心疑"的时代谬误，而有志于"天下为公""讲信修睦"的圣王时代。

再如，《春秋·桓公六年》："九月丁卯，子同生。"胡安国议论说：

> 適（嫡）冢始生，即书于策，与子之法也。唐虞禅，夏后殷、周继。《春秋》兼帝王之道，贤可禅，则以天下为公，而不拘于世及之礼；子可继则以天下为家，而不必于让国之义。万世之信道也。与贤者，贵于得人，与子者，定于立適（嫡），传子以適（嫡），天下之达礼也。……经书"子同生"，所以明与子之法，正国家之本，防后世配適（嫡）夺正之事。垂训之义大矣。[16]

子同是鲁桓公之嫡长子，即后来的鲁庄公。周代的宗法制度是嫡长子继承制，一国未来的继承人出生，这是一件大事。胡安国在解释《春秋》此一记载时，讲了唐尧、虞舜"二帝"的禅让制向夏、商、周"三王"的世袭制变化。但他并不认为这种制度变化是不可逆转的，"《春秋》兼帝、王之道"，后世国家权力的转移，可以视具体的历史情况有两种制度选择："贤可禅，则以天下为公，而不拘于世、及之礼；子可继，则以天下为家，而不必于让国之义。"胡安国借《春秋》此一记载，发表这样一大段宏论，从经注形式上体现了一种议论开合精神，从思想内容上则表达了一种向往"天下为公，选贤与能"的政治理想。

胡安国的理论曾引起吕祖谦的疑虑和不安，在他看来，"天下为公"的理念并不出于孔子。他致函朱熹说："胡文定《春秋传》多拈出《礼运》'天下为公'，……自昔前辈共疑之，以为非孔子语，盖不独亲其亲，子其子，而以尧、舜、禹、汤为小康，真是老聃、墨氏之论。胡氏乃屡言《春秋》有意于'天下为公'之世，此乃纲领本源，不容有差，不知尝致思否？"[17]朱熹回答说："《礼运》以五帝之世为大道之行，三代以下为小康之世，亦略有些意思。……程子论尧、舜事业非圣人不能，三王之事大贤可为也。恐亦微有此意。……胡公援引太深，诚似未察也。"[18]朱熹虽未明确反对"天下为公"的理念，但也并不认同胡安国以此理念诠释《春秋》。

今天，在我们看来，胡安国《春秋传》屡言《春秋》"有志于天下为公之世"，其立意高远，自是胜诸儒一筹，就此而言，亦可谓后世康有为"大同说"之前茅也。

经学本身有一个内在的矛盾，即在理想与现实之间、学术与政治之间、经典与诠释之间，永远存在某种张力，这是经学评价体系中难有共识、不易调和的矛盾。对于胡安国的《春秋传》"借事抒义"的做法，后世学者便有不同的评价，如彭时《重修胡文定公书院记》说："周东迁而《春秋》作，宋南渡而传义明，先圣后贤，千古一心。"[19]尤侗则批评说："胡《传》专以复仇为义，割经义以从己说，此宋之《春秋》，非鲁之

《春秋》也。"[20] 我们认为，经学之作为经学，正在于其价值观的指导作用，胡安国通过对《春秋》经的诠释，发挥经典诠释的价值导向作用，本是经学应有之义，无可厚非。

第二节 赵鹏飞：春秋之时，"盟为美事"

赵鹏飞，绵州（今四川绵阳）人。字企明，号木讷。宋徽宗宣和六年（1124）进士。著作有《诗故》《春秋经筌》。《诗故》已佚，今存《春秋经筌》十六卷，收入《四库全书》中。明代学者李开先（号中麓，1502—1568）说："如杨慈湖之《易》，林之奇之《书》，《诗》则王氏《总闻》，《春秋》则木讷《经筌》，及魏（卫）湜之《礼记集说》，多有高出朱注之上者。"[21] 李开先推崇赵鹏飞的《春秋经筌》，以为"高出朱注之上"。其实，朱熹并没有有关《春秋》的注释之书。清代四库馆臣不赞同赵鹏飞讲《春秋》"据经解经"即"舍传求经"的方法，因而对其书评价不甚高，但又说："鹏飞则颇欲原情，其平允之处，亦不可废，寸有所长，存备一说可矣。"[22] 我们在宋代诸多《春秋》注释之书中，特别论列赵鹏飞的春秋学，是认为他能反对陈陈相因的经说，提出一些颇有价值的历史观念。

（一）以经明经

赵鹏飞在《春秋经筌·自序》中说：

> 鱼可以筌求，而经不可以筌求。圣人之道寓于经，如二仪三光之不可以肖象，筌何足以圄之？盖吾之所谓筌，心也。求鱼之所谓筌，器也。道不可以器圄，而可以心求。求经当求圣人之心，此吾《经筌》之所以

作也。……五经鲜异论，而《春秋》多异说。麟笔一绝，而三家鼎峙。董之《繁露》、刘之《调人》，纷然杂出，几成讼矣。后学何所依从耶？及何休、杜预之注兴，则又各护所师而不知经……故善学《春秋》者，当先平吾心，以经明经，而无惑于异端，则褒贬自见。……愚尝谓：学者当以无《传》明《春秋》，不可以有《传》求《春秋》，谓《春秋》无《传》之前，其旨安在？当默与心会矣。[23]

赵鹏飞主张"以经明经"，宗旨看似正大，但对于《春秋》一经，难度巨大。因为《春秋》文字简严，只如一部大事记，对于当时之背景、人物、事件等全无交代。这在当时是可以理解的，因为当时学人对其中的人物、事件及其背景都有所了解。可是时过境迁，加之书缺有间，数百年后人们便对《春秋》所记之人和事茫然无知了。若无"春秋三传"再现当时之事，那《春秋》一经便无从解读了。诚然，诸家解经，议论纷纭，莫衷一是，也给《春秋》经带来许多困惑。问题在于如何去粗取精、去伪存真，而不是全然废弃"春秋三传"。我们相信，即使是赵鹏飞本人也并非全然未读"春秋三传"，而凭臆解读的，只是他最后于"三传"观点皆不采用，另立新说而已。

赵鹏飞"以经明经"，而不相信"三传"之说，最突出的例子便是他认为晋文公并无"以臣召君"之事，"天王狩于河阳"是孔子的"实录"，而不是"曲笔"或"特笔"。他说：

践土之盟，与会于温，天王皆在。天王不居成周，而出次于外，说者疑之。而践土之盟，圣人惟书"公朝于王所"，而不书所以出之故。不若温之会，书"狩"

而后世释然无疑也。"三传"遂有天王下劳晋侯之说。且初无"三传",后世安知其下劳晋侯而在温邪?故学者当于未有《传》之前求《春秋》,不可遂信《传》而不稽诸经也。且经于僖二十四年书"天王出居于郑",自后初不书归于成周。践土即郑地也。则天王盖居践土久矣,何下劳之有?惑者弃经任《传》,谓左氏有晋侯纳王之事,遂以为实。且圣人作《春秋》以周为重,安有晋侯纳王之事而不书哉?然自后卒不书天王归成周,岂襄王卒不复返如昭王邪?曰:天王之归,因践土之盟也。[24]

此段话的背景稍微有些复杂,这要从周王室说起。周惠王嫡长子名"郑",已被立为太子,史称"太子郑"。惠王晚年宠爱惠后,惠后有子名带,史称"王子带"。惠王欲改立王子带为太子,但因为齐桓公以霸主身份率领诸侯拥戴"太子郑",周惠王的意图没有达到,但却由此埋下了此后成周动乱的祸因。周惠王去世后,太子郑即位,是为周襄王。公元前636年王子带勾结西戎兵攻打成周,攻占都城。周襄王逃出,避居于郑国。《春秋》于鲁僖公二十四年书"天王出,居于郑",即指此事。然而,《春秋》在此后并未书"天王"于何时归于成周。赵鹏飞推测,当时周襄王就居于郑国的践土之地,"盖居践土久矣"。晋文公率勤王之师讨伐王子带并诛杀之,然后在践土之地与诸侯结盟,共尊周天子。这一年是鲁僖公二十八年。之后护送周襄王归成周,路过晋国的温地时,再与诸侯盟会,史称"温之盟"。若按赵鹏飞的解释,这里就根本没有晋文公"以臣召王"之事。周襄王并非由成周来下劳晋师。而是从践土回到成周途中。由于当时周襄王可能参加诸侯狩猎典礼活动,所以孔子书"天王狩于河阳",河阳即是温地。孔子所书乃是"实录"，并非掩饰晋文公"以臣召王"的"特笔"。

> 说者疑之，遂以晋文召王，以诸侯见，为此说者盖不知践土之盟，襄王在郑。……以为天王出劳晋侯，既以践土之朝为襄王自出，则疑河阳之狩不容再出也，故以晋侯召王为言。且晋侯方以尊王而市名于天下，今反召之以买抗君之罪邪？必不然矣。……其文甚明无可疑者，何用从"三传"之凿说者哉！[25]

赵鹏飞因而认为，《左传》等注释之书将"天王狩于河阳"解释为孔子的"曲笔""特笔"，并不可信。并由此证明"以经明经"方法之必要。

（二）春秋之时，"盟为美事"

南宋初，胡安国《春秋传》提出："《春秋》之志，在于天下为公，讲信修睦，不以会盟为可恃也。"[26]"故知凡书盟者，恶之也。"[27]这是胡安国的一个重要观点，学者多从之。然而正如西哲黑格尔所说：凡是存在的，都是合理的。[28]在春秋时期二百多年的历史中，有名的会盟多达五十余起，这是不是表明会盟在当时自有其价值和意义呢？在"礼崩乐坏"、诸侯争霸的春秋时期，讲"天下为公，讲信修睦"，是不是理想太高远了？这真是孔子当时的思想吗？赵鹏飞并不这样看。

赵鹏飞对春秋时期的会盟，总体上是肯定的。他说：

> 《春秋》之书盟，凡以讥其不信也。然歃血要神，以期疆场之靖，不犹愈乎干戈相向，以雠兵毒民邪？以三王之世责之，则盟为不信；以春秋之时待之，则盟为美事矣。圣人盖不得已而加恕心焉。[29]

春秋时期邦国结盟的兴起，是出于夷、夏之争的需要。当时所谓的"夷狄"或"蛮夷"，并非一般意义的所谓"周边少数民族"，而主要是指南方的楚国。楚国地域广大，国势强盛，经常侵犯中原华夏各国。华夏文明有被毁灭、取代的危机，即所谓"以夷变夏"。而中原地区虽然如齐国、晋国比较强盛，但单独一国仍显"势孤力分，不能抗楚，而楚祸方深"[30]，于是中原华夏各国不得已而有结盟之举。因为邦国"结盟"作为一种有效的工具和手段，可以迅速改变与强楚的力量对比。

综观春秋时期的历史，有许多次结盟，也有许多次战争，而似乎结盟的意义更重要。结盟可以迅速改变力量对比，对敌方显示威慑力量。而许多讨伐战争的发动，目的并不是攻城略地，而是逼迫对方结"城下之盟"，即所谓"要盟"，达到目的即刻退兵。因为春秋时期的结盟长期以华夏地区的齐、晋两大国为主导，其结盟国的军事合力足以压制楚军北上，以至于在整个春秋时期，楚国势力始终未能进入中原华夏地区的范围，由此而有近两百年大体和平的格局。所以，春秋时期华夏地区的结盟，其性质乃是维护地区和平，维护华夏文明的存续与发展。正因为如此，孔子表彰齐桓公和管仲说："管仲相桓公，霸诸侯，一匡天下，民到于今受其赐。微管仲，吾其被发左衽矣。"（《论语·宪问》）也因此，赵鹏飞赞扬："春秋之时，……盟为美事。"[31]自此以后，"会盟"成为各诸侯国之间政治、军事、外交较量的最主要手段。[32]而赵鹏飞最欣赏齐桓公所主导的"召陵之盟"。

当时作为蛮夷的楚国先后灭掉了申、息、邓等国，并多次进攻郑国。郑国是通向中原华夏地区的要冲和门户。楚国企图通过控制郑国，来挺进中原。为了救郑，齐桓公于公元前656年，率领齐、宋、陈、卫、郑、许、鲁、曹、邾九国军队进攻楚国的盟国——蔡国，蔡军不战而溃。齐桓公考虑到楚军强大，进兵至楚国边境，并不进攻，只是造成一种威慑气势，以挫楚军锋锐。楚王见对方军力强大，派大夫屈完与齐国讲和。齐桓公见好就收，遂退军到召陵（今河南郾城东南），与楚国结盟修好。齐桓公"不肯黩兵血刃，以轻用民命"[33]，为后世所称道，这也成为兵家所谓"不战而屈人之兵"的典范。赵鹏飞评价说：

> 进次于陉，待楚服也。呜呼！齐桓之斯举，盖有三王之遗风焉。王者之兵有征无战，期于服，不期于胜也。一问而楚词屈，使屈完来盟，兵不血刃，堂堂之楚，慑如鸟鼠，而中国不受其乱者，齐桓之力也。孔子喟然称"一匡天下"之功，遂以"仁"许之，然所以匡天下者，次陉之役也。[34]
>
> 齐侯知楚子之服，无用战矣，于是退召陵而与之盟，礼也。呜呼！一镞不遗，寸刃不顿，而服方张之楚，于牲血之间，桓公之绩大矣。八国之师橐囊而反，大禹之班师不过如是也。扬子谓《春秋》美召陵，有以也夫！[35]

齐桓公曾多次主持会盟，宋人金履祥总结说："衣裳之会十有一，未尝有歃血之盟也，信厚也；兵车之会四，未尝有大战也，爱民也。"[36]因为齐桓公主盟重视诚信，参盟人并不需要饮血酒、发咒誓。虽然有时有兵车参与阅兵和演习，但并未发动大战。在齐桓公主盟的二十多年里，天下大体安定。齐桓公的历史功绩是值得肯定的。

春秋时期的邦国结盟，有好也有坏。坏的典型莫过于宋襄公主持的"鹿上之盟"。宋国本是一个相对弱小的诸侯国，宋襄公（？—前 637）却另想结盟，做盟主。于是筹备"鹿上会盟"，拉中原诸侯国视为蛮夷的强国楚国入盟，并希望楚国把附庸国分给自己几个。楚成王惊愕之余，遂生狎侮之心，表面上答应了宋国的荒唐要求，使得会盟取得"圆满成功"。宋襄公自以为已经成了盟主，傲然以霸主自居。大臣公子目夷感觉到了其中的危险，警告宋襄公说："小国争盟，祸也。宋其亡乎！幸而后败。"（《左传·僖公二十一年》）意思说：小国争盟不是福而是祸，将来宋国不亡，就算幸运了。宋襄公不以为然。待他访问楚国时，便被楚成王扣留，然后楚国出兵伐宋，"如玩婴儿于掌股之上"[37]，宋人俯首听命，罔敢或违。宋襄公最后仅免死而归。这是宋襄公所做的荒唐事。赵鹏飞评论说：

> 呜呼愚哉！宋襄之图霸也。……今襄以孑然之宋，外无蚍蜉蚁子之援，……乃一旦会楚人于鹿上之盟，欲以只牲尺书服虎狼之楚，吾于是知其大愚而不移，蹈死地而不恐者也。……乃召楚人于境内以盟之。夫鹿上，宋地也，引虎入闺闼，妇人孺子为之战恐，而襄公更以为安，非愚固如是乎！幸脱拊噬，其亦幸矣。而秋又会之虎口，安能屡逃哉，宜其见执也。[38]

后来的事情更是荒唐，第二年，宋、楚两军在泓水决战，宋襄公不听谏言，屡次错失良机，结果宋军大败，宋襄公受重伤，不治身亡。史家将宋襄公列为春秋五霸之一，是没有道理的。宋襄公在"结盟"问题上的教训是：弱小国家是不能谋求当主盟国的。

第三节　黄泽：回归《左氏》，兼及二《传》

学术史上反复呈现这样的规律：当学界厌倦了千篇一律的老生常谈时，便渴望推陈出新、别开生面。然而一味求新，便又有逞异炫奇、迷途忘返的积习发生。于是又有人登高一呼，回归常道。汉以后春秋学的发展，便是一个典型。汉代学者于"春秋三传"之学，各立门户，各守家法，不敢妄自损益，另立意见。自唐中叶啖助、赵匡、陆淳舍传求经、断以己意之后，遂开喜新厌旧之学风，于是学者纷纷创说，靡有定说，乃至颠倒错乱，无有所统。沿流而至元代，则有学者如黄泽者出，力挽狂澜，还返故道，重振"三传之学"。此正如清代张尚瑗《左传折诸·卷首上》所说："有唐之世，学者凿空好新，欲舍传以求经，于是入主出奴，'三传'皆茫无质的，而《春秋》之大义益晦。元季有黄泽楚望者，独知宗《左氏》以通经，以其说授之于东山赵汸。东山《属辞》诸书，殆高出宋、元诸儒之上。"[39]本节与下节所论，即是对黄泽、赵汸师弟春秋学的初步探索。

黄泽（1260—1346），江西九江人，字楚望。元成宗大德年间，曾为景星书院山长，又为东湖书院山长，后退而精研六经。黄泽治学多采取"决疑"的方法，他曾"揭《六经》中疑义千有余条""好为苦思，屡以成疾，疾止复思，久之如有所见"[40]。黄泽精于《周易》与《春秋》之学。著有《易学滥觞》《春秋指要》等书，吴澄观其书，谓"平生所见明经士，未有能及之者"[41]。其《春秋指要》已佚，赖其弟子赵汸著《春秋师说》，使其春秋学思想得以传之后世。

宋元时期，以春秋学名家者有孙复、刘敞、王皙、孙觉、苏辙、萧楚、崔子方、张大亨、叶梦得、胡安国、高闶、吕祖谦、陈傅良、沈棐、魏了翁、程公说、戴溪、李明复、张洽、李琪、黄仲炎、洪咨夔、赵鹏飞、吕大圭、家铉翁、陈深、俞皋、吴澄、陈则通、齐履谦、程端学、王元杰、李廉、郑玉、汪克宽、黄泽、赵汸等三十余家，其中最著名者为胡安国。其前之孙复、刘敞有开宋学之先的意义；后之黄泽、赵汸则有回归汉晋之学的意义。

朱熹可谓孔孟之后儒学的集大成者，但于春秋之学，却三缄其口，以为纷乱难治。《朱子语录》中多载朱门师弟问答之语，其中有云：

> 问胡文定《春秋》。曰："他所说尽是正理。但不知圣人当初是恁地，不是恁地，今皆见不得。所以某于《春秋》不敢措一辞，正谓不敢臆度尔。"[42]
>
> 问诸家《春秋》解如何，曰："某尽信不及。如胡文定《春秋》，某也信不及。"[43]
>
> 问《春秋》胡文定之说如何。曰："寻常亦不满于胡说。"[44]

朱熹的意思是说，诸家《春秋》经解，多主观"臆度"之辞，他自己"不敢臆度"。至元代，黄泽分析这种解经的纷乱现象说：

> 《春秋》自"三传"已多异同，又益以三家之注，实有矛盾。至啖、赵、陆氏又往往自为说，及近代孙泰山、胡文定所见，又往往不同。晦庵所以不解《春秋》者，为此故也。或问朱子何以不解《春秋》？答以"'元年春，王正月'，某已不晓。"据此，则是已不满于胡《传》，但不肯翻然立异耳。凡解《春秋》，不与先儒立异，则经旨不明；若与先儒立异，则于事体又甚

不便。正说未见信，谤议已随之，所以晦庵答门人问胡
《传》曰："不若且听他如此说，得三纲五常不至废坠足
矣。"此不得已之说，其实不满于胡《传》也。[45]

　　黄泽的分析是很中肯的。其实，最主要的原因乃在于《春
秋》经文过于简略，《春秋》所记人与事在当时人皆知之，无
须笺注；然时过境迁，人们已逐渐忘却那些历史记忆，《春秋》
经文就变得"其事难定，其义难明"了。所以黄泽又指出：

　　《春秋》当详考事实，以求圣人笔削之旨，而"三
传"去圣未久，已多异同，如鲁隐公不书"即位"，《左
氏》《公羊》以为是摄，《穀梁》以为让桓不正，三者所
见各不同；君氏卒，《左氏》以为隐公之母，二《传》
以为天子之卿；夫人子氏薨，一以为惠公妾母，一以为
桓母仲子，一以为是隐公之妻，遂使三世母妻不辨，汩
乱人伦。说《春秋》之最谬，未有甚于人伦不辨者。僖
公八年禘于大庙，用致夫人，一以为立妾母为夫人见
庙，一以为哀姜有罪既没不得入庙，故因大禘而致之，
使得与享，一以为僖公立妾为妻因禘而庙见，盖此一事
或以为生，或以为死，或以为妾母，或以为妾妻，或以
为適（嫡）母哀姜，其间非无正说，但为曲说所蔽耳。[46]

　　这里提到几件事：一是鲁隐公不书"即位"。按理，新君
即位是一件大事，作为史书应该记上一笔：某年某君即位。但
《春秋》于鲁隐公却不书"即位"，这是为什么？《左传》和
《公羊传》认为是鲁惠公去世，太子（后来的鲁桓公）尚幼，
暂由庶出长子鲁隐公摄政，故不书"即位"。《穀梁传》认为鲁
隐公本为世子，理应为君，因欲成先父遗愿而有意让国于弟，

乃是"不正"之举,《春秋》贵公义和不贵私惠,故不书"即位",以寓褒贬之意。争论的焦点在于,鲁隐公究竟是不是合法君主,史有阙义,事理难明。二是《左传》"君氏卒",并将"君氏"解释为鲁隐公的母亲。《公羊传》《穀梁传》皆作"尹氏卒",认为"尹氏"是周天子的卿大夫,不书官名,意在"讥世卿",即反对世袭制。三是"夫人子氏薨",宋国是子姓,"夫人子氏"是指宋国公主嫁给鲁君为夫人,但她具体是谁呢?《左传》认为是鲁桓公母亲仲子;《公羊传》认为是鲁惠公的小妾,鲁隐公的母亲;《穀梁传》认为是鲁隐公之妻。三家之说,各不相同,而皆无佐证。四是"僖公八年,禘于大庙,用致夫人",禘祭是指在太庙三年举行一次的大祭,"用致夫人"是说在这次大祭中,将新死去的国君夫人进列太庙中。但这位夫人是指谁呢?《左传》说是鲁庄公的夫人哀姜,《公羊传》说是鲁僖公立妾为妻,死后进列太庙,《穀梁传》说是鲁僖公的母亲成风。三家之说也各不相同。这些说法中应该有一种说法是正确的,但因为没有佐证,已很难辨别真伪、是非了。那怎么办呢?黄泽认为,治春秋学,当先作事实判断,然后再做价值判断。《春秋》三传,谁更接近历史真实呢?黄泽认为是《左传》,他说:

> 孔子作《春秋》,以授史官及高弟,在史官者则丘明作《传》,在高弟者则一再传而为公羊高、穀梁赤。在史官者则得事之情实,而义理间有讹。在高弟者则不见事实而往往以意臆度,若其义理则间有可观,而事则多讹矣。酌而论之,则事实而理讹,后之人犹有所依据以求经旨。是经本无所损也。事讹而义理间有可观,则虽说得大公至正,于经实少所益。是经虽存而实亡也。况未必大公至正乎?使非《左氏》事实尚存,则《春秋》

益不可晓矣。故舍事实而求经，自公羊、穀梁以后，又
不知其几公羊、穀梁也。然则《春秋》之道何时而可明
邪？[47]

这是说，当年孔子作《春秋》经后，传给了两类人，一
是以左丘明为代表的鲁国史官，即通常所说的"国史"，左丘
明为孔子《春秋》作传，即《左传》。一是传给了自己的弟子，
在口耳相传的过程中，形成公羊、穀梁两派，数传之后，分别
成书，即《公羊传》和《穀梁传》。史官因为其职责和专业的
缘故，具有广博的知识，掌握着相对全面而可靠的历史资料，
能比较准确地陈述历史事实，因而较为可靠。孔门弟子虽然好
学多闻，但毕竟身在民间，对历史的了解多得之于传闻，事多
舛讹。

经学家评论三传特点，多批评《左传》"浮夸"，称其"浮
夸"，即意味有不实的成分掺杂在里面。对此，黄泽回应说：

说《春秋》者，多病《左氏》浮夸，然其间岂无真
实？苟能略浮夸而取真实，则其有益于经者，亦自不少
也。学者最忌雷同是非，世人多讥《左氏》，而泽于《左
氏》往往多有所得，故不敢非之。[48]

黄泽表彰杜预作《春秋经传集解》有功于《左传》，但也
对杜预提出了批评，指出他一味曲从《左传》的错误并不可
取。他说：

说《春秋》当据《左氏》事实，而兼采《公》《穀》
大义，此最为简要。杜元凯专修丘明之传以释经，此于
《春秋》最为有功。泽之用工大略亦仿此，但《左氏》

有错误处，必须力加辩明，庶不悖违经旨，此所谓爱而知其恶，而杜氏乃一切曲从，此其蔽也。[49]

有人提出，《左传》后面写到了孔子去世以后的事情，甚至写到了战国初年三家分晋之事，由此认为《左传》作者并不是左丘明，而是由战国时期的人撰写的。黄泽认为，古代学术常有家族传授的方式，《公羊传》曾由公羊氏一家五代传其学，《左氏传》也是如此。左氏一家应是世代史官，《左氏传》首先由左丘明撰写，而由其子孙续而成之。他说：

> 戴宏序《春秋》传授云：子夏传与公羊高，高传与其子平，平传与其子地，地传与其子敢，敢传与其子寿。至汉景帝时，寿乃共弟子齐人胡母子都著于竹帛。据此，则公羊氏五世传《春秋》。若然，则左氏是史官，又当是世史，其末年传文亦当是子孙所续，故通谓之《左氏传》，理或当然。[50]

这种解释虽然属于推测，但是一种较为合理的推测。至少比战国人撰作的推测更为合理。而这些看法，在此前的《左传》研究史中并未见有人提出。所以黄泽的议题虽然是一个老问题，但其见解却使得问题的讨论有了新的推展。

前已言及，黄泽治学，善于"决疑"，好为苦思。他关于《春秋》经中的许多疑问都有自己的理解和判断，这些理解和判断，依据的材料虽然以《左传》为主，兼及二《传》，但还有根据情理设身处地地周密思考。譬如前面提到的关于鲁隐公不书"即位"的原因，黄泽分析说：

> 鲁隐公不书"即位"，《穀梁》谓之"让桓不正"，

《左氏》以为"摄"，而不明断其是非。然既谓之"摄"，是有先君之命，非诸大夫扳而立之也，应立而让则谓之"让"，不应立故谓之"摄"。桓母素贵，称夫人故也。惠公晚年再娶虽是失礼，然须是有王命然后可以成其为夫人。所以经书"天王使宰咺来归惠公仲子之赗"。王室知有仲子者是将娶之时，已请命于王。王之此举虽亦失礼，然乃是为桓公之地，以见桓母素贵，则桓公当立耳。又据《左氏》"惠公之薨也，有宋师，太子少，葬故有阙，是以改葬"，如此则惠公已立桓公为太子，隐公之立，不过承父命摄以奉桓，安得谓之让哉？[51]

依《左传》所说，鲁惠公开始娶宋国公主孟子为夫人，当时诸侯一娶九女，一国公主出嫁诸侯，另有同姓国的八位娣或姪陪嫁，身份为媵妾。当时为孟子陪嫁的有声子等人。孟子去世后，声子为继室，其身份仍为妾，不为夫人。夫人的位置空缺。声子生子，名叫"息姑"（即后来的鲁隐公）。那时夫人所生子为"嫡出"，天然高贵；妾所生子属于"庶出"，天然低贱。息姑因为是妾所生，属于"庶出"。正好此时宋武公有一女，生时手掌有纹"为鲁夫人"四字，有若天命，所以鲁惠公决定再娶仲子为夫人。仲子生子，名叫"允"（即后来的鲁桓公），允是夫人所生，属于"嫡出"，为太子。而鲁惠公去世，因允尚年少，遗命"息姑"摄政，即为鲁隐公。鲁隐公是贤君，一直准备让弟即位。但其弟听信奸臣谗言，以为鲁隐公将来不肯让位，与奸臣合谋弑杀了鲁隐公。对于这一事件，黄泽以《左传》记载为根据继续分析说：

宋武公生仲子，以手文之瑞，故鲁欲聘为夫人。然惠公前已娶孟子，盖已数十年，及晚而再娶仲子，既不可有两适（嫡），又难同侄娣，又非是待年于父母家。
当时宋人盖要鲁以为夫人，鲁之娶仲子盖已先告于天
子，若不获命，则宋人必不与。天子既许鲁，乃以夫人
礼聘之，则仲子必素贵，与隐母不同。此虽失礼，然却
是事之情实。何休以为隐母是左媵，桓母是右媵，亦不
过测度之辞，此亦非是。隐母乃是媵，桓母是失礼再娶
耳。既娶而生桓公，未几而惠公没，隐公之摄实出于先
君之命，使之摄而俟桓长。《传》称惠公之薨有"宋师，
太子少"，是惠公之时桓公已正太子之位，夫桓公既已
正太子之位，则隐公之摄乃父命明矣。然则隐虽欲不
让，乌得而不让乎？又宋、鲁为婚姻，而惠公未葬，宋
来伐丧，此何故也？岂非以桓公仲子故邪？夫太子少而
隐公立，斯固宋人之所疑者，桓公内有国人归向之情，
外有宋之援，使隐果不贤，亦未敢遽夺之也。而况隐之
志本能让乎？《穀梁》以为"让桓不正"，此不知当时事
情，若在当时必导隐公为乱，非杀桓公母子不可得国，
而隐亦终必不免，此《穀梁春秋》开卷第一义最谬者也。
若从《左氏》《公羊》则合事情，而隐之贤终可取。[52]

学者研究历史，应了解当时社会的法制、礼俗、心理等文
化背景，做出判断要符合那时的情理。这就需要历史学者有一
定的想象力，能将这些因素整合在一起，"若身亲见之，亲当
之，则自然合事情而无过论"。因而黄泽说：

《穀梁》谓隐公不当让，此不达礼之变，而亦不知
当时事情。儒者生于后世而追断古事，往往不合者，不达
事情故也。使穀梁生于斯时，则亲见当时国人之情，知惠
之贵桓，见桓母之存，而国人贵之，隐公母事之。而先君

立桓之命，人之所知。隐公让桓之举，实为能遵先君之
命，则自不敢如此说矣。……故儒者若欲追论古人，必若
身亲见之，亲当之，则自然合事情而无过论也。[53]

在我们看来，黄泽这种善于"决疑"，好为苦思，在充分
占有材料，能了解当时社会制度、礼法习俗、文化心理的历史
背景情况下，辅以想象力，来复现历史的方法，不仅是经学研
究的不二法门，也是一切历史研究的不二法门。

第四节　赵汸：尊王亦尊霸

赵汸（1319—1369），字子常，徽州休宁县（今安徽省休
宁县）人，因筑东山精舍，人称东山先生。徽州古为新安，自
朱子之后，儒风炽盛，名儒辈出，素有东南邹鲁之称。赵汸少
年励志向学，不事科举，十八岁时拜黄泽为师，二十五岁时又
"从临川虞集游，获闻吴澄之学"[54]。赵汸一生著述颇丰，其
著作现存七部，其中除一部易学著作《周易文诠》和一部诗文
书信集《东山存稿》以外，余下五部皆为春秋学著作，计有
《春秋师说》三卷、《春秋集传》十五卷、《春秋属辞》十五卷、
《春秋左氏传补注》十卷、《春秋金锁匙》一卷。

明末钱谦益称赞赵汸："度越汉、宋诸儒，当为本朝儒林
第一。"[55]清儒皮锡瑞则称："元、明人之经说，惟元人赵汸
《春秋属辞》义例颇明，孔广森治《公羊》，其源出于赵汸。"[56]
两人均给予赵汸以很高的评价。而明初宋濂对赵汸更是推崇备
至，以为赵汸之春秋学独能"直探圣人之心于千载之上"，"世
之说《春秋》者至是亦可以定矣"[57]。

黄泽、赵汸春秋学的真正意义在于返本开新。如果说中唐

的啖助、赵匡、陆淳攻驳三传，开启了宋代舍传求经、自出己意的春秋学，那么，元代的黄泽、赵汸主张回归三传，则开启了清代《春秋》三传的考证求真的风气。以今日之视角观之，赵汸最值得称道的见解有两点：

（一）尊王亦尊霸

千余年来，研究《春秋》之学者皆谓《春秋》"尊王贱霸"，以为春秋时期齐桓公、晋文公为霸主，削弱了周天子的地位。其实，是由于周王室已先衰落，不能号令诸侯，以保障华夏地区的公共安全，才有诸侯兴起霸业，"尊王攘夷"。春秋时期，"五霸"相继崛起，最具代表性的是齐桓公、晋文公的霸业。对齐桓公、晋文公的评价，在某种意义上便是对"霸道"的评价。其实，孔子对齐桓公的评价是相当正面的，《论语·宪问》载孔子之语说："管仲相桓公，霸诸侯，一匡天下，民到于今受其赐。""桓公九合诸侯，不以兵车，管仲之力也。如其仁，如其仁。"这虽然主要是对管仲的肯定，但同时也是对齐桓公的评价。

但自孟子以后，儒者将"王道"与"霸道"完全对立起来，"王道"是"以德服人"，"霸道"是"以力服人"。孟子说："以力假仁者霸，霸必有大国；以德行仁者王，王不待大。汤以七十里，文王以百里。以力服人者非心服也，力不赡也；以德服人者，中心悦而诚服也。"（《孟子·公孙丑下》）齐宣王问孟子："齐桓、晋文之事，可得闻乎？"孟子对曰："仲尼之徒无道桓、文之事者，是以后世无传焉，臣未之闻也。"（《孟子·梁惠王上》）"仲尼之徒无道桓、文之事"这分明不是事实，我们上引《论语》中的话，便是孔子回答弟子所问齐桓公之事，而且孔子明明表彰齐桓公"霸诸侯，一匡天下，民到于今受其赐"的。因为周天子"王道"衰落不振，齐桓公兴起"霸道"以扶持之。在孔子那里，"王道"与"霸道"并不是对立的。"王道"与"霸道"的对立是从孟子开始的。荀子思想与孟子思想有很大不同，但在"王霸之辨"的立场上却是一致的。荀子说："仲尼之门人，五尺之竖子，言羞称乎五伯。"（《荀子·仲尼》）汉代董仲舒又继承了荀子这一思想，他进一步发挥说：

> 仁人者，正其道不谋其利，修其理不急其功，致无为而习俗大化，可谓仁圣矣。三王是也。《春秋》之义，贵信而贱诈，诈人而胜之，虽有功，君子弗为也。是以仲尼之门，五尺之童子言羞称五伯，为其诈以成功，苟为而已也，故不足称于大君子之门。五伯者比于他诸侯为贤者，比于圣贤，何贤之有？譬犹珷玞比于美玉也。[58]

但是，董仲舒还是承认，"五伯"（五霸）"比于他诸侯为贤"，只不过董仲舒有更高的标准，就是上古三王的"圣贤"标准，即告诫统治者当学"三王"，不当学"五伯"。但是，汉代也有学者能够比较客观地看待"王霸之辨""德力之争"，如王充认为："治国之道，所养有二：一曰养德，二曰养力。……此所谓文武张设，德力具足者也。……外以德自立，内以力自备，慕德者不战而服，犯德者畏兵而却。"[59] 王充的意见较少偏颇，公允可行。

到了宋代，学者不仅强化"王道"与"霸道"的对立，而且更做出"贵王贱霸"的概括。如刘敞认为孔子修《春秋》，意在批评霸主专权，"故异其文，以见伯者之罪于专封之中，而又有不善焉，此皆贵王贱伯、羞称桓文之意"[60]。朱熹一生于《周易》《诗经》《中庸》《大学》《论语》《孟子》等皆有经注，唯独于《春秋》自谓不敢臆度。但他也明确说过："《春秋》大旨，其可见者，诛乱臣讨贼子，内中国外夷狄，贵王贱伯而已。"[61]但是，与朱熹同时的陈亮却不赞同此说，而主张"义利双行，王霸并用"，因而招致朱熹的抨击："老兄高明刚决，非吝于改过者，愿以愚言思之，绌去义利双行、王霸并用之说，而从事于惩忿窒欲、迁善改过之事，粹然以醇儒之道自律，则岂独免于人道之祸，而其所以培壅本根、澄源正本，为异时发挥事业之地者，益光大而高明矣。"[62]这也就是说，凡以"粹然以醇儒之道自律"的儒者必须持守"贵王贱霸"的主张，而不能另立"义利双行，王霸并用"的主张，因为有此主张便是"杂霸"，便不可谓之"醇儒"，这在孟子之后差不多成了一个牢不可破的观念。

但在《春秋》经的解释上，偶尔也会看到有"尊王"也"尊霸"的观点，比如赵鹏飞解鲁文公十三年"十有二月己丑，公及晋侯盟，公还自晋，郑伯会公于棐"一条说："公之出，晋实因之而复霸诸侯，楚实惧之，终文公之世不侵中国。则亦不为无益于天下耳。故三国皆无贬辞，盖与其尊霸主以安中国也。"[63]据《左传·文公十三年》记载，鲁文公到晋国会盟，归国时途经卫国，此前卫国与晋国处于一种敌对的关系，卫侯请求鲁文公再返回晋国，为卫国请和。鲁文公答应了卫侯的要求，折返晋国充当了和平使者。当鲁文公再次从晋国出来路经郑国时，郑国也提出了类似卫国的请求。当时晋国与楚国争霸，郑国夹在晋、楚两国中间。郑国先是联楚抗晋，现在感觉形势不妙，又想倒向晋国，所以欲托鲁文公帮助斡旋。鲁文公允诺再返晋国为郑国请和。赵鹏飞认为鲁文公此行，实际完成了晋、鲁、卫、郑的结盟，从而使得已经衰落的晋国霸权得以重振，也使得作为蛮夷之国的楚国不敢轻犯华夏。孔子《春秋》经文对鲁、卫、郑三国"皆无贬辞"，是赞同他们"尊霸主以安中国"的。然而赵鹏飞的这一意见只是由其《春秋经筌》偶然提到，并未形成一种一以贯之的理念。

赵汸对齐桓公、晋文公的霸业基本持肯定的态度，其《春秋集传·原序》开宗明义说：

> 《春秋》，圣人经世之书也。昔者周之末世，明王不兴，诸侯倍畔，蛮夷侵陵，而莫之治也。齐桓公出，纠之以会盟，齐之以征伐，上以尊天王，下以安中国，而天下复归于正。晋文公承其遗烈，子孙继主夏盟者百有余年，王室赖之。故孔子称其功曰："一匡天下，民到于今受其赐。"[64]

赵汸不是就《春秋》论孔子，而是就孔子论《春秋》，《论语》中记载了孔子的言行，赵汸从《论语》中孔子对齐桓公的态度，认定孔子修《春秋》旨在表彰齐桓公所建树的霸业，一部春秋史，实际上就是一部霸业史。赵汸说：

> 隐、桓之世，王室日卑，齐伯肇兴，春秋之所由始也；定、哀之世，中国日衰，晋伯攸废，春秋之所由终也。……桓、文之事不可诬也。[65]
>
> 春秋之所以始也，为天下之无王也。春秋之所以终也，为天下之无伯也。春秋之初，周为天下之共主，而郑伯不朝，至勤王之伐，则天下无王之祸，郑实为之也。春秋之终，晋为中国伯主，而齐景不服，至敢晋国之伐，则天下无伯之祸，齐实为之也。一则无王，一则无伯，此固春秋之所以始终也。[66]

齐桓公霸业兴起，为春秋之始。齐国的霸业后来由晋国继承，晋国霸业衰落，为春秋之终。这等于以齐、晋的霸业兴废

来修春秋史，而不是以周平王东迁为标志来修春秋史。治《春秋》经者，对于当时诸侯勤于朝觐霸主、疏于朝觐天子深致不满。赵汸则认为情有可原，因为当时能"安靖天下"的并不是周天子，而是齐桓公、晋文公等霸主。他说：

> 或曰：诸侯不朝天子，而以朝伯主为礼可乎？是盖不知《春秋》经世之旨者，《春秋》固责诸侯之无王，而亦不废中国之有伯；固罪诸侯之不朝京师，而亦不绝诸侯之事伯主也。当是时，方借伯者以安靖天下，则朝聘固不可无节矣。[67]

在春秋时期，维护世道人心的早已不是周天子，而是齐、晋两国的霸业。人们失望于周王室，而寄希望于新霸主，亦无可厚非。所以赵汸说：

> 是时诸侯无王而伯者兴，虽曰假"尊王"以示义，而天下大权由此实归齐、晋，人情绝望于周矣。[68]

在赵汸看来，春秋时期的悲哀主要并不在于"天下无王"，而在于"天下无伯"："君臣大义以无伯而废，天理民彝以无伯而泯。"[69]所以，当孔子之时，天下的首要之事，不是去扶持那早已"扶不起来的天子"，而是要使齐桓公、晋文公的霸业得以延续下去。赵汸认为，孔子当年要得志，他首先要做的是"修桓、文之业"，先由霸道而致王道。赵汸说：

> 仲尼得君，复周公之法，修桓、文之业，率天下诸侯以事周，则文王之至德，吾无间然矣。[70]

赵汸这一类说法对传统的春秋学具有改造性的意义，可惜当时及后世学人并未能很好地领会其中的深刻含义。

（二）《春秋》既有"褒贬"，也有"实录"

赵汸春秋学著作共有五部，其中最著名者为《春秋属辞》。"属辞"二字出于《礼记·经解》："属辞比事，《春秋》教也。"孔颖达《礼记正义》："属，合也；比，近也。《春秋》聚合会同之辞是属辞，比次褒贬之事是比事也。"[71]春秋时期，二百四十二年之间，简策如山，事不胜其多，辞不胜其繁，而要在两万字之内做到叙事有条不紊，评价不至偏颇，那就必须在义例上下工夫。所以《春秋》不同于其他经典，而特别强调"属辞比事"。"比事"讲究以类相从，"属辞"讲究下语精严。赵汸研究《春秋》几十年，最后悟到：《春秋》最重要的特点便是"属辞比事"，因此他将《春秋》经文拆散，以类相从，看其在相近之事上是如何"属辞"的。而其"属辞比事"并不全是孔子的功劳，在《鲁春秋》之中已经奠定了基础，孔子正是根据《鲁春秋》来施加笔削之权的。所以，赵汸说："必属辞比事而后可施笔削。所以学《春秋》者若非属辞比事，亦不能达笔削之权。"[72]

当年，赵汸从黄泽学《春秋》，黄泽曾对他说："《春秋》所以难看，乃是失却'不修《春秋》'。若有'不修《春秋》'互相比证，则史官记载、仲尼所以笔削者，亦自显然易见。"[73]又说："《春秋》有鲁史书法，有圣人书法，必先考史法，而后圣人之法可求。"[74]黄泽的话无疑是对的，其实其他学者也都明白这个道理，但因为"不修《春秋》"（即《鲁春秋》）早已遗佚，若再求"不修《春秋》"，那几乎是不可能做到的事情。但偏偏赵汸特别较真，非要去探求那"不修《春秋》"。赵汸"自始受学，则取《左氏》传注诸书，伏而读之数年，然后知《鲁史》旧章犹赖左氏存其梗概"[75]。"《左氏》书首所载'不书'之例，皆史法也，非笔削之旨。《公羊》《穀梁》每难疑以不书发义，实与左氏异帅。"[76]

《左传》有许多似应书写而不书的例子，如经文：鲁隐公"元年春王正月"，不书"即位"。《左传》谓"元年春王周正月，不书'即位'，摄也。"又如经文："三月，公及邾仪父盟于蔑。"不书邾君的爵位，《左传》谓"邾子克也，未王命，故不书'爵'。"学者通常认为这是孔子笔削之意，但是赵汸指出，这乃是史家旧例，并非鲁史已书，而孔子将它删削，孔子只是保存了旧史策书的原貌。所以《公羊传》《穀梁传》在这些"不书"之例上大做文章，讲孔子的所谓"微言大义"便没有意义了。《左传》之所以能正确解释出这些"不书"之例的缘由，是因为左丘明乃是与孔子同时的史官，他了解当时史书的书写规则。

赵汸运用这个思路研究《左传》，发现了旧史策书书写的十五种体例：

> 策书之例十有五。一曰君举必书，非君命不书。二曰公即位不行其礼不书。三曰纳币、逆夫人、夫人至、夫人归，皆书之。四曰君夫人薨，不成丧不书；葬不用夫人礼，则书卒；君见弑，则讳而书薨。五曰適（嫡）子生则书之；公子大夫在位书卒。六曰公女嫁为诸侯夫人，纳币、来逆、女归、娣归、来媵、致女、卒葬、来归皆书；为大夫妻，书来逆而已。七曰时祀、时田，苟过时越礼则书之；军赋改作、逾制亦书于策，此史事之录乎内者也。八曰诸侯有命告则书，崩卒不赴则不书，祸福不告亦不书，虽及灭国，灭不告败，胜不告克，不书于策。九曰虽伯主之役，令不及鲁亦不书。十曰凡诸

侯之女行，惟王后书適（嫡），诸侯虽告不书。十一曰
诸侯之大夫奔，有玉帛之使则告，告则书。此史氏之录
乎外者也。十二曰凡天子之命无不书，王臣有事为诸侯
则以内辞书之。十三曰大夫已命书名氏，未命书名。微
者名氏不书，书其事而已，外微者书人。十四曰将尊师
少称将，将卑师众称师，将尊师众称某帅师，君将不言
帅师。十五曰凡天灾物异无不书，外灾告则书之，此史
氏之通录乎内外者也。[77]

这十五类体例见于《春秋》经文的应视为《鲁春秋》本来
就有的，并非孔子删修时所制定。那么，孔子所删修的内容及
其原则是什么呢？赵汸所撰《春秋属辞》总结出孔子八条删修
原则，其说甚繁，四库馆臣则作了简要介绍：

> 《春秋属辞》十五卷，元赵汸撰。汸于《春秋》用
> 力至深。至正丁酉，既定《集传》初稿，又因《礼
> 记·经解》之语，悟《春秋》之义在于"比事属辞"，
> 因复推"笔削"之旨，定著此书。其为例凡八：一曰存
> 策书之大体，二曰假笔削以行权，三曰变文以示义，四
> 曰辨名实之际，五曰谨内外之辨，六曰特笔以正名，七
> 曰因日月以明类，八曰辞从主人。[78]

孔子删修《春秋》，古人称之为"笔削"。古人著书是在
竹简上操作，所用工具为笔和刀，以笔书墨于竹简称为"笔"，
以刀去除竹简之字称为"削"。孔子据《鲁春秋》来修《春
秋》，《鲁春秋》是鲁国的国史，著作有一定体例，孔子不能随
便加进自己的话。那么，孔子靠什么来表达自己的评价意见
呢？他主要是靠"笔削"的高超手法来表达自己的意见。所谓

"笔"就是把《鲁春秋》原有的内容抄录在自己的竹简上，这叫"存策书之大体"，这部分内容还是《鲁春秋》的内容。当然，孔子不是全部照抄《鲁春秋》的内容，《鲁春秋》有一些内容不为孔子所抄录，这叫"假笔削以行权"。这是两个总的原则，亦即春秋学所常讲的"书"与"不书"的原则。这正如赵汸《春秋属辞》卷八所说："古者汗竹为简，编简为策，故有笔削之事。孔子作《春秋》以寓其拨乱之志，而国史有恒体，无辞可以寄文，于是有书有不书，以互显其义。其所书者则笔之，不书者则削之。《史记·世家》论孔子为《春秋》，笔则笔，削则削，子夏之徒不能赞一辞，正谓此也。"[79]当然，孔子抄录的《鲁春秋》策文内容，并不是一字不差地"照录"，而是当所录鲁史内容"事有非常，情有特异"，孔子会刻意改变其中的一些字词，以此来表达他的褒贬好恶的意见，这种手法叫"变文"和"特笔"。所以赵汸所说的"三曰变文以示义，四曰辨名实之际，五曰谨内外之辨，六曰特笔以正名"四种情况即属其例。但类似的事件，由于有上下身份的区别、内外国别的不同、程度的轻重差别等，对之褒贬好恶也应表现出差异来，于是又有"七曰因日月以明类"区以别之。第八条"辞从主人"，主人是指鲁史（《鲁春秋》）本身，凡是孔子不加褒贬之意的，就不去修改《鲁春秋》文字，照实转录。

以往治春秋学者大体分为两大派：一是认为《春秋》为"褒贬"之书，以为《春秋》笔法字字句句皆有微言大义；一是认为《春秋》乃是"实录"，"只是直载当时之事""非是于一字上定褒贬"[80]。赵汸的观点是，《春秋》一经中既有实录部分，也有孔子所寓褒贬之意。《春秋属辞》一书就是要将这二者区分清楚。因之赵汸说："说经大旨，不出二途：曰褒贬，曰实录而已。然尚褒贬者文苛例密，出入无准，既非所以论圣人；其以为实录者，仅史氏之事，亦岂所以言《春秋》哉？是以为说虽多，而家异人殊，其失视‘三传’滋甚。"[81]

学者对赵汸的《春秋属辞》有很高的评价，如明初宋濂称《春秋属辞》于《春秋》经文"何者为史策旧文，何者是圣人之笔削，悉有所附丽，凡暗昧难通，历数百年而弗决者，亦皆迎刃而解矣。……濂颇观简策，所载说《春秋》者，多至数十百家，……子常（赵汸）……独能别白二者，直探圣人之心于千载之上，自非出类之才、绝伦之识，不足以与于斯。呜呼！世之说《春秋》者至是亦可以定矣"[82]。

至清代中叶，庄存与借鉴《春秋属辞》的研究方法，而作《春秋正辞》。但与赵汸不同的是，赵汸是以《左传》为主，兼及二传，而庄存与则以《公羊传》作为主要的研究对象，由此开创了名动一时的常州今文学派。

注释：

[1]〔唐〕韩愈撰，〔宋〕魏仲举集注，郝润华、王东峰整理：《五百家注韩昌黎集》，北京：中华书局，2019年，第202页。

[2][6][7][12][22][78]〔清〕永瑢等撰：《四库全书总目》，北京：中华书局，1965年，第224，219，232，7，224，228页。

[3]〔宋〕晁公武撰，孙猛校证：《郡斋读书志校证》，上海：上海古籍出版社，1990年，第118页。

[4]〔明〕宋濂等：《元史》，北京：中华书局，1976年，第2019，4322—4323页。

[5]王世贞："自杜预之《传》行，而左氏彬乎粲然，《公》《穀》反不得称并矣。宋有胡安国者，负其精识，以为独能得夫子褒贬之微意，衷三氏而去取之。自胡氏之《传》行，而三氏俱绌。"（〔明〕王世贞：《春秋左传属事序》，见〔明〕傅逊：《春秋左传属事》，《景印文渊阁四库全书》第169册，台北：商务印书馆，1986年，第498页。）

［8］［9］［10］［11］［13］［14］［15］［16］［26］［27］
〔宋〕胡安国:《胡氏春秋传》,《景印文渊阁四库全书》第151
册,第103,185,106,151,26—27,34,52,48,52,24页。

［17］〔宋〕吕祖谦:《吕祖谦全集》,杭州:浙江古籍出版社,
2008年,第417—418页。

［18］［62］〔宋〕朱熹撰,朱杰人、严佐之、刘永翔主编:
《朱子全书（修订本）》第21册《晦庵先生朱文公文集》,上海:
上海古籍出版社;合肥:安徽教育出版社,2010年,第1437,
1581页。

［19］转引自〔明〕程敏政编:《明文衡》卷一百,《景印文渊
阁四库全书》第1374册,第793页。

［20］〔清〕尤侗:《艮斋杂说·续说·看鉴偶评》,北京:中华
书局,1992年,第22—23页。

［21］〔明〕李开先著,卜键笺校:《李开先全集（修订本）》,
上海:上海古籍出版社,2014年,第556页。

［23］［24］［25］［29］［31］［34］［35］［38］［63］〔宋〕赵
鹏飞:《春秋经筌》,《景印文渊阁四库全书》第157册,第4,
194,197,7,7,141,143,177—178,241页。

［28］〔德〕黑格尔著,范扬、张企泰译:《法哲学原理》,北
京:商务印书馆,1961年,第11—12页。

［30］〔清〕顾栋高:《春秋大事表》卷四十九,北京:中华书
局,1993年,第2622页。

［32］根据我们的统计,春秋时期有名的会盟,有五十余起,
如:皋鼬之盟,溴梁之盟、蜀之盟、清邱之盟、新城之盟、落姑
之盟、鹿上之盟、重丘之盟、菖庆之盟、熏隧之盟、葵丘之盟、
曹南之盟、首止之盟、阳谷之盟、虫牢之盟、亳城之盟、亳北之
盟、萧鱼之盟、澶渊之盟、宋之盟、扈之盟、柯陵之盟、祝柯之
盟、柯之盟、蔑之盟、郏鄏之盟、幽之盟、贯之盟、召陵之盟、

宁母之盟、牡丘之盟、垂陇之盟、蒇之盟、衡雍之盟、暴之盟、鸡泽之盟、戏之盟、平丘之盟、袁娄之盟、辰陵之盟、宿之盟、防之盟、处父之盟、黄之盟、薄之盟、谷之盟、鄢陵之盟、鄞之盟、拔之盟等。其中有的属正式结盟的会议，有的属盟国内部的会议。

［33］〔明〕程敏政：《篁墩文集》卷八，《景印文渊阁四库全书》第 1252 册，第 158 页。

［36］〔宋〕金履祥：《资治通鉴前编》卷十一，《景印文渊阁四库全书》第 332 册，第 250 页。

［37］〔清〕王梓材、冯云濠编撰：《宋元学案补遗》，北京：中华书局，2012 年，第 3123 页。

「39］〔清〕张尚瑗撰：《左传折诸·卷首上》，《景印文渊阁四库全书》第 177 册，第 13 页。

［40］［41］〔明〕宋濂等：《元史》，北京：中华书局，1976 年，第 4322—4323，4324 页。

［42］［43］［44］［61］［80］〔宋〕黎靖德编，王星贤点校：《朱子语类》，北京：中华书局，1986 年，第 1650，2155，2157，2144，2144 页。

［45］［46］［47］［48］［49］［50］［51］［52］［53］［73］〔元〕赵汸撰：《春秋师说》，《景印文渊阁四库全书》第 164 册，第 303—304，267—268，259—260，262，289，261，262—263，263，263—264，259 页。

［54］〔清〕张廷玉等撰：《明史》，北京：中华书局，1974 年，第 7226 页。

［55］［57］［82］转引自〔清〕朱彝尊原著，林庆彰等编审，张广庆等点校：《点校补正经义考》第 6 册，台北："中央研究院"中国文哲研究所筹备处，1997 年，第 297，290，290 页。

［56］〔清〕皮锡瑞著，周予同注释：《经学历史》，北京：中华

书局，1959 年，第 284 页。

　　［58］〔汉〕董仲舒撰：《春秋繁露》卷九，《景印文渊阁四库全书》第 181 册，第 750—757 页。

　　［59］黄晖：《论衡校释》，北京：中华书局，1990 年，第 438 页。

　　［60］〔宋〕刘敞撰：《春秋意林》卷上，《景印文渊阁四库全书》第 147 册，第 507 页。

　　［64］［65］［68］［70］［76］［77］〔元〕赵汸撰：《春秋集传》，《景印文渊阁四库全书》第 164 册，第 2，3，249，2，4，4—5 页。

　　［66］〔元〕赵汸撰：《春秋金锁匙》，《景印文渊阁四库全书》第 164 册，第 416 页。

　　［67］［69］［79］〔元〕赵汸撰：《春秋属辞》，《景印文渊阁四库全书》第 164 册，第 609，699，606 页。

　　［71］〔汉〕郑玄注，〔唐〕孔颖达等正义：《礼记正义》，〔清〕阮元校刻：《十三经注疏》，北京：中华书局，2009 年，第 3493 页。

　　［72］〔元〕赵汸撰：《东山存稿》卷三，《景印文渊阁四库全书》第 1221 册，第 259 页。

　　［74］［75］［81］〔元〕赵汸：《春秋左氏传补注》，《景印文渊阁四库全书》第 164 册，第 329，329，329 页。

第三十六章
宋代诗经学的三大议题

　　经学的主体是对经典的认知和说解，然而由于许多经典内容繁多，经学史著作不可能对各家注解作过细的介绍，因而带有共性且影响深远的"议题"便成为研究分析的重点。这就会产生如下的结果：一些解经著作虽然在许多具体解释上有种种优点，但因为太过重视细枝末节，忽视宏纲大旨，而被历史所淡忘。还有一些著作虽然提出了重大"议题"，并且看似雄辩滔滔，但由于其观点经不起学者的质疑和驳诘，最终会为众人所摒弃。只有那些既有重大"议题"成分，又有精审考证功夫的著作，才会受到学术界的长期关注。其中一些最具代表性的著作，甚至有可能被确立为一门学科的"典范"。

　　宋以后关于诗经学的研究争论，主要围绕三个"议题"：一是关于《毛诗序》作者问题；二是关于《诗经》中有无"淫诗"问题；三是《诗经》应分风、雅、颂，还是分南、雅、颂问题。其中争议最大且持久的是"诗序"问题，其次是"淫诗"问题。这两大"议题"促使了诗经学典范由汉代毛亨、郑玄向宋代朱熹的转移。而程大昌提出的《诗经》应分为"南、雅、颂"三类的"议题"最终流产，变成了一种"话柄"。下面次第述之。

第一节　关于《毛诗序》的争议

在经学史上，最值得关注的是典范的确立。而典范确立之前会有一个长期的典范转移过程。作为身在其中的学者，有谁不想成为一种学问的典范？然而最终只有几位学者会获得成功。其中固然有个人才学及努力的因素，但也有历史的际遇在其中。以诗经学为例，自汉代至清代，应该说只有两次典范的确立：一则是西汉的《毛诗》，一则是南宋的朱熹《诗集传》。在《毛诗》之前，曾有鲁、齐、韩三家诗，而《毛诗》得以最终胜出，与其大、小《序》的完备和毛《传》郑《笺》的详明有直接关系。《毛诗》盛行一千余年后，由于疑《序》、废《序》学术活动的长期推动，最终由朱熹总其大成，撰成《诗经集传》，从而建立起新的学术典范。在朱熹《诗集传》成为新的学术典范之后，《毛诗》的旧典范并未消失，而是几乎与朱熹诗学的新典范长期共存，只是没有后者更受推重而已。《诗序》问题既然如此重要，下面我们就对这个问题做一较为详细的梳理。

（一）宋以前关于《毛诗序》作者的讨论

汉代，传《诗经》之学的有四家，即齐诗、鲁诗、韩诗、毛诗。齐、鲁、韩三家诗皆为今文经学派，而毛诗为古文经学派，最为晚出。《毛诗》有《传》有《序》，《传》称"毛诗传"，是对《诗经》文本所加的注；《序》称"毛诗序"，学者习惯将它分为《大序》和《小序》。《大序》总论《诗经》大纲，《小序》仅述一篇之义。《小序》关于《诗经》311篇皆有序文（其中6篇诗文已佚），对于各篇诗之本事、美刺、诗意等有简短的交代。因其解释明确而完备，远胜三家诗说，所以《毛诗》一出，三家诗便慢慢走向衰亡。《毛诗》因而成为传承至今的《诗经》版本。

但《毛诗》并未标明《诗序》作者是谁，因此引起后世许许多多的讨论，以致四库馆臣称其为"说经之家第一争诟之端"[1]。关于《毛诗序》的作者问题，早在宋代以前已多有异议。今梳理其说，约有六家：

1. 郑玄：《大序》子夏作，《小序》子夏、毛公合作

我们没有见到郑玄关于此问题的直接言论。但郑玄撰有《诗谱》，其中有图，排比各诗传授谱系。其图后亡佚。南朝沈重精研《诗经》及郑玄笺注，他曾说："案郑《诗谱》意，《大序》是子夏作，《小序》是子夏、毛公合作。卜商意有不尽，毛更足成之。"[2]这应该符合郑玄的原意，历史上学者对此说法向无异议。子夏是孔子弟子卜商，毛公（指大毛公毛亨）是卜商数传之弟子。依此说法，《毛诗序》上得孔门真传，具有无可怀疑的权威性。

2. 王肃：《毛诗序》为子夏所作

王肃于《孔子家语》卷九《七十二弟子解》称："卜商，……习于诗，能通其义"条下注："子夏所叙诗义，今之《毛诗序》是。"[3]王肃的意见是《毛诗序》不论《大序》《小序》通为子夏一人所作，这就更加强调孔门嫡传的权威性。

3. 范晔：《毛诗序》为卫宏所作

范晔《后汉书》卷一○九《卫宏传》称："初，九江谢曼卿善《毛诗》，乃为其《训》。宏从曼卿受学，因作《毛诗序》，善得风雅之旨，于今传于世。……中兴后，郑众、贾逵传《毛诗》，后马融作《毛诗传》，郑玄作《毛诗笺》。"[4]

范晔（398—445）为南朝刘宋时期人。他的这一记述，否认了《毛诗序》为子夏、毛公所作，明确说是东汉初卫宏所作。马融、郑玄等曾为之作传、笺。卫宏，生卒年不详，东海（今山东郯城西南）人，字敬仲。主要活动时期在东汉光武

帝时代（25—57），与杜林、桓谭、郑兴等同时。卫宏早于郑玄一百多年，擅长古文经学，但并没有很高的学术地位，如果《毛诗序》为卫宏所作，那就大大降低了《毛诗》的权威性。

4. 魏徵等：《毛诗序》为子夏所创，毛公、卫宏润益

唐魏徵等撰《隋书·经籍志》谓："先儒相承谓之《毛诗序》，子夏所创，毛公及敬仲又加润益。"[5]其于《毛诗序》作者并无新见，只是调和众说而已。

5. 韩愈：子夏不序《诗》，汉儒托名子夏

今传本韩愈文集不见此类言论，然杨慎《升庵集》卷四十二《诗小序》谓："余见古本韩文有《议诗序》一篇，其言曰：'子夏不序《诗》有三焉：知不及，一也；暴扬中冓之私，《春秋》所不道，二也；诸侯犹世，不敢以云，三也。汉之学者欲显其传，因籍之子夏。'"[6]韩愈是唐代古文运动的旗帜，其学术思想深深影响了宋代欧阳修、苏轼、苏辙等人。

6. 成伯玙：《小序》子夏唯裁初句，以下出于毛亨

唐代学者成伯玙，生卒年不详，所撰《毛诗指说》称：

> 今学者以为大（小）序皆是子夏所作，未能无惑，如《关雎》之序首尾相结，冠束二《南》，故昭明太子亦云《大序》是子夏全制，编入《文选》。其余众篇之《小序》，子夏唯裁初句耳，至"也"字而止，"《葛覃》，后妃之本也"《鸿雁》，美宣王也"，如此之类是也。其下皆是大毛自以《诗》中之意而系其辞也。……毛公作《传》之日，汉兴，已亡其六篇。但据亡篇之《小序》，惟有一句。毛既不见《诗》体，无由得措其辞也。[7]

成伯玙认为《大序》是子夏所作，以萧统《昭明文选》为

佐证，又认为《小序》初句也为子夏所作。理由是：《诗经》原有 311 篇，至汉初已亡佚 6 篇，这 6 篇皆存一句《小序》，此 6 篇《小序》显然不是汉初毛亨所作，"毛既不见《诗》体，无由得措其辞也"。成伯玙由此推断其余 305 篇小序初句皆非汉儒所作，而先秦最有可能作此《小序》者非子夏莫属。而初句之后皆为毛亨所补。这就否定了《毛诗序》为卫宏所作的说法。成伯玙关于《小序》"子夏唯裁初句"，后句为毛亨所补的"两截"说，对后世影响很大。

以上所述，虽有六家之说，然宋以前学者对毛《传》郑《笺》多信而不疑，而对其他异说则漠然如飘风之过耳。

（二）宋代关于《毛诗序》作者的讨论

宋代学者延续并大大发展了关于《毛诗序》的讨论。由于书院讲学之风兴起，学术讨论比较自由。创新说者有之，守旧说者亦有之。而即使守旧说者，也从多方论证，与汉唐学者仅是一两句断语有所不同。由此形成"攻《毛诗》"和"守《毛诗》"两大派，而关于《毛诗序》的"去"与"存"，就成了诗经学的焦点和最主要的"问题意识"。下面略评欧阳修、苏辙、郑樵、程大昌、王质、朱熹六人的学术著作及其观点：

1. 欧阳修的《诗本义》

欧阳修（1007—1072），吉州吉水（今属江西）人。字永叔，号醉翁，晚号六一居士，官至参知政事（副宰相），谥号文忠。他是宋代古文运动的领袖，在多方面受韩愈的影响。在诗经学方面，他率先发起了对于《毛诗序》的挑战，清人黄中松《诗疑辨证》卷一说："汉唐以来，说《诗》者多宗毛、郑，至宋欧阳《本义》出而辟之，其辨难攻诘处，真能发前人所未发，而自成一家之书。"[8]清乾隆时，四库馆臣也说："自唐以来，说诗者莫敢议毛、郑，虽老师宿儒亦谨守《小序》，至宋而新义日增，旧说几废，推原所始，实发于修。"[9]但四库馆臣同时也指出，欧阳修对于《毛诗序》的挑战还是温和的："修作是书，本出于和气平心，以意逆志，故其立论未尝轻议（毛郑）二家，而亦不曲徇二家，其所训释往往得诗人之本志。"[10]

2. 苏辙的《诗集传》

苏辙（1039—1112），眉州眉山（今属四川）人。字子由，晚号颍滨遗老，官至尚书右丞。苏辙作有《诗集传》，他认为《毛诗·小序》"反复繁重，类非一人之词，疑为毛公之学，卫宏之所集录"[11]，因而只取《小序》首句，以下余文，则删汰不取。这可以视为"半废《小序》"。不过此一做法并非苏辙首创，前面提到的唐代成伯玙《毛诗指说》已先如此，只是他认为首句是子夏所作，余文为毛亨所作。苏辙在宋代文坛有相当的影响力，其后，王得臣、程大昌、李樗等皆从其说。

朱熹曾说："子由《诗》解好处多，欧公《诗本义》亦好。"[12]欧阳修、苏辙诗经学的优点已为朱熹《诗集传》所吸收。

3. 郑樵的《诗辨妄》

郑樵（1104—1162），莆田（福建莆田）人，字渔仲，世称夹漈先生。他是南宋时期最为博学的学者之一。郑樵一生不应科举，刻苦力学三十年，著述甚多，其中最负盛名的著作是《通志》。在诗经学方面，郑樵曾著有《诗辨妄》，此书后亡佚。他是真正对《毛诗序》公开而激烈发难的人。朱熹曾说："《诗序》实不足信，向见郑渔仲有《诗辨妄》，力诋《诗序》，其间言语太甚，以为皆是村野妄人所作。"[13]郑樵似乎并未说《诗序》具体为谁所作，其意是说《诗序》一些内容太不合情理，不应是闻人名流所作。朱熹曾问学于郑樵，其诗经学受郑樵影响甚大。

4. 程大昌的《诗论》

程大昌（1123—1195），徽州休宁（今属安徽）人。字泰之，宋高宗绍兴二十一年（1151）进士。官至国子司业兼权礼部侍郎、直学士院。程大昌著有《诗论》十七篇，他认为《诗序》前两语如"《关雎》，后妃之德也"为古序，或为毛亨所作；"两语以外，续而申之"者，为卫宏所作。他嘲笑作《诗序》者牵合为文，贻笑于人：

> 《荡》之诗以"荡荡上帝"发语，《召旻》之诗以"旻天疾威"发语，盖采《诗》者摘其首章要语，以识篇第，本无深义，今《序》因其名篇以"荡"，乃曰"天下荡荡，无纲纪文章"，则与"荡荡上帝"了无附着。于《召旻》又曰"旻，闵也。闵天下无如召公之臣也"。不知"旻天疾威"有闵"无臣"之意乎？凡此皆必不可通者，而其他倒易时世、舛误本文者，触类有之。[14]

程大昌关于《诗经》，还有一套十分特别的论说，我们留待后面专门讨论。

5. 王质的《诗总闻》

王质（1127—1189），郓州（今山东东平）人，字景文，号雪山。宋高宗绍兴三十年（1160）考取一甲进士，曾任太学正，宋高宗时因反对和议，一度被免官。后由虞允文推荐，为枢密院编修官，志不得伸，于是绝意仕进，辞官隐居著书。王质著《诗总闻》去《序》不论，应该说，在《毛诗》流行之后的经注类书籍中，王质是第一个"废《序》言《诗》"的[15]。王质为学，不事表暴，不屑张扬。虽然《诗总闻》中偶然也批评《毛诗序》，如说"甚矣，《序》之欺后世也"[16]"不知为《序》者何人，其遗害未易可言也"[17]一类话，但总体上并未把"废《序》"作为一面旗帜来号召学人，所以学人与之争论也很少。学者长期依《小序》而说《诗》，今去《序》以说《诗》，自然带来极大困难。王质说："后之观《诗》者，于文既无所考，于《序》又不可全凭，惟精思细推，至无可奈何而后已。然事实虽亡，物情犹在，则亦未至于甚无可奈何也。"[18]其辨《雨无正》一篇，以为全诗七章"皆无雨无正之文，亦无雨无正之意"[19]，据《小序》说是："雨，自上下者也。众多如雨，而非所以为政也。"[20]今考此诗是周厉王流彘之时，在镐无君，在彘有君与无君同。两地皆无正可宗。"雨"当是"两"字之讹。

对于王质《诗总闻》的历史评价，明代学者陆深（1477—1544）曾说："王景文《诗总闻》颇与朱《传》不合，然多前人所未发。"[21]明代另一位学者李开先（号中麓，1502—1568）则说："如杨慈湖之《易》，林之奇之《书》，《诗》则王氏《总闻》，《春秋》则木讷《经筌》，及魏（卫）湜之《礼记集说》，多有高出朱注之上者。"[22]

6. 朱熹的《诗集传》

宋以后，诗经学以朱熹之说为显学，朱熹早年也信奉《毛诗序》，其关于《毛诗》的注解多被选入吕祖谦的《吕氏家塾读诗记》中。后来朱熹受郑樵影响，转而怀疑《毛诗序》。他专作《诗序》一书，表达了他对《毛诗序》的见解：

> 《诗序》之作，说者不同，或以为孔子，或以为子夏，或以为国史，皆无明文可考，惟《后汉书·儒林传》以为"卫宏作《毛诗序》，今传于世"，则《序》乃宏作明矣。[23]

依朱熹的见解，以前学者关于《毛诗序》作者的各种说法皆是一己之见，并无文献根据可资考证。而唯一可靠的文献是《后汉书·儒林传》，该书明确记载《毛诗序》为卫宏所作。既有此明文记载，《毛诗序》作者应是卫宏无疑。但这一判断也有问题，因为郑玄曾说《诗序》原来自成一编，是毛公将之分开，一一对应，置于各篇之首的。这就意味在汉初的毛亨之前就已经存在一种《诗序》了。因而朱熹又认为，毛公之前的《诗序》为原初形式，卫宏对其"增广而润色"，为最终形式。朱熹说：

> 然郑氏又以为诸序本自合为一编，毛公始分以置诸篇之首，则是毛公之前，其传已久，宏特增广而润色之耳。[24]

与其他学者看法不同的是，其他学者大多认为，毛公之前的《小序》只有首句，为子夏所作，而朱熹认为即使是《小序》首句，"已有不得诗人之本意，而肆为妄说者"[25]，遑论后补之语。而毛公拆分原本《诗序》，将《小序》置于各诗篇之首，便犯了一个重大错误："及至毛公引以入经，乃不缀篇后，而超冠篇端，不为注文，而直作经字；不为疑辞，而遂为决辞。其后三家之《传》又绝，而毛说孤行，则其牴牾之迹无复可见。故此《序》者遂若诗人先所命题，而诗文反为因《序》以作，于是读者转相尊信，无敢拟议，至于有所不通，则必为之委曲迁就，穿凿而附合之，宁使经之本文缭戾破碎，不成文理，而终不忍明以《小序》为出于汉儒也。"[26]

关于《小序》，朱熹说了许多批评、否定的话，如说："《诗序》，东汉《儒林传》分明说道是卫宏作，后来经意不明，都是被他坏了。某又看得亦不是卫宏一手作，多是两三手合成一序，愈说愈疏。"[27]"《小序》大故是后世陋儒所作。"[28]"《小序》，汉儒所作，有可信处绝少。"[29]"《诗序》作，而观《诗》者不知《诗》意。"[30]"《诗·小序》全不可信，如何定知是美刺那人。"[31]结论是："今但信《诗》，不必信《序》。"[32]

朱熹这些言论，在当时而言，可谓惊世骇俗，就连他的老朋友吕祖谦也不能接受。朱熹曾言及他与吕祖谦在《毛诗序》问题上的意见分歧。他说："东莱不合只因《序》讲解，便有许多牵强处。某尝与言之，终不肯信。"[33]不仅吕祖谦如此，就连其后朱熹的忠实信徒如黄震也持保留意见。黄震说：

> 晦庵先生因郑公之说，尽去美刺，探求古始，其说颇惊俗，虽东莱不能无疑焉。夫《诗》非《序》莫知其所自作，去之千载之下，欲一旦尽去自昔相传之说，别求其说于茫冥之中，诚亦难事。……若其发理之精到，措辞之简洁，读之使人了然，亦孰有加于晦庵之《诗传》者哉？学者当以晦庵《诗传》为主，至其改易古说，间有于意未能遽晓者，则以诸家参之，庶乎得之矣。[34]

黄震以为，可以接受朱熹对《诗经》各篇的注解，但不愿接受他"改易古说"，删除《诗序》。黄震尚且如此，遑论其他学者。朱熹当然知道会有许多学者反对他的意见，但他自认为，注释诸经，"于《诗》独无遗憾"[35]。

自朱熹《诗集传》出，于是形成了"攻《毛诗》"与"守《毛诗》"两大派。"攻《毛诗》"派自然以朱熹为首，而"守《毛诗》"派则以吕祖谦为首。学者评论吕祖谦所撰《吕氏读诗记》"最为精密"，朱熹则认为："吕家之学，重于守旧，更不论理。"[36]金王若虚《滹南集》卷三十一亦谓："《读诗记》乃反平常，无甚高论。"[37]

第二节　朱熹的"淫诗"说及其争议

《诗经》305篇，其中有涉及淫佚之事的诗篇，对此学者向无异议。虽然涉及淫佚之事，解诗者通常认为其诗意在"刺淫"，如《鄘风·鹑之奔奔》："鹑之奔奔，鹊之彊彊，人之无良，我以为兄。鹊之彊彊，鹑之奔奔，人之无良，我以为君。"从字面看，并无"床笫之言"一类淫媟之词，然而据《左传·襄公二十七年》所记，郑国国君燕飨晋国执政大臣赵文子，伯有在席上赋《鹑之奔奔》，赵文子不客气地抢白说："床笫之言不逾阈，况在野乎！非使人之所得闻也。"[38]在赵文子看来，《鄘风·鹑之奔奔》影射淫佚之事，因而反对伯有吟诵此诗。《毛诗序》谓："《鹑之奔奔》，刺卫宣姜也。卫人以为宣姜鹑鹊之不若也。"郑玄《笺》说："刺宣姜者，刺其与公子顽为淫乱行，不如禽鸟。"[39]毛公和郑玄都将此诗看作"刺淫"之诗。

又如《郑风·溱洧》一诗，毛《序》郑《笺》认为其中讲了淫秽之事，毛《序》说："《溱洧》，刺乱也。兵革不息，男女相弃，淫风大行，莫之能救焉。"[40]郑《笺》用了很长的文字解释说："男女相弃，各无匹偶，感春气并出，托采芬香之草，而为淫泆之行。……士与女往观，因相与戏谑，行大妇之事，其别则送女以勺药，结恩情也。"[41]虽然此诗叙述的是"淫佚之行"，但他们都认为这是"刺淫"之诗。

但在主张"去《序》"的朱熹看来，《诗经》中一些涉及淫佚之事的诗，乃是当事人所自作，因而是"宣淫"之诗，或简称之为"淫诗"。如《鄘风·桑中》一诗，朱熹说："此诗乃淫奔者所自作，《序》之首句以为'刺奔'，误矣。"[42]又如《东方之日》一诗，朱熹说："此男女淫奔者所自作，非有刺也。"[43]又如《将仲子》一诗，他也认为是"淫奔之诗"[44]。朱熹还指出：

郑卫之乐，皆为淫声。然以《诗》考之，卫诗三十
有九，而淫奔之诗才四之一；郑诗二十有一，而淫奔之
诗已不翅七之五。卫犹为男悦女之词，而郑皆为女惑男
之语。卫人犹多刺讥惩创之意，而郑人几于荡然无复羞
愧悔悟之萌，是则郑声之淫有甚于卫矣。[45]

从"男女淫奔者所自作"这个视角来判断，朱熹翻检《诗
经》，认为其中有 24 篇属于此类，因而将这 24 篇定为"淫
诗"。这 24 篇是：

1.《鄘风·桑中》

2.《郑风·东门之墠》

3.《郑风·溱洧》

4.《齐风·东方之日》

5.《陈风·东门之池》

6.《陈风·东门之杨》

7.《陈风·月出》

8.《邶风·静女》

9.《卫风·木瓜》

10.《王风·采葛》

11.《王风·丘中有麻》

12.《郑风·将仲子》

13.《郑风·遵大路》

14.《郑风·有女同车》

15.《郑风·山有扶苏》

16.《郑风·萚兮》

17.《郑风·狡童》

18.《郑风·褰裳》

19.《郑风·丰》

20.《郑风·风雨》

21.《郑风·子衿》

22.《郑风·扬之水》

23.《郑风·出其东门》

24.《郑风·野有蔓草》

这 24 篇中，前 7 篇，《毛诗序》认为是讽刺淫乱的作品，而朱熹认为是淫者自作的宣淫作品；后 17 篇，《毛诗序》本指他事，朱熹也将它们作为淫者自作的宣淫作品。24 篇中，《郑风》淫诗的比例最高。孔子曾说："放郑声，……郑声淫。"（《论语·卫灵公》）是说应禁绝郑国的音乐，郑国的音乐淫荡。朱熹引用孔子的话说："'郑声淫'，所以郑诗多是淫佚之辞。"[46] 在朱熹看来，郑国不只是音乐淫荡，其诗也多是"淫佚之辞"。

对于朱熹的观点，学生不能无疑。有学生问他：既然《诗经》中有这么多"淫诗"，那孔子为什么要说"《诗》三百，一言以蔽之曰：'思无邪'"呢？朱熹回答说：

> "思无邪"，乃是要使读诗人思无邪耳。读三百篇诗，善为可法，恶为可戒，故使人思无邪也。若以为作诗者思无邪，则《桑中》《溱洧》之诗，果无邪耶？……如《桑中》《溱洧》之类，皆是淫奔之人所作，非诗人作此以讥刺其人也。圣人存之，以见风俗如此不好，至于做出此诗来，使读者有所愧耻而以为戒耳。[47]

朱熹解释说，孔子讲"思无邪"，不是说《诗经》305 篇皆"思无邪"，而是要读者读此 305 篇时"思无邪"。这种解释与孔子的原意似有不合。孔子说:"《诗》三百,一言以蔽之曰:'思无邪'。"(《论语·为政》)应是对诗作本身讲的,而不是对读者讲的。

朱熹不只说《诗经》中有 24 篇"淫诗",还具体解释这些诗如何为"淫诗"。我们来看朱熹注解《静女》的例子:原来《毛诗·小序》对《静女》一诗是这样解释的:"《静女》,刺时也,卫君无道,夫人无德。"[48]孔颖达疏解说,《静女》三章铺陈静女之美,是说国君夫人无道德,欲以美丽而有道德的静女来取代她为夫人,让这个新夫人来辅佐君主。朱熹认为,《毛诗·小序》是过度解读,《静女》正是男女"淫奔期会之诗"[49]。《静女》首章说:"静女其姝,俟我于城隅。爱而不见,搔首踟蹰。"朱熹注:"静者,闲雅之意。姝,美色也。城隅,幽僻之处。不见者,期而不至也。踟蹰,犹踯躅也,此淫奔期会之诗也。"[50]《静女》次章说:"静女其娈,贻我彤管;彤管有炜,说怿女美。"朱熹注:"娈,好貌,于是则见之矣。彤管,未详何物,盖相赠以结殷勤之意耳。炜,赤貌,言既得此物,而又悦怿此女之美也。"[51]本来,郑玄《笺》已经解释,说"彤管"是女史所用之毛笔,笔管为赤色。朱熹故意说"彤管,未详何物",这就给人留下了想象的空间。南宋后期,叶绍翁著《四朝闻见录》称,朱熹晚年注《毛诗》,"尽去《序》文,以'彤管'为淫奔之具,以'城阙'为偷期之所"[52],并说与朱熹同时的陈傅良颇不以为然[53],云云。

《诗经》是儒家六经之一,一直是一部神圣的经典。朱熹注解《诗经》,公然指斥其中有 24 篇"淫诗",这在当时实在是"石破天惊"之语。后世很多学者不赞同他的看法。如元代马端临批评说:同样是"淫佚之辞",若是淫奔者自作而宣淫,那当然可以删;若是旨在讽刺淫奔,那却可以收录下来。如果按照朱熹的说法,那些"淫诗"是淫奔者自己所作,那一部圣经岂不成为收录"淫佚之辞"的载籍了吗？相传孔子曾经删诗，难道淫诗不是最该删的吗？"夫《诗》之可删，孰有大于淫者。今以文公《诗传》考之，则指以为男女淫泆奔诱，而自作诗以叙其事者，凡二十有四，……夫以淫昏不检之人，发而为放荡无耻之辞，而其诗篇之繁多如此，夫子犹存之，则不知所删何等一篇也？"[54]

马端临还指出，将所谓"淫诗"说成淫者所自作，不合人情，断无其事：

> 夫羞恶之心，人皆有之，而况淫泆之行，所谓不可对人言者。市井小人至不才也，今有与之语者，能道其宣淫之状，指其行淫之地，则未有不面颈发赤，且惭且讳者，未闻其扬言于人曰"我能奸""我善淫"也。[55]

清代尤侗也批评说：孔夫子曾说："诗三百，一言以蔽之曰：思无邪。"若《诗经》尽收淫辞，成何道理！有些诗篇，你可以将它看作是"刺淫"之作，怎么能认为是淫人自作之诗呢？尤侗还指出，郑伯如晋，子展赋《将仲子》；郑伯享赵孟，子太叔赋《野有蔓草》；六卿饯韩宣子，子齹赋《野有蔓草》，子太叔赋《褰裳》，子游赋《风雨》，子旗赋《有女同车》，子柳赋《箨兮》。这六篇郑诗，都是朱熹所说的"淫奔之辞"，当时叔向、赵武、韩起等巨公大僚莫不称善。在外交场合，郑国人自己诵本国之诗，若这些是"淫诗"，那不是自暴其丑吗？[56]

《诗经》中到底有无"淫诗"，成了一桩历史公案。那我们今天怎么看呢？朱熹所说的那24篇"淫诗"，在今天有另外一个名称，叫"爱情诗"。以现在的观点看，青年男女自由约会，并把相互爱恋的那种感觉用诗写出来，不仅无可厚非，而且是一件很美的事。不过在旧礼教时代，男女之间未经"父母之命、媒妁之言"，私自约会，就叫"淫奔"。其实，朱熹对《诗经》那些诗篇的事实判定，有些是准确的，那些诗篇不是所谓"刺淫"的道德说教诗，而是约会男女自己所作之诗，只不过朱熹用了一个道德评判的贬义词，称它们为"淫奔之诗"。那为什么孔子的时代能容忍这些诗呢？那是因为在上古的时候，男女之防并没有后世那么严苛，《周礼·媒氏》说："中（仲）春之月，令会男女，于是时也，奔者不禁。若无故而不用令者，罚之。司男女之无夫家者而会之。"当男女进入应该结婚的年龄，而还没有结婚时，当时的官方是鼓励青年男女相会的，"奔者不禁"，是容许他们自由结合的。中国西南的一些少数民族，到今天还保留这种习俗。推想中国在上古时期，大部分地区都是这样。礼教到了宋明时期变得更加严苛，这与宋明理学家"存天理，灭人欲""饿死事极小，失节事极大"的道德说教有关。朱熹注解《诗经》的贡献在于，从他开始，已不单纯将《诗经》看作一部经学的书，也同时看作一部文学的书。

《诗经》的原始，本是一部文学的书，它描写了人间百态、各式各样的精神"样态"和情感生活，孔子用"思无邪"三个字来概括它。在"情"与"礼"的张力之间，孔子所采用的是一种"底线伦理"，这与宋代朱熹将《国风》中的许多诗视为"淫诗"的标准相比，显得宽松得多。朱熹力攻《毛诗序》，打破了《毛诗序》加在《诗经》诠释上的学术枷锁，却又给自己戴上了一个严苛的道德评判的枷锁。

第三节　程大昌的《诗经》分部说及其争议

传统意见认为，《诗经》分为三大部分：风（十五国风）、雅（小雅、大雅）、颂（周颂、鲁颂、商颂）。这本来不是一个问题，但宋代程大昌作《诗论》十七篇，专门论述《诗经》原本分为南、雅、颂三大部分，而无"国风"之名。他认为《诗经》中的《周南》和《召南》的"南"字，不是表示地域和方位，而是同雅、颂一样，都是乐名。其他十三国诗，不入乐。十三国诗有"国风"之名，是汉儒后加的。其言曰：

> 《诗》有南、雅、颂，无国风。其曰"国风"者，非古也。夫子尝曰"《雅》《颂》各得其所"，又曰"《大雅》云"，又曰"人而不为《周南》《召南》"，未尝有言"国风"者。予于是疑此时无"国风"一名，然犹恐夫子偶不及之，未敢遽自主执也。《左氏》记季札观乐，历叙《周南》《召南》《小雅》《大雅》《颂》，凡其名称与今无异，至列叙诸国，自邶至豳，其类凡十有三，率皆单记国土，无今"国风"品目也。当季札观乐时未有夫子，而诗名有无与今《论语》所举悉同，吾是以知古固如此，非夫子偶于"国风"有遗也。盖南、雅、颂，乐名也。……若夫邶、鄘、卫、王、郑、齐、魏、唐、秦、陈、桧、曹、豳，此十三国者，诗皆可采而声不入乐。则直以徒诗著之本土，故季札所见，与夫周工所歌，单举国名，更无附语，知本无"国风"也。[57]

程大昌在《诗论》十七篇进一步论证雅、颂为乐说："'师挚之始，《关雎》之乱'，夫《关雎》乱于师挚，雅、颂得所于乐正之后，非乐而何？"[58] 师挚官职为乐正，是主管音乐的王官，既然雅、颂由师挚整理之后，而各得其所，雅、颂当然是指乐而言。那么，"南"为乐，又有何为证呢？《诗经·鼓钟》："鼓钟钦钦，鼓瑟鼓琴，笙磬同音。以《雅》以《南》，以籥不僭。"程大昌认为，这是讲奏乐的诗，雅和南都是指乐而言。又，《左传·襄公二十九年》记述吴季札观乐，"见舞象箾南籥者"杜预注："象箾，舞所执；南籥，以籥舞也。皆文王之乐。"[59] 又，《礼记·文王世子》："胥鼓南。"《毛传》谓："南夷之乐曰南。"[60] 这些材料，皆可证明"南"是指乐而言。

然而程大昌也注意到，《左传》有"风有《采蘩》《采蘋》，雅有《行苇》《泂酌》"之语，《荀子》有"《国风》之好色也"之句，是《诗经》诗体原有"风"与"国风"之名，不应以"南"取代"国风"之名。程大昌申辩说，《左传》成书甚晚，《左传》中有"虞不腊"之语，"世未更秦，未有腊名也。是不独不与夫子同时，亦恐世数相去差远矣"[61]。荀子本人卒年也甚晚，可能接近秦朝之建立，而且恰恰"国风"之名可能由荀子一脉相传，而荀子讲"性恶"，非孔学正脉，"其学术已明戾夫子，不可信据矣"[62]。以上大致是程大昌的观点。

程氏的观点受到后世的批评，清儒毛奇龄指出，除了《左传》《荀子》曾涉及"国风"外，《礼记·表记》便曾言"国风"："程大昌曰：《诗》有南，无国风，古无称'国风'者，即邶、鄘以下亦不得称'国风'。此否也。《表记》曰：'《国风》曰：'我躬不阅，皇恤我后。'《国风》曰：'心之忧矣，于我归说。'此不称'国风'而何？"[63] 其实，《礼记·表记》还有一处称引"国风"："《国风》曰：'言笑晏晏，信誓旦旦。'"毛奇龄又指出《礼记·乐记》有"正直而静，廉而谦者，宜歌《风》"[64]。不仅提到了"风"一类诗，并说"风"一类诗是可以歌唱的。程大昌当时没有注意到《礼记》中的这些反证。

此外，清儒姜炳璋《诗序补义》卷一还指出，其实《诗经》305篇都是可以入乐的，十五国国风也是入乐的。他说："程大昌《诗议》（《诗论》）：《诗》有南、雅、颂，无国风。南、雅、颂为乐诗，十三国为徒诗不入乐。今考季札观乐，工歌十五国风，《诗》无不入乐者。"[65]

所以，四库馆臣总结说："《考古编》十卷，宋程大昌撰。……其《诗论》十七篇，反复推阐，大抵谓《诗》有南、雅、颂之名，无国风之名。说极辨博，而究无解于《礼记》之所引，故终为后人驳诘。"[66]

对于程大昌这个节外生枝的问题，到这里或许应该画上句号了。但近代梁启超又起波澜，梁启超于《诗经解题》一文提出《诗经》应分为南、风、雅、颂四类，这四类诗是以诗与乐的关系来区分的。他说：

> 《诗·鼓钟》篇"以雅以南"，"南"与"雅"对举。雅既为诗之一体，则南亦必为诗之一体甚明。《礼记·文王世子》之"胥鼓南"，《左传》之"象箾南籥"皆指此也。……窃意"南"为当时一种音乐之名，其节奏盖自为一体，与雅、颂不同。据《仪礼》，乡饮酒礼、燕礼皆于工歌、间歌、笙奏之后，终以合乐。合乐所歌，为《周南》之《关雎》《葛覃》《卷耳》，《召南》之《鹊巢》《采蘩》《采蘋》。《论语》亦云："《关雎》之乱，洋洋乎盈耳哉！""乱"者，曲终所奏也。综合此种资料以推测，"南"似乎为一种合唱的音乐，于乐终时歌之，歌者不限于乐工，故曰其乱洋洋盈耳矣。[67]

梁启超仍承认《诗经》中"国风"为一体，但他显然受了程大昌的启发，认为《诗经》中还有"南"一体，这就意味着把《周南》《召南》从十五国风中抽出来，作为"南"的部分。这样《诗经》便成为这样四大类：南（《周南》《召

南》)、风（十三国风）、雅（小雅、大雅）、颂（周颂、鲁颂、商颂）。蒋伯潜、蒋祖怡父子为梁启超作补证说：

> 窃疑"南"者，本为南方合乐之一种曲调，即《吕氏春秋》所谓"南音"。《吕氏春秋·音初》篇云："涂山氏之女乃令其妾待禹于涂山之阳，女乃作歌曰：'候人兮猗。'实始作为南音。这种用"兮猗"等泛声的歌，带有特殊的地方色彩，故名之曰"南"。战国末屈原等楚人所作骚赋，还都用"兮"字、"些"字、"只"字以表音的顿挫的，正是所谓"南音"之遗。二《南》中的诗，用"兮"字的，如《麟之趾》及《野有死麕》之类，原是不多；而《汉广》之用"思"字、《草虫》之用"止"字为句末无义之语词（如"不可求思""不可泳思""不可方思"及"亦既见止""亦既觏止"之类），怕正和《楚辞》中的"些""只"一样。
>
> "南"和"乱"音近，怕也是一字的衍变。《楚辞·离骚》等末有"乱曰"，《九歌》的《礼魂》（"成礼兮会鼓，传芭兮代舞，姱女倡兮容与；春兰兮秋菊，长无绝兮终古"仅五句），近来学者多认为是前几篇公用的"乱辞"。[68]

梁启超与蒋伯潜父子所论，言而有征，本可备一说。若如此，则《诗经》应分风、雅、颂三类，还是南、风、雅、颂四类，恐怕要成为历史疑案了。所幸的是，上海博物馆藏战国楚竹书《孔子诗论》可以一劳永逸地解决这个问题。今录两段《孔子诗论》的话：

> 【孔子】曰：诗，其犹重门欤？贱民而冤之，其用心也将何如？曰：《邦风》是已。民之有戚患也，上下之

不和者，其用心也将何如？【曰：《小夏（雅）》是已。】□□□（四）□□□【何如？曰：《大夏（雅）》】是已。有成功者何如？曰：《颂》是已。

《颂》，重德也，多言后。其乐安而迟，其歌绅而藐，其思深而远，至矣！《大夏（雅）》，盛德也，多言□□□□□□□□（二）□□，【〔　〕矣！《小夏（雅）》，〔　〕德】也，多言难而怨怼者也，衰矣！小矣！《邦风》，其内（入）物也博，观人俗焉，大金（验）材（在）焉。其言文，其声善。[69]

关于《孔子诗论》，诸家释文或有不同，但我们可以清楚地看到，作者是将《诗经》分为风、雅（小雅、大雅）、颂三大部分的，那时不称《国风》，而称《邦风》，是因为上古原本称《邦风》，汉以后因为犯了汉高祖刘邦的名讳，才改为《国风》的。这也就意味《周南》《召南》属于《国风》。这里的"南"字是就地域说的，不是就乐名说的。至于程大昌、梁启超、蒋伯潜父子所说的"以雅以南"和"胥鼓南"之"南"是一种乐或曲调，应该也是成立的。但不应与"周南""召南"之"南"相混淆。所以今天，我们可以不受程大昌、梁启超的困扰，很有把握地说：《诗经》分为风、雅（小雅、大雅）、颂三大部分。这虽说是一个常识，但它是一个正确的常识。由于人们喜爱标新立异，许多时候要维护一个正确的常识意见，也很不容易。

注释：
[1][9][10][11][66]〔清〕永瑢等撰：《四库全书总目》，北京：中华书局，1965年，第119，121，121，121，1020页。

[2][20][39][40][41][48][60]〔汉〕毛公传，郑玄笺，〔唐〕孔颖达等正义：《毛诗正义》，〔清〕阮元校刻：《十三经注疏》，北京：中华书局，2009年，第562，959，664，732，732，654，1002页。

[3]〔魏〕王肃注：《孔子家语》，《景印文渊阁四库全书》第695册，台北：商务印书馆，1986年，第86页。

[4]〔宋〕范晔著，〔唐〕李贤注：《后汉书》，北京：中华书局，1965年，第2575—2576页。

[5]〔唐〕魏徵等：《隋书》，北京：中华书局，1973年，第918页。

[6]〔明〕杨慎：《升庵集》卷四十二，《景印文渊阁四库全书》第1270册，第296页。

[7]〔唐〕成伯玙：《毛诗指说》，《景印文渊阁四库全书》第70册，第174页。

[8]〔清〕黄中松著，陈丕武、刘海珊点校：《诗疑辨证》，桂林：广西师范大学出版社，2018年，第53页。

[12][13][27][28][29][30][31][32][33][46][47]〔宋〕黎靖德编，王星贤点校：《朱子语类》，北京：中华书局，1986年，第2090，2076，2074，2078，2067，2074，2074，2101，2078—2079，2072，539页。

[14][57][58][61][62]〔宋〕程大昌著，刘尚荣校证：《考古编·考古续编》，北京：中华书局，2008年，第24—25，11—12，14，16，16页。

[15]朱彝尊《曝书亭集》卷三十四《雪山王氏质诗总闻序》谓："自汉以来说《诗》者率依《小序》，莫之敢违，废《序》言《诗》，实自王氏始，既而朱子《集传》出，尽删《诗序》。"（见〔清〕朱彝尊：《曝书亭集》（二），《景印文渊阁四库全书》第1318册，第34页。）

[16][17][18][19]〔宋〕王质：《诗总闻》，《景印文渊阁四库全

库全书》第 72 册，第 581，682，537，606 页。

　　［21］转引自〔清〕朱彝尊原著，林庆彰等编审，侯美珍等点校:《点校补正经义考》第 4 册，台北:"中央研究院"中国文哲研究所筹备处，1997 年，第 29 页。

　　［22］〔明〕李开先著，卜键笺校:《李开先全集（修订本）》，上海:上海古籍出版社，2014 年，第 556 页。

　　［23］［24］［25］［26］［42］［43］［44］［45］［49］［50］［51］〔宋〕朱熹撰，朱杰人、严佐之、刘永翔主编:《朱子全书（修订本）》第 1 册，上海:上海古籍出版社;合肥:安徽教育出版社，2002 年，第 353，353，353，353，364，373，370，481，438，438，438 页。

　　［34］〔宋〕黄震:《黄氏日抄》卷四，《景印文渊阁四库全书》第 707 册，第 27—28 页。

　　［35］转引自〔清〕周中孚:《郑堂读书记》，上海:上海书店出版社，2009 年，第 114 页。

　　［36］黎靖德编，王星贤点校:《朱子语类》，北京:中华书局，1986 年，第 1504 页。

　　［37］〔金〕王若虚著，胡传志、李定乾校注:《滹南遗老集校注》，沈阳:辽海出版社，第 350 页。

　　［38］〔晋〕杜预注，〔唐〕孔颖达等正义:《春秋左传正义》，〔清〕阮元:《十三经注疏》，第 4336 页。

　　［52］［53］〔宋〕叶绍翁著，张剑光、周绍华整理:《四朝闻见录》，载朱易安等主编:《全宋笔记·第六编·九》，郑州:大象出版社，2018 年，第 236，236 页。

　　［54］［55］〔元〕马端临著:《文献通考·经籍考五》，北京:中华书局，2011 年，第 5304，5305 页。

　　［56］〔清〕尤侗:《艮斋杂说·续说·看鉴偶评》，北京:中华书局，1992 年，第 14 页。

［59］〔晋〕杜预注，〔唐〕孔颖达等正义：《春秋左传正义》，〔清〕阮元校刻：《十三经注疏》，第 4359—4360 页。

［63］［64］〔清〕毛奇龄：《诗札》卷一，《景印文渊阁四库全书》第 86 册，第 214，214 页。

［65］〔清〕姜炳璋：《诗序补义》卷一，《景印文渊阁四库全书》第 89 册，第 10—11 页。

［67］梁启超：《要籍解题及其读法》，《饮冰室合集·专集》第 15 册，北京：中华书局，2015 年，第 64—65 页。

［68］蒋伯潜、蒋祖怡：《经与经学》，上海：上海书店出版社，1997 年，第 39—40 页。

［69］引自姜广辉：《古〈诗序〉复原方案（修正本）》，载姜广辉主编：《中国哲学》第 24 辑《经学今诠三编》，沈阳：辽宁教育出版社，2002 年，第 173—177 页。

第三十七章
宋元时期的尚书学

宋元时期的《尚书》注解之书有数百家之多[1]，其中较为知名的有王安石的《尚书新义》（又称《新经尚书义》）、苏轼的《书传》、林之奇的《尚书全解》、张九成的《尚书详说》、夏僎的《尚书详解》、吕祖谦的《书说》、蔡沈的《书经集传》（又称《书集传》）、陈经的《尚书详解》、钱时的《融堂书解》、吴澄的《书纂言》、王充耘的《读书管见》等。

后世学者由于各自的学术立场有所不同，对上述著作的评价也有所不同。例如金人王若虚最推崇林之奇，曾说："宋人解《书》者惟林少颖眼目最高，既不若先儒之窒，又不为近代之凿。当为古今第一。"[2]按：林之奇之书，虽称"全解"，其实其本人所作至《洛诰》而止，《洛诰》以下乃其门人所作。当论及夏僎《尚书详解》时，王若虚谓："迩来学者，但知有夏僎，盖未见林氏本故耳。夏解妙处，大抵皆出于少颖，其以新意胜之者数也。"[3]"尝谓解经者不可以己意穿凿见长，欲出人一头地而反晦经义之本旨也。如夏僎之《尚书详解》，其研精搜罗，酌古准今，用意不为不勤，而瑕瑜各半，政以欲为新奇中之。"[4]按：夏僎之《尚书详解》曾一度为官学，明洪武年间科举考试并用夏氏、蔡氏两传。永乐之后独用蔡传，而夏传渐微。当论及王安石《尚书新义》则谓："王安石《书》

解，其所自见而胜先儒者，才十余章耳。余皆委曲穿凿，出于私意。悖理害教者甚多。……谬戾如此，而使天下学者尽废旧说以从己，何其好胜而无忌惮也。"[5]按：《尚书新义》虽以王安石领衔，其实大部为其子王雱所作。当论及张九成经注时，王若虚谓："张九成谈圣人之道，如豪估市物，铺张夸大，惟恐其不售也。天下自有公是公非，言破即足，何必呶呶如是哉？"[6]按：宋黄伦《尚书精义》引录自汉至宋《尚书》经注凡七十家，而于张九成《尚书详解》最为推重。其时，蔡沈《书集传》尚未面世。

明儒何乔新则谓："近世之注，朱子所取者四家，而王安石伤于凿，吕祖谦伤于巧，苏轼伤于略，林之奇伤于繁。至蔡氏《集传》出，别今、古文之有无，辨《大序》《小序》之讹舛，而后二帝三王之大经大法，灿然于世焉。"[7]何乔新最推重的是蔡沈的《书集传》。自元延祐复科举，蔡沈《书集传》被作为官学标准注本，此书便被视作尚书学的扛鼎之作了。

这里，关于宋元时期的《尚书》经注，重点介绍王安石（王雱）、张九成、蔡沈、王充耘四家。关于王安石（王雱）的《尚书新义》已于本书《王安石变法与荆公新学》一章中有所论列，并附有林之奇针锋相对的批评，兹不赘述。张九成的经注虽蒙"铺张夸大"之讥，但其注《尚书》，重在再现商周时期"天帝"崇拜的文化背景，实有可取之处。蔡沈之《书集注》反映了朱熹的尚书学思想，著为功令达数百年之久，不容忽视，而元代王充耘针砭朱熹、蔡沈的所谓"传授心法"，正中其弊。另外，宋元时期对《古文尚书》的质疑，开启了《古文尚书》辨伪的大门，其中吴棫、朱熹、吴澄功不可没，值得大书一笔。

第一节　张九成的《尚书详说》

张九成（1092—1159），两宋之际人。字子韶，自号横浦居士。钱塘（今浙江杭州）人。青年时游学京师，受业于程门高足杨时，为二程再传弟子。绍兴二年（1132），科举考试中进士第一。官至礼部侍郎兼侍讲。因反对议和、得罪权相秦桧落职。此后十四年一直过着谪居生活，终日读书解经。其间从游禅师大慧宗杲，自号无垢居士。秦桧死，复官出知温州。卒赠太师崇国公，谥文忠。张九成著有《尚书详说》《孟子传》《横浦集》等。四库馆臣评论其《孟子传》说：

> 九成之学，出于杨时，又喜与僧宗杲游，故不免杂于释氏。所作《心传》《日新》二录，大抵以禅机诂儒理，故朱子作《杂学辩》，颇议其非。惟注是书，则以当时冯休作《删孟子》、李觏作《常语》、司马光作《疑孟》、晁说之作《诋孟》、郑厚叔作《艺圃折衷》，皆以排斥孟子为事，故特发明义利经权之辩，著孟子尊王贱霸有大功，拨乱反正有大用。……其言亦切近事理，无由旁涉于空寂。在九成诸著作中，此为最醇。……王若虚《滹南老人集》有《孟子辩惑》一卷，……（谓）张九成最号深知者。[8]

张九成人品、学问皆卓荦骏伟，在南宋初曾有很大影响。唯其从游禅师一节，颇受儒者诟病。朱熹著书，称其学为"杂学"，视之如洪水猛兽。自朱子之后，张九成之学术地位陡然下降。四库馆臣则谓其所著《孟子传》"无由旁涉于空寂"，即并未援释入儒。清人全祖望则谓张九成有"羽翼圣门"之功，不应抹杀：

> 龟山弟子以风节光显者，无如横浦，而驳学亦以横
> 浦为最。晦翁（朱熹）斥其书，比之洪水猛兽之灾，其
> 可畏哉！然横浦之羽翼圣门者，正未可泯也。[9]

其实，对于张九成的《尚书详说》亦应作如是观。陈振孙
《直斋书录解题》卷二说：

> 无垢《尚书详说》五十卷。礼部侍郎钱塘张九成子
> 韶撰。无垢诸经解大抵援引详博，文义澜翻，似乎少简
> 严，而务欲开广后学之见闻，使不堕于浅狭，故读之者
> 亦往往有得焉。[10]

《尚书详说》久佚。《四库全书》从《永乐大典》中采编
宋黄伦《尚书精义》五十卷，黄伦此书最推重张九成《尚书详
说》，于《尚书》每段经文下，皆首引张九成之说，所引录之
文近二十万字，故其说赖黄伦《尚书精义》得存梗概。

张九成解经之书，不同于一般经师拘泥于"笺诂文句"，
而重在"阐扬宏旨"，他以丰富的想象力试图复现经文的语境，
其文跌宕纵横，议论风发，颇具可读性，因此为时人所推重。
今略述《尚书详说》的要点：

（一）"天心乃民心"

二程哲学极力弱化汉儒的"天人感应"之说，对于经典
中的"天""帝"等概念，试图从哲学本体论的"理"或"天
理"来解释，以淡化其人格神的意义。张九成虽为二程的再传
弟子，但对于"天""帝"等概念，仍在强调其人格神的意义，
并有意深化汉儒的"天人感应"说。张九成这样解释《尚书》，
其理据在于，只有将"天""帝"等概念解释成人格神，才符

合殷周时期的语境。而他通过解释《尚书》来宣扬"天""帝"等概念的人格神意义，乃是意图确立一种"外在超越"，以重建人文信仰，这与其他理学家试图建构"内在超越"的路径有所不同。他说：

> 天、帝，一也。天言定体，帝言造化。日、月、星辰，天也。执祸福之柄，以应善恶者，帝也。夫为人君，得罪于天，又得罪于上帝，其何以王天下乎？欲知天帝之与不与，当自民观之。民秉持我以为依赖，为爱我以为父母，则天帝之与我可知矣。[11]

张九成这一思想乃是对《尚书》"天视自我民视，天听予我民听"的继承。他批评商纣王倚恃"天命"，无所顾忌，是不知"天心乃民心"。他说：

> 为天下，君岂有无所顾藉者？纣无赖，乃有如闾巷下俚之所为者，岂人情也哉？盖亦有所恃也。所恃者何？天也。不知纣以天为何物哉？观其言天，乃以天为无知之物，专骄养人主，使恣心极意为无道以取娱乐耳。是凡为人主者，皆天私之，而不问其贤否也。殊不知天心乃民心，得民则得天矣。[12]

张九成之所以这样解释"天""帝"，其思路还是儒者的老路子，即借用"天"的威权来引导人君，使之能倾听人民的心声。

（二）"上帝之意，敬而已矣"

张九成强调"天""帝"的人格神意义，是要建立一种

"外在超越",人们对它有敬仰之情、敬畏之心。有了这种敬仰之情、敬畏之心,信奉其教,服膺其理,自然就会放弃自我中心,克制私欲膨胀。他说:

> 上帝之意,敬而已矣。……夫王者,乃继天为政,岂可以邪心私欲横于思虑乎?故人君心术一不正,则三辰为之变移。呜呼!此岂细事也哉?吾心常敬,即上帝之心也。以敬莅事,即上帝之治也。上帝把握阴阳,持挈天地,指挥风雨,密移寒暑。吾代上帝为政,则又将调和阴阳,弥纶天地,动止风雨,节制寒暑矣。语至于此亦大矣。谁知夫止在一"敬"字乎?[13]

古今中外的宗教教义,虽然千差万别,有一点可说是殊途同归,即各宗教首先要教人有敬仰之情、敬畏之心。古人所谓"敬",犹如今人所称之"信仰"。讲"敬",就是讲做人要有信仰。作为人君,首先要做到这一点。张九成说:

> 为人上者,其道如何?曰"敬"而已矣。敬则无私欲,一皆天理之所在,而不见天子之为贵,亦不见四海之为富,不见赏罚利害之在我,亦不见百官有司之服役,第循天下之公理而行之。[14]

讲"敬",就要有敬畏之心,无论卑微如庶人、高贵如天子皆应有所畏惧。张九成说:

> 人不可无所畏,庶民畏父母,家相畏大夫,三卿畏诸侯,百官六卿宰相畏天子。惟有所畏,则有所不敢,而义理明矣。若夫天子,何所畏哉?所畏者,上天而

已。使人主不畏天，则亦何所不敢哉？[15]

张九成进一步说明，所谓"畏"，就是"不敢"之心：

> 夫畏者，不敢之心也。殷先哲王持不敢之心，以畏天而显民，以成王业，以畏贤相，故御事亦不敢暇逸，不敢聚饮。内服、外服、百姓里居，亦不敢湎于酒。……呜呼！不敢之心，岂不大乎！使先王少肆不敢之心而为敢，则亦何所不至哉？……后世人主，其以不敢而为圣明，以敢而为昏庸者多矣。可不知所儆乎？[16]

作为大权在握的统治者，最有可能且最容易犯的错误，就是利用手中权力谋求贪腐和逸乐。所谓"不敢"和"敢"，便于此处划界限："畏者何？不敢之心也。逸者何？敢也。"[17]《尚书·无逸》篇载周公对周贵族的教导，举出殷、周两朝先王的例子来阐释这个问题：

> 周公于中宗言"不敢荒宁"，于高宗亦言"不敢荒宁"，于祖甲言"不敢侮鳏寡"，于文王言"不敢盘于游田"者，此盖无逸之心也。盖无逸则兢畏而不敢；逸则肆而无不敢。使以敢为心，则亦何所不可哉？欲行"无逸"，当以"敬"。欲行"敬"，当自"不敢"中入。[18]

张九成这种对《尚书》的诠释，正确把握了《尚书》的语境，所阐释的《尚书》精神，正是《尚书》的精髓所在。这种阐释不仅对当时宋高宗、秦桧所主导的南宋苟安的政治局面有所针砭，即对后世政治亦有警醒作用。

第二节　蔡沈的《书集传》

蔡沈（1167—1230），字仲默，建阳（今属福建）人。其父蔡元定，也是一位理学家，精于易学，与朱熹介于师友之间。蔡沈因隐居九峰，学者称为九峰先生。《宋元学案》卷六十七列《九峰学案》，全祖望《九峰学案序录》称"蔡氏父子、兄弟、祖孙，皆为朱学干城"[19]。当朱熹之学被斥为伪学时，蔡元定因与朱熹关系密切，被贬谪春陵，蔡沈侍从，茧足走三千里。蔡元定卒于贬所，蔡沈徒步护送灵柩以归。蔡沈年仅三十即摒弃举子业，一心修父师之学。主要著作有《书集传》《洪范皇极》《蔡九峰筮法》等。其中《书集传》被视为宋明时期尚书学最具代表性的著作，也成为元代至清初科举考试的标准注本。

宋庆历以后，儒者多不满于汉唐经典注疏，希望为经典重作注释，成为新的官学经注。北宋初柳开（947—1000）自作《补亡先生传》说："先生又以诸家传解笺注于经者，多未远穷其义理，常曰：'吾他日终悉别为注解矣。'"[20]这可以说表达了宋儒的心声。虽然庆历时期、熙丰变法时期的儒者都为重注经典做过努力，他们的著作也都曾闻名于一时，但随着时间的推移，程朱学派对经典的理解日益受到推重，已有力压前贤之势。程朱之学独领风骚的时代已渐露端倪。表现在经注上，《周易》有程颐的《周易程氏传》、朱熹的《周易本义》；《春秋》有胡安国的《春秋传》；《诗经》有朱熹的《诗集传》；《仪礼》《礼记》有朱熹的《仪礼经传通解》；《四书》有朱熹的《四书章句集注》。这样一来，五经四书中只有《尚书》还没有程朱学派的新注。这在朱熹晚年是不甘心的。此正如真德秀所作《九峰先生蔡君墓表》所说："文公晚年，训传诸经略备，独《书》未及为，环视门下生，求可付者，遂以属君。"[21]这是说朱熹晚年把重注《尚书》的重任托付给了蔡沈。当然，在托付的过程中，朱熹也将自己关于《尚书》的知识和理念传授给了蔡沈。蔡沈《书集传序》称：

> 庆元己未冬，先生文公令沈作《书集传》，明年先生殁。又十年始克成编，总若干万言。……二《典》《禹谟》先生盖尝是正，手泽尚新，呜呼惜哉！《集传》本先生所命，故凡引用师说，不复识别。……是《传》也，于尧、舜、禹、汤、文、武、周公之心，虽未必能造其微，于尧、舜、禹、汤、文、武、周公之书，因是训诂，亦可得其指意之大略矣。[22]

蔡沈在这篇序言中叙述了《书集传》的撰作背景，庆元五年（1199）己未，即朱熹去世的前一年，托付蔡沈重注《尚书》，并在这一年中"是正"了《书集传》中的《尧典》《舜典》《大禹谟》部分，这不仅是《书集传》最前面的篇章，也是朱熹最关心的尧、舜、禹"道统心传"的主要载体。

这里要介绍一下关于"道统心传"问题的背景。儒学原本没有"道统心传"这类学说，此说乃援袭于佛教禅宗。入唐以后，由于佛教，特别是禅宗的盛行，传统儒学实际上在思想界已经丧失了主导地位。禅宗所谓"教外别传，不立文字，直指人心，见性成佛"的宗旨深入人心，以致后世儒者有所谓"儒门淡薄，收拾不住，皆归释氏"的感叹。[23] 由于唐代一些皇帝也沉迷于佛教，使得当时一些儒者已感受到一种强烈的压迫感，因而奋起抗争。唐中叶韩愈作《原道》称："斯吾所谓道也，非向所谓老与佛之道也。尧以是传之舜，舜以是传之禹，禹以是传之汤，汤以是传之文、武、周公，文、武、周公传之孔子，孔子传之孟轲，轲之死，不得其传焉。"[24] 此说成了儒家"道统"说的滥觞。在今日看来，若将韩愈此语理解为中华文化一脉相承的传统，固无不可，而将之发展成"道统心传"，实难成立。

入宋以后，赵宋王朝不仅在思想空间上受到佛教、道教的挤压，更在生存空间上，受到西夏、辽、金等周边强国的威胁。这种形势更使得学者在政治上强调华夏"治统"，在思想上强调华夏"道统"。从这种意义上说，当时学者热衷讲"道统"自有其内心苦衷。作为当时的学术界领袖，朱熹自然会很敏感地感受到这一点，所以他要尽其所能发展"道统"说。朱熹在其《中庸章句序》中将"道统心传"加以坐实：

> 《中庸》何为而作也？子思子忧道学之失其传而作也。盖自上古圣神继天立极，而道统之传有自来矣。其见于经，则"允执厥中"者，尧之所以授舜也。"人心惟危，道心惟微，惟精惟一，允执厥中"者，舜之所以授禹也。尧之一言至矣尽矣，而舜复益之以三言者，则所以明夫尧之一言必如是而后可庶几也。[25]

朱熹《中庸章句序》所特别标举的"人心惟危，道心惟微，惟精惟一，允执厥中"四句，被称为"十六字心法"，出自伪《古文尚书·大禹谟》。朱熹本来也认为此篇是伪作[26]，但为了构建"道统心传"，却又要引用其中的文字。这不能不说是一个矛盾。但是朱熹《中庸章句序》这段文字具有纲领性的意义。相比于韩愈而言，韩愈只说尧、舜之道传与禹、汤、文、武、周公、孔子、孟轲，却并未说所传的具体内容是什么，而朱熹明确说是指《尚书·大禹谟》的"十六字心法"。问题是，朱熹在《中庸章句序》中所提出的这一观点，能否在《尚书》新注中得到体现，这是朱熹本人所特别看重的。

蔡沈在《书集传序》称"二《典》、《禹谟》先生盖尝是正"，关于这句话，元代陈栎《尚书集传纂疏》、董鼎《书传辑录纂注》视之为"与（朱熹）自著无异"[27]。《大禹谟》篇幅很长，朱熹差不多只从"是正"到"人心惟危，道心惟微，惟精惟一，允执厥中"四句为止，或者说，将这四句的注解看作朱熹亲作也未为不可：

> 心者，人之知觉，主于中而应于外者也。指其发于形气者而言，则谓之"人心"；指其发于义理者而言，则谓之"道心"。人心易私而难公，故"危"；"道心"难明而易昧，故"微"。惟能精以察之而不杂形气之私，一以守之而纯乎义理之正，"道心"常为之主，而"人心"听命焉。则"危"者安，"微"者著，动静云为，自无过不及之差，而信能执其"中"矣。尧之告舜，但曰"允执其中"，今舜命禹，又推其所以而详言之，盖古之圣人将以天下与人，未尝不以其治之之法，并而传之，其见于经者如此，后之人君其可不深思而敬守之哉！[28]

这一段注释一字不苟，可圈可点。与《中庸章句序》精神完全一致。蔡沈《书集传》全书也正是贯彻了这一主旨。蔡沈在《书集传序》中特别强调了这一点，他说：

> 生于数千载之下，而欲讲明于数千载之前，亦已难矣。然二帝三王之治本于道，二帝三王之道本于"心"，得其"心"则道与治固可得而言矣。何者？精一执中，尧、舜、禹相授之"心"法也。"建中""建极"，商汤、周武相传之"心"法也。曰"德"、曰"仁"、曰"敬"、

曰"诚"，言虽殊而理则一，无非所以明此"心"之妙
也。至于言"天"，则严其"心"之所自出；言"民"，
则谨其"心"之所由施。礼乐教化，"心"之发也；典
章文物，"心"之著也。家齐、国治、而天下平，"心"
之推也。"心"之德，其盛矣乎！二帝三王，存此"心"
者也。夏桀、商受，亡此"心"者也。太甲、成王，困
而存此"心"者也。存则治，亡则乱。治乱之分，顾
其"心"之存不存如何耳。后世人主有志于二帝三王之
治，不可不求其道；有志于二帝三王之道，不可不求其
"心"。求"心"之要，舍是书何以哉？[29]

蔡沈在这一段话中，连用十七个"心"字，讲出了《书集
传》"传心"的精义所在。他所说的"二帝三王"，"二帝"是
指帝尧和帝舜，"三王"指的是夏禹、商汤、周文武。由这段
文字便可以知道，此书是对朱熹《中庸章句序》中所提出的
"道统心法"的论证和贯通。如此一来，一部《尚书》就变成
了一部上古圣王的"传心"录，而有似佛教禅宗历代宗师的
《传灯录》！在吾人看来，理学家精心编制"道统心法"，虽然
有其苦心孤诣，但究为"不实"之论，不足为训。然而历史上
学人却对之尊信不疑，影响所及，直至今日，由此成为千年不
破之迷局，甚可哀也。

黄震是程朱派学者，一方面他充分肯定了蔡沈《书集传》
的学术成就，他说："经解惟《书》最多，至蔡九峰参合诸儒要
说，尝经朱文公订正，其释文义，既视汉唐为精；其发指趣，
又视诸家为的，《书经》至是而大明，如揭日月矣。"[30]另一方
面，他也指出所谓"十六字心法"陷于禅学。他说：

近世喜言心学，舍全章本旨而独论"人心""道

心"，甚者单摭"道心"二字，而直谓"即心是道"，盖陷于禅学而不自知，其去尧、舜、禹授受天下之本旨远矣。……世之学者遂指此书十六字为"传心之要"。而禅学者借以为据依矣。[31]

黄震并且指出，所谓尧、舜、禹"传心"的说法，于逻辑上也不通："纵以舜之授禹有'人心''道心'之说，可曰'传心'，若尧之授舜止云'执中'，未尝言及于心也，又安得以'传心'言哉？"[32]黄震的批评颇中肯綮。但相比于其后的王充耘对"传心"的批评，就显得相当温和了。

第三节　元王充耘的《读书管见》

王充耘（1304—？　），江西吉水人，字耕野，善治《尚书》，以书义登进士，授承务郎，同知永新州事。后弃官养母，著书以授徒。所著有《四书经疑贯通》八卷，《书义矜式》六卷，《读书管见》二卷，皆收入《四库全书》中，前二种乃科考程式用书，于经旨无大发明，后一种则可见其对于《尚书》的独到见解。

关于《读书管见》一书，书后附有明中叶梅鹗（梅鷟之兄）的题跋，谓"此书得之西皋王氏，写者甚草草，而其末尤甚。当时恐失其真，辄以纸临写一本，而以意正若干字，略可读。吁！惜吾生之晚，不得抠衣于耕野之堂也。"[33]于此题跋可见梅鹗对王充耘推崇之深。

四库馆臣称自宋末迄元，言《书》者举宗蔡氏。充耘"所说与蔡氏多异同"。观其辨传授心法一条，可知其戛然自别矣。"其中如谓《尧典》乃《舜典》之缘起，本为一篇，故曰《虞

书》……皆非故为异说者。"[34] 四库馆臣慧眼独具,所言甚是。

(一)《尧典》何以称《虞书》

按中国上古史,有唐尧、虞舜、夏禹之称。然孔安国传本《尚书》于《尧典》,则题为"虞书"。对此,孔颖达解释说:"《尧典》虽曰唐事,本以虞史所录。末言舜登庸,由尧故,追尧作典。非唐史所录,故谓之'虞书'。"[35] 其意是说,《尧典》由虞舜时的史官所录,所以称为"虞书"。宋人杨绘(字元素)说:"仲尼删书,移《尧典》为'虞书'者,明非一人独能与舜天下。盖尧之时天下已皆为虞矣。则虽尧之事,即舜之事也。"[36] 这是认为称《尧典》为"虞书",乃是孔子所定。王充耘认同后说,但理由却不相同。在王充耘看来,《尧典》与《舜典》原本是一书,其始只称"书"。内容则以舜的事迹为主,论尧事只是为舜事"起头",此书乃"为舜而作,不为尧而作",所以称为"虞书"。他说:

> 《尧典》谓之"虞书",《传》云或以为孔子定《尧典》为"虞书",盖非孔子不能定也。何以明之?《尧典》纪尧之事甚略。其始皆作"书",备称颂赞之辞,中间不过分命羲和作历一事,自"畴咨若时登庸"以下,又皆为禅舜张本,尧在位七十载,其可纪者独此事乎?若舜则自侧微登庸摄政、即位莅政命官,以至其死。备载于篇,以此见《尧典》不过《舜典》之起头耳。伏生以《舜典》合《尧典》,此正古书本是一篇之证也。如此则此为舜而作,不为尧而作,安得不谓之"虞书"乎?传者云因作于虞史而为"虞书",非的论也。[37]

虽然孔子定《尧典》为"虞书"之事,史无明文,难以确证，然《舜典》与《尧典》本是一篇应无疑义。而此一篇之中，原称"尧典"之部分内容如此之少，若将全篇视为《尧典》，似不合情理，所以将原来《尧典》部分视为《舜典》之起头"，并非过论。此一分析对于探讨《尧典》《舜典》之缘起，颇有创辟意义。

（二）力破"传授心法"之迷局

王充耘《读书管见》最为精彩的部分，是其对朱熹所谓"传授心法"的透辟辨析。作为一位哲学思想家，朱熹自有其伟大之处。但若以经学和史学论之，他所创构的"传授心法"无异于捕风捉影，并无多少凭据。在吾人看来，此乃中古以后最为荒谬之论。然而历史上学人却将之视为一种重要发现，尊信不疑，由此成为千年不破之迷局。所可慰者，元代竟有这样一位学者，目光如炬，直将这"传授心法"的谎言捅破。而他就是王充耘。王充耘专作《传授心法之辨》一文，其文略曰：

> 尧命舜"允执其中"，其说见于《论语》。今推其意若曰"咨，尔舜，天之历数在尔躬"者，言己之禅位出于天，非有所私于汝也。"允执其中"，犹言汝好为之，凡不中之事慎不可为也。"四海困穷，天禄永终"，言若所为不中而致百姓困穷，则汝亦休矣。[38]

在王充耘看来，这是古人在授受职位时，相互勉励告诫之语，并无私相传授的"心传之奥"，所谓"中"，不过是北方方言中的日常用语。他说：

> 中土呼事之当其可者谓之"中"，其不可者谓之"不中"，于物之好恶，人之贤不肖，皆以"中"与"不中"

目之。……其所谓"中""不中"，犹南方人言"可"与"不可"、"好"与"不好"耳。盖其常言俗语，虽小夫贱隶皆能言之，初无所谓深玄高妙也。传者不察其"中"为一方言，遂以为此圣贤传授心法也矣。[39]

王充耘指出，所谓"中"，并非"深玄高妙"之事，虽愚夫愚妇皆能言能行。学者对此懵然不知，错解经典，以此为"圣贤传授心法"。王充耘又分析尧、舜、禹当时之事，以为舜长期摄政，尧不曾"传授心法"于舜；舜与禹长期共事，舜不曾"传授心法"于禹，而舜和禹当时皆有卓越的表现，"方其未闻也，其心不见有所损；及其既闻也，其心不见有所益"，所谓"传授心法"云云，不过是后儒"想当然"的臆断。他说：

舜自侧微以至征庸，观其居家，则能化顽嚚傲很者，使不为奸；命以职位，则能使百揆时叙，而四门穆穆，过者化，存者神，治天下如运诸掌，斯时盖未闻"执中"之旨也。而所为已如此，岂其冥行罔觉邪，抑天质粹美而暗合道妙邪？迨即位而后得闻心法之要，则其年已六十矣，然自授受之后未闻其行事有大异于前日者，是尧之所传不足为舜损益也。

舜生三十征庸，即命禹治水，则禹生后舜不过十余年耳，舜耄期而后授禹，则且八九十矣，使禹果可闻道，及此而后语之，不亦晚乎？且舜之称禹，以克勤克俭，不矜不伐，而禹所陈"克艰"之谟、所论"养民"之政，皆判然于理、欲之间，而其言无纤毫过差者，此岂犹昧于人心、道心，而行事不免有过不及之失者，必待帝舜告语而后悟邪？方其未闻也，其心不见有所损；

及其既闻也，其心不见有所益。则谓此为"传授心法"者，吾未敢以为然也。[40]

王充耘又指出，学者误解韩愈《原道》之语，将上古文化传承理解为圣人之间的口传面命、私相授受，有似释氏之传法。他说：

> 韩昌黎谓尧传之舜，舜传之禹、汤、文、武、周公、孔子者，皆言其圣圣相承，其行事出于一律，若其转相付授然耳，岂真有所谓口传面命邪？道者，众人公共之物，虽愚不肖可以与知能行，而谓圣人私以相授者妄也。汤、文、孔子相去数百岁，果如何以传授也邪？若谓其可传，则与释氏之传法、传衣钵者无以异，恐圣人之所谓道者不如是也。[41]

王充耘又作釜底抽薪之论，更指出所谓"人心惟危，道心惟微，惟精惟一，允执厥中"的"十六字心传"乃出自《古文尚书·大禹谟》，以为此篇乃后儒附会成篇，"深有可疑"，不可信据。"独《禹谟》一篇，杂乱无叙，其间只如益赞尧一段，安得为'谟'？舜让禹一段当名之以'典'，禹征苗一段当名之以'誓'，今皆混而为一，名之曰'谟'。殊与余篇体制不类。"[42]王充耘并且指出，其"允执厥中"一句窃自《论语》，其余三句乃《大禹谟》"妄增"。他说：

> 《禹谟》出于孔壁，后人附会，窃取《鲁论·尧曰篇》载记而增益之，析四句为三段，而于"允执其中"之上，妄增"人心""道心"等语，传者不悟其伪，而以为实然，于是有"传心法"之论。且以为禹之资不及

舜，必益以三言然后喻，几于可笑！盖皆为古文所误耳，固无足怪也。[43]

通观充耘所论，足破宋人"传授心法"之迷局，可惜学人迷误太深，对其言论未能引起足够的重视。读王充耘的《读书管见》，给人的启示是，对于历史上的鸿儒高论，如朱熹之《中庸章句序》之类，当存应有之警觉。

第四节　宋元时期对《古文尚书》的怀疑

东晋梅赜进上《古文尚书》，唐孔颖达奉敕作《尚书正义》，终唐之世无异说。至南宋初，吴棫、朱熹等人开始怀疑这部已流传了八百年的《尚书》的真伪问题。又过了五百年，至清阎若璩考证梅赜所上《古文尚书》中的二十五篇为伪作，成为定案。这可以说是中国考据学最为典型而辉煌的案例。此案之破解若从头说起，就不得不提到宋元时期的吴棫、朱熹、吴澄三人。

吴棫（约1100—1154），字才老，舒州（今安徽潜山）人。两宋之际的古音韵学家、训诂学家。徽宗宣和六年（1124）进士，徐蒇《吴氏毛诗叶韵补音序》称："才老登宣和六年进士第。尝召试馆职不就，除太常丞，忤时宰，斥通判泉州。"[44]吴棫曾作《书裨传》，已佚。其中有言："古文皆文从字顺，非若伏生书之诘曲聱牙。夫四代之书，作者不一，乃至一人之手而定为二体，其亦难言矣。"[45]其说始出，尚不为世所深信。

朱熹或许受吴棫启发，也发出了相似的质疑。不过他讲的次数更多，讲得也更为激切。如他说：

《尚书》孔安国《传》，此恐是魏、晋间人所作，托安国为名。[46]

某尝疑孔安国《书》是假书，……岂有千百年前人说底话，收拾于灰烬屋壁中与口传之余，更无一字讹舛？理会不得。……孔《书》至东晋方出，前此诸儒皆不曾见，可疑之甚！[47]

书有古文，有今文。今文乃伏生口传，古文乃壁中之书。……凡易读者皆古文……岂有数百年壁中之物，安得不讹损一字，又却是伏生记得者难读，此尤可疑。[48]

孔壁所藏者皆易晓，伏生所记者皆难晓。……因甚只记得难底，却不记得易底？[49]

然而，遗憾的是，朱熹没有将这种质疑坚持下去，他担心这样做会使"六经"倒掉，而那是他自己所不愿看到的："《书》中可疑诸篇，若一齐不信，恐倒了六经。"[50]也许这个担心是多余的，在他之后，还有一些儒者坚持经史考证的理性精神，元代的吴澄就是其中之一。

吴澄表示要坚持吴棫、朱熹的质疑精神，他说："夫以吴氏及朱子之所疑者如此，顾澄何敢质斯疑，而断断然不敢信此二十五篇之为古书，则是非之心不可得而昧也。"[51]吴澄所坚持的是"是非之心不可得而昧"，这可以说是中国学术最可贵的精神。吴澄又说：

及梅赜二十五篇之书出，则凡传记所引《书》语，诸家指为"逸书"者，收拾无遗，既有证验而其言率依于理，比张霸伪书辽绝矣。析伏氏书二十八篇为三十三，杂以新出之书通为五十八篇，并《书序》一篇，凡五十九篇，有孔安国《传》及《序》，世遂以为真孔壁所藏也。唐初诸儒从而为之疏义，自是汉世大小夏侯、欧阳氏所传《尚书》止有二十九篇者，废不复行，惟此孔传五十八篇孤行于世。伏氏书既为梅赜所增混淆，谁复能辩？窃尝读之伏氏书虽难尽通，然辞义古奥，其为上古之书无疑；梅赜所增二十五篇，体制如出一手，采集补掇虽无一字无所本，而平缓卑弱殊不类先汉以前之文。夫千年古书，最晚乃出，而字画略无脱误，文势略无龃龉，不亦大可疑乎？[52]

这一段话可以视为吴澄对吴棫、朱熹质疑《古文尚书》的肯定和总结。在《古文尚书》辨伪的漫漫长途中，又多了一位像吴澄这样的同路人。

对关于《古文尚书》的辨伪考证，人们习惯于只看最终的成绩，而将荣誉归于清人阎若璩，但是宋元时期如吴棫、朱熹、吴澄的质疑之功，绝不可低估。因为没有他们，也就不可能有后世《古文尚书》辨伪活动的深度开展。

注释：

[1][8][34]〔清〕永瑢等撰：《四库全书总目》，北京：中华书局，1965年，第1698，293，97—98页。

[2][3][5][6]〔金〕王若虚著，胡传志、李定乾校注：《滹南遗老集校注》，沈阳：辽海出版社，第349，349，348—349，349页。

[4]〔宋〕夏僎：《夏氏尚书详解·御制诗》，《景印文渊阁四库全书》第56册，台北：商务印书馆，1986年，第394页。

[7]〔明〕何乔新著：《椒邱文集》，上海：上海古籍出版社，1991年，第5页。

〔9〕〔19〕〔清〕黄宗羲原著，〔清〕全祖望补修，陈金生、梁运华点校：《宋元学案》，北京：中华书局，1986 年，第 1302—1303，2138 页。

〔10〕〔宋〕陈振孙：《直斋书录解题》，上海：上海古籍出版社，1987 年，第 31 页。

〔11〕〔12〕〔13〕〔14〕〔15〕〔16〕〔17〕〔18〕转引自〔宋〕黄伦：《尚书精义》，《景印文渊阁四库全书》第 58 册，第 566—567，395，546—547，279，306，533—534，535，580 页。

〔20〕〔宋〕柳开著，李可风点校：《补亡先生传》，《柳开集》，北京：中华书局，2015 年，第 19 页。

〔22〕〔28〕〔29〕〔宋〕蔡沈撰，〔宋〕朱熹授旨，严文儒校点：《书集传》，见朱杰人、严佐之、刘永翔主编：《朱子全书外编》，上海：华东师范大学出版社，2010 年，第 1—2，27，1 页。

〔23〕〔宋〕詹大和等撰：《王安石年谱三种》，北京：中华书局，1994 年，第 148 页。

〔24〕〔唐〕韩愈撰，〔宋〕魏仲举集注，郝润华、王东峰整理：《五百家注韩昌黎集》，北京：中华书局，2019 年，第 676 页。

〔25〕〔宋〕朱熹：《四书章句集注》，北京：中华书局，1983 年，第 14 页。

〔26〕朱熹曾说："《书》有古文，有今文。今文乃伏生口传，古文乃壁中之书。《禹谟》《说命》……《泰誓》等篇，凡易读者皆古文。……岂有数百年壁中之物，安得不讹损一字？又却是伏生记得者难读，此尤可疑。"（见〔宋〕黎靖德编，王星贤点校：《朱子语类》，北京：中华书局，1986 年，第 1978 页。）

〔27〕〔元〕董鼎：《书传辑录纂注》，《景印文渊阁四库全书》第 61 册，第 534 页。

〔30〕〔31〕〔32〕〔宋〕黄震：《黄氏日抄》，《景印文渊阁四库全书》第 707 册，台北：商务印书馆，1986 年，第 64，65，66 页。

　　[33][37][38][39][40][41][42][43]〔元〕王充耘:《读书管见》,《景印文渊阁四库全书》第62册,第509,445,453,453—454,454,455,453,454页。

　　[35]〔汉〕孔安国传,〔唐〕孔颖达等正义:《尚书正义》,〔清〕阮元校刻:《十三经注疏》,北京:中华书局,2009年,第247页。

　　[36]转引自〔明〕黄镇成:《尚书通考》卷一,《景印文渊阁四库全书》第62册,第16页。

　　[44]〔宋〕徐蒇:《〈韵补〉序》,载曾枣庄主编:《宋代序跋全编》卷三一,济南:齐鲁书社,2015年,第817页。

　　[45]转引自〔清〕赵翼:《陔余丛考》,北京:中华书局,1963年,第9页。

　　[46][47][48][49][50]〔宋〕黎靖德编,王星贤点校:《朱子语类》,第1984,1985,1978,1979—1980,2052页。

　　[51][52]〔元〕吴澄:《书纂言·目录》,《景印文渊阁四库全书》第61册,第7,6—7页。

第三十八章
二程对建构理学与四书学的贡献

　　宋代真正建构起理学（道学）思想体系而被称为"儒学正宗"的是程颢、程颐兄弟，两人年轻时慨然求道，当时人即称之为"二程"。

　　这是中国古代文化创造力勃发的一个时代，这一时代出现了许多科学和文化的巨人，如集道德、事功、文章于一身的完人楷模范仲淹；在文学上，唐宋八大家中的六位：欧阳修、王安石、苏洵、苏轼、苏辙和曾巩；其他如发明水运仪象台的博物学家苏颂；写出中国古代科学名著《梦溪笔谈》的沈括；写出史学名著《资治通鉴》的司马光；以及在经学思想和哲学思想上做出重要贡献的胡瑗、孙复、石介、周敦颐、邵雍、张载等。这些人当中有许多人在名望和地位上比二程高很多，但二程所建构的理学（道学）思想体系对后世社会的影响却更为深远。

　　二程学术之所以出类拔萃，迥出众人之上，有几个关键性的因素和步骤，首先，程颐标举"道学"名号，宣称自家学派继承了孔孟以来的"道统"，由此树起了一面具有号召力的旗帜；其次，确定了"学至圣人"的治学目标，以与佛、道之学"成佛""成仙"的目标相抗衡；再次，建构了"天理"论的哲学体系，以本体论——工夫论相对待，并提出若干哲学范

畴、命题可供深入讨论，使"道学"（理学）的不同方向的延续发展成为可能。

以上学术成就，在今日被称为"哲学"，而在古代则被划归为"子学"。汉代以后的学术发展呈现这样一个规律，即任何学派的哲学性论述若不同儒家经典相联系，那便可能被归为个性化的子部文献，成为低一等的论述。二程以上的学术努力当然也面临这个问题。那么怎样将其"道学"（理学）与经学联系起来，并使其所有论说建立在经学的基础上呢？如果将"道学"（理学）建立在五经（或泛称"六经"）基础上，便面临一个实际的问题，如程颐所说："六经浩渺，乍来难尽晓。"[1]"诸经之奥，多所难明。"[2] 况且，汉代以降，除了少数经学家对五经能有较深的理解之外，大多数士人业已把五经当作弋取功名的工具，因而五经思想已很难成为士人和民众的精神信仰。所以，从唐中叶，开始儒者便从其思想武库中寻找适合阐释心性之学的经典。二程提出《论语》《孟子》《大学》《中庸》在儒家经典中的优先性，作为其建构"道学"（理学）的经典载体，由此促发了经学研究重心由"五经"向"四书"的转移。

程颢（1032—1085），字伯淳，学者称明道先生，洛阳（今属河南）人。仁宗嘉祐二年（1057）进士，先后任鄠县（今陕西西安市鄠邑区）、上元县（今江苏南京市江宁区）主簿、晋城（今属山西）令，熙宁初入朝为太子中允，监察御史里行，后因反对王安石新法，出补外任。

程颐（1033—1107），字正叔，学者称伊川先生，嘉祐四年（1059）进士，但他认为"做官夺人志"[3]，遂绝意仕进，一心向学。元祐元年（1086）司马光执政，荐其为崇政殿说书。程颐遂成为哲宗皇帝（时年十岁）的老师之一。后党论大兴，程颐被遣涪州编管，在那里他写成了著名的《周易程氏传》（又称《伊川易传》）。因程颢、程颐兄弟长期讲学于洛阳，故世称二程之学为"洛学"。南宋时，朱熹将二程著作整理、合编为《二程遗书》《二程外书》等。今人裒集二程的全部著作，编为《二程集》。

第一节 "道学"的创立与"天理"论的建构

（一）标举"道学"名号

二程的学术造诣得益于他们早年的老师，他们在十五六岁时曾从学于周敦颐，周敦颐在当时并没有多大名气，但却是一位能"阐发心性义理之精微"的旷世高人。在离开周敦颐之后，程颢曾潜心于佛老之学几十年，受到了很好的理论思维的锻炼，这样的一些前提条件使得二程在建构理学思想体系时得心应手，游刃有余。程颐在《明道先生行状》中讲到程颢早年的求道阅历时说："先生为学，自十五六时，闻汝南周茂叔论道，遂厌科举之业，慨然有求道之志。未知其要，泛滥于诸家，出入于老、释者几十年，返求诸六经而后得之。"[4]在程颢去世后，程颐用"道学"[5]概念概括其兄弟二人的学术，如其文集中《祭李端伯文》说："自予兄弟倡明道学，世方惊疑。"[6]《答杨时慰书》说："家兄道学行义，足以泽世垂后。"[7]自二程以后，尤其是到了南宋，道学（理学）发展成为主流学术，以至于学者以水为喻，将濂（周敦颐）、洛（二程）之学，直承洙（孔子）、泗（孟子）之学，以为儒学正脉。而元人修《宋史》，突破前代修史范例，于《儒林传》前特设《道学传》。《宋史·道学传》开篇即说："道学之名，古无是也。……道学盛于宋，宋弗究于用，甚至有厉禁焉。后之时君世主，欲复天德王道之治，必来此取法矣。"[8]那么"道学"（理学）到底是一种什么样的学问呢？

《四库全书总目》说宋初尚无道学的名目，司马光、范祖禹、王开祖"诸儒，皆在濂洛未出以前，其学在于修己治人，无所谓理气心性之微妙也"[9]。这是说道学（理学）是以"理气心性之微妙"为核心内容的。

"理气心性"之学的另一种说法是"性与天道"之学[10]。一种经典文化，应该有人们信仰活动中的终极关怀，这就需要对于哲学本体论的建构。《论语》中载有子贡"夫子之言性与天道，不可得而闻"的话，对此，二程不再像前儒那样，将之理解为子贡"不曾得闻"，或孔子未曾说过，而是另作妙解：

> 夫子言性与天道，不可得而闻，唯子贡亲达其理，故能为是叹美之辞，言众人不得闻也。[11]
>
> 性与天道……非谓孔子不言。其意义渊奥如此，人岂易到？[12]
>
> 性与天道，非自得之则不知，故曰不可得而闻。[13]

道学（理学）创立之初，是要为经典解释提出一种新的向度，即为"性与天道"或"理气心性"一类范畴作出本体论的哲学解释，由此发展出一门被称为"道学"或"理学"的新学问。但他们所始料不及的是，后世理学家对"性与天道"或"理气心性"的体认并不一致，问题越来越多，探究越来越细，也就有所谓"理气心性之微妙"的毫芒辨析，这就由经学的烦琐变成了道学（理学）的烦琐。

（二）以"学至圣人"为治学目标

不理解"上帝"观念，就不会理解西方基督教思想。而不理解"圣人"观念，就不会理解整个中国传统文化。圣人观可以说是中国传统文化的灵魂。汉儒将圣人视为神明的化身，王充批评说："儒者论圣人，以为前知千岁，后知万世，有独见之明，独听之聪，……不学自知，不问自晓，故称圣则神矣。"[14]宋儒同样尊崇圣人，但已不再像汉儒那样以圣人为神人，而是认为"圣人亦人"。二程提出"学以至圣人"，他们认为，"人与圣人，形质无异，岂学之不可至耶？"[15]理学家的志趣在"学至圣人"，这也可以说是他们的精神信仰。

从周敦颐开始就形成了一个坚定的信念："圣人可学而至。"周敦颐《通书·圣学章》说："圣可学乎？曰：可。曰：有要乎？曰：有。请闻焉。曰：一为要，一者，无欲也。"[16]周敦颐这段话可以视为理学"学圣"运动的纲领，他提出并回答了能否"学至圣人"及如何"学至圣人"的问题。二程继承了周敦颐这一思想，程颐说："圣人可学而至欤？曰：然。……后人不达，以谓圣本生知，非学可至，而为学之道遂失。"[17]二程强调"圣人可学而至"，这样圣人崇拜就由外在的神化人格崇拜变成了内在的道德人格的崇拜，这也就意味着为自我的道德立法，即周敦颐所说的"立人极"。

理学的创始者提出"学圣人""立人极"，就是要通过重建道德精神来矫正社会的功利习俗。而"立人极"就是树立道德的最高标准，取法乎上，仅得乎中；取法乎中，仅得乎下。道德标准只有是最高的，才能产生近乎信仰的力量。张载说"为天地立心，为生民立命，为往圣继绝学，为万世开太平"[18]，即表达了理学创始者"学至圣人"的宏愿和魄力。若没有这种宏愿和魄力，理学创始者是不可能创造出绵延数百年的思想学术的。

（三）建构"天理"论的哲学体系

二程建构了一个以"天理"为最高本体的观念体系。《外书》卷十二记载程颢之语说："吾学虽有所受，'天理'二字却

是自家体贴出来。"黄百家说：程颢"以天理二字立其宗"[19]，此创派立宗之事，可谓大矣！

在二程思想中，"天理"是作为最高本体——道体的意义使用的，那为什么二程不使用先秦诸子所惯用的"道"或"天命"来作为最高本体的通称，而要更标"天理"二字呢？这是因为先秦道家一方面说道"惟恍惟惚"（《老子·二十一章》），不可以名，一方面又说"万物生于有，有生于无"（《老子·四十章》），将"道"解作虚无，而二程使用"天理"概念表示道体，就是要与老庄划清界限，因为"天理"是"实理"，不是"虚理"。还有，"天命"一语在先秦和汉代都有人格神的含义，而在二程的"天理"概念中已经排除了人格神的意义。最重要的是，"天理"概念涵盖性很大，可以用来整合儒学的其他形上学概念。清人李威不无讥讽地说："宋儒乃把'理'字做个大布袋，精粗巨细，无不纳入其中。"[20]这从反面印证了"理"或"天理"概念的巨大涵盖性。"理"或"天理"概念的被发现和发明，使儒学从此进入了一个理论思维大发展的时期。

道学（理学）思想可以分为两大主题，即本体和工夫，本体和工夫是紧密联系的。本体指"理"而言，工夫是"体认天理"的途径和方法，而从二程开始，所谓"工夫"分为两类，一是通过道德修持的途径，一是通过知识积累的途径。二程所谓"涵养须用敬，进学则在致知"[21]，就是"体认天理"的两种进路。

第一条进路是存养，因为人欲对于"天理"有蔽的作用，"人心莫不有知，惟蔽于人欲，则亡天德（一作理）也"[22]。因此要通过"主敬"或"持敬"等存养工夫，"存天理，去人欲"。

第二条进路是进学，人们可以通过"格物穷理"的方法认识"天理"。"所务于穷理者，非道须尽穷了天下万物之理，又不道是穷得一理便到，只是要积累多后，自然见去"[23]。

二程及此后的道学家关于"天""道""命""理""性""心""主敬""理一分殊""格物致知""存理灭欲"等许多哲学范畴和命题有过讨论，由此形成道学（理学）的理论特点。限于篇幅，这里不能展开论述。

第二节 经学研究重心由"五经"向"四书"转移

《周易》《尚书》《诗经》《仪礼》《春秋》五经也好，《大学》《中庸》《论语》《孟子》四书也好，都产生于中国的先秦时期。

中国先秦时期属于中国思想的原创阶段，这正是德国哲学家雅斯贝斯所称之"轴心时代"。后世所流行的许多思潮都可以从那里找到原始的理念。以儒学为例，先秦儒学本来也曾涉及道气心性等问题，但汉唐时期学者出于"大一统"政治的需要，专注于从礼制名物、道德伦理方面来诠释儒家经典，而有关儒学的道气心性问题则略而不论。而这些问题，恰恰关乎人们的人文信仰与生命安顿问题。相比之下，佛学的特点之一便是心性之学格外发达，因而当隋唐时期佛学在中土盛行之际，许多儒者深感儒学义理浅近，不能餍沃人心，纷纷弃儒向佛。这便引发儒家"豪杰之士"的警觉与发奋，努力从原始儒家文献中发掘心性理论。结果发现，原始儒家讨论心性问题比较集中地体现在《论语》《孟子》《大学》《中庸》这四部文献中。于是，儒者开始注重对此四种文献的阐释。传统经学的研究重心因而由五经之学向四书之学转移，这是经学史上的一个重要事件，而推动这个事件发生的主要是二程和朱熹。然而翻检唐宋时期的儒学发展史，最初开始重视《论》《孟》《学》《庸》

的并不是二程，其中经历了一个较长的历史过程。

先说《论语》。《论语》与《孝经》从汉代起就受到学者特别的重视，曾与五经一起被合称"七经"。由此说来，宋代士人重视《论语》是顺理成章的。宋真宗咸平二年（999），邢昺参照何晏《论语集解》改定皇侃旧疏，颁于学官。《四库全书总目》将其视为汉学与宋学的"转关"："今观其书，大抵剪皇氏之枝蔓，而稍傅以义理。汉学、宋学，兹其转关。"[24]北宋中叶以后《论语》受到了更多关注。王安石有《论语解》十卷，王雱有《论语口义》十卷，吕惠卿有《论语义》十卷，苏轼有《论语解》十卷，苏辙有《论语拾遗》一卷等，其中王安石《论语解》"（哲宗）绍圣后亦行于场屋"[25]。

再说《孟子》。孟子从汉至唐一直被视为诸子百家之一家，而不被视为经书。唐中叶韩愈将孟子视为尧舜以来"道统"的最后继承人，"轲之死，不得其传焉"[26]。宋初尊崇韩愈的学者也多重视《孟子》，如柳开、范仲淹、欧阳修、孙复、石介等人皆推尊孟子，强调孟子在儒家"道统"中的重要地位。到神宗熙宁、元丰变法期间，王安石通过科举考试改革，明确将《孟子》列为儒家经典之一，自此以后，儒家遂有十三经的规模。二程、张载、苏轼、苏辙等学者尽管与王安石在政治、学术上见解不同，但在尊孟这一点上却颇为一致。这一时期的孟子学著作有：王安石《孟子解》十四卷，王雱《孟子解》十四卷，龚原《孟子解》十四卷，程颐《孟子解》十四卷，张载《孟子解》十四卷，苏辙《孟子解》一卷。在北宋中后期，王安石、王雱所解的《孟子》流行于科场，"场屋举子宗之"[27]。虽然在此一时期中，也有一些非孟派的学者如李觏与司马光等历数其背叛孔子、怀疑六经、不尊王之过，并对孟子性善论及义利观表示明确反对，但他们的主张并没有阻挡当时学界的尊孟潮流。

再说《大学》《中庸》。与《论语》《孟子》不同，《大学》《中庸》原本不是独立的书，而是被收入《礼记》中的两篇文章。幸运的是，到了孔颖达编纂《五经正义》时，《礼记》已经被作为经典来看待了，《大学》《中庸》也自然成为了经典文献。虽然如此，《大学》《中庸》并未受到特别的关注。最先关注《大学》《中庸》两篇文献的应该说是唐代的韩愈、李翱。韩愈在其著名的《原道》中引《大学》之文来批判佛教：

> 《传》曰："古之欲明明德于天下者，先治其国，欲治其国者先齐其家，欲齐其家者先修其身，欲修其身者先正其心，欲正其心者先诚其意。"然则古之所谓正心而诚意者，将以有为也。今也欲治其心，而外国家天下者，灭其天常，子焉而不父其父，臣焉而不君其君，民焉而不事其事。[28]

李翱则作《复性书》，极力表彰、阐释子思的《中庸》思想：

> 子思，仲尼之孙，得其祖之道，述《中庸》四十七篇，以传于孟轲。……遭秦灭书，《中庸》之不焚者一篇存焉，于是此道废缺，……性命之书虽存，学者莫能明，是故皆入于庄、列、老、释，不知者谓夫子之徒不足以穷性命之道，信之者皆是也。有问于我，我以吾之所知而传焉，遂书于书，以开诚明之源，而缺绝废弃不扬之道，几可以传于时，命曰《复性书》。[29]

韩愈、李翱以《大学》《中庸》为出发点来谈儒家心性理论，这是一个信号，说明《大学》《中庸》已是儒家抗衡佛教的一种文化资源。进入宋代，宋仁宗简选《大学》《中庸》两篇赐新科进士，范仲淹曾以《中庸》授张载，勉励他研读《中庸》；胡瑗撰有《中庸义》，讨论性情问题。司马光作《大学广义》一卷，又作《中庸广义》一卷。《四库全书总目》谓："司马光有《大学广义》一卷，《中庸广义》一卷，已在二程以前，均不自洛闽诸儒始为表章，特其论说之详，自二程始定；著'四书'之名，则自朱子始耳。"[30] 朱彝尊《经义考》在《大学广义》按语中写道："取《大学》于《戴记》，讲说而专行之，实自温公始。"[31] 这又是一个信号，说明《大学》《中庸》已开始引起宋初朝廷君臣的重视。而这种情况在二程、朱熹之前已经出现。

在二程之前，学者往往只是倡导四书之中的某一书，还没有经典范式转移的明确意识。这在二程那里已经完全不同。二程明确指出汉代经学的弊病，加以批评。

汉代经学注重章句训诂，发展到后来日益烦琐，其典型者如秦恭解《尚书》"尧典"二字至数万言。因而班固在《汉书·艺文志》中说："幼童而守一艺，白首而后能言。"[32] 这种烦琐的章句之学使得汉代经学最终走向衰落。有学生就此问程颐："汉儒至有白首不能通一经者，何也？"程颐回答说："汉之经术安用？只是以章句训诂为事。且如解'尧典'二字，至三万余言，是不知要也。"[33] 自汉至宋，经学的发展大约经历了一千余年。然而由汉晋的笺注之学发展到南北朝、隋、唐的义疏之学，充其量不过是对经典字面意义的解读。唐代和宋初的科举考试，明经科采取帖经的形式，所谓帖经，即将原典及其注疏中的某一段话糊上，以测试考生的背诵记忆的能力。这种学问，为宋代兴起的理学所轻视，认为是"学不见道"。程颐《与方元寀手帖》说：

> 圣人之道，坦如大路，学者病不得其门耳，得其
> 门，无远之不可到也。求入其门，不由于经乎？今之治
> 经者亦众矣，然而买椟还珠之蔽，人人皆是。经所以载
> 道也，诵其言辞，解其训诂，而不及道，乃无用之糟粕
> 耳。[34]

在二程看来，经是圣人载道之书，求入圣人之道，必由于
经。可是治经学者往往"不得其门"，其原因在于学者耽于章
句之学，"诵其言辞，解其训诂，而不及道"。经本由载道而
贵，若读经而不能入道，那经也就成了"无用之糟粕"。《二程
遗书》卷一载程颐之语说："人患居常讲习、空言无实者，盖
不自得也。为学，治经最好。苟不自得，则尽治五经，亦是空
言。"[35]治经不是爬梳于注疏之间，停留在对经典字面意义的
理解上，而是贵在"自得"。所谓"自得"，是从经典中领悟人
生的价值和意义，找到适合自己的人生目标和方向，并在社会
实践中努力实现它。二程批评儒者治经"居常讲习，空言无
实"，其原因即在于不能将经典的价值和意义落实于自己，所
以"尽治五经，亦是空言"。

五经是传自上古的历史文献，因事寓义，多讲名物制度，
不专讲义理，汉唐时期重视国家的礼制建设，五经自然成为国
家礼制建设的大经大法，而随着唐代《开元礼》的修定，标志
着君主专制国家的礼制已臻于完备。而此时社会盛行的佛教，
尤其是禅宗对人的生命的价值和意义进行了深刻的反思，这种
情况刺激了北宋的一些儒者从儒家的立场出发来探讨人的生
命的价值和意义问题，由此才有"道学"（理学）思潮的兴起。
而《论语》《孟子》《大学》《中庸》四书正是作为一种经典载
体来引领和推动"道学"（理学）思潮的。

虽然关于"四书"某一书的倡导，在二程之前就已开始，

但直到经过二程关于四书的整体性、优先性的论证，经学研究重心由五经向四书的转移，才成为学界的共识而合力推动之。

第三节　二程四书学对朱熹的影响

关于二程四书学的地位和影响，如果我们从后世往前倒过来看，也许看得更清楚。从宋明理学的经典载体说，四书较之五经具有优先地位，以致后世习惯于称"四书五经"。而四书地位的最终确立，历史上将之归功于朱熹。朱熹对于四书学的贡献，可以总结为四件事：第一，合编四书，定四书之名，明确学四书先于学五经；第二，声称四子（孔子、曾子、子思、孟子）之书是道统之传；第三，确定学习四书次第，以《大学》为先；第四，强调《大学》八条目重在前两条目"格物""致知"，并以"格物致知"为治学本始，等等。但人们往往忽略了二程在所有这些方面都做了充分的论述，好比是将水烧到了九十九度，就差一度没有烧开，而最后的工作由朱熹来完成了。下面我们来分析一下，为什么二程在倡导四书学时虽然在多方面做了充分的论述，最后的工作却要由朱熹来完成。

（一）关于合编四书，为四书定名问题

二程倡导《论语》《孟子》《大学》《中庸》四种文献，强调此四种文献的优先性，自觉推动经学研究重心由五经向四书转移。二程说："古之学者，先由经以识义理。盖始学时，尽是传授。后之学者，却先须识义理，方始看得经。"[36]二程所谓"先明义理"，不是凭空去明义理，而是要从《大学》《论语》《孟子》《中庸》四书中"先明义理"。

问："圣人之经旨，如何能穷得？"曰："以理义去推索可也。学者先须读《论》《孟》。穷得《论》《孟》，自有个要约处，以此观他经，甚省力。"[37]

学者当以《论语》《孟子》为本。《论语》《孟子》既治，则六经可不治而明矣。[38]

《大学》《中庸》同样是义理入门之书：

程颢说："《大学》乃孔氏遗书，须从此学则不差。"[39]

程颐说："入德之门，无如《大学》。今之学者，赖有此一篇书存，其他莫如《论》《孟》。"[40]

尹焞曰："伊川先生尝言，《中庸》乃孔门传授心法。"[41]

《论语》《孟子》《大学》《中庸》四书，较之《周易》《尚书》《诗经》《仪礼》《春秋》五经，不仅通俗易懂，而且有关理学的论题，如性与天道、仁义礼智信、忠恕一贯、义利关系、格物致知、正心诚意、慎独修身、四端之心、未发已发等众多论题皆在其中。

虽然二程认为《论语》《孟子》《大学》《中庸》较之五经有优先性，但他们毕竟没有将此四种文献合编，也没有合称其"四书"的想法，为什么？因为随意将经典文献混编乃是旧时学术之大忌，二程没有这样想过。朱熹有这个勇气来做成这件大事，当然有他自己的衡量。此点我们留待后面再说。

（二）关于四子之书是道统之传问题

二程一方面有强烈的"道统"观念，如说："孔子没，传孔子之道者，曾子而已。曾子传之子思，子思传之孟子，孟子死，不得其传，至孟子而圣人之道益尊。"[42]另一方面又强调《论语》《大学》《中庸》《孟子》四种文献的重要性和优先性，但他们并未将这两条脉络一一对应起来，认为此"四书"就是四子（孔子、曾子、子思子、孟子）之书。为什么？《中庸》为子思所作，向无疑义；《孟子》为孟子所作，亦向无疑义；《论语》为孔子弟子与再传弟子所作，因为比较多地反映了孔子思想，亦可勉强将之说成孔子之书。唯《大学》一书作者，史无明文。二程没有将上述两条脉络一一对应起来，自然是出于学术严谨性的考虑。但朱熹却做了这样一个推测：《大学》首章，"盖夫子之意，而曾子述之；其传十章，则曾子之意而门人记之也"[43]。当学生问他有什么根据时，他回答："无他左验。"[44]既然"无他左验"，那朱熹为什么要做此论断，这就是朱熹做学问大胆的地方。他以学术领袖的地位做此推测，后世便直奉《大学》为圣经。这就不只是学术问题，而是一个信仰问题。信仰的问题不须论证，信则有，不信则无。朱熹《中庸章句序》明确申明孔、曾、思、孟的"道统"脉络："若吾夫子则虽不得其位，而所以继往圣、开来学，……及曾氏之再传，而复得夫子之孙子思，……自是而又再传以得孟氏，……及其没，而遂失其传焉。"[45]由此，后世对于《论语》《大学》《中庸》《孟子》四书又称"四子书"。

（三）关于确定四书为学次第问题

《论语》《大学》《中庸》《孟子》的成书时代有先后，但学习这四种文献，其先后顺序却又有所不同。二程虽然并未十分明确讲孰先孰后，但细心人还是可以看出二程的倾向性意见。如程颐说："入德之门，无如《大学》。今之学者，赖有此一篇书存，其他莫如《论》《孟》。"[46]这是将《大学》排在了最前面，作为"入德之门"。其次才是《论》《孟》。二程又说："《中庸》之书，学者之至也。"[47]"《中庸》之书，其味无穷，极索玩味。"[48]在二程看来，《中庸》意蕴深刻，不易骤懂，因此，在为学次第上，就要放到最后的位置上了。

对"四书"为学次第，朱熹对二程的意见心领神会，全盘继承，并有了十分明确的表达，他说："某要人先读《大学》，以定其规模；次读《论语》，以立其根本；次读《孟子》，以观其发越；次读《中庸》，以求古人之微妙处。"[49]"某说个读书之序，须是且着力去看《大学》，又着力去看《论语》，又着力去看《孟子》。看得三书了，这《中庸》半截都了。不用问人，只略略恁看过，不可掉了易底，却先去入那难底。"[50]朱熹对于四书为学次第的安排，虽然找出了诸如"定其规模""立其根本""观其发越""求古人之微妙"的理由，但不免有些勉强，因为他并无法说明"立其根本"何以不排在第一位，而要排在第二位。其实最简单而实际的理由，那就是他后面说的由"易"到"难"。

（四）关于以"格物致知"为本始的问题

宋明理学与佛老二教争锋，目的是要解决人生目标，即做一个什么人的问题。佛老二教的人生目标是要成佛成仙，牺牲此生而换取来生和永生，而理学的人生目标是要"学做圣人"。作为一门学问，总有其最高的理论追求，这个最高的理论追求，在佛教是"佛性"或"阿赖耶识"，在道家、道教是"道"，在理学家那里则是"天理"。理学中的陆王一派强调"本心""良知"，同时也认为"本心""良知"即是"天理"，只是"天理"在人心中，不在心外。这个大目标确定了，就要解决实现这一目标的治学方法和途径的问题。而这成了理学内部争论最激烈的所谓"工夫"论问题。

二程提出了《大学》为"入德之门",《大学》一书之所以重要,一是相当扼要地确定了儒学的总体规模,二是提出了学者修身的"工夫"问题。后来朱学与阳明学有《大学》改本与古本之争,争论的焦点便集中在"格物"与"诚意"谁在先的问题。按一种通俗的理解,一个人才的成就,总会有道德和知识两方面的表现,那么培养人才究竟是以道德为先呢,还是以"知识"为先呢?二程、朱熹主张"以格物致知"为先,显然走的是"知识"为先的路。而王阳明依据《大学》古本以"诚意"为先,标举"致良知",显然走的是"道德"为先的路。因为明代中叶以后的学术界几乎是围绕《大学》"格物"与"诚意"谁在先的争论,所以当初程颐、朱熹的"格物致知"论就成了一个对后世影响最大的重要话题。

二程将《大学》所讲的"致知在格物"视为为学的"本"与"始":"致知格物,所谓本也,始也。"[51]"本"与"始"有所不同。"本"是根本,"本"是要贯彻始终的。"始"是开始,开始的不一定是"根本"。而既是根本,又强调是开始,那就非常重要。二程具体解释什么是"致知在格物"说:"致知在格物,格,至也。穷理而至于物,则物理尽。"[52]"格犹穷也,物犹理也,若曰穷其理云尔。穷理然后足以致知,不穷则不能致也。"[53]在他那里,"格物"等同于"穷理",因而又连起来说"格物穷理",而学习和认识的过程,"须是今日格一件,明日又格一件,积习既多,然后脱然自有贯通处"。[54]

根据朱熹的研究,《大学》一书的结构是"经一章""传十章","凡传十章,前四章统论纲领指趣,后六章细论条目功夫"[55]。后六章释"格物""致知"以外六条目,"格物""致知"两条目无传。为此,朱熹要为《大学》补写一章"格物致知"传,并明确表示是"取程子之意以补之":

所谓致知在格物者，言欲致吾之知，在即物而穷
其理也。盖人心之灵，莫不有知，而天下之物，莫不有
理；惟于理有未穷，故其知有不尽也。是以大学始教，
必使学者即凡天下之物，莫不因其已知之理而益穷之，
以求至乎其极。至于用力之久，而一旦豁然贯通焉，则
众物之表里精粗无不到，而吾心之全体大用无不明矣。
此谓物格，此谓知之至也。[56]

朱熹为《大学》"格物致知"作《补传》这件事，与汉以
后经师为经典作传注有所不同，因为在程朱那里，《大学》已
经将之奉为儒家的重要经典了，《大学》本文中经与传两部分，
已经浑然一体。朱熹名为"补传"，实际是在《大学》经典文
本中硬加进了一段话。这种做法是汉以后儒者所没有过的，二
程当年也没有这样做。朱熹以其学术权威的地位做了这件事。
从学术的严谨性而言，朱熹做过了头，是不宜效仿的。朱熹自
然也会想到，这样做有可能"冒天下之大不韪"，但他最后选
择这样做，一定是认为这件事情太重要了。

从这段话来看，朱熹的确是吸收了二程的思想，但话也
说过了头，有很大的浮夸性质。因为二程只是说："积习既多，
然后脱然自有贯通处。"[57] 朱熹则说："至于用力之久，而一
旦豁然贯通焉，则众物之表里精粗无不到，而吾心之全体大用
无不明矣。""用力之久，而一旦豁然贯通"，这不是佛教的由
"渐悟"到"顿悟"吗？"众物之表里精粗无不到""吾心之全
体大用无不明"，这不是"全知全能"吗？

从以上二程与朱熹学术思想的比较看，二程学风比较矜
慎，而朱熹学风则不免"过满"。这是说，朱熹的四书学从中
国的学术传统来说，立论过勇，不够严谨。但朱熹的四书学观
点自有其巨大的学术价值，其不够严谨之处，也许可以宽容。

　　这是因为，儒学从本质上说是一种伦理学的思想体系，而不是知识论的思想体系，这不仅在儒学元典是如此，即使宋明时期的儒家著作也基本是如此，这一点从《宋元学案》与《明儒学案》中就可以看出。因此在儒家思想体系中如何开出知识论的一脉学术来，便是一个重要的历史课题。《大学》一书有此"致知在格物"一句，这至少在字面的意义上关乎知识来源与获取知识的方法问题，而这正是哲学和教育学上一个十分重要的问题。反过来说，有关知识来源与知识论方法问题，在儒家经典中只有《大学》"格物致知"这一命题才触及，因此对于"格物致知"的解释就显得格外重要。程颐、朱熹的理论贡献就在于，他们站在时代的理论高度上，通过对"格物致知"的解释开出中国知识论的一脉学术来，在这个意义上，历史上虽然有许多家关于《大学》"格物"的解释[58]，但因大多停留在伦理学的工夫论之中，其理论价值便显得低了许多。

　　朱熹的《四书章句集注》在后世被立为官学，家藏人诵，书中关于"格物致知"的解释因而深入人心。但不应忽略，朱熹四书学的许多观念皆来自二程。

注释：

[1][2][3][4][6][7][11][12][13][15][17][21][22][23][33][34][35][36][37][38][39][40][41][42][46][47][48][51][52][53][54][57]〔宋〕程颢、程颐著，王孝鱼点校：《二程集》，北京：中华书局，2004年，第296，580，166，638，643，603，381，353，361，203，577—578，188，123，43，232，671，2，164，205，322，18，277，411，327，277，325，222，1197，21，1197，188，188页。

［5］"道学"是理学的早期名称，出现于北宋时期。南宋时期"理学"名称出现，此后"道学""理学"长期并用，两者内涵并无差异。后世学术史家更习惯于以"理学"称之。

［8］〔元〕脱脱等：《宋史》，北京：中华书局，1985年，第12709—12710页。

［9］［24］［30］〔清〕永瑢等撰：《四库全书总目》，北京：中华书局，1965年，第776，291，293页。

［10］昔年笔者曾问业师邱汉生先生：怎样为"理学"下定义？邱先生回答：理学就是宋明儒者关于"性与天道"的学问。此语至今思之，以为确论。

［14］〔汉〕王充著，黄晖校释：《论衡校释》，北京：中华书局，1990年，第1069页。

［16］〔宋〕周敦颐著，陈克明点校：《周敦颐集》，北京：中华书局，2009年，第31页。

［18］〔清〕朱轼：《朱轼康熙五十八年本张子全书序》，载于〔宋〕张载著，章锡琛点校：《张载集》，北京：中华书局，1978年，第396页。

［19］〔清〕黄宗羲原著，〔清〕全祖望补修，陈金生、梁运华点校：《宋元学案》，北京：中华书局，1986年，第569页。

［20］〔清〕方东树纂，漆永祥点校：《汉学商兑》，南京：凤凰出版社，2016年，第22页。

［25］［27］〔宋〕晁公武撰，孙猛校证：《郡斋读书志校证》，上海：上海古籍出版社，1990年，第136，420页。

［26］［28］〔唐〕韩愈撰，〔宋〕魏仲举集注，郝润华、王东峰整理：《五百家注韩昌黎集》，北京：中华书局，2019年，第676，675页。

［29］〔唐〕李翱：《复性书》，见于黄仁生、罗建伦：《唐宋人寓湘诗文集》，长沙：岳麓书社，2013年，第308页。

［31］〔清〕朱彝尊原著，林庆彰等编审，汪嘉玲等点校：《点校补正经义考》第5册，台北："中央研究院"中国文哲研究所筹备处，1997年，第225页。

［32］〔汉〕班固：《汉书》，北京：中华书局，1962年，第1723页。

［43］［45］［55］［56］〔宋〕朱熹：《四书章句集注》，北京：中华书局，1983年，第4，14—15，13，6—7页。

［44］〔宋〕朱熹撰，朱杰人、严佐之、刘永翔主编：《朱子全书（修订本）》第6册，上海：上海古籍出版社；合肥：安徽教育出版社，2002年，第514页。

［49］［50］〔宋〕黎靖德编，王星贤点校：《朱子语类》，北京：中华书局，1986年，第249，1479页。

［58］明末刘宗周（1578—1645）曾说："格物之说，古今聚讼有七十二家。"（参见〔明〕刘宗周著，吴光主编：《刘宗周全集》第2册，杭州：浙江古籍出版社，2012年，第618页。）

第三十九章
论理学经著成功的根本原因

——以二程、朱熹的经学著作为范例

理学思想在思想界占统治地位是从宋理宗开始的，而科举考试全面采用理学家经学著作则是从元初开始的。元仁宗年间恢复科举，其考试程式，《大学》《论语》《孟子》《中庸》，用朱熹的《四书章句集注》；《诗经》，以朱熹的《诗集传》为主；《尚书》，以朱熹弟子蔡沈的《书集传》为主；《周易》以程颐的《周易程氏传》、朱熹的《周易本义》为主。以上三经，兼用古注疏。《春秋》，用左氏、公羊、穀梁三《传》，以及二程的再传弟子胡安国的《春秋传》；《礼记》，用古注疏。这意味着自元代起，国家科举考试采用程、朱两家注释，表明程朱理学在经学史上从此具有了支配性的地位，当年二程和朱熹那样热心注经，也正是希望他们的经学著作能成为国家认可的标准经注。然而，无论是程颐还是朱熹，在当时皆曾受到迫害和打压，而这一天迟至改朝换代才来到。

由上可见，元代所定科举考试程式，所列入的经典注本，除了几部古注释之外，清一色是程朱理学一派的经学著作。学者不免会问：难道其他学派的经学著作就没有超过他们的吗？或者会问：程朱理学一派的经学著作究竟好在哪里？以这些新经注取代汉唐的旧经注，难道是因为这些新经注比前人解释得更准确吗？对于宋、元、明时代的士人来说，他们可能就

是这样认为的。但清代经学家对理学家的经学著作大多并不满意，而更愿认同汉唐人的经学注疏。

所以，程朱理学的经典诠释，其成功主要并不在于其具体的章句解释更加正确，而是在于这些理学大家能用其理学思想对传统的儒家经典重新加以解释。这一现象给后人一种思考：一部好的经学著作，仅凭训诂考证的功大就可以吗？还是需要作者能高屋建瓴，从哲学的高度对经典予以诠释？

第一节 二程"天理"论的哲学体系

宋儒的学问，二程与朱熹相比，前者更具有原创的特点，后者更具有"集大成"的特点。程朱理学中具有原创性的概念、范畴、命题、理论，等等，几乎都是二程首先提出来的。朱熹则全面继承了二程以及程门弟子的哲学思想，并将其系统化和体系化。不仅如此，他还吸收了周敦颐、邵雍、张载、郑樵、吴械等前辈学者的学术思想，并加以发扬光大，这使得朱熹的学术思想既博大又精深。但单就原创性来说，朱熹远不如二程。就理学体系而言，二程（特别是程颐）已经完成了理学"天理"论哲学体系的建构，程颐的《周易程氏传》便是以理学注经的成功典范。其后朱熹也用"天理"论哲学来注经，其《四书章句集注》便是这方面的典范著作。为了能够深入理解理学家这些典范经著，我们先须了解二程建构的"天理"论的哲学体系。

（一）"理"即"道体"

二程首先确立以"天理"概念作为其哲学体系的核心，程颢说："吾学虽有所受，'天理'二字却是自家体贴出来。"[1]

之所以用"天"字来修饰"理",在于指明"理"是自然而然不假安排的。二程说:"其所以名之曰天,盖自然之理也。"[2]在二程看来,"理"或"天理"是一种客观存在,不因人的穷达好恶而加减。二程说:"天理云者……不为尧存,不为桀亡,人得之者,故大行不加,穷居不损,这上头来,更怎生说得存亡加减?是它元无少欠,百理具备。"[3]"理"作为道体,可以默识心通,却不可以描摹或言传,二程说:"理义精微,不可得而名言也,……默识可也。"[4]二程的"理"在道体的意义上,可以与老庄思想相通,因此,二程又说:"庄生形容道体之语,尽有好处。老氏《谷神不死》一章最佳。"[5]

（二）"理一分殊"

"理一分殊"是"天理"论解释世界的一个关键命题。此命题的第一次提出,是在程颐写给其弟子杨时的信中,程颐认为张载《西铭》明理一而分殊[6]。"理一分殊"命题提供了以"理"解释万事万物的可能性,使自然界和社会的各种问题可以收纳、统括在理学的总体系之中,由此奠定了理学的理论基石。

一方面,"理"是世界所以存在的根本原因。二程说:"理则天下只是一个理,故推至四海而准,须是质诸天地,考诸三王不易之理。……只是道得如此,更难为名状。"[7]世界上的事物万有不齐,但却有它的统一性和共源性,程颐说:"动物有知,植物无知,其性自异,但赋形于天地,其理则一。"[8]人虽是天地之灵秀,但也同为天地所生,也是万物中之一部分。二程反复讲"理一"或"一理",这"理"并不是指一个独立的精神实体,而是万物皆赋形于天地、归本于阴阳五行这样一个"道理"。二程说:"二气五行,刚柔万殊,圣人由一理复其初也。"[9]二程这里说的是由"二气五行"这样一个道理

来"复其初",即解释世界万物是如何生成和如何统一的。

另一方面,"一物须有一理"。程颐说:"天下物皆可以理照,有物必有则,一物须有一理。"[10]"凡眼前无非是物,物物皆有理,如火之所以热,水之所以寒,至于君臣父子间皆是理。"[11]"一物须有一理"与"天下只有一个理"是形式上对立的命题,其实是各有所指。"天下只有一个理"是指宇宙万物的统一性和共源性,"一物须有一理"是指具体事物的规定性。就一物而言,它可以反映万物的共性,所以"一物之理即万物之理";又可以表现其本身的个性,所以"一物须有一理"。

(三)格物穷理

"理一分殊"属于本体论的命题,而"格物穷理"属于认识论的命题。"格物"是儒家经典《大学》"八条目"的首要条目。程颐将"格物"直接引申为"穷理",这就将《大学》一书与无所不在的"理"联系了起来,并将"穷理"看作人立身应世的根本和始基。他说:

> 致知在格物,则所谓本也,始也。……格犹穷也;物犹理也,犹曰穷其理而已也。[12]

而所谓"穷理",首先是穷那"一物有一物之理"的"理",即分殊之"理",亦即要人们透过事物的现象,寻绎出事物之所以如此的理据。程颐说:"穷物理者,穷其所以然也。天之高,地之厚,鬼神之幽显,必有所以然者。"[13]天地万物是统一的、相互联系的,具体事物之"理"必然会归于世界统一之"理"。程颐说:

格物穷理，非是穷尽天下之物，但于一事上穷尽，其他可以类推。……所以能穷者，只为万物只是一理。[14]

穷至于物理，则渐久后天下之物皆能穷，只是一理。[15]

二程揭示了人们认识事物的经验，即在对事物不断接触、研究、实验取得若干感性认识后，最后上升到理性认识，总结出事物的性质和规律来。这个过程被概括为"格物穷理"。

（四）明理灭欲

"明理灭欲"属于修养工夫论的命题。这里的"理"主要是传统社会的伦理。它是指一个社会共同体成员之间自然而然形成的相处之道，后来被以"礼"的形式固定并传承下来，因此保存这个"礼"，符合共同体全体成员的利益，亦即符合"公理""天理"；而有意违背和破坏这个"礼"，则属私欲和人欲。而私欲和人欲横流，就会使人蹈于恶地。因此程颐说："礼即是理也，不是天理，便是私欲，……无人欲即皆天理。"[16]二程借用《尚书·大禹谟》"人心惟危，道心惟微"的话说："'人心惟危'，人欲也；'道心惟微'，大理也。"[17]又说："人心私欲，故危殆；道心天理，故精微。灭私欲则天理明矣。"[18]因而二程以为圣学之要就是收敛身心，以道制欲，使精神向上追求完美的人格理想。程颢提出："圣贤千言万语，只是欲人将已放之心，约之使反，复入身来，且能寻向上去，下学而上达也。"[19]这段话被后来的朱熹简化为"圣贤千言万语，只是教人明天理，灭人欲"[20]。

以上几条，可以视为理学体系的架构和主要命题。除了上述几大命题外，它还包括了其他大大小小的许多范畴和命题，

兹不赘述。

清人黄百家说：程颢"以'天理'二字立其宗"[21]。"天理"概念涵盖性很大，可以用来整合儒学的许多形上学概念以及儒家经典的其他思想资源。二程将许许多多概念、范畴、命题皆纳入"天理"论的体系之中，由此建构了一个博大精深的思想体系。

"天理"论由二程首先提出，由朱熹加以完善，它使中国哲学提升到了一个"世界统一性"的哲学高度。它也可以说是中国哲学发展的顶峰。虽然关于这一哲学体系中的许多观点，如"理"为道体、存理灭欲，等等，学界有过许多讨论或批评，但就其理论体系的完备性、精致性，及其广泛的影响力而言，它并未被后世所超越，即使王阳明、王夫之所分别建构的哲学体系，也没有超过它。而当理学大家以"天理"论哲学体系为思想利器，去对传统儒家经典作极深研幾的研究并加以注释时，理学家的经著便呈现出迥出千古的优势来。

第二节　程颐以"天理"论注《周易》

汉唐经学家的学问，为二程所轻视，认为"学不见道"，解经只能停留在训诂的层面上。程颐《与方元寀手帖》说：

> 经所以载道也，诵其言辞，解其训诂，而不及道，乃无用之糟粕耳。[22]

由前所述，二程建构了一个无所不包的"天理"论，以为天地人物所有之理皆是"天理"的不同体现。这样，圣人制作的经典也存在处处是对"天理"的阐释，学者解经就要将这层意义体现出来。因而当理学家注经时，费尽斟酌，将理学的正宗观点和权威论述贯穿在经注中。正因为如此，有时理学家的经注会写得很长，其意已经不全是解经，而是借经典文本宣讲理学思想。下面我们来看理学家解经的具体事例。首先来看程颐是怎样以"天理"论来注《周易》的。

《易经》原文并无"理"字，《易传》有 7 个"理"字。曹魏时期，首开《周易》义理学一派的王弼所著《周易注》有 47 处见"理"字；而宋代易学儒理宗的宗师程颐所著《周易程氏传》则有 278 处见"理"字。

程颐首先强调:《周易》"包括众理"。《周易》有六十四卦，每卦六爻，何以能穷尽天道、人事之理呢？程颐借解释《周易·屯》卦上六《小象传》"泣血涟如，何可长也"说:"夫卦者，事也。爻者，事之时也。分三而又两之，足以包括众理，引而伸之，触类而长之，天下之能事毕矣。"[23]在他看来，《周易》六十四卦，实际是六十四种"事"类，用今天的话说，就是六十四种理论模型。它们可以演示不同理论模型各个时段的发展过程。若单纯就具体事情说，天下事纷纭复杂，怎可便以六十四种"事"来概括？但若从"事"类，即理论模型说，这六十四种理论模型"足以包括众理，引而伸之，触类而长之，天下之能事毕矣"。因此，程颐注《周易》，常常就个别引出一般，借解《易》提出关于天道人事的一般性原理，这是程颐《周易程氏传》迥出诸儒的关键所在。那么，程颐的《周易程氏传》是怎样通过个别卦爻提出一般性原理的呢？

（一）理一分殊

程颐解释《周易·同人》卦象辞"唯君子为能通天下之志"说:"天下之志万殊，理则一也。君子明理，故能通天下之志。圣人视亿兆之心犹一心者，通于理而已。"[24]普通之人，思虑不广，只思虑一身一家，所思各有不同，这是"万殊"，亦即"分殊"。君子推仁义忠恕之道以及天下，恢弘推扩，无所不同，这是"理一"。

又，程颐解释《周易·咸》卦九四爻辞"憧憧往来，朋从尔思"说："天下之理一也，涂虽殊而其归则同，虑虽百而其致则一，虽物有万殊，事有万变，统之以一，则无能违也。"[25]《咸》卦之"咸"通"感"，是讲心灵感通的。其心虚中无我，便无不感通；系于私心，只能限于一事一隅，不能廓然而通。这就是说，人们出以公心，则万殊之虑，同归一理。

（二）"理必有对待"

程颐解《贲·彖传》"柔来而文刚，故亨"说："理必有对待，生生之本也。"[26]所谓"对待"，是矛盾对立，相待而存，也就是辩证法所说的矛盾的对立统一。在程颐看来，"对待"之理，或者说对立统一的规律普适于天地万物，并且是天地万物生生不息的根本动力。这一思想是非常深刻的。

正因为"理"常常表现为矛盾对立，相待而存，那"理"便有盛衰、消长、始终的发展过程性。程颐解《剥·彖传》"君子尚消息盈虚，天行也"说："理有消衰，有息长，有盈满，有虚损，顺之则吉，逆之则凶，君子随时敦尚，所以事天也。"[27]又解《复·彖传》"复其见天地之心乎"说："消长相因，天之理也。"[28]天地万物正是在矛盾运动中发展变化的，因此人们只有理解和顺应这种矛盾运动的发展变化，才能取得成功。

（三）"天下之理，莫善于中"

程颐注《周易·震》卦六五爻辞"震往来厉，亿无丧有事"说："六五虽以阴居阳，不当位为不正，然以柔居刚又得中，乃有中德者也。不失中则不违于正矣。所以中为贵也。诸卦二五虽不当位，多以中为美；三四虽当位，或以不中为过。中常重于正也。盖中则不违于正，正不必中也。天下之理，莫善于中，于六二、六五可见。"[29] 这里，程颐讲了一个解卦原则。《周易》解卦有这样一种说法，就一般而言，阳爻居阳位、阴爻居阴位，为当位，为得正。反之，阳爻居阴位、阴爻居阳位，为不当位，为不得正。但《周易》解卦还有一种说法，就是一卦之中，二爻、五爻为中爻。居于中爻为得"中"。在程颐看来，得"中"更为重要。而问题的关键是，他由对具体卦爻辞的解释上升到世界的一般性原理："天下之理，莫善于中。"这就与《中庸》"中也者，天下之大本也"的思想相呼应了。

也因此，程颐特别强调要防范"过于理"，防范"亢进"，如他注《无妄》上九爻辞"无妄，行有眚，无攸利"说："上九居卦之终，无妄之极者也。极而复行，过于理也。过于理则妄也。"[30] 又解《大过》卦说："夫圣人尽人道，非过于理也。"[31] 又解《乾·文言》说："极之甚为亢，至于亢者，不知进退存亡得丧之理也。"[32] 这就与孔子"过犹不及"的思想相呼应了。

（四）物极则反

这是程颐《周易程氏传》反复申论的一个观念。比如：

注《泰》卦九三爻辞"无平不陂，无往不复"说："物理如循环，在下者必升。居上者必降，泰久而必否。"[33]

又，注《否》卦上九爻辞"倾否，先否后喜"说："上九，否之终也。物理极而必反，故泰极则否，否极则泰。"[34]

又，注《否》卦上九象辞"否终则倾，何可长也"说："否终则必倾，岂有长否之理？极而必反，理之常也。"[35]

又，注《大畜》卦上九爻辞"何天之衢，亨"说："事极则反，理之常也。"[36]

又，注《暌》卦上九爻辞"载鬼一车"说："鬼本无形，而见载之一车，言其以无为有，妄之极也。物理极而必反。以近明之，如人适东，东极矣，动则西也。如升高，高极矣，动则下也。既极，则动而必反也。"[37]

又注《困》卦上六爻辞"困于葛藟，于臲卼，曰动悔，有悔征吉"说："物极则反，事极则变，困既极矣，理当变矣。"[38]

通过以上事例，程颐反复强调"物极必反"的道理，即事物发展到极限时，会向其反面转化。现在我们知道这是辩证法的普遍原理，但在宋代程颐那里，这已经是一个非常明确的理念。

（五）"动而能恒"

程颐解《复·象传》"复，其见天地之心乎"说："一阳复于下，乃天地生物之心也。先儒皆以静为见天地之心，盖不知动之端乃天地之心也。非知道者，孰能识之！"[39] 所谓"天地之心"，实即天地的法则。以前学术界认为程朱理学是唯心主义的形而上学，是主张静止的、不变的哲学。实际上，中国古代思想家中未有人像程颐这样明确提出天地（宇宙）的根本属性和规律是运动的观点。程颐不仅提出天地（宇宙）的根本法则是运动，而且提出，只有运动才能守恒。他解《恒·象传》"天地之道恒久而不已也，利有攸往，终则有始也"说："天下之理，未有不动而能恒者也。动则终而复始，所以恒而不穷。凡天地所生之物，虽山岳之坚厚，未有能不变者也。故恒非一定之谓也，一定则不能恒矣。唯随时变易，乃常道也。"[40] 程颐借解此卦象辞阐明了自己不同于"先儒"的关于运动永恒性的观点。

（六）顺理而为

《周易·豫·彖传》有这样一段话："豫顺以动，故天地如之。……天地以顺动，故日月不过而四时不忒。圣人以顺动，则刑罚清而民服。""豫"有愉悦之意。此卦震上坤下，震为动，坤为顺。震上动而坤下顺，比喻在上统治者所行之事顺于民心，则民无不顺从而愉悦。程颐将此意上升到天地间的一般性原理，他说："天地之道，万物之理，唯至顺之理而已。大人所以先天后天不违者，亦顺乎理而已。"[41]这意思是说，天地万物皆遵循其固有规律而行，人的作为也必须遵循事物发展的规律。

（七）存理灭欲

"明天理，灭人欲"是理学的一个重要命题。但今人或将其看作一种禁欲主义。这是不够准确的。简单说，程颐并不反对人们正常的欲望和物质需求。程颐解《周易·归妹·彖传》"归妹，天地之大义也"说："一阴一阳之谓道，阴阳交感，男女配合，天地之常理也。"[42]又解《益》卦上九象辞"莫益之，……或击之"一句说："理者天下之至公，利者众人所同欲，苟公其心，不失其正理，则与众同利，无侵于人，人亦欲与之。"[43]又解《损》卦卦义说："凡人欲之过者皆本于奉养，其流之远，则为害矣。先王制其本者天理也，后人流于末者人欲也。损之义，损人欲以复天理而已。"[44]由此看来，程颐所主张的"损人欲""灭人欲"所针对的主要是统治者的穷奢极欲。

程颐所著《周易程氏传》是以道学（理学）思想解经的第一部成功之作，被儒家学者视为易学之正宗。此书在后世享有

盛名，被列为官学科举考试的规定内容。历史上对于《周易程氏传》曾有不同的评价，朱熹曾评论《周易程氏传》说：

> 伊川见得个大道理，却将经来合他这道理，不是解《易》。[45]
>
> 伊川以天下许多道理散入六十四卦中，若作《易》看，即无意味。[46]
>
> 《易传》义理精，字数足，无一毫欠阙，……只是于本义不相合。[47]

朱熹认为《周易程氏传》虽然义理精到，但与《周易》的本义不合，因为在他看来，《周易》本是卜筮之书，而程颐全不提及，因此朱熹作《周易本义》一书，要为程颐做一个"补传"。在此书中，他尽量吸收了象数学的成果，并将象数学的九个图置于《周易本义》一书卷首。但他这样做，真的就符合《周易》本义了吗？他的《周易本义》在整体上超过《周易程氏传》了吗？我们来听听清代学者的意见，顾炎武说：

> 昔之说《易》者，无虑数千百家，如仆之孤陋，而所见及写录唐宋人之书亦有十数家，有明之人之书不与焉。然未见有过于《程传》者。[48]

黄宗羲说：

> 逮伊川作《易传》，收其昆仑旁薄者，散之于六十四卦中，理到语精，《易》道于是而大定矣。其时，康节上接种放、穆修、李之才之传而创《河图》"先天"之说，是亦不过一家之学耳。晦庵作《本义》，加之于

开卷，读《易》者从之。后世颁之学官，初犹兼《易传》并行，久而止行《本义》。于是经生学士，信以为羲、文、周、孔其道不同。……世儒过视象数，以为绝学，故为所欺。余一一疏通之，知其于《易》本了无干涉，而后反求之《程传》，或亦廓清之一端也。[49]

皮锡瑞说：

朱子以《程传》不合本义，故作《本义》以补《程传》，而必兼言数。既知《龙图》是伪书，又使蔡季通入蜀求真图，既知邵子是《易》外别传，又使蔡季通作《启蒙》，以九图冠《本义》之首，未免添蛇足而粪佛头。[50]

在学术上，学派的立场直接影响到对学术成果的评价。一般的观点认为，朱熹兼顾易学的象数与义理两派，称其易学为集大成。而从纯粹的义理派的立场而言，朱熹吸收象数学的成果，毋宁说是易学的一种倒退。顾炎武与黄宗羲是清初两位大儒，他们都对《周易程氏传》给予了极高的评价，以其为义理易学的巅峰之作。而清末经学家皮锡瑞肯定顾、黄二人的见解，严厉批评朱熹于其《周易本义》卷首加象数学九图是画蛇添足，佛头加粪，鄙薄之意跃然纸上。

第三节　朱熹以"天理"论注《四书》

（一）对《论语》《孟子》的注释

朱熹著有《四书章句集注》一书，其中包括《论语集注》和《孟子集注》，而所谓"集注"，是集二程及其弟子关于《论语》和《孟子》解释之精华。因为前人对此讨论得相当充分，所以朱熹于此二书注释得极为简洁流畅。最为重要的是，《论语》《孟子》二书有许多属于哲学的概念，朱熹皆用"天理"论加以贯通和解释，并且在对《论语》《孟子》的解释中，加入诸如以"理"为"道体""理一分殊""明理灭欲"等思想主张。下面次第论之。

1. 以"天理"论注《论语》

《论语》原文本无"理"字，何晏《论语集解》集八家注亦仅有 12 处见"理"字，而朱熹的《论语集解》则有 166 处见"理"字。其有代表性的解释有：

（1）以"理"释天

《论语·八佾》："子曰：不然。获罪于天，无所祷也。"朱熹注："天即理也，其尊无对。"[51]

（2）以"理"释道

《论语·里仁》："子曰：朝闻道，夕死可矣。"朱熹注："道者，事物当然之理，苟得闻之，则生顺死安，无复遗恨矣。"[52]

（3）以"理"释"性与天道"

《论语·公冶长》："子贡曰：……夫子之言性与天道，不可得而闻也。"朱熹注："性者，人所受之天理；天道者，天理自然之本体，其实一理也。"[53]

（4）以"理"释义

《论语·里仁》："子曰：君子喻于义，小人喻于利。"朱熹注："义者，天理之所宜。利者，人情之所欲。"[54]

（5）以"理"释礼

《论语·颜渊》："子曰：克己复礼为仁。"朱熹注："礼者，天理之节文也。"[55]

（6）宣扬"人欲尽处，天理流行"

《论语·先进》："夫子喟然叹曰：吾与点也。"朱熹注："曾点之学，盖有以见夫人欲尽处，天理流行。"[56]

2. 以"天理"论注《孟子》

《孟子》原文中有 7 处见"理"字，东汉赵岐《孟子注》中有 24 处见"理"字。而朱熹《孟子集注》中则有 164 处见"理"字。其有代表性的解释有：

（1）以"理"释天

《孟子·梁惠王下》："以大事小者，乐天者也；以小事大者，畏天者也。"朱熹注："天者，理而已矣。"[57]

（2）以"理"释性

《孟子·告子上》："告子曰：'性，犹杞柳也。'"朱熹注："性者，人生所禀之天理也。"[58]

（3）以"理"释诚

《孟子·离娄上》："诚者，天之道也。"朱熹注："诚者，理之在我者，皆实而无伪，天道之本然也。"[59]

（4）以"理"释"仁"

《孟子·梁惠王上》："王何必曰利，亦有仁义而已矣。"朱熹注："仁者，心之德，爱之理。"[60]

（5）以"理"释"义"

《孟子·离娄上》曰："义，人之正路也。"朱熹注："义者，宜也，乃天理之当行，无人欲之邪曲。"[61]

（6）以"理"释"法"

《孟子·尽心下》曰："君子行法，以俟命而已矣。"朱熹注"法者，天理之当然者也。"[62]

（7）宣扬"理一分殊"

《孟子·尽心上》："君子之于物也，爱之而弗仁；于民也，仁之而弗亲。"朱熹注引杨时之语说："其分不同，故所施不能无差等，所谓理一而分殊者也。"[63]

（8）宣扬"存理灭欲"

《孟子·梁惠王下》："王如好色，与百姓同之，于王何有？"朱熹注："天理人欲，同行异情。循理而公于天下者，圣人之所以尽其性也；纵欲而私于一己者，众人之所以灭其天也。……所以遏人欲而存天理。"[64]

（二）对《大学》《中庸》的注释

《大学》和《中庸》原本是《礼记》中的二篇，并未单独成书。朱熹将此二篇从《礼记》中抽出，加上《论语》《孟子》二书，加以合编，而成《四书章句集注》。所谓"集注"是对《论语》《孟子》二书而言，所谓"章句"是对《大学》《中庸》而言，即指《大学章句》和《中庸章句》。之所以定名"章句"，是因为历史上关于此二篇的注释非常之少，其中最具代表性的是东汉郑玄的注释。因为郑玄有《礼记注》，而《大学》《中庸》是《礼记》中的两篇，郑玄自然也对此二篇加以注释。虽然历史上对《大学》《中庸》注释讨论极少，但朱熹却对此二书格外重视，并且在注解上下了极大的功夫，因而"章句"二字在这里就有自为师法、"始定立章句"之意。然而，前人郑玄关于《大学》《中庸》的注解已然是一种存在，朱注《大学》《中庸》与郑注《大学》《中庸》之间究竟有什么不同，这需要我们进行深入的比较和探讨。下面次第论之。

1. 以"天理"论注《大学》

《大学》经文无"理"字，郑玄注亦无"理"字。朱熹《大学章句》则有 8 个"理"字。

（1）大学之道，在明明德

郑玄注："明明德，谓显明其至德也。"[65]郑玄采用训诂学的方法解释经文，他释第一个"明"为动词，意谓"显明"；释第二个"明"为形容词，用以修饰"德"，而"明德"作为一个名词词组，意谓"至德"。这种训释无疑都是正确的。朱熹的解释方法与此不同，朱熹说：

> 明，明之也。明德者，人之所得乎天，而虚灵不昧，以具众理而应万事者也。但为气禀所拘、人欲所蔽，则有时而昏，然其本体之明，则有未尝息者，故学者当因其所发而遂明之，以复其初也。[66]

朱熹是以义理学的方式来解释经文。其特点是将经文中的重要概念放在其"天理"论体系的脉络中，加以定位和诠释。在朱熹看来，"明德"是天赋予人的"灵明"之心，"虚灵不昧，以具众理而应万事"，但绝大多数人受"气禀所拘、人欲所蔽"，会昏蔽此"灵明"之心，因而要强调"明之，以复其初"。

要判断朱熹的解释是否准确，那就要分析他的这套"天理"论说法是否正确。人心的认识能力是百万年进化形成的，说它是天所赋予的，也未尝不可。但是否先天就有"具众理而应万事"的能力呢？是否去掉了"气禀所拘、人欲所蔽"，就能"复其初"呢？若从经典诠释的角度说，朱熹的解释反而使问题更为复杂了。而从朱熹的哲学体系建构来说，朱熹以注经的方式，使其"天理"论体系获得了经典的根据。两相比较，郑玄的注经方法可以归结为"我注六经"，而朱熹的注经方法可以归结为"六经注我"。

（2）在止于至善

郑玄注："止，犹自处也。"[67]郑玄释"止"为"自处"是很正确的，意谓人当自处于至善之地。因为"至善"二字语意明白，所以未加解释。朱熹则说：

至善，则事理当然之极也。言明明德、新民皆当止
于至善之地而不迁，盖必其有以尽夫天理之极，而无一
毫人欲之私也。[68]

朱熹这里同样将《大学》经文与其"天理"论连在一起，
"全善"就具体事物说，是"事理当然之极"，就本体论和工
夫论的意义说，是"尽夫天理之极，而无一毫人欲之私"。这
是"存天理，灭人欲"的另一种说法。

（3）致知在格物

郑玄注："格，来也；物，犹事也。其知于善深则来善物，
其知于恶深则来恶物，言事缘人所好来也。"[69]意谓人行善则
来善报，行恶则来恶报。这就将"格物"当作一个道德论命题
了。朱熹注说："格，至也；物，犹事也。穷至事物之理，欲
其极处无不到也。"[70]朱熹顺着程颐"格物穷理"的认识论来
解释《大学》"格物"二字，将之解释为"穷至事物之理"。相
比而言，朱熹的解释比郑玄的解释更有哲理意义。中国哲学一
向知识论不够发达，朱熹此一解释开出了知识论的新学脉，值
得特别表彰。

2. 以"天理"论注《中庸》

《中庸》文本无"理"字，郑玄注也无"理"字。朱熹
《中庸章句》则有 34 个"理"字。

（1）关于"天命之谓性"的注解

在殷周时期，"天"即上帝，"天命"即上帝之命，得天命
者得天下。而子思《中庸》谓"天命之谓性"，郑玄注说："天
命，谓天所命生人者也，是谓性命。……木神则仁；……金神
则义；……火神则礼；……水神则信；……土神则知。……《孝经
说》曰'性者，生之质；命，人所秉受度也。'"按照孔颖达的
疏解，人感生自然之气，感木之气则近仁，这是因为木主东

方，东方代表春，主施生，故近仁。感金之气则近义，这是因为金主秋，秋主严杀；而义则果敢斗决，故相近。感火之气则近礼，这是因为火主照物而有分别，礼亦主分别，故相近。感水之气则近信，因为水有内明，不欺于物；信亦不欺于物，故相近。感土之气则近智，土无所不载，所包含者众多；知亦所包含者多，故相近。[71] 郑玄在当时号称"经神"。但这一注解，在今人看来，实在是牵强附会，不敢恭维。相比之下，朱熹的解释要合理得多。他为"天命之谓性"作注说：

> 命犹令也。性即理也。天以阴阳五行化生万物，气以成形，而理亦赋焉，犹命令也。于是人物之生，因各得其所赋之理，以为健顺五常之德，所谓性也。[72]

朱熹的意思是说，世界上并没有人格神意义的"上天"或"上帝"，世界万物都是由阴阳五行之气化生而成的，在化生过程中，人和万物各成其自然之性，而"性即理也"。在这个注中，朱熹将"性"与"理"相打通。人、物之性，实即"天理"的不同表现。

（2）关于"道也者，不可须臾离也"的注解

郑玄注谓："道，犹道路也。出入动作由之。离之恶乎从也？"孔颖达疏解说："此谓圣人修行仁义礼知信以为教化，道犹道路也，道者开通性命，犹如道路开通于人，人行于道路，不可须臾离也。若离道则碍难不通，犹善道须臾离弃，则身有患害而生也。"[73] 郑玄将"道"比喻为具体的"道路"，人离开道路，便"碍难不通"。同样，人离开"仁义礼智信"的善道教化，就会面对无穷的社会患害。郑玄注比较质朴，他将"道"这一抽象化概念，作了一种形象化的解释。相比之下，朱熹的注解则显得更具哲学思辨性和体系性，朱熹说：

　　道者，日用事物当行之理，皆性之德而具于心，无
物不有，无时不然，所以不可须臾离也。若其可离，则
为外·物而非道矣。是以君子之心，常存敬畏，虽不见
闻，亦不敢忽，所以存天理之本然，而不使离于须臾之
顷也。[74]

　　朱熹以一句"道者，日用事物当行之理"的注解，便将
"道"与"理"相打通，正因为人伦日用之中，"道"常在其
中，那就应该"常存敬畏"。

　　（3）关于"中也者，天下之大本也"的注解

　　郑玄注："中为大本者，以其含喜怒哀乐，礼之所由生、
政教自此出也。"孔颖达疏："言情欲未发，是人性初本，故
曰'天下之大本也'。"[75]无论郑玄，还是孔颖达，都认为此
一句经文是对应《中庸》先前所讲的"喜怒哀乐之未发，谓
之中"而言，指的是人的本性。但在朱熹那里，"中"实际是
指"道之体"，亦即"天理"之本体，此本体不限于人，也是
天地万物之本体，所以朱熹注说："大本者，天命之性，天下
之理，皆由此出，道之体也。"[76]这就将"中"与"性""理"
打通了。

　　（4）关于"诚者，天之道也。诚之者，人之道也"的
注解

　　郑玄注："言诚者天性也，诚之者学而诚之者也。"[77]这
是说"天"之性质，可以用"诚"来概括，而人应该学习
"天"的性质，做一个诚信的人。朱熹的解释与此相近，但他
是以"天理"论作为理论根据的。朱熹说："诚者，真实无妄
之谓，天理之本然也。诚之者，未能真实无妄，而欲其真实
无妄之谓，人事之当然也。"[78]这种解释，就把"诚"与"天
理"打通了。

由上述朱熹《中庸章句》的有关注释，我们可以看到，在朱熹那里，天命、性、理、中都被"天理"论整合到一起了。

通观程颐、朱熹的经典诠释学，其中有一个重要的特点，就是"天理"论的可解释空间巨大，几乎无所不能。"理"或"天理"概念可以打通"道体""天""道""性""中""诚""仁""义""礼""法"等概念，并且由之可以建构"理一分殊""理必有对待""格物穷理""存理灭欲""理莫善于中""顺理而为"等命题。而且，理学在七八百年的传承中，其许多观念已经深深渗透到日常语言中，如发生人事纠纷，两造相争，都强调"讲理"。在这个意义上，程朱理学不仅仅建构了一个哲学体系，也适应了社会生活发展的需要。相比之下，张载的"气"本论哲学除了在本体论的解释上占有优势外，"气"概念就很难与中国哲学的其他许多概念相通，也很难建构起与"气"相关的诸多命题。在日常生活中，发生人事纠纷，双方无论如何都不会放弃"讲理"而"讲气"。在这个意义上，"天理"论可以说是对中国人影响最为深远的哲学思想体系。

第四节　余论

清代四库馆臣对传统经学总结说："自汉京以后，垂二千年。……要其归宿，则不过汉学、宋学两家互为胜负。"[79]这是清代乾隆时期学者的说法，此后清代经学又延续发展了一百多年。整个清代经学约有二百五十年的发展历程，其经学之盛超迈前代。那么清代经学是否可以构成独立的一家，以与汉学、宋学三足鼎立呢？

我们的看法是，清代经学有纯为宋学者，有纯为汉学者，也有混汉学、宋学为一家者，很难说有一个卓然自立的"清学"。清代学术的长处在于文字、音韵、训诂的考证功夫，以及历史资料的裒辑，但整体上缺乏哲学义理上的建树。明胡居仁曾评价韩愈说："用力虽勤，多在言语文字之间；自认虽重，于义理本原终未有得。"[80]此语也可用在清儒身上。

宋儒如程颐、朱熹等人经学著作的成功，一是在于他们有一套博大精深的哲学思想体系，这使得他们对传统经典中的"性与天道"问题的解释能做到得心应手。二是他们也并未抛弃传统的训诂学的方法。因而如程颐的《周易程氏传》、朱熹的《四书章句集注》能旷绝古今，其学术造诣至今无人超越。

清代的汉学家常以"汉人去古未远"为理由，认为汉代经说更接近圣人本意，以此打击宋人经说，但这个理由是苍白无力的。实际上，宋儒除了在"三礼"之学不如汉儒外，其他在周易学、诗经学、尚书学、春秋学以及四书学方面整体上都超越了汉儒。如同西哲伽达默尔所说，经典作者的原意不可知。而在中国传统经学中，历来有这样的一条规则：当无法确知文本原意，需要在不同的注释之间作出选择时，"以义长者为胜"。这样一来，程朱一派理学家的经学著作的胜出便不存在悬念了。

清代的考证学家虽然有许多人对宋儒经著不以为然，但也有一些学者对此做了认真的反省，如段玉裁晚年怀疑自己在学术上走错了路，认为自己一生"喜言训诂考核，寻其枝叶，略其本根，老大无成，追悔已晚"[81]。他又在去世前一年致书陈寿祺说："今日大病，在弃洛、闽、关中之学谓之庸腐，而立身苟简，气节败，政事芜。……专言汉学，不治宋学，乃真人心世道之忧。"[82]段玉裁晚年时的反省，也值得我们认真思考，重新评价汉学与宋学。

今日许多学者提出要创立现代"新经学"，这一学术愿景不可说不宏大。那么，理学经著的成功经验，对这一宏大愿景的实现有什么启示呢？在我们看来，要创立"新经学"，比肩前人，需要两个条件：第一，要像程颐、朱熹那样建构一套完备的哲学体系；第二，要像清儒那样有一套严谨的训诂考证方法。然而今人对这两个方面一时都很难做到，由此也可见创立"新经学"任重而道远。

注释:

[1][2][3][4][5][6][7][8][9][10][11][12][13][14][15][16][17][18][19][22][23][24][25][26][27][28][29][30][31][32][33][34][35][36][37][38][39][40][41][42][43][44]〔宋〕程颢、程颐著，王孝鱼点校:《二程集》，2004年，北京:中华书局，第424，1228，31，1208，64，609，38，315，1264，193，247，316，1272，157，144，144，367，312，5，671，718，764，858，808，813，819，966，827，838，705，756，762，762，832，894，945，819，862，778—779，978，917，907页。

[20][45][46][47]〔宋〕黎靖德编，王星贤点校:《朱子语类》，北京:中华书局，1986年，第207，1653，1650，1651页。

[21]〔清〕黄宗羲原著，〔清〕全祖望补修，陈金生、梁运华点校:《宋元学案》，北京:中华书局，1986年，第569页。

[48]〔清〕顾炎武:《顾亭林诗文集》，北京:中华书局，1983年，第42页。

[49]〔清〕黄宗羲:《易学象数论（外二种）》，北京:中华书局，2010年，第11—12页。

[50]〔清〕皮锡瑞:《经学通论》，北京:中华书局，2018年，第171页。

[51][52][53][54][55][56][57][58][59][60][61]

［62］［63］［64］［66］［68］［70］［72］［74］［76］［78］〔宋〕朱熹：《四书章句集注》，北京：中华书局，1983 年，第 65，71，79，70，101，130，215，326，282，201，281，373，363，219，3，3，4，17，17，18，31 页。

　　［65］［67］［69］［71］［73］［75］［77］〔汉〕郑玄注，〔唐〕孔颖达等正义：《礼记注疏》，〔清〕阮元校刻：《十三经注疏》，北京：中华书局，2009 年，第 3631，3631，3631，3527，3527，3527—3528，3542 页。

　　［79］〔清〕永瑢等撰：《四库全书总目》，北京：中华书局，1965 年，第 1 页。

　　［80］〔明〕胡居仁：《居业录（一）》，北京：中华书局，1985 年，第 32 页。

　　［81］〔清〕段玉裁：《经韵楼集》，上海：上海古籍出版社，2008 年，第 193 页。

　　［82］〔清〕陈寿祺：《左海文集》，见于《清代诗文集汇编（四九九）》，上海：上海古籍出版社，2010 年，第 321 页。

第四十章

经筵讲席的解经典范

——作为"帝王之学"的《大学衍义》与《大学衍义补》

经学的重要作用在于通过对经典价值观的阐释，来影响社会生活和政治生活。而在君主专制制度下，一种理论只有首先歆动和说服帝王，才有可能在官僚政治体制中得到贯彻。

宋太祖为了矫正五代之际"武臣司政，篡弑屡起"的流弊，宣称"愿与贤士大夫共治天下"，使得士大夫阶层普遍增强了社会担当意识。为此北宋君臣皆以复兴儒学、重振纲常为国之大事。相应地北宋时期从上到下掀起了学习儒学的热潮，在民间，表现为书院如雨后春笋般兴起；在朝廷，则表现为以经筵讲席成了实质性的"国是"论坛。此种情况在仁宗、英宗、神宗朝表现得淋漓尽致。

但是北宋末期的"元祐党禁"和南宋时期的"庆元党禁"，却使得"贤士大夫"遭到了沉重的打击。所以当宋理宗即位、党禁解除后，学者痛定思痛，反思这些问题产生的根源，认识到关键还在于要"正君之心"，即君主不能用法家、兵家、纵横家的阴谋权术来对待大臣，为此就要灌输给君主一套全面、系统的"帝王之学"的理念和知识。这是"帝王之学"在宋代形成的政治\背景。

而从学术背景来看，原始儒学内容庞杂，学者研习，往往汗漫无归宿。司马谈《论六家要指》批评儒学"博而寡要，劳而少功"[1]，可以说切中传统儒学的要害。到了宋代，儒学的发展开始向"要约"的方向转变，朱熹提出一个严格的治学次第：先《四书》，后五经，《四书》中又以《大学》为首。自此以后，《大学》一书成为经典诠释的重中之重。

但《大学》的诠释由此也分作两种途径：一是以概念辨析为主的哲理性诠释；一是以历史经验为主的应用性诠释。南宋朱熹开辟了概念辨析的诠释路径，与此同时，他也指出了以历史经验注解《大学》的可能性。他说："今且须熟究《大学》作间架，却以他书填补去。"[2]"《大学》是一个腔子，而今却要去填教实著。"[3]朱熹虽然指出了这个诠释的方向，但他自己并没有这样做。这个工作是由后来的真德秀来做的。

真德秀所著《大学衍义》就是以《大学》"三纲领""八条目"为"间架"而撰写的书，被时人称作"帝王之学"。虽说是"帝王之学"，却并不意味只有君主可以学，凡是参与官府行政管理的各级官员都要学，正如真德秀《大学衍义序》中所说："为人君者不可以不知《大学》，为人臣者不可以不知《大学》。"[4]但真德秀所著《大学衍义》于《大学》"八条目"只讲了前六项所应具备的知识。而对于"八条目"中的后两项——"治国""平天下"却缺焉不讲。理学讲"内圣外王"之道，此书所重在"内圣"之学，以为若能做到"内圣"，外王之道即在其中。故《大学》"八条目"仅举其六。

到了明代，丘濬作《大学衍义补》，补上了"治国""平天下"所应具备的知识。这就使理学家的"帝王之学"成了一个完备的理论体系。从编纂者的本意而言，在于告诉执政者应该有怎样的品格、具备什么样的知识，才能成为一个英明的执政者。这使国君与百官对于《大学》经典的研习，不只是停留在空洞的理论上，而是要能理论联系实际。

在中国历史上，"帝王之学"的主要代表作有唐太宗所作的《帝范》、唐吴兢的《贞观政要》、宋司马光的《资治通鉴》、朱熹的《资治通鉴纲目》、宋真德秀的《大学衍义》、明丘濬的《大学衍义补》等。其中后两书以《大学》"三纲领""八条目"为理论架构，以类分目，填入经传子史的相关资料，最具理论系统性，也最具实用性，可以说是集古代行政管理经验之大成。

真德秀的《大学衍义》与丘濬的《大学衍义补》在《四库全书》中不入经部，而入子部儒家类。原因是这两部书从体例和内容上说并不是解释《大学》本旨之书，而是一种向皇帝进言献策之书。我们之所以将属于子部的书作为经学史的研究内容，也意在说明，经传子史本是相通的，只知道《大学》"三纲领""八条目"的文字解读，并不就是真正懂得了《大学》，还要懂得"三纲领""八条目"实际应该包括哪些内容，即如上引朱熹所说："《大学》是一个腔子，而今却要去填教实著。"下面分别讨论真德秀的《大学衍义》和丘濬的《大学衍义补》。

第一节　真德秀的《大学衍义》

真德秀（1178—1235），字景元，后更希元，号西山，建宁浦城（今属福建）人。庆元五年（1199）进士，由太学正累官至参知政事。进资政殿学士，兼侍读。学者称"西山先生"。真德秀是朱熹之后声望最高的理学家之一，全祖望题《真西山集》说："乾淳诸老之后，百口交推，以为正学大宗者，莫如西山。"[5]

真德秀的主要著作有《西山文集》《西山读书记》《四书集编》《大学衍义》《心经》《政经》等，其中最著名的是《大学衍义》。

清儒蔡世远所著《古文雅正》评论此书说:"《大学衍义》一书,引经摘史,加以剖晰,论断心法、治法,微显毕具,诚内圣外王之学,合古来著书者而集其大成也。自天子以至于庶人皆当习复而身体之。余尝谓:有宋道学五子而外,断推西山为第一体用兼优、才德俱茂,恨不究其用耳。"[6]下面介绍《大学衍义》的主要思想内容:

(一)执政者根基在以学成德

1. 修身为从政之本

真德秀认为,作为执政者须永远牢记,"修身"是其主政施治的根本,"修身"不能毕其功于一役,必须长期坚持不懈,警惕私欲萌生,放逸堕落。《尚书·皋陶谟》说:"慎厥身,修思永。"真德秀以为,可以从此一格言中体会出两个字:一是"谨",作为执政者必须有谨言慎行的素质,口无遮拦、放言无忌,不适合从政。二是"思",要常提醒自己,作为执政者应起表率作用。能做到这两点,修身就有了保证。真德秀说:

> 人君一身,实天下国家之本,而"谨"之一言又修身之本也。"思永"者,欲其悠久而不息也。……"谨"则常敬而无忽,"思"则常存而不放。修身之道备于此矣。[7]

《荀子·君道》有这样一段话:"请问为国?曰:闻修身,未尝闻为国也。君者,仪也,仪正而景(影)正。君者,盘也,盘圆而水圆。君者,盂也,盂方而水方。……楚庄王好细腰,故朝有饿人。故曰:闻修身,未尝闻为国也。"荀子以为,对于一国之君而言,修身是治国的前提条件。国君正,则其国可治;国君不正,则其国必乱。真德秀援引《荀子·君道》此文之后作批语说："荀况之意，谓君身正，则臣民亦正，故多为之喻如此，亦有指哉！"[8]

真德秀还指出，在《大学》一篇之前，儒家文献讲修身以德，并未开列如何修德的具体方法和途径，《大学》所列"八条目"，于"修身"条目之前，开列"格物""致知""诚意""正心"四个条目，此四条目正是修德的具体方法和途径。而这正是《大学》一篇对于儒学发展所做出的重要贡献。他说：

> 《尧典》诸书，皆自身而推之天下。至于先之以格物、致知、诚意、正心，而后次之以修其身，则自《大学》始，发前圣未言之蕴，示学者以从入之途。厥功大矣！[9]

2. 学习为修德之要

真德秀认为，修德有多种途径和方法，但最重要的途径和方法是学习。执政者并非天生比别人高明，人的聪明才智归根结底来自后天的学习。因此自天子至百官都需要学习，即使真有所谓"生而知之"的圣人，也需要学习。他说：

> 虽生知之圣，未有不从事于学者。然自商以前未有"学"之名，观《书》所载数圣人之心传面命与君臣之间胥训胥告者，无非"学"也。[10]
>
> "学"之一事（字），前此未经见也。（殷）高宗与（傅）说始言之，遂开万古圣学之源，其功亦大矣哉！[11]

为什么学习对于一个人如此重要呢？真德秀认为，人天生而有认知事物的能力，人只有通过不断学习，扩充知识，才能将知识转化为才智和本领。唐太宗于戎马倥偬之际，便留心经史之学，而做皇帝即位之初，即领导了经学的统一工作，并夜以继日学习，与专家学者讨论治国之道，解决国计民生的现实问题，由此而有中国历史上著名的"贞观之治"。真德秀指出，唐代贞观之治的出现，与唐太宗的"好学"品格有很大的关系。他说：

> 后世人主之好学者，莫如唐太宗，当战攻未息之余，已留情于经术，召名儒为学士，以讲摩之，此三代以下所无也。既即位，置弘文馆于殿之侧，引内学士番宿更休，听朝之暇，与讨古今，论成败，或日昃夜艾，未尝少息。此又三代以下之所无也。……此所以致贞观之治也。[12]

学习知识，不仅可以增长才干，也可以愉悦人心，这是培养人的情操的最好形式之一。君主在国中具有最优越的地位和物质生活条件，也最容易沉溺于声色嗜欲之中，玩物而丧志。真德秀因此对唐太宗与名儒学士"夜对"的习惯颇为欣赏，他说：

> 夫"昼访"足矣，又必加以"夜对"何也？人主一心，攻者甚众，惟声与色，尤易溺人。昼日便朝，荐绅俨列，昌言正论，辐凑于前。则其保守也易。深宫暮夜，所接者非貂珰之辈，即嫔御之徒，纷华盛丽，杂然眩目，奇技淫巧，皆足荡心。故其持养也难。此"夜对"之益所以尤深于"昼访"与！[13]

（二）格物致知：确定开明施政的大政方针

宋明理学家一谈"格物致知"，便争论"格物致知"概念的意义，意见纷纭，莫衷一是，以致明末刘宗周说"格物之说，古今聚讼有七十二家"[14]。真德秀与一般的理学家有所不同，他不是纠缠于"格物致知"概念的意义，而是直接把"格物致知"四字理解为执政者所应具备的"知识体系"。这个知识体系是建立在"性善论"哲学思想基础之上的。

1. 以"性善论"为施行仁政的哲学思想基础

君主居于一国权力的顶端，他所面对的是全国的臣民，如何对待自己与臣民的关系，这是时刻摆在君主面前的一个现实的问题。真德秀认为，君主要成为一代"明君"，首先要明白这样一个道理：所有人的天性都是善良的。这是其今后施行仁政的一个哲学思想基础。他说：

> 论天性人心之善。或谓以此为人君"致知"之首何也？曰：人君之于道，所当知者非一，而"性善"尤其最焉。盖不知己性之善，则无以知己之可为尧、舜；不知人性之善，则无以知人之可为尧、舜。……由治己而言则有学，由治人而言则有教。[15]

人的天性都是善良的，有人之所以为不善，乃是放纵个人欲望导致的。个人欲望盛，其善性的一面便会被抑制而发用不出来。真德秀说："人惟其有欲也，故恻隐之发，而残忍夺之；辞逊之发，而贪冒杂之；羞恶之发，而苟且间之；是非之发，而昏妄贼之。"[16]这是人的心性的一般规律，它不仅适用于普通民众，也适用于君主。所以，"为人君者，内必有以去物欲之私，使视听言动无一不合乎礼；外必有以广民物之爱，鳏寡孤独无一不遂其生。此所谓仁也。……故圣

927

人论仁莫先于克己也"[17]。

2. 建立一个君臣一体循正理施政的机制

真德秀认为，君臣关系很容易出现上骄下谄、是非莫察的情形。君主自以为是，搞一言堂，且悦人颂己，群臣阿谀逢迎，齐称"圣上英明"，而不进忠谋，这样就会导致国家的危亡。真德秀说："知为君之难，则邦必兴。唯予言而莫敢违，则邦必丧。"[18]在真德秀看来，君臣之交，应以道而合，造成一种君臣以道共治天下的政治局面。大臣以正理事君，君主行事不合正理，不苟从之。同时，大臣还必须有其尊严和独立的人格，以"道"为去就，合"道"则留，不合"道"则去。真德秀说：

> 道者，正理也。大臣以正理事君，君之所行有不合正理者，必规之拂之，不苟从也。道有不合，则去之，不苟留也。[19]

真德秀还告诫君主，君主虽然有莫大的权力，但发号施令，只有遵循正理而行，才会为臣民所心服。否则，为所欲为，悖理行事，便会有令而不行。他说："君以出令为职要，必不违于理，然后人心服，而令必行。否则言悖而出，亦悖而入，未见其能令也。"[20]

3. 确立符合国情的国家主导思想，认清异端学术之弊害

真德秀认为，学术思想影响世道人心，关系天下之治乱。在当时之时代，只有儒学适合中国国情，能维持正常的人伦秩序，促进社会的稳定发展，所以必须将儒学确立为国家的主导思想。而对于历史上的其他思想学说，必须从理论上明辨其非，从历史上考察其失。只有这样才能扶正道、正人心。

（1）认清杨朱、墨翟学术之弊害。儒学主张"亲亲而仁民，仁民而爱物"（《孟子·尽心上》），爱非不普遍，而其施有序。战国时期，墨翟主张"兼爱"，杨朱主张"为我"，皆与儒学立异。孟子批判杨、墨，以为墨翟"兼爱"是"无父"，杨朱"为我"是无君，无父无君是禽兽也。真德秀站在孟子的立场上解释说：

> 事君则致其身，杨朱但知爱身，而不知致身之义，故无君。立爱必自亲始，墨翟爱无差等，而视其至亲无异众人，故无父。无父无君，则人道灭绝，是亦禽兽而已。[21]

（2）认清法家之学、纵横家之学之弊害。真德秀指出，在先秦，商鞅、申不害、韩非等法家人物倡导"刑名之学"，而苏秦、张仪等人倡导"纵横之学"。商鞅相秦，废井田而开阡陌，以权术欺邻国，在国内以苛法治国，杀人无数，刻薄少恩。申、韩之术与其类似。苏秦、张仪逞口舌之辩，纵横捭阖，倾乱人国。此五人虽邀一时富贵，但其学术危害社会民生，皆非正道。后世君主不应重视此类学术，重用此等人物。

（3）认清道家老聃、庄周之学之弊害。真德秀认为，老子之学，有其合理因素，如曰"慈"、曰"俭"、曰"不敢为天下先"、曰"无为而治"，等等，为近理之言，并对汉初休养生息的政策制定产生了影响，取得了积极的成效。其学说的其他思想内容也为养生家、兵家所借鉴和吸收。但其学以事物为粗迹，以空虚为妙用，庄周因之，以荒唐缪悠之辞哗于世，为后世清谈家所仿效，乃全误人家国。在真德秀看来，老子之学的合理因素，虽然有可取之处，但已为儒学之所有，而其弊端则有不可胜言者。

（4）认清神仙之说之弊害。神仙之说，始于战国，谓人服食长生不死之药，可以成为神仙。秦始皇遣人求之而不验，汉武帝复求之，又不验。秦始皇、汉武帝皆一世英杰，绝非庸才，然长生不死之欲一动乎念，遂为方士愚惑，虚耗国力，而一无所得。对此，真德秀批评说：

> 为神仙之学者，则曰"吾能长生而不死"，有是理乎？善乎扬雄之说也：或问"人言仙者，有诸？"曰："吾闻宓牺、神农没，黄帝、尧、舜殂落而死，文王毕，孔子鲁城之北，独子爱其死乎？"……则知长生之为虚诞也明矣。而后来者犹甘心而不悟。哀哉！[22]

（5）认清谶纬之说之弊害。谶纬之说，起于西汉哀、平之间，王莽摄政，假称上天符命，以行其篡代之谋。其后谶纬之说大兴，皆假称符命，汉光武帝亦应符命而起兵，当他登上天子宝座后，对谶纬之说更崇信而表彰之。对此，真德秀批评说：

> 谶纬者，末世之邪说。……光武诛新复汉，宜削灭其书，以绝祸本可也，乃以赤伏之验，崇信而表章之。夫异端小数，岂无或验？要非六经之法言，先王之正道。……先朝名臣欧阳修乞诏儒臣悉取九经之疏，删去谶纬之文，以其害道故也。[23]

（6）认清不可以佛教治中国。汉代，印度佛教开始传入中国，其学大抵以空为宗，谓世间万物皆为因缘假合，而无自性。其学贵慈悲不杀，以为人死精神不灭，轮回转世，其生时所行善恶皆有报应。故尊尚修证佛法，以至为佛。其学善为宏大之言，颇能吸引信众。魏晋以后，其学渐盛。梁武帝在位四十八年，前后三次舍身入佛寺为厮役。由于其溺于慈爱，法禁松弛，王侯子弟多骄淫不法，以致国事日非。其后侯景作乱，梁武帝竟被逼饿死于台城。事佛求福，乃更得祸，此亦一大历史教训。对此，真德秀批评说：

> 盖尝论之，使仙而可求，则汉武得之矣。佛而可求，则梁武得之矣。以二君而无得焉，则知其不可求而得也明矣。纵求而得之，虚无荒幻之教不可以治诸夏，山林枯槁之行不可以治国家，况不可求邪！汉武贪仙而终致虚耗之祸，梁武佞佛而卒召乱亡之厄，则贪佞之无补也又明矣。[24]

（7）认清玄学清谈之误国。魏正始中，尚书何晏好老庄之书，与夏侯玄、荀粲、王弼等人竞为清谈，其学崇尚玄虚，谓天地万物皆以无为本，六经为圣人之糟粕。朝野士大夫争效其说，遂掀魏晋玄学清谈之风。真德秀指出：

> 何晏、王弼之徒设为玄虚之论，视事物之有形者皆为刍狗，是非成坏一不足介意，于是臣不必忠，子不必孝，礼法不必事，威仪不必修，惟空旷无心，不为事物染著者，乃为知道。……其始以之自利其身，其终以之贻害于国。……然则有天下者，惩魏、晋、萧梁之祸，其可不以尧、舜、周、孔之道为师哉！[25]

4. 关心民间疾苦，知稼穑之艰难

儒家认为，天之立君，以为民也，欲以一人理天下而劳之，非以天下奉一人而逸之。因而作为国君所最当知者，乃是

民生问题。继统之君，长在深宫，锦衣玉食，往往不知稼穑之艰难，不知民间之疾苦，怠忽政事，而祸患即由此生。《诗经·豳风·七月》小序："陈工业也。周公遭变故，陈后稷先公风化之所由，致王业之艰难也。"[26]真德秀对此评论说：

> 周家以农事开国，成王幼冲嗣位，周公惧其未知稼穑之艰难也，故作此诗使瞽蒙歌之宫中，庶几成王知小民之依，不敢荒宁。盖与《无逸》之作同一意也。夫农者，衣食之本。一日无农，则天地之所以养人者几乎熄矣。惟其关生人之大命，是以服天下之至劳。[27]

五代时，后唐明宗问宰相冯道："今岁虽丰，百姓赡足否？"冯道回答："农家岁凶则死于流殍，岁丰则伤于谷贱。丰、凶皆病者，惟农家为然。臣记进士聂夷中诗云：'二月卖新丝，五月粜新谷，医得眼下疮，剜却心头肉。'语虽鄙俚，曲尽田家之情状。农于四民之中最为勤苦，人主不可不知也。"[28]上悦，命左右录其诗，常讽诵焉。对此，真德秀评论说：

> 唐明宗，五季之君，而俭约爱民，……因冯道之对诵夷中之诗，恻然若有所感，然未闻当时有所施行，则亦徒言而已尔。[29]

（三）诚意正心：树立敬民如天的为政理念

"诚意正心"包含"诚意"和"正心"两个方面，"诚意"从正的方向说，是要树立正确观念；"正心"从反的方向说，是要端正错误思想。真德秀把"诚意正心"四字理解为执政者所应具备的"信仰体系"。这个"信仰体系"包含如下内容：

1. 敬而后能诚

用现代哲学的语言说，"诚"是一种超越的本体。《大学》之所谓"诚意"，是一种很高的境界，初学者很难把握。为此，理学家提出一种较易操作的工夫，即"主敬"。二程说："诚者天之道，敬者人事之本。（敬者，用也。）敬则诚。"[30]又说："诚然后能敬，未及诚时，却须敬而后能诚。"[31]有人问谢良佐："敬是存诚之道否？"谢良佐回答："是也。"[32]因为这个道理，真德秀讲《大学》"诚意"，专讲"主敬"的工夫，即由"敬"而达到"诚"。

所谓"敬"，用今天的话讲，就是在对待自然万物与国计民生问题上要时刻抱持一种敬畏之心。真德秀指出：

> 《曲礼》一篇为《礼记》之首，而"毋不敬"一言，为《曲礼》之首。盖敬者，礼之纲领也。曰"毋不敬"者，谓身心内外不可使有一毫之不敬也。[33]

《礼记·表记》有一句格言说："君子庄敬日强，安肆日偷。"真德秀解释说："人君处宫闱之邃，极富贵之奉，傥非以庄敬自持，凛然肃然，如对神明，如临师保，其不流于放荡者几希！"[34]所谓"日强"即是自强不息之意，毅然以进德修业自任，视天下之善无不可为者。而所谓"日偷"，是苟且混时之意，如果这样，那就只有花天酒地、醉生梦死而已。因此，作为人君必当"庄敬日强"。

以上讲"主敬"是从主体方面讲的。若从对象方面说，又可略分为事天之敬、遇灾之敬、临民之敬、治事之敬等数项。兹略述如下：

（1）事天之敬。古人将"天"视为世界最高的主宰和

价值的本原，儒者尤其喜欢抬出"天"来压制君权，一切依
"天"立论，而许多时候"天"只是虚悬一格。在儒者的解释
中，世间的最高价值被说成是天地间自然的秩序，而"民意"
所反映的就是"天意"，《尚书·皋陶谟》："天聪明，自我民聪
明；天明畏，自我民明威。"对此，真德秀解释说：

> 天之聪明在民，天之明威在民，民心所在，即天心
> 也。天人一理，通达无间，有民社者，其可不敬乎！[35]

真德秀指出，人君对天的敬畏，归根结底，体现为对民事
的敬畏。

（2）遇灾之敬。中国有史以来，记载了许多次水旱地震
等灾异，汉代自董仲舒以下等许多儒者将它解释为人君不德，
施政有阙失，上天降灾异予以谴告示儆。真德秀认为，上天仁
爱，非有意降灾于人类。之所以有水旱地震等所谓灾异，有些
纯粹是自然现象，有些是人为所致，自取其祸。《左传·昭公
二十六年》载：齐国见彗星，齐景公使巫士祭祷以消灾求福，
时晏婴为相，对齐景公说："无益也，祇取诬焉。……天之有彗
也，以除秽也。君无秽德，又何禳焉？"真德秀评论说："晏
子于是知天道矣。古之应天者惟有敬德而已。祷禳非所恃也。
后世神怪之说兴，以为灾异可以禳而去，于是国君不复有畏天
之心，此为害之大者也。"[36]他又说："山摧川沸之变，非天
为之，实噂沓背憎之人为之也。盖上天仁爱，非有意于降灾，
乃人自取之耳。可不戒哉！"[37]在真德秀看来，上天虽然不
是有意志有情感的至上神，可以随意降灾，但人类要违反自然
规律做事，仍然会遭到自然的惩罚。

（3）临民之敬。人君最容易犯的错误就是高高在上，视
民如草芥。因此有经验的政治家会告诫新统治者：驾驭民众犹

如驭马，朽索驭马必危，非道临民必离。君主和民众的关系，又如水与舟的关系，水可载舟，亦能覆舟。因此，君主畏民当如畏天，敬民当如敬天。真德秀指出：

> 国之有民，犹木之有根，根摇则木拔，民离则国危。匹夫匹妇若无所知，然离而听之则愚，合而听之则圣，……盖众多之智虑，虽圣人有不能加焉，敢以己之圣为可恃而民之愚为可忽乎？[38]

匹夫匹妇，就个人智能而言，可能是愚昧低下的，但就其集体智能而言，却是任何圣人也比不了的。因此执政者对待民众，必须怀有足够的敬意。

（4）治事之敬。古代以四民分业，四民谓士、农、工、商，四民各勉力于其职分，谓之"敬业"。人君负有治国之责，不仅独善其身而已，还要兼济天下。因此人君既要以敬修德，又要以敬治事。为此，真德秀指出：

> 天下万事莫不本之一心，敬则立，嫚则隳。虽至细微亦不可忽。……后世人主既鲜知以敬治身，而临事尤多轻忽，此祸败所由基也。[39]

2. 戒逸欲奢侈

《尚书·皋陶谟》载皋陶曰："无教逸欲有邦。"真德秀解释说："'逸'谓燕安怠惰之私，'欲'谓奢靡荒淫之好。人主一身，天下之表倡也。故当以勤俭而率诸侯，不可以逸欲教有邦。夫所谓教者，非昭然示人以意向也，逸欲之念少萌于中，则天下从风而靡矣。"[40]理学家认为，上古圣王于国家权力禅让交接之际，往往传授心法，所谓"心法"，就是治理国家的经验心得。其中一个最根本的认识是：治乱之源，在国君之一心。国君之心正，则其国治；国君之心不正，则其国乱。国君要正其心，关键在于不纵逸乐。"不纵逸乐，则其心正矣。然后于人之贤否知所用舍，谋之是非知所决择，心志洞然，无一蔽惑，则于逆理遑欲之事自不肯为。……此自古圣贤传授之要法也。"[41]

人生皆有欲，而世间最大的诱惑有两种：一是声色，二是货利。淫声美色，使人心迷；珍货厚利，诱人害义。无论是帝王还是庶民，陷溺于声色、货利之中，都可能败德毁身。所谓"一行不慎，全德之累"。对于君主而言，声色之诱惑，其祸败尤大。自古淫乱之君，自谓闺阃隐秘，世无得而知，故恣心所欲。而史传所载，无所遁形。身败名裂，为天下笑。真德秀指出：

> 后世淫泆之主，溺于衽席之爱，以召乱者众矣，而汉飞燕、唐太真最其著者焉。……成帝、明皇当承平富庶之余，而忘持盈守成之戒，志念所营，惟在声色。……二君流连荒纵，自谓穷天下之乐，而不知祸胎乱萌，已伏于闺阃中。……色之为祸，惨于镆铘，而烈于燎原之火，大抵如此，可不戒哉！可不惧哉！[42]

人君居天下之尊位，所谓"溥天之下，莫非王土，率土之滨，莫非王臣"，宫室苑囿车骑服御，极天下之堂皇富丽，往往被视为理所当然。而于此时，人君最容易犯的过错就是奢侈无度。然而历史上也有少数倡导节俭的明君，汉文帝就是其中的典型代表。史称：汉文帝即位二十三年，宫室苑囿车骑服御，无所增益。尝欲作露台，召匠计之，直百金。上曰："百金，中人十家之产，吾奉先帝宫室，常恐羞之，何以台为？"[43]

对此，真德秀极表赞赏，他说："文帝斯言，有二善焉。曰
'百金中人十家之产'，念细民为生之艰也。曰'吾奉先帝宫
室，常恐羞之'，念祖宗创业之艰也。国君常存此心，虽劝之
奢侈亦不为矣。……臣故曰：文帝斯言，有二善焉，可以为后
世法矣。"[44]

（四）修身齐家：立身以正，家人不预国事

1. 修身：谨言行，正威仪

君主为天下所望，其一言一行皆为万众所关注，言行得
体，臣民共以为荣；言行不得体，臣民一同蒙羞。而君主发号
施令，民众是否乐于服从，亦会直接受到君主言行的影响。真
德秀指出：

> （人君）言之善否，出于一室之间，而人之从违，
> 见于千里之外。一言之出，则为号令，而百姓被之。一
> 行之著，则为仪表，而四方见之。……然一言一行之善，
> 感格之效，捷于影响，其可不谨乎？[45]

"正威仪"之事，也是人君不可忽视的。"威仪"二字分
而言之，"有威而可畏之谓威，威非徒事严猛而已。正衣冠，
尊瞻视，俨然人望而畏之，夫是之谓威。仪非徒事容饰而已，
动容周旋，莫不中礼，夫是之谓仪"[46]。"威仪"并非威风八
面，凛不可犯，而是内心的一种外在表现。"威仪"是一个中
性词，有正的、善的、得体的威仪，也有不正、不善、不得体
的威仪。真德秀说："威仪者，内心之表也。内心正，则威仪
之形于外者亦正，此善之幾也。内心不正，则威仪之形于外
者亦不正，此恶之幾也。"[47]威仪也有身份区别，如真德秀所
说，"君有君之威仪，臣有臣之威仪。梁襄王，君也，望之而

不似君，非君之威仪也。令尹围，臣也，见之而似君，非臣之威仪也。当是时，令尹围专楚国之政，有篡夺之心焉，故形诸威仪，必有僭逼于上者。故北宫文子知其不终也"[48]。由此亦可见"正威仪"的重要。

2. 齐家：戒家人预政

"齐家"的"齐"字意谓整治、治理，"齐家"不是"发家"的意思。在传统观念中，国是家的放大，只有能治理好小家的人，才有资格参与国家的治理。但家与国又有界分，从政治规范而言，上至天子，下至百官必须严分内外，即是说国家政治事务必须由一国之君及其官吏队伍来管理，家人不得预政。在中国历史上，家人预政带来社会政治黑暗混乱的后果，屡见不鲜。就地方官场而言，通过官员家人的渠道，进行请托关说，从地方官员那里获得非法利益，使得社会失去公平和正义。而在中央政府中，通过后妃等渠道，进行请托关说获得非法利益，其政治危害就更大了。《礼记·曲礼》说："外言不入于梱，内言不出于梱。"真德秀加按语说："此严中外、杜请谒之法也。自士大夫之家犹然，况帝室乎！"[49]

真德秀在强调后妃不得预朝政的同时，又特别强调内臣不得预朝政。所谓内臣，是指宫廷中的宦官，在中国古代王朝的历史中，宦官弄权，为患国家，其来已久，是一个颇为棘手的问题。宦官出入宫禁，为皇帝之近臣。庸懦之君，猜忌大臣危己，往往以宦官为耳目，听信宦官之言。而宦官一旦权重，内外勾结形成气候，就会以祸福之言控制君主，把持朝政。当君主意识到受宦官掌控，孤处宫禁时，为时已晚。是时，宦官挟其君以为人质，朝廷中虽有圣智之臣不能与之谋，谋之而不可为，为之而不可成。甚则两败俱伤，大者亡国，其次亡身。汉末"十常侍"把持朝政，便是典型的历史事例。此后，历史上也常上演类似的故事。为此真德秀告诫君主，同时也告诫内臣说：

> 汉唐之宦侍，其忠谨自持者，未尝不获福；其骄恣预政者，未尝不罹祸。国君而知此，则能全其国。国全则家亦全矣。内臣而知此，则能全其身，身全则国亦全矣。[50]

真德秀《大学衍义》被称为"帝王之学"，但他于《大学》"八条目"中只讲到前六项，至"齐家"而止。他认为，《大学》"八条目"中的前六项是做一位好君主的基本轨范。君主有了这些基本轨范，朝廷就不会有大的政治危机。至于如何治理国家的宏图大猷，则略而不讲，留给君主自己去发挥了。

宋理宗曾称赞《大学衍义》"备人君之轨范"[51]；元武宗谓"治天下此一书足矣"[52]；明太祖曾问宋濂："帝王之学，何书为要？"宋濂举《大学衍义》，明太祖乃命大书揭之殿两庑之壁，时睨观之。[53]《明史纪事本末》卷二十八记述了这样一件事：宣德年间，天下承平，明宣宗颇事游猎玩好，江西巡按御史陈祚驰疏，劝宣宗学《大学衍义》，宣宗览疏大怒："朕不读书，《大学》且不识，岂堪作天下主乎？"[54]命将陈祚卜锦衣狱。陈祚因而被禁锢五年。明宣宗以为，若帝王连《大学衍义》都不读，便不配做帝王。他把陈祚的奏疏看成是对他的轻视和羞辱，故怒不可遏。明宣宗无人君器度，于此可见一斑。但这也从反面看出《大学衍义》作为帝王之学在后世君主心中的地位。清康熙十二年，"上谕学士傅达礼曰：尔衙门所进翻译《大学衍义》一书，朕恭呈太皇太后御览，奉慈谕云：'国君居四海臣民之上，所关甚巨。然代天理物，端在躬行；致治兴化，必先修己。此书法戒毕陈，诚为切要。尔

特加意是编，命儒臣翻译刊刻，更令颁赐诸臣。'予心欣悦。特发内帑白金千两，可即赉予在事诸臣。朕仰遵慈旨，颁赐尔等。"[66] 由上述可见，自南宋理宗之后，历代帝王对《大学衍义》的重视，清初统治者甚至将此书翻译成满文供王公大臣学习。

第二节　丘濬的《大学衍义补》

丘濬（1421—1495），字仲深，广东琼山（今海南海口市琼山区）人。少孤力学，天资过人。明代宗景泰五年（1454）进士，选庶吉士。丘濬由此得以读书秘阁，上自六经、诸史、九流、笺疏之书，古今词人之诗文，下至医卜老释之说，靡不探究。明宪宗即位，初开经筵，以丘濬充讲官，转侍讲。参与修纂《英宗实录》，书成，升侍讲学士。官至户部尚书，武英殿大学士，兼太子太保。

丘濬晚年谓真德秀《大学衍义》有资治道，而缺治国平天下之事，乃采经传子史有及于治国平天下者，附以己见，作《大学衍义补》一百六十卷，凡古今治国平天下之要道，莫不备载。其书立为十二目：一、正朝廷；二、正百官；三、固邦本；四、制国用；五、明礼乐；六、秩祭祀；七、崇教化；八、备规制；九、慎刑宪；十、严武备；十一、驭夷狄；十二、成功化。丘濬的《大学衍义补》就篇幅而言，较之真德秀的《大学衍义》要大许多倍，因而有人批评此书有"繁杂"之病。我们认为，即使从今人之视角而言，丘濬《大学衍义补》中的许多内容对于现代的行政管理仍有一定的历史借鉴意义。今略举如下六项：

（一）兼听

一个执政者英明与否，不在于他是否绝顶聪明，而在于他是否能发挥和整合集体的智慧，这不仅是领导集体的智慧，还包括广大民众的智慧。为政者最大的危害就是言路壅塞，只能听一小部分人的意见，听不到多数人的声音。执政者成了瞎子、聋子，这时候就可能酝酿政治上的祸乱。丘濬指出：

> 夫朝廷之政，其弊端之最大者，莫大乎壅蔽。所谓壅蔽者，贤才无路以自达，下情不能以上通是也。贤才无路以自达，则国家政事无与共理，天下人民无与共治。下情不能以上通，则民间利病无由而知，官吏臧否无由而闻，天下日趋于乱矣。[56]

中国历史上的君主，以唐太宗最善于纳谏，而号称"明君"。唐太宗曾问魏徵："国君何为而明，何为而暗？"魏徵回答："兼听则明，偏信则暗。……人君兼听广纳，则贵臣不得壅蔽，而下情得以上通。"[57]就一般之人情而言，喜听赞扬自己的话，而不喜听批评自己的话。执政者尤其如此，他们往往很介意别人的批评，感觉自己作为执政者的威信受到了损害，因而常常对批评者心怀不满，一有机会就报复迫害。唐太宗则不然，欲知己过，常责臣下言其愆失。为此，丘濬赞扬他说：

> 三代以下，好谏之君，以唐太宗为称首。……故得有过必知，知而必改。……此后世人主所当取法者。[58]

丘濬进一步指出，"兼听"与"偏信"，不只是个人之品行

而已，实关系事业的成败："明者广纳以成德，暗者独用而败身。成败之途，千古相袭。与败同辙者罔不覆，与成同轨者罔不昌。"[59] 再进一步，执政者还不仅是集中民众的智慧，更重要的是要能以民众之心为心，想民众之所想，急民众之所急。丘濬说："夫君人者，以众智为智，以众心为心，恒恐一夫不尽其情，一事不得其理，孜孜访纳，惟善是求，岂但从谏不咈而已哉！"[60]

（二）用人

1. 选用贤能

国家政治的大政方针确定之后，要由各级官员贯彻实施，而官员的素质直接关系施政的绩效，因此如何选拔人才、任用官吏，便是国君主政的头等大事。选用什么样的人担负治国之任呢？中国古代无论儒家，还是墨家、法家都主张任人唯贤，反对任人唯亲。明代的丘濬也是主张任人唯贤的，他说：

> 为治之道在于用人，用人之道在于任官。人君之任官，惟其贤而有德、才而有能者则用之。至于左右辅弼大臣，又必于贤才之中择其人以用之，非其人则不可用也。[61]
>
> 夫人君用人以图治，惟其贤能而用之，则国家之治原于此矣。苟舍其贤者能者，惟己之所亲爱者是用，虽有可恶之德不问也，如此则列之五等，布之庶位者，皆不仁不义之人、无礼无智之士，天下岂有不乱者哉！[62]

2. 参考资历

"任人唯贤"的选官原则，说来容易，做起来很难。问题是，谁有眼力判断孰优孰劣呢？我们可以承认历史上有英明的君主，他们有知人之明，所选择的辅弼大臣皆是一时之选，但并不能保证后继的执政者都有这种知人之明。因此，一种较为方便而可靠的办法，就是参考资历，循级晋升。但这样做就带来一个严重的问题，就是那些出类拔萃的人永远没有出头的日子。因此丘濬主张，"非不用资格，亦不纯用资格"的选拔人才的办法。他说：

> 非不用资格，亦不纯用资格。不用资格所以待非常之才，任要重之职，厘烦剧之务。用资格所以待才器之小者，任资历之浅者，厘职务之冗杂者。其立为法一定如此。[63]

> 人以渐而用，而出类之才则不以渐；官以次而升，而切要之职则不以次。非有大功德、大才能，及国家猝有非常之变，决不拔卒为将，徒步而至卿相也。[64]

3. 厚禄养廉

官吏贪腐，历朝历代都有。产生官吏贪腐有各种各样的原因和条件，但官吏贪腐如成为社会的普遍现象，那就要从社会和制度方面来探讨原因了。而在众多的原因中，官吏的俸禄过薄也是其中的一个重要因素。历史上，一直有"厚禄养廉"的主张，比如，汉代张敞、萧望之就提出："仓廪实而知礼节，衣食足而知荣辱。今小吏俸率不足，常有忧父母妻子之心，虽欲洁身为廉，其势不能。"[65]唐代白居易（按：丘濬误为宋代夏竦）曾说："为国者皆患吏之贪，而不知去贪之道也。皆欲吏之清，而不知致清之由也。臣以为去贪致清者，在乎厚其禄、均其俸而已矣。夫衣食阙于家，虽严父慈母不能制其子，况君长能检其臣吏乎？冻馁切于身，虽巢由、夷齐不能固其节，况凡人能守其清白乎？"[66]赵匡胤建立宋王朝，感到

天下冗员薄俸，难以求治，遂下诏说："吏员冗多，难以求其治；俸禄鲜薄，而未可责以廉。与其冗员而重费，不若省官而益俸。州县宜以口数为率，差减其员，旧俸外增给五千。"[67]丘濬也是主张"厚禄养廉"的，他除了援引上述诸人的见解外，特别赞同宋太祖的措施，他说："宋太祖所谓'与其冗官而重费，不若省官而益俸'，此古今之至论也，臣敢举以为今日献。"[68]

4. 纠察百官

中国自汉代以后各王朝皆设台谏之职，儒家经典《周礼》中有"御史"之官，当时的职掌是邦国都鄙之治，以赞襄冢宰。汉代亦设此官，则专司纠察百官之任，目的是振肃纲纪，防邪革弊。唐代自武则天开始允许台谏"风闻言事"，宋朝亦援用了此一做法。所谓"风闻言事"的意思是，御史与谏官听到有关官员违法乱纪的传闻要及时奏报。允许"风闻言事"，所产生的正面效果，主要表现为重视台谏之职，开放言禁，鼓励御史尽其纠察之责，知无不言，言无不尽，以防微杜渐。正是在这种意义上，允许"风闻言事"受到当时一些人的好评，如北宋石介说：

> 君有佚豫失德、悖乱亡道、荒政咈谏、废忠慢贤，御史府得以谏责之。相有依违顺旨、蔽上罔下、贪宠忘谏、专福作威，御史府得以纠绳之。将有凶悍不顺、恃武肆害、玩兵弃战、暴刑毒民，御史府得以举劾之。君，至尊也；相与将，至贵也。且得谏责纠劾之，余可知也。[69]

又如北宋苏轼说：

　　（宋朝）自建隆以来，未尝罪一言者，纵有薄责，旋即超升；许以风闻，而无官长。……言及乘舆，则天子改容；事关廊庙，则宰相待罪。故仁宗之世，议者讥宰相但奉行台谏风旨而已。圣人深意，流俗岂知？台谏固未必皆贤，所言亦未必皆是，然须养其锐气而借之重权者，岂徒然哉！将以折奸臣之萌而救内重之弊也。夫奸臣之始，以台谏折之而有余，及其既成，以干戈取之而不足。[70]

　　但另一方面，御史在没有掌握确凿证据的情况下，仅仅根据风闻弹劾百官，很容易对官员产生无端的怀疑，损害名誉，甚至造成严重的冤假错案。为此，丘濬对"风闻言事"的做法表示坚决的反对，他说：

　　后世台谏风闻言事……始自武氏。宋人因按以为故事。而说者遂以此为委任台谏之专。嗟乎！此岂治朝盛德之事哉？夫泛论事情，风闻可也。若乃讦人阴私，不究其实，而辄加以恶声，是岂忠厚诚实之道哉？夫有是实而后可加以是名，有是罪而后可施以是刑，苟不察其有无虚实，一闻人言，即形之奏牍，置于宪典，呜呼！莫须有何以服天下哉？我祖宗著为宪纲，许御史纠劾百司不公不法事，须要明著年月，指陈实迹，不许虚文泛言，搜求细事，盖恐言事者假此以报复私仇，中伤善类，污蔑正人，深合圣人至诚治天下之旨。[71]

　　历史上各朝代关于政府官员的监督，设置了御史府一类专门的纠察弹劾机构，并给御史较大的权力，这是非常必要的。唐宋时期允许台谏"风闻言事"，这意味着给御史和言官以更

大的权力，甚至"宰相但奉行台谏风旨而已"。这种做法可以有效防止高官弄权，违法乱纪。但这也可能带来新的危害，历史上也屡屡发生这样的事情：权臣授意言官，通过"风闻言事"的做法，以"莫须有"的罪名陷害忠良。丘濬认为，御史任纠察百官之职，责任重大，应当恪尽职守；但"风闻言事"的做法弊大于利，应该废而不用。

（三）理财

丘濬认为，治国平天下以"用人""理财"两事最为重要。他指出：

> 前代称辅弼之臣曰"宰相"，会计之臣曰"计相"，同以"相"称，一以"用人"，一以"理财"，皆所以相佐其君，以平治天下者也。[72]

理财，包括如何创造财富、积累财富和管理财富。国计民生的安排，乃至国家实力的提升，以理财为根本。为此，丘濬指出："人君为治，莫要于制国用，而国之所以为用者，财也。财生于天，产于地，成于人。所以制其用者，君也。君制其用虽以为国，实以为民，是故君不足则取之民，民不足则取之君，上下通融，交相为用，时敛散，通有无，盖以一人而制其用，非专用之以奉一人也。"[73]《周易·系辞下》有这样几句很中肯的话："天地之大德曰生，圣人之大宝曰位，何以守位曰仁，何以聚人曰财。"丘濬解释说："盖天立君以治民，君必得民然后得以为君。是君不可一日无民也，然民必有安居托处之地，日用饮食之具，而后能聚焉。人君为治，所以使一世之民恒有聚处之乐，而无分散之忧者，果用何物哉？财而已矣。……是以人君当夫丰穰无事之时，而恒为天灾流行之思、斯民乏绝之虑，豫有以蓄积之，以为一旦凶荒之备焉。此无他，恐吾民之散而不可复聚也。"[74]《论语》中记载孔子讲过"节用而爱人"的话，"理财"的根本就是要树立"节用爱人"的思想，因为国家财用，皆出于民，如不节约，而用度有缺，就会横征暴敛于民。因此丘濬指出："帝王为治之道，不出乎孔子此言。'爱'之一言，万世治民之本。'节'之一言，万世理财之要。"[75]丘濬主张"不耗其财于无益之事，不费其财于无用之地，不施其财于无功之人"[76]。

关于理财，我们应该特别提到丘濬力倡开发"海运"的思想。他讲到：

> 海运之法，自秦已有之。而唐人亦转东吴粳稻以给幽燕，然以给边方之用而已。用之以足国，则始于元焉。初巴延平宋，命张瑄等以宋图籍，自崇明由海道入京师。至至元十九年，始建海运之策。……当舟行，风信有时，自浙西至京师，不过旬日而已。说者谓其虽有风涛漂溺之虞，然视河漕之费，所得盖多。故终元之世，海运不废。我朝洪武三十年，海运粮七十万石给辽东军饷。永乐初，海运七十万石至北京。至十三年，会通河通利，始罢海运。……河漕视陆运之费，省什三四。海运视陆运之费，省什七八。……海运虽有漂溺之患，而省牵率之劳，较其利害盖亦相当。……由海通运，使人习知海道。一旦漕渠少有滞塞，此不来而彼来，是亦思患豫防之先计也。[77]

但丘濬的主张，遭到后人的严厉批评。明万恭撰《漕河议》批评丘濬说："好事者，顾欲从海运，而弃黄河，此丘文庄之议也。夫文庄但计漂溺之米，而不计漂溺之人。……宋臣

有言：天下未有有利而无害者，唯择其利多而害少者为之。夫利多而害少者，祖宗之河运是也。有大害而无微利者，海运……定议是也。"[78]清四库馆臣也沿袭万恭的意见说：丘濬"力主举行海运，平时屡以为言，此书（按：指《大学衍义补》）更力申其说。所列从前海运抵京之数，谓省内河挽运之资，即可抵洋面漂亡之粟，似乎言之成理。然一舟覆没，舟人不下百余，粮可抵以转输之费，人命以何为抵乎？其后万恭著《议》，谓为有大害而无微利，至以好事斥之，非苛论也"[79]。丘濬在讨论"海运"时曾多方面探讨改进海运的技术措施，他同时强调，在实际的海运开发过程中，必定会提高海船建造方面的技术，以及海上航行技术。当时及后世官员以担心船、人覆亡为由，反对开发海运，使中国海运交通的发展受到了严重的阻碍。相比之下，丘濬更具战略家的眼光。

（四）备荒与救荒

中国自古以农立国，国以民为本，民以食为天。那个时代的社会生活比较简单，只要有食粮，人民就可活命，社会便可运转。在较为发达的农业生产中，正常年景，农民一年的收成，足供一年之需而有余。但农业社会靠天吃饭，人们最担心和害怕的是水旱之灾，历史上亦不时有连年灾害的情况，当此时，不仅可能饿殍遍野，也会造成社会的大动荡。所以对于任何一个王朝而言，积粮备荒都是一项基本的国策。因而丘濬指出：

> 国之所以为国者，以有民也。民之所以为民者，以有食也。耕虽出于民，而食则聚于国。方无事之时，丰稔之岁，民自食其食，固无赖于国也。不幸而有水旱之

灾、凶荒之岁，民之日食不继，所以继之者国也。国又
无蓄焉，民将何赖哉？民之饥饿至于死且散，则国空虚
矣。其何以为国哉？是以国无九年、六年之蓄，虽非完
国，然犹足以为国也。至于无三年之蓄，则国非其国
矣。国非其国，非谓无土地也，无食以聚民云尔。是以
三年耕，必余一年食，九年耕必余三年食，以至三十年
之久，其余至于十年之多，则国无不足之患，民有有余
之食。一遇凶荒，民有所恃而不散，有所食而不死，而
国本安固矣。[80]

　　而灾害一旦发生，备荒便转为救荒。古人曾说"救荒无善
政"，因为"救荒"工作往往很急迫，各方面问题有时难以兼
顾，如救灾之粮能否及时普遍地发到最需要的人的手里，中间
会不会发生克扣、冒滥、侵蚀等弊端，灾民中间会不会暴发疾
病瘟疫，等等。丘濬指出："古人言'救荒无善政'，非谓蓄积
之不先具，劝借之无其方也。盖以地有远近，数有多寡，人有
老幼强弱，聚为一处，则蒸为疾疫；散之各所，则难为管理；
不置簿书，则无所稽考；不依次序，则无以遍及。置之则动经
旬月，序之则缓不及救，有会集之扰，有辨察之烦。措置一
差，皆足致弊，此所以无善政也。"[81]丘濬提出，救荒工作很
关键的一点，是选出平日为乡人所信任的人，来实施散给食粮
的工作，防止吏胥乘机侵克，如此，饥民就会得到实惠而免于
死亡。

（五）武备

　　人类自有史以来，民族、国家之间一直存在着冲突和战
争。中国古代儒家主张以德服人，反对以力服人，尤其反对统
治者穷兵黩武，发动不义战争。但这并不意味着不需要强大的

武备。因为你不去侵犯别人，别人有可能侵犯你，所以必须有强大的武备力量，防患于未然。丘濬说：

> 为治之大纲，曰文与武，文事修而武事不备，犹天之有阳而无阴，地之有柔而无刚，人之有仁而无义也。是以自古帝王虽以文德为治，而所以济其文而使之久安长治者，未尝不资于武事焉。然武之为用，不以用之为功，而以不用为大。故武之为文，以'止戈'为义也。是以国家常以武备与文教并行，先事而为之备，无事而为之防，所以遏祸乱于将萌，卫治安于长久，不待乎临事而始为之，有事而后备之也。不然则无及矣。[82]

有些时候，军队也有可能支援盟国的战争，但是否出兵，还要有国内民意的基础，争取国内民众的支持。丘濬强调："师之兴，所以为民也，兴师而民心不悦，则其所行必非王者之师，仁义之举也。是以人君举事，既揆之己，复询之众。众心和悦，然后从而顺之。苟有不悦，必中止焉。宁失势于他人，不失心于己众。"[83]

军队有时也用于国内平定叛乱。但根本之计，还在于防范和消除叛乱的可能。尤其要防范藩镇拥兵自重，尾大不掉。丘濬指出，君主要掌握控制军队的权力，国柄不可轻授他人。他说："末大必折，尾大不掉。此二喻寔为切要。人君之治国必居重驭轻，必以大制小，则上下之势顺，小大之分定，如心之使臂，臂之使指，非独上安其位，而下之人亦不敢萌非望、拒成命矣。"[84]

而军队要成为威武之师，武器装备必须足够精良先进，具有强大的威慑力。所以丘濬说："人君为治，所以威天下者，武也。而武之为用，以器为威。"[85]丘濬专门讨论了当时的先进武器"火石炮"与"神机火枪"等。

（六）结恩

自先秦以来，儒家反复讲一个道理：得民心者得天下。广大民众是水，统治者是舟，水可载舟，亦可覆舟。纵观历史，有的王朝历时长，有的王朝历时短，之所以如此，其中的一个重要原因，就是看这个王朝是结恩义于民众，还是结怨仇于民众。唐太宗时，马周上疏说：

> 三代及汉，历年多者八百，少者不减四百，良以恩结人心，人不能忘故也。自是以降，多者六十年，少者才二十余年，皆无恩于人，本根不固故也。……臣观自古百姓愁怨，聚为盗贼，国未有不亡者，国君虽欲追改，不能复全。故当修于可修之时，不可悔之于已失之后也。[86]

丘濬对此评论说："唐三百年天下，太宗贞观之世，极盛之时也。马周犹欲其修于可修之时，而无悔于既失之后，况君非太宗，而时不及贞观，乃坐视百姓愁怨，而略不一动心，可乎？"[87]

丘濬的《大学衍义补》问世后，从表面上看受到了统治者的重视，如其献书之时，受到明孝宗的表彰，后来的明神宗又曾亲自为此书作序，序中说："宋儒真德秀因为《大学衍义》，……所衍者止于格致、诚正、修齐，而治平犹阙。逮我孝宗敬皇帝时，大学士丘濬乃继续引伸，广取未备，为《大学衍义补》，揭治国、平天下、新民之要，以收明德之功，采古今嘉言善行之遗，以发经传之指，而后体用具备，成真氏之完书，为孔、曾之羽翼，有功于《大学》不浅。"[88]但明神宗制此序，多半是做做样子而已。明神宗万历中期以后，政治已开始坏乱。至明熹宗时，宦官魏忠贤擅权，政治坏乱至极，高攀龙时为太常寺少卿，天启二年（1622）上《恭陈圣明务学之要疏》，其中说："《大学》一书，既讲于经筵，入于圣虑，臣以为即此书反复玩味，明明德于天下裕如矣。推而广之，宋臣真德秀《大学衍义》不可不读也。再推而广之，先臣丘濬《大学衍义补》不可不读也。陛下尽心于三书，而帝王心法、治法无不具备，夫然后知若何行政，若何用人，若何理财，若何治兵，人臣若何为正，若何为邪，臣下之言若何为是，若何为非，若何为似正而实邪，若何为似是而实非，皆了然于圣心，而后为'明明德'。"[89]真德秀《大学衍义》一书第三十九卷、四十卷历引前代宦官预政之祸，高攀龙劝明熹宗读此书，自有用意。而其奏疏一上，便遭罚俸一年。明朝中期以后，出了不少专制荒唐的皇帝，黑白颠倒。这些皇帝对"帝王之学"一类的话，漠然如飘风之过耳，甚至连大臣上疏劝他们读书，也要予以惩罚。这样的王朝走向灭亡，那是必然的。

注释：

[1][43]〔汉〕司马迁:《史记》，北京：中华书局，1982年，第3289，433页。

[2][3]〔宋〕黎靖德编，王星贤点校:《朱子语类》，北京：中华书局，1986年，第250，251页。

[4][7][8][9][10][11][12][13][15][16][17][18][19][20][21][22][23][24][25][27][29][33][34][35][36][37][38][39][40][41][42][44][45][46][47][48][49][50]〔宋〕真德秀撰，朱人求校点:《大学

衍义》，上海：华东师范大学出版社，2010 年，第 1，11，21，15，37，41，56—57，57，86—87，71，89—90，142，158，90，209，216—217，217—218，224—225，220—221，433，439，442，443，446，465，464—465，467—468，470，494，494，531，548，555—556，563，561，563，600，661—662 页。

　　〔5〕〔清〕黄宗羲原著，〔清〕全祖望补修，陈金生、梁运华点校：《宋元学案》，北京：中华书局，1986 年，第 2708 页。

　　〔6〕〔清〕蔡世远：《古文雅正》卷十四，《景印文渊阁四库全书》第 1476 册，台北：商务印书馆，1986 年，第 250 页。

　　〔14〕〔明〕刘宗周著，吴光主编：《刘宗周全集》第 2 册，杭州：浙江古籍出版社，2012 年，第 618 页。

　　〔26〕〔汉〕毛公传，郑玄笺，〔唐〕孔颖达等正义：《毛诗正义》，〔清〕阮元校刻：《十三经注疏》，北京：中华书局，2009 年，第 829 页。

　　〔28〕〔57〕〔86〕〔宋〕司马光编著，〔元〕胡三省音注：《资治通鉴》，北京：中华书局，1956 年，第 9032，6047，6132 页。

　　〔30〕〔31〕〔宋〕程颢、程颐著，王孝鱼点校：《二程集》，北京：中华书局，2004 年，第 127，92 页。

　　〔32〕朱杰人、严佐之、刘永翔主编：《朱子全书外编》第 3 册《上蔡语录》，上海：华东师范大学出版社，2010 年，第 27 页。

　　〔51〕〔52〕〔53〕真采：《西山真夫子年谱》，《真文忠公全集》，台北：文友书店，1974 年，第 1522，1524，1526 页。

　　〔54〕〔清〕谷应泰：《明史纪事本末》，北京：中华书局，2015 年，第 434 页。

　　〔55〕中华书局编：《圣祖实录》卷四十一，《清实录》，北京：中华书局，2012 年，第 549—550 页。

　　〔56〕〔58〕〔59〕〔60〕〔61〕〔62〕〔63〕〔64〕〔67〕〔68〕〔71〕〔72〕〔73〕〔74〕〔75〕〔76〕〔77〕〔80〕〔81〕〔82〕〔83〕〔84〕

[85][87][88]〔明〕丘濬:《大学衍义补》，朱维铮主编:《中国经学史基本丛书》，上海：上海书店出版社，2012年，第30，57，58，58，61，61—62，107，107，72，72，85，218，199，155，196，197，283，156—157，161—162，269，246，258，298，128，13页。

[65]〔唐〕杜佑撰，王文锦等点校:《通典》，北京：中华书局，1988年，第956—957页。

[66]〔唐〕白居易著，谢思炜校注:《白居易文集校注》，北京：中华书局，2011年，第1493—1494页。

[69]〔宋〕石介，陈植锷点校:《徂徕石先生文集》，北京：中华书局，1984年，第148页。

[70]〔宋〕苏轼著，〔明〕茅维编，孔凡礼点校:《苏轼文集》，北京：中华书局，1986年，第740页。

[78]转引自〔清〕黄宗羲编:《明文海》卷七十九，《景印文渊阁四库全书》第1453册，第739—740页。

[79]〔清〕永瑢等撰:《四库全书总目》，北京：中华书局，1965年，第791页。

[89]〔明〕高攀龙:《恭陈圣明务学之要疏》，《高子遗书》卷七，《景印文渊阁四库全书》第1292册，第451页。

第四十一章
吴澄对《礼记》的改编

　　经学史与思想史的价值标准有很大的不同。从经学史的价值标准看，许多时候，宜述古而不宜标新；而从思想史的价值标准看，述古固有其价值，但发展创新更为重要。经学有其一定的经文形式，也有其思想内容。自其思想而言要发展，自其形式而言则应守典。这是一种深刻的矛盾。这种矛盾的缠绕推移，便使经典的阐释采取某种特殊的方式，重定版本便是其方式之一。我们不能小看重定版本这件事情，在某些时候，它可能引发深刻的思想革命。例如，阳明学与朱子学的抗争，就其表现形式而言，就是《大学》新本与古本之争。

　　经典要解释，须先确定其解释空间。解释空间确定后便使人顺着一定的思路去解经。编辑在很大程度上就是确定解释空间。所以编辑往往是一种不言的解释，它隐含着性质的判定与分类，哪篇在最前，哪篇在最后，都是很有讲究的。汉儒对经典的编辑整理本有可议之处，但后人对郑玄等整理者却抱着一种绝对崇信的态度，所谓"曾经圣人手，议论安敢到"[1]。宋元儒者在疑古之风推动下，对许多传统经典作了重新编辑，由此产生了古本与新本之间的矛盾。

　　元代儒者吴澄的解经著作大都以"纂言"命名，如《易纂言》《书纂言》《春秋纂言》《礼记纂言》等。所谓"纂言"即

编辑与诠释，而更侧重在编辑上。吴澄特别突显编辑方法问题，对编辑方法进行自觉反思，以此衡量汉儒和宋儒在经典编辑整理上的利弊得失，特别是对宋儒矫枉过正者进行调整，并在此基础上对经典进行再编辑。

吴澄（1249—1333），江西抚州崇仁人。字幼清，号"草庐"，曾为翰林学士、经筵讲官，有"学问渊海""经学巨擘"的美誉。吴澄解经的代表作是《礼记纂言》，《礼记纂言》在《礼记》诠释史上有其重要地位。本章所要讨论的是吴澄对《礼记》的改编，虽然吴澄改编《礼记》并未引起大的思想波澜，但我们可以透过此一研究来看一个原本就不理想的版本，它经历怎样的改编过程，以及改编成果的价值如何。

第一节　关于《礼记》来源与分类编辑的学术史背景

《礼记》是一部什么书？严格说来，它原本不是一部书，而是若干种古籍的杂凑拼合。它自始就存在一个如何分类编辑的问题。

根据文献所称，《礼记》的组成大体来源于下列古籍：

（一）《记》百三十一篇。
（二）《明堂阴阳》三十三篇。
（三）《王史氏记》二十一篇。以上三种属礼类。
（四）《乐记》二十三篇。此属乐类。
（五）《孔子三朝》七篇。此属《论语》类。[2]

上述五种书，共计二百一十五篇。
关于《礼记》与这些书的关系，有许多可能永远也说不清的糊涂账，因而构成《礼记》的经学"问题"。

首先，来历不明。以《记》百三十一篇为例，关于其来源，或谓来自鲁恭王坏孔子宅所得壁中古书，《汉书·艺文志》谓："武帝末，鲁共王坏孔子宅，欲以广其宫，而得《古文尚书》及《礼记》《论语》《孝经》凡数十篇，皆古字也。"[3]或谓来自河间献王所得古书。《汉书·景十三王传》谓：河间献王"所得书皆古文先秦旧书，《周官》《尚书》《礼》《礼记》《孟子》《老子》之属，皆经传说记，七十子之徒所论。"[4]《隋书·经籍志》谓："汉初，河间献王又得仲尼弟子及后学者所记一百三十一篇。"[5]这样看来，《礼记》当为古文，是一度失传而复得之书。但陈寿祺、皮锡瑞根据魏张揖《上广雅表》有"叔孙通撰置《礼记》，文不违古"[6]之语，认为叔孙通所撰《礼记》是最早的《礼记》传本。叔孙通曾是秦博士，七十子后学所记赖通以传。如此说成立，则《礼记》便是未曾失传的古籍了。

其次，源流不清。这些书都是儒学篇籍，是先秦以来儒家各派不同传本的混合。学术研究的首要工作是"考镜源流"，但究竟哪些篇章是哪一学派的传本，汉人已经无法判定了。所以只好笼而统之地说是"七十子后学所记"。

再次，经二戴删修合编以后原貌也不清了。依这批古籍的性质而言，一部分应作为传附于礼经之后，一部分应列于儒家诸子，或者它本应以五种书的原貌流传为好。可是由于整理者是礼学专家，遂将其删修拼合到一起，而名之为"礼记"。吕思勉《经子解题·礼记》说："案今之《礼记》究为何种书籍，习熟焉则不察，细思即极可疑。孔子删定之籍，称之曰经；后学释经之书，谓之为传；此乃儒家通称。……其自著书而不关于经者，则可入诸儒家诸子。从未闻有称为'记'者。故廖平、康有为皆谓今之《礼记》，实集诸经之传及儒家诸子而成，

其说是矣。"[7]

当时二戴为什么要将这些书凑在一起，编成一部书呢？大概由于汉人当秦火之余，得到这样一些古籍，极为宝贵；且这些书内容上有重视"礼"的特点，其被发现正当汉朝重视礼制建设之时，这就决定了对这批古籍的诠释方向。所以汉人将这些篇章集成一书，以补《仪礼》之不足。因为这些书传本非一，简编凌乱，五种书之间或一种书的篇与篇之间不免有很多重复与错杂，如要编成一部书，那就必然要进行删修整理的工作。

因此二戴分别在二百余篇基础上，删其繁重，合而记之。戴德删修得八十五篇，称"大戴礼记"。戴德的从兄之子戴圣删得四十九篇，称"小戴礼记"。今存十三经中者为小戴《礼记》。而《大戴礼记》今仅存三十九篇。因为《大戴礼记》已是残缺本，所以二戴《礼记》的异同已无法全面比较。要之，两者是同出一源，但又是出入很大的不同版本。

就《礼记》的编辑思想而言，当初这些资料本不是出自一部书。面对这些繁重凌杂的古籍，我们设想整理者不能不考虑这样一些因素：一是删其繁重，整合凌杂，使其便于检索阅读。二是为以后"考镜源流"的需要，现有篇章格局应尽可能地保持原貌。而要相对地保持原貌，就不能完全解决凌杂的问题。《礼记》的编辑可以说是此两种因素的矛盾产物。因此对应《仪礼》便平添了许多复杂的编辑分类问题。

二戴当时似乎并未考虑《礼记》篇章的分类问题。但《礼记》作为记礼之书出现在后世读者面前，对它的理解与应用就成为一种现实的需要。为便于《礼记》理解与应用，则首在《礼记》的分类研究。但到底应该怎样分类呢？是否应该按七十子后学分类呢？我们知道，重礼崇礼是七十子后学的共同特点，而由于后来的儒学分派，各派对礼的见解不免产生分歧。然而到汉世，人们对礼经已经不懂了，要通过七十子后学的记礼之书来理解礼经。因而七十子后学关于礼的分歧就变得不重要了。这就产生一个新问题：这些篇籍没有必要也不可能按七十子后学的派别分类，而应以解礼为目进行分类。

最初对《礼记》分类研究的是刘向《别录》，其分类大致如下：

（一）通论：《檀弓》上下、《礼运》、《玉藻》、《大传》、《学记》、《经解》、《哀公问》、《仲尼燕居》、《孔子闲居》、《坊记》、《中庸》、《表记》、《缁衣》、《儒行》、《大学》。共十六篇。

（二）制度：《曲礼》上下、《王制》、《礼器》、《少仪》、《深衣》。共六篇。

（三）明堂阴阳：《月令》《明堂位》。共二篇。

（四）丧服：《曾子问》、《丧服小记》、《杂记》上下、《丧大记》、《奔丧》、《问丧》、《服问》、《间传》、《三年问》、《丧服四制》。共十一篇。

（五）世子法：《文王世子》《内则》。共二篇。

（六）祭祀：《郊特牲》《祭法》《祭义》《祭统》。共四篇。

（七）吉礼：《投壶》。一篇。

（八）吉事：《冠义》《昏义》《乡饮酒义》《射义》《燕义》《聘义》。共六篇。

（九）乐记：《乐记》。一篇。[8]

以上是刘向《别录》关于《礼记》的分类，见于郑玄《三礼目录》所引。然而今传《礼记》篇次并未按此分类编辑。

刘向以后，郑玄门人孙炎作《礼记类钞》，《隋书·经籍志》有《礼记》三十卷，孙炎注。[9] 这说明孙氏之书唐时尚存。唐魏徵依孙炎之书，作成《类礼》二十卷。《新唐书》卷九十七《魏徵传》说：魏徵"尝以《小戴礼》综汇不伦，更作《类礼》二十篇，数年而成。帝美其书，录置内府"[10]。后有朝臣奏请以魏徵《类礼》列于经，元行冲受命作《类礼义疏》五十卷。将立学官，"右丞相张说建言：'戴圣所录，向已千载，与经并立，不可罢。魏孙炎始因旧书摘类相比，有如钞掇，诸儒共非之。至徵更加整次，乃为训注，恐不可用。'帝然之，书留中不出"[11]。孙炎、魏徵、元行冲之书今皆亡佚。其于《礼记》的分类方法，我们毫无所知。

《礼记》的分类问题自然也引起朱熹的重视，朱熹早年有过一个改编《仪礼》和《礼记》的计划，他以《仪礼》为经，从《礼记》中分出十七篇作为传分别附于《仪礼》诸篇之下；《礼记》余下的二十六篇，朱熹将它分成五类，并重新排定篇次。其内容如下：

《仪礼附记》上篇：

> 《士冠礼》（《冠义》附）、《士婚礼》（《婚义》附）、《士相见礼》、《乡饮酒礼》（《乡饮酒义》附）、《乡射礼》（《射义》附）、《燕礼》（《燕义》附）、《大射礼》、《聘礼》（《聘义》附）、《公食大夫礼》、《觐礼》。[12]

《仪礼附记》下篇：

> 《丧服》（《丧服小记》《大传》《月服问》《间传》附）、《士丧礼》、《既夕礼》、《士虞礼》（《丧大记》《奔丧》《问丧》《曾子问》《檀弓》附）、《特牲馈食礼》、《少牢馈食礼》、《有司》（《祭义》《祭统》附）。[13]

《礼记》篇次：

《曲礼》《内则》《玉藻》《少仪》《投壶》《深衣》。
六篇为一类。

《王制》《月令》《祭法》。三篇为一类。

《文王世子》《礼运》《礼器》《郊特牲》《明堂位》《大
传》《乐记》。七篇为一类。

《经解》《哀公问》《仲尼燕居》《孔子闲居》《坊记》
《儒行》。六篇为一类。

《学记》《中庸》《表记》《缁衣》《大学》。五篇为一
类。[14]

朱熹曾以此计划征求吕祖谦的意见，并说："以上恐有未
安，幸更详之。"[15]但吕祖谦对此计划似未发表意见。

朱熹晚年著《仪礼经传通解》并未实施此一计划，而是采
取一种更为宏大、更为大胆的做法。他认为将《仪礼》《礼记》
修作一书乃可观："其书则合为一书者为是，但同以'礼书'名
之，而以《仪礼》附《记》为先，《礼记》分类为后。"[16]"其
书大要以《仪礼》为本，分章附疏，而以小戴诸义各缀其后。
其见于它篇或它书可相发明者，或附于经，或附于义。"[17]他
不仅厘析《礼记》附于《仪礼》某篇，更将秦汉诸杂书所载
有及于礼者取以附经；而作为本经的《仪礼》诸篇，"咸非旧
次"，篇中章节也"颇有所厘析"；不宁唯是，朱熹还于《仪
礼》《礼记》篇章之外，又造出许多新篇章，如《内治》《五
宗》等篇。《仪礼经传目录》称其《内治》篇内容说："古无
此篇，今取小戴《昏义》《哀公问》《文王世子》《内则》篇及
《周礼》、大戴《礼》、《春秋》内外传、《孟子》、《书大传》、
《新序》、《列女传》、《前汉书》、贾谊《新书》、《孔丛子》之

言人君内治之法者，创为此记，以补经阙。"[18]这部书带来两种不同的效应：从传统的经学观点看，改窜古经，莫此为甚！而从现实理解礼经的角度看，以类相从，易于诵贯。

从编辑思想而言，朱熹编著这部书是为了使人重视《仪礼》一书。古礼早已不行于世，在宋以前，《仪礼》只是作为一种历史文化知识为少数士人所研习。韩愈《读〈仪礼〉》说："余尝苦《仪礼》难读，又且行于今者盖寡，沿袭不同，复之无由，考于今，诚无所用之。"[19]至宋，王安石废罢《仪礼》，独存《礼记》。而朱熹的想法与此不同，他以为当今世风日下，人心不古。救世之方，礼乐之用为急。古礼虽不可用于今，但亦须有个大大的人出来尽数整理一番，以备酌古准今之用。朱熹自己担负起了整理《仪礼》的重任，主张恢复《仪礼》本经的地位，纠正王安石"弃经任传，遗本宗末"[20]的偏颇。而为了使世人能读懂《仪礼》，他以传注附经，并依类分章标目，使人开卷了然，便于研习。朱熹对此书也颇为得意，他说："前贤常患《仪礼》难读，以今观之，只是经不分章，记不随经，而注疏各为一书，故使读者不能遽晓。今定此本，尽去此弊，恨不得令韩文公见之也。"[21]虽然朱子此书改窜古经过甚，未免与《大学章句》之强分经、传，移易本文，补格致传等做法同蹈宋儒割裂旧经之习；但由于上述这些特点，所以朱熹的《仪礼经传通解》可以视为与古本礼经并行的书。

以上是吴澄整理礼经的学术史背景。吴澄与朱子在整理礼经问题上，有一相同点，那就是都重视《仪礼》与《礼记》的参通合修。所不同的地方在于：朱子着重点在读懂《仪礼》；吴澄着重点在为《礼记》分类。而在对《礼记》的整理上，应考虑到这样一些因素：一是《礼记》与《仪礼》的内在联系；二是《礼记》本身的分类问题；三是尽可能保持古书的原貌和自身的完整性。这三者能否有一个相对统一的解决呢？可以说这也正是吴澄重编礼经所考虑的问题。

第二节　吴澄对《礼记》的重新编辑

宋儒解经是从重新确定解释空间，即从重新调整本经与传、序的关系开始的。吴澄回顾了汉、宋儒对《易》《诗》《书》《春秋》编辑诠释的历史，指出：《周易》的《彖传》《象传》本与《系辞》《文言》《说卦》《序卦》《杂卦》诸传共为"十翼"，而居于上下经二篇之后。但不知从何时开始，说《易》者将《彖传》《象传》分置于各卦、爻之下，这就使读者必然要循顺《彖传》《象传》的诠释思路，因而也就限制了《易经》的诠释理解空间。至宋，吕祖谦始因晁氏本定为经二篇，传十篇。《诗》之序本自为一篇，居于十五国《风》《大雅》《小雅》及《颂》之后；《书》之序本自为一篇，居于典、谟、誓、诰之后；后人析分而为小序使冠于《诗》《书》各篇之首，这自然也限制了《诗》《书》各篇的诠释理解空间。《左氏春秋》本亦独自成书，后人析分而为《春秋》本经的传，以附经文十二公诸年月之下，以致传文与经文混淆。朱子于《诗》《书》各除篇端小序，合而为一，以置经后；于《春秋》则从左氏经传本中剔出经文。这样，《易》《诗》《书》《春秋》四经悉复旧观。宋儒也正是在这种重新调整的诠释空间下，对经书作出了新的解释。吴澄接着又指出：《仪礼》为一相对的完书，原不曾为诸儒所乱。而在对于《仪礼》一经的解释上，朱子采取了截然相反的做法，他以传记及诸杂书附于《仪礼》诸篇章之下，这与以《彖传》《象传》之附《易经》及以《左氏传》之附《春秋》经的做法，不是同出一辙吗？[22]吴澄通过衡量历史上《仪礼》《礼记》改编的利弊得失，尤其是在对

朱子提出委婉但却严正的批评后，对《礼记》进行了再改编。

吴澄改编《礼记》，是将《仪礼》和《礼记》作综合考虑，他首先将《礼记》的若干篇章作为《逸经》和《仪礼传》从《礼记》中分出来，依次编在《仪礼》经后，使《仪礼》成为有经有传的《仪礼经传》本。他的编辑思想是这样的：

（一）以《仪礼》十七篇正经为首

《仪礼》十七篇，汉高堂生所传。吴澄以为"礼经残缺之余，独此十七篇为完书"[23]。他主张《仪礼》十七篇次第，以郑玄本为准，并反对在《仪礼》各篇之间插入其他书的篇章，以使正经不至于杂糅，保持《仪礼》的原貌。

（二）以《逸经》八篇为次

《逸经》八篇为吴澄纂次。鲁恭王坏孔子宅，得古文礼经于孔氏壁中，凡五十六篇。河间献王得而上之。其十七篇与《仪礼》正同。余三十九篇藏在秘府，谓之"逸经"，后渐亡佚。吴澄认为二戴《礼记》中杂有经篇内容，特离之为《逸经》，其篇次如下：

1.《投壶礼》

2.《奔丧礼》

（以上取之于《礼记》）

3.《公冠礼》

4.《诸侯迁庙礼》

5.《诸侯衅庙礼》

（以上取之于《大戴礼记》）

6.《中霤礼》

7.《禘于太庙礼》

8.《王居明堂礼》

（以上取之于郑玄《三礼注》所引逸文）[24]

（三）以《仪礼传》十篇为终

《仪礼传》十篇为吴澄纂次。吴澄认为，《礼记》中的《冠义》《昏义》诸篇是周末汉初儒者阐释礼仪意义的作品，是《仪礼》中《士冠礼》《士昏礼》诸篇的传。因此吴澄将《冠义》《昏义》等六篇从《礼记》中抽出，依《仪礼》篇次萃为一编；并且根据《仪礼》诸篇中的内容，重新调整、更定所抽出《礼记》各篇中的章次。其中《射义》一篇厘为《乡射义》《大射义》两篇，再加上刘敞所补的《士相见义》《公食大夫义》，这样，《仪礼》之经自一至九经，各有其传。因《礼记》中无《觐义》篇，《仪礼》中的觐礼传则由《大戴礼记》中的《朝事》一篇补上。因为《朝事》一篇"实释诸侯朝觐天子及相朝之礼，故以备觐礼之义"[25]，由此而有《仪礼传》十篇。其篇次如下：

1.《冠义》

2.《昏义》

3.《士相见义》

4.《乡饮酒义》

5.《乡射义》

6.《燕义》

7.《大射义》

8.《聘义》

9.《公食大夫义》

10.《朝事义》[26]

（四）删修小戴《礼记》三十六篇

小戴《礼记》三十六篇本，吴澄序次。原《礼记》中的《投壶》《奔丧》篇实为礼之正经，已作为《逸经》篇章附于《仪礼》之后，不可复杂于《礼记》之中；其《冠义》《昏义》《乡饮酒义》《射义》《燕义》《聘义》六篇正释《仪礼》而别辑为《仪礼传》附于《逸经》后。《大学》《中庸》篇既经朱熹等表彰，升格而与《论语》《孟子》为《四书》，亦不容复厕于《礼记》之中。这样小戴《礼记》就只余三十六篇。这三十六篇复分为以下四大类十一小类：

1. **通礼九篇：**

（1）《曲礼》《内则》《少仪》《玉藻》。通记大、小仪文。《深衣》附之。

（2）《月令》《王制》。专记国家制度。《文王世子》《明堂位》附之。[27]

2. **丧礼十一篇：**

（3）《丧大记》《杂记》《丧服小记》《服问》《檀弓》《曾子问》。记丧。

（4）《大传》《间传》《问丧》《三年问》《丧服四制》。丧之义。[28]

3. **祭礼四篇：**

（5）《祭法》。记祭。

（6）《郊特牲》《祭义》《祭统》。祭之义。[29]

4. 通论十二篇：

（7）《礼运》《礼器》《经解》。

（8）《哀公问》《仲尼燕居》《孔子闲居》。

（9）《坊记》《表记》《缁衣》。

（10）《儒行》。

（11）《学记》《乐记》。[30]

以上是吴澄对礼经的改编，它反映了吴澄的完整的礼学思想体系。

第三节　如何评价吴澄对《礼记》的改编

《仪礼》《礼记》《周礼》三礼，自汉以来，便有孰重孰轻的问题。关于《周礼》，这里暂且不谈，学者对《仪礼》《礼记》就有畸轻畸重的偏好。孔颖达《五经正义》，于三《礼》独取《礼记》为之作义疏，已隐然偏重《礼记》；韩愈认为《仪礼》难读"考于今，诚无所用之"；至王安石则干脆废罢《仪礼》，独存《礼记》。朱子反其道而行之，特重《仪礼》。平心而论，《仪礼》与《礼记》的关系本有一内在的矛盾：一方面，《仪礼》是经，《礼记》是传，经自是本。另一方面，《仪礼》所载乃是些过时的礼仪形式，"礼之所尊，尊其义也，失其义，陈其数，祝史之事也"（《礼记·郊特牲》）。是言礼应以"义"为重，而《礼记》所记礼之义乃是礼之神髓。礼固不可无其形式，而形式又不可无其精神。有鉴于此，朱子提出《仪礼》与《礼记》"以合为一书为是"，试图以此来消弭二者的内在矛盾。但这又带来一新的问题，就是《仪礼》非原来的《仪

967

礼》,《礼记》亦非原来的《礼记》。

对吴澄来说,他所要解决的不是《仪礼》《礼记》的孰轻孰重的问题,而是自汉以来就一直存在的《礼记》分类问题。在他看来,《仪礼》本是一相对的"完书",作为经,应保持其原来的面貌。《礼记》本是杂合而成,自可依类重新编辑,而如何做到分类准确、条理清楚,并相对保持原貌,则是吴澄所主要考虑的。

吴澄充分借鉴了前人对《礼记》一书的认识,比如前人已经认识到《礼记》中有逸经的内容,有《仪礼》传的内容,因而吴澄将这些内容分出附于经后,然后再对《礼记》余篇重新分类。我们可以说,吴澄对《礼记》的分类虽然不同于前人,却又并非凭臆造作,而是有所本的。下面我们来作具体分析。

(一) 关于《仪礼逸经》八篇

《礼记》中的《奔丧》《投壶》两篇为逸礼,对此,郑玄、孔颖达已言之。而朱子曾说:"经礼,今之《仪礼》,其存者十七篇。而其逸者犹有《投壶》《奔丧》《迁庙》《衅庙》《中霤》等篇。"[31]《迁庙》《衅庙》等篇见于《大戴礼记》。而《中霤礼》《禘于太庙礼》《王居明堂礼》取之郑玄《三礼注》所引逸文。郑玄在《三礼注》中尚引《天子巡狩礼》《烝尝礼》《军礼》《朝贡礼》等,但只有只言片语,吴澄不取,是合乎情理的。古礼繁多,不只今《仪礼》十七篇之数,亦不只《礼古经》五十六篇之数。但《仪礼》十七篇包括了冠昏丧祭乡射燕聘八纲内容,即使不是由孔子手定,也是业经礼学先师整理的相对完整的著作,从而构成礼经的主体。虽然如此,也不应以此否认逸礼的存在。而只要承认逸礼的存在,自然也应给予它一定的位置。邵懿辰谓"后人所引……及吴氏所辑《奔丧》《投壶》《迁庙》《衅庙》《公冠》之类,……皆非当世通行之礼"，与十七篇所记不类，"就令非伪，亦孔子定十七篇时删弃之余"。而丁晏则曰："位西此论，谓逸《礼》不足信，过矣。当依草庐吴氏，别存逸经为允。"[32] 两说比较，邵懿辰似存今文经学家的门户之见，丁晏的见解则较为公允。

（二）关于《仪礼传》十篇

吕思勉说："《冠义》……此六篇皆《仪礼》之传。但读《礼经》诸篇，殊觉其干燥无味。一读其传，则觉妙绪环生。"[33] 这是深有体味的话。

《礼记》自《冠义》以下六篇，是分别解释《仪礼》中冠礼、婚礼、射礼、乡饮酒礼、燕礼、聘礼之义的。这在孔颖达时已有认识。孔颖达于《郊特牲·冠义章》疏云："以《仪礼》有士冠礼正篇，此说其义，故云'冠义'。如下篇有'燕义'、'昏义'，与此同。"[34] 又于《乡饮酒义》疏云："《仪礼》有其事，此记释其义。"[35] 又于《聘义》疏云："此篇总明聘义，各显聘礼之经于上，以义释之于下。"[36] 据此则孔颖达已明言《礼记》诸义是解《仪礼》的。而朱子则更明确说："《仪礼》是经，《礼记》是解《仪礼》，如《仪礼》有冠礼，《礼记》便有《冠义》；《仪礼》有昏礼，《礼记》便有《昏义》；以至燕、射之类莫不皆然。"[37]

由上述可见，吴澄将《礼记》中的《冠义》等六篇作为传附于礼经之后是有所本的。

《礼记》中尚有《祭义》一篇，篇名与《冠义》《昏义》等相类，但吴澄指出："凡《仪礼》经中有其礼者，后人释其经而谓之义，若《冠义》《昏义》《燕义》《聘义》等篇是也，既别为卷而附《仪礼》经后矣。此篇虽名《祭义》，然是总说天子、诸侯以下之祭，而《仪礼》正经无天子、诸侯祭礼，止有卿、大夫、士祭礼三篇。此篇非引《仪礼》经文而释之，故

不附经后而存诸《记》篇之中也。"[38]

《仪礼》中《士相见礼》《公食大夫礼》,在《礼记》中没有相应解释其大义的篇章。北宋刘敞模拟《礼记·冠义》等文,补作《士相见义》《公食大夫义》,朱子曾对其补记给予好评:"刘原父补亡《记》,如《士相见义》《公食大夫义》尽好。"[39]吴澄取之入其所作《仪礼传》,当受朱子的影响。

刘敞尚补作《投壶义》一篇。吴澄所辑《仪礼逸经》虽有《投壶礼》,但逸经诸篇多未有释义之文。吴澄可能因此于《投壶义》之文弃而不取。

(三)关于《礼记纂言》三十六篇

小戴《礼记》四十九篇,其中《曲礼》上下、《檀弓》上下、《杂记》上下,各以二篇计,其实只四十六篇。吴澄以《投壶》《奔丧》《冠义》《昏义》《士相见义》《乡饮酒义》《乡射义》《燕义》八篇入《仪礼逸经传》,而以《大学》《中庸》二篇入《四书》,余三十六篇成《礼记纂言》。对吴澄这样离析《礼记》,我们应作如何评论呢?

我们以为,吴澄以《仪礼》《仪礼逸经》《仪礼传》《礼记纂言》构成其礼学的完整体系。吴澄将《投壶》《奔丧》《冠义》等八篇入《仪礼逸经传》,附于《仪礼》之后,单从《礼记》看,这固然是删削,但从其完整的礼学体系看,此八篇则不应视为删削。至于《四书》并不在吴澄的礼学体系中,他以《大学》《中庸》入《四书》,虽说是将二书升格为圣贤之书,而与《论语》《孟子》合编在一起,但无论是单从《礼记》的角度看,还是从其整个礼学体系的角度看,都应视为一种删削。这无疑是受了朱子的影响。假若吴澄当时能将《大学》《中庸》还归于《礼记》中,那在礼记学史上将构成一个了不起的事件,也就不会有清代陈确"黜还《学》《庸》于戴《记》"

的呐喊了。

下面我们来对吴澄的《礼记纂言》三十六篇作些分析。

廖平、康有为皆谓今之《礼记》，实集诸经之传及儒家诸子而成。对此，我们可以这样理解：小戴《礼记》实可分两大类：一类是解释与补充礼经，其中包括通礼与专礼，专礼中又包括直接释义的传和间接释义的传；另一类是儒家诸子类，刘向、吴澄所谓的"通论"部分大体相当于此一类。

小戴《礼记》中的《冠义》等六篇是直接解释《仪礼》某些篇章的，故吴澄作为传附于礼经之后。《仪礼》中重要的丧、祭二礼，《礼记》中虽无直接释义的传，却有许多间接释义的篇章，吴澄专门分出"丧礼""祭礼"两类，自《丧大记》至《丧服四制》计十一篇是阐明丧礼的，自《祭法》至《祭统》计四篇是阐明祭礼的。吴澄将此二类留在了《礼记》之中。

《礼记》中的"通论"部分，既然属于儒家诸子类，我们以为，理想的分类方法是"考镜源流"，即按儒家的不同学派分列各篇。但由于这样做难度极大，前人包括吴澄所作的远不能尽如人意。

以今立论，我们综合前人的研究成果，似可对"通论"部分作出如下调整和分类：

通论十七篇：

1. 子游类：《礼运》《礼器》《郊特牲》《哀公问》《仲尼燕居》《孔子闲居》；《檀弓》附之。

2. 子思类：《缁衣》《表记》《坊记》《中庸》。

3. 曾子类：《曾子问》；《大学》暂附之。（与《大戴礼记》中的曾子十篇同为研究曾子的思想资料。）

4. 公孙尼子类：《乐记》《学记》。

5. 其他：《经解》《儒行》。

我们这样分类，虽然未免自我作古、画蛇添足之嫌，并且所作的判分未必很可靠，但似可立此存照，以备参酌。

最后，我们来看看历史上学者对《礼记纂言》的不同评价。

虞集对《礼记纂言》评价说："其始终先后最为精密。先王之遗制，……一旦各有条理，无复余蕴。"[40] 王阳明说："宋儒朱仲晦氏慨《礼经》之芜乱，常欲考正而删定之，以《仪礼》为之经，《礼记》为之传，而其志竟亦弗就。其后，吴幼清氏因而为《纂言》，亦不数数于朱说，而于先后重轻之间，固已多所发明。……则如《纂言》者，固学礼之箕裘筌蹄也，而可以少之乎？"[41] 明魏校说："朱子尝修三礼未就，惟吴氏《纂言》伦类明整，稽合诸儒异同，厥功博哉！"[42]《四库全书总目》说："澄复改并旧文，俨然删述，恐亦不免僭圣之讥！以其排比贯串，颇有伦次，所解亦时有发明，较诸王柏删《诗》，尚为有间，故录存之。"[43] 台湾高明先生说："古书应让它保全原来的面目，以存其真；宋元以来儒者纷纷删补，本是不必要的。但如删改后，而能自成一家之言，如吴澄的改编《礼记》，则又不必责备他了。《四库提要》说他'俨然删述'、'不免僭圣'，就现在看来，不免有点迂腐。"[44] 高明先生又说："继魏徵、元行冲之后，将《礼记》分类编纂的，以元吴澄的《礼记纂言》为最著名。……他的分类，较之刘向，眉目清楚得多。"[45]

从以上评论我们看到，对吴澄改编《礼记》一事，有互相矛盾的评价。《礼记》原编凌乱错杂，有待改进，这是一不争的事实。吴澄的改编既被普遍承认是"排比贯串，颇有伦次""伦类明整""最为精密"，那就说明吴澄对《礼记》的分类改编，总体上是成功的。但正如本章开头所说：经学史的价值标准，许多时候，宜述古而不宜标新。在传统的经学家看来，删述之任是应该由圣人担当的，像吴澄这样的人物任删述之事，"恐亦不免僭圣之讥"[46]！这就无怪高明先生批评四库馆臣"有点迂腐"了。

在经典的改编中存在这样一对矛盾：一方面是改编要合乎经典的内在逻辑；一方面又要尽可能地保持经典的原貌。吴澄对《礼记》的改编，是比较重视二者的平衡的。吴澄在《礼记纂言序》中称他改编《礼记》不是像朱熹那样，"或削本篇之义而补以他篇之文"，而只是在本篇之中"科分栉剔，以类相从，俾其上下章文义联属"。[47]这说明吴澄改编《礼记》，还是相当矜慎的。但有一点也须指出，吴澄对《礼记》有些篇章的重新编排，亦似有过当之处，如《檀弓》名篇是以篇首有"檀弓"二字，吴澄更定章次之后，"檀弓"章已不在篇首，这就失掉了《檀弓》名篇的本来意义。

吴澄对《礼记》的改编，对后世礼记学有一定的影响。吴澄之后有王渐逵《读礼记》，其自序云："近日于读《礼》之暇，因草庐吴氏之意，类聚而章分之，去其谬妄，究其中正，则于圣贤之学，笃实之行，庶乎其少裨于世也。"[48]王渐逵《读礼记》一书未见，其说不详。清代朱轼在《礼记纂言》基础上作《校补礼记纂言》，其书入《四库全书》中。《四库全书总目》于《仪礼逸经传》条下载："《明一统志》：'沅州刘有年，洪武中为监察御史，永乐中上《仪礼逸经》十有八篇，杨慎求之内阁，不见其书。'朱彝尊《经义考》谓有年所进即澄此本，《逸经》八篇，传十篇，适符其数。[49]其说似乎有据。"

注释：

[1][19]〔唐〕韩愈撰，〔宋〕魏仲举集注，郝润华、王东峰整理：《五百家注韩昌黎集》，北京：中华书局，2019年，第150，

704 页。

　　〔2〕〔3〕〔4〕参看〔汉〕班固:《汉书》,北京:中华书局,1962 年,第 1700—1717、1706、2410 页。

　　〔5〕〔9〕〔唐〕魏徵等:《隋书》,北京:中华书局,1973 年,第 925,922 页。

　　〔6〕〔32〕〔清〕皮锡瑞:《经学通论》,见吴仰湘编:《皮锡瑞全集》第 6 册,北京:中华书局,2015 年,第 460,391 页。

　　〔7〕〔33〕吕思勉:《经子解题》,上海:华东师范大学出版社,1995 年,第 46,57 页。

　　〔8〕转引自〔汉〕郑玄:《郑氏三礼目录》,载《丛书集成续编 12·总类》,台北:新文丰出版公司,1989 年,第 435—447 页。

　　〔10〕〔11〕〔宋〕欧阳修、宋祁等:《新唐书》,北京:中华书局,1975 年,第 3881,5691 页。

　　〔12〕〔13〕〔14〕〔15〕〔16〕〔17〕〔21〕〔宋〕朱熹撰,朱杰人、严佐之、刘永翔主编:《朱子全书》第 20—25 册《晦庵先生朱文公文集》,上海:上海古籍出版社;合肥:安徽教育出版社,2002 年,第 3580,3580,3580—3581,3581,2314,1709,2550 页。

　　〔18〕〔20〕〔宋〕朱熹撰,朱杰人、严佐之、刘永翔主编:《朱子全书(修订本)》第 2 册《仪礼经传通解》,第 32,25 页。

　　〔22〕〔23〕〔24〕〔25〕〔26〕〔27〕〔28〕〔29〕〔30〕〔47〕〔元〕吴澄:《吴文正集》,《景印文渊阁四库全书》第 1197 册,台北:商务印书馆,1986 年,第 7—11,7,7—11,9,9,10,10,10,10,10 页。

　　〔31〕〔38〕〔元〕吴澄:《礼记纂言》,《景印文渊阁四库全书》第 121 册,第 6,502 页。

　　〔34〕〔35〕〔36〕〔汉〕郑玄注,〔唐〕孔颖达等正义:《礼记正义》,〔清〕阮元校刻:《十三经注疏》,北京:中华书局,2009 年,

第 3153，3651，3675 页。

[37][39]〔宋〕黎靖德编，王星贤点校:《朱子语类》，北京: 中华书局，1986 年，第 2194，2195 页。

[40][43][46][49]〔清〕永瑢等撰:《四库全书总目》，北 京:中华书局，1965 年，第 169，170，170，161 页。

[41]〔明〕王守仁:《王文成公全书》，北京:中华书局，2015 年，第 296 页。

[42]〔明〕魏校:《魏庄渠先生集》，北京:中华书局，1985 年，第 49 页。

[44][45]高明:《礼学新探》，台北:学生书局，1978 年，第 91—92，73—74 页。

[48]转引自〔清〕朱彝尊原著，林庆彰等编审，侯美珍等点 校:《点校补正经义考》第 4 册，台北:"中央研究院"中国文哲研 究所筹备处，1997 年，第 874 页。

第四十二章
杨慎的经典考据学

明代之学术，从理学方面说，是一个深化、发展的时期，如黄宗羲所说："有明文章、事功，皆不及前代，独于理学，前代之所不及也，牛毛茧丝，无不辨晰，真能发先儒之所未发。"[1]明中叶以后，王阳明心学体系的形成，标志着宋明理学的发展达到了一个新的高峰。而从经学方面说，宋代以下之元、明，虽然卓识特达之士间有其人，但就总体而言，则已逐步走向衰落。皮锡瑞说："论宋、元、明三朝之经学，元不及宋，明又不及元。……宋儒学有根柢，故虽拨弃古义，犹能自成一家。若元人则株守宋儒之书，而于注疏所得甚浅。……明人又株守元人之书，于宋儒亦少研究。"[2]明人也有很多注经之书，但往往"掇拾丛残""陈陈相因"[3]，殊少宋儒之创新精神。

然在王阳明同时而稍后，出现了一位以博辩闻名天下的特立独行之士，他就是杨慎。

杨慎（1488—1559），字用修，号升庵，四川新都人。宰相杨廷和之子，杨慎二十四岁中进士第，殿试第一；二十九岁，为皇史宬经筵展书官；三十七岁时，因"大礼议"得罪嘉靖皇帝，以"逆旨"罪谪戍云南永昌卫，从此开始了终生流放的生活。

嘉靖三十八年（1559）杨慎病逝于戍所[4]，享年七十二岁。隆庆元年（1567）穆宗即位，奉世宗遗诏追赠杨慎光禄寺少卿。天启中，杨慎追谥"文宪"。

杨慎自盛年起便被流放于边陲之地，一个才华横溢、充满憧憬和抱负的学者一下子被远远抛离政治中心和学术中心之外，他克服了内心的痛苦和煎熬，把全部的精神寄托转移到钻研古代文献之上。在长期的流放生涯中，杨慎潜心学问，成为一代硕儒。杨慎曾自赞曰："临利不敢先入，见义不敢后身，谅无补于事业，要不负乎君亲。遭逢太平，以处安边，歌咏击壤，以终余年。天之顾畀厚矣，笃矣。"[5]

简绍芳称杨慎自幼"颖敏过人，家学相承，益以该博，凡宇宙名物之广，经史百家之奥，下至稗官小说之微，医卜、技能、草木虫鱼之细，靡不究心多识，阐其理，博其趣，而订其讹谬焉"[6]。《明史》称："明世记诵之博，著作之富，推慎为第一。"[7]晚清李慈铭也说："有明博雅之士，首推升庵，所著《丹铅录》《谭苑醍醐》诸书，征引赅博，洵近世所罕有。"[8]杨慎生平著述四百余种，散佚颇多。[9]万历中，四川巡抚张士佩收集杨慎著作，编订《升庵集》八十一卷。这是我们今天研究杨慎思想的主要资料。

杨慎长年以经史诗文自娱，所撰著作多为考订杂著，当时人们惊叹其书宏博奇谲，相与传诵，由此引发一部分学者对于古书考证的兴趣。杨慎本非有领袖群伦之志，但不经意间却开创了一种考据学的新风气。《续修四库全书》称赞杨慎为"明人经说之翘楚"[10]。而当代学者林庆彰先生亦极力表彰杨慎开创数百年考据学风的贡献，他说："在中明心学和复古风潮笼罩中，用修之出现，无异一颗彗星。其挣脱宋学羁绊，倡复汉学运动，并开创数百年考据学风之贡献，正可与王阳明之心学相媲美。"[11]

杨慎不是理学家或心学家，也说不上是专门的经学家，但他的"博冾"风格对于当时的空疏学风而言，却有一种矫枉和针砭的作用。这种风格带动了明清之际学者引经据典、追求博雅的考据之风，促发了宋明经学向汉唐经学的复归。如果要追溯清代考据学渊源的话，应该说是由杨慎开其先河的。

第一节　走向考据学

在中国经学史上，有汉学和宋学两大流派。汉学可以说是一种纯粹的经学形态；而宋学则是一种哲学化的经学，宋明理学家总是先建构一种哲学体系，而他们对经典的解释往往要服从于其哲学理念。如果我们要将经学与哲学作一区别的话，经学的运动表现为一种向心力，所有的经典诠释活动都是围绕儒学元典进行的，从其解经的出发点而言，可以说是"我注六经"；而哲学的运动则表现为一种离心力，每一种哲学思想都是一种观念的体系，而每一新哲学的产生都必须突破、扬弃旧的观念体系，因而在任何哲学理念指导下的经典诠释都不免带有"六经注我"的色彩。汉学与宋学两相比较，汉学的客观性要更多一些。在北宋庆历年间，学者普遍感到汉唐经学面对佛学挑战的被动与无力，因而极力创立和发展儒家义理之学。但五百年过去了，在儒家义理学派中，先后发展出朱学与陆学两大学派，而明代自陈献章以后，理学以及经学日益向更加主观性的方向发展。在这种时候，儒学中开始酝酿回归汉唐之学的运动。而这一运动是在远离当时的学术中心的边陲之地开始的，其代表人物就是杨慎。

杨慎致力于对儒家思想作全面探索，尤其是对汉唐经学深入研究之后，便对宋代理学家的解经方法提出疑问，并对当世

学者"惟从宋人"的陋习提出严厉的批评。他说:

> 大抵宋人之学,失于主张太过,而欲尽废古人,说理则曰汉唐诸人如说梦,说字则曰自汉以下无人识,解经尽废毛、郑、服、杜之训,而自谓得圣人之心,为诗文则弗践韩、柳、李、杜之蹊径,而自谓性情之真、义理自然也。至于音韵之间,亦不屑蹈古人之成迹,而自出一喉吻焉。……近日宋学王相,古学休囚,程文之士,一经之家,尊宋人比于圣人,习语录谓之本领,一闻有言议及宋人,弱者掩耳,强者攘臂,以旁搜远绍为玩物丧志,以束书不观为用心于内。[12]
>
> 予尝言:宋世儒者失之专,今世学者失之陋。失之专者,一骋意见,扫灭前贤;失之陋者,惟从宋人,不知有汉唐前说也。宋人曰是,今人亦曰是;宋人曰非,今人亦曰非。高者谈性命,祖宋人之语录;卑者习举业,抄宋人之策论。[13]

杨慎将汉唐之学、宋人之学、今世之学加以比较:宋人之学一切"扫灭前贤",自出机杼,其弊在于"主张太过""一骋意见",失于专断。而"今世学者"即明儒又下宋儒一等,宋儒虽然"主张太过""一骋意见",但毕竟有其"主张"和"意见";而明儒之陋在于自己全无"主张"和"意见","尊宋人比于圣人",唯宋人之意见是从。"宋人曰是,今人亦曰是;宋人曰非,今人亦曰非。"

杨慎提出,经学是儒学的根本,宋儒如朱熹学有根柢,虽然拨弃古义,但对于经典的义理阐释能自成一家之言,而其后学则只知祖述程朱,杨慎形容他们是"玩瓶中之牡丹,看担上之桃李",批评他们治学不从根柢入手。杨慎说:

迩者霸儒创为新学，削经划史，驱儒归禅。缘其作俑，急于鸣传，俾其易入，而一时奔名走誉者，自叩胸臆，巨以惊人彪彩，罔克自售，靡然从之，纷其盈矣。蜉蝣撼树，谓游、夏为支离；聚蚊成雷，以舒、雄为小伎。豪杰之士，陷溺实繁。……走少而多疾，长也无奇，然窃有狂谈，异于俗论，谓诗歌至杜陵而畅，然诗之衰飒实自杜始；经学至朱子而明，然经之拘晦，实自朱始。是非杜、朱之罪也，玩瓶中之牡丹，看担上之桃李，效之者之罪也。[14]

杨慎将宋代理学家称为"霸儒"，理学家蔑弃传统的经史之学，倡导义理之学，说经往往断以己意。学者以此学易入易学，不须皓首穷经，亦可高谈性理，于是"靡然从之"。这些后学小生既视孔门弟子的传经之学为"支离"，又讥董仲舒、扬雄等汉儒经说为"小伎"。杨慎痛斥他们是"蜉蝣撼树""聚蚊成雷"。

杨慎指出，自汉以降，经学的发展"日起而日变"，每一时代都有其特点，汉代经学的特点表现为"传注之学"，唐代经学的特点表现为"疏释之学"，宋代经学的特点表现为"议论之学"。而经学发展的"先后"顺序反映一种递进成长的关系，每一成长阶段都有其积累的成果。杨慎引述元儒刘因（静修）之语说：

六经自火于秦，传注于汉，疏释于唐，议论于宋，日起而日变，学者亦当知其先后。近世学者往往舍传注、疏释，便读宋儒之议论，盖不知议论之学自传注、疏释出，特更作正大高明之论尔。传注、疏释之于经，十得其六七；宋儒用力之勤，铲伪以真，补其三四而备之也。[15]

杨慎的深层意思是说，蔑视经学发展的某一阶段，即意味丢弃此一阶段经学积累的成果。在他看来，完全废弃宋儒之学不对，完全废弃汉唐之学更不对。杨慎认为，"六经作于孔子，汉世去孔子未远"，因而汉唐之学较宋儒之学更接近孔子六经的本真。明代学者之所以祖习宋学，尽废古学，一是因为受"科举之累"，二是因为"先入为主"。杨慎说：

> 或问杨子曰："子于诸经多取汉儒，而不取宋儒，何哉？"答之曰："宋儒言之精者，吾何尝不取？顾宋儒之失，在废汉儒而自用己见耳。吾试问汝：六经作于孔子，汉世去孔子未远，传之人虽劣，其说宜得其真；宋儒去孔子千五百年矣，虽其聪颖过人，安能一旦尽弃旧而独悟于心邪？六经之奥，譬之京师之富丽也，河南、山东之人得其十之六七，若云南、贵州之人得其十之一二而已。何也？远近之异也。以宋儒而非汉儒，譬云贵之人不出里闬，坐谈京邑之制，而反非河南、山东之人，其不为人之贻笑者几希！然今之人安之不怪，则科举之累、先入之说，胶固而不可解也已。噫！"[16]

"汉世去孔子未远"，成为回归汉学的最佳理由，这种理由曾一再为清代学者所重申，回归汉学于是在清儒那里成为天经地义之事。

第二节　札记式考证：新的解经范式

由杨慎所开启的回归汉学运动，并不是一种简单的"回归"，因为由杨慎首开风气的考据学并不像汉唐经学那样，经师们人人追求重新注释一部完整的经典，而是采取一种笔记、札记式的形式，有发现、有心得辄记之，无发现、无心得处宁缺而不论。因而他们的著作内容往往缺少内在的联系性，遑论哲学体系的建构。但与汉唐经师的纯粹的经学与宋明儒者哲学化的经学相比，这种笔记、札记式的解经形式也许可以看作一种新的经学范式，虽然它不追求在整体意义上理解经典，但在对经典中某些重要的疑难问题的解释上，则体现出一种步步深入和寓精于博的特点，其中的许多札记和解释，都像是一篇短小精悍的论文。下面我们从杨慎对《周易》《尚书》《诗经》《礼记》《论语》所作的札记式考证中，选择几个饶有趣味的例子加以剖析。

（一）关于《周易》"易""彖""象"之取义说

《升庵集》卷四十一《卦爻名义》中写道：

> 易者，庐蠦之名，守宫是矣。（自注：守宫，即蜥蜴也，与龙通气，故可祷雨，与虬同形，故能呕雹。）身色无恒，日十二变，是则易者取其变也。彖者，茅犀之名，猯神是矣。（自注：彖亦曰茅犀，状如犀而小，角，善知吉凶，交广有之，土人名曰猯神。）犀形独角，知几知祥，是则彖者取于几也。象，大荒之兽也。人希见生象也，按其图以想其形，名之曰"像"，故其为字从人于象也。[17]

杨慎谓《周易》中的"易""彖""象"三个重要概念，取义于三种动物，即蜥蜴、茅犀和大象。清人毛奇龄批评说："《说文》以蜥蜴为蜥易，此重傍省文之字，而杨升庵遂谓'易是守宫之名'，则《汉书·食货志》以疆场为疆易，得毋易又是疆畔名乎？古重傍省文字，如栏干、琅邪类。"[18]毛奇龄指出，"蜥蜴"之"蜴"，有时写作"易"。古书书写习惯，凡一名词，两字偏旁结构完全或部分相同者，则第二字省去相同部分。但读者须知这只是形式上的省略，而实质是借用了前一字的偏旁结构，如"疆场"写成"疆易"、"栏杆"写成"栏干"、"琅琊"写成"琅邪"之类。他谓之"重傍省文之字"（今人谓之"重文字"）。毛奇龄所讲此种古书的书写规则并不错，但他对杨慎的批评却有点不着边际。

首先，东汉许慎《说文解字》在解释"易"字时已说："易，蜥易，蝘蜓，守宫也，象形。《秘书》说日月为易，象阴阳也。一曰从勿。"[19]许慎认为：古"易"字是蜥蜴的象形字。他又引述汉代纬书的观点，谓"易"字是日月二字的合体字；同时又指出也有人不赞同此说，谓"易"字下半部分文字结构从"勿"，而非从"月"。许慎的解释内容中有《尔雅》的根据，《尔雅》说："蝾螈，蜥蜴。蜥蜴，蝘蜓。蝘蜓，守宫也。"（注：转相解，博异语，别四名也。）[20]《尔雅》这里没有言及"易"字的结构。许慎讲"易"字是蜥蜴的象形字，并没有说《周易》之"易"取义于蜥蜴，但他所称"秘书"（纬书）以日月为"易"，则是用以解释《周易》之"易"的，这足以启迪后人去探索《周易》之"易"与蜥蜴的联系。

其次，较早探索《周易》之"易"与蜥蜴的联系的，当推北宋陆佃。陆佃说：

> 《说文》曰："蜥易，蝘蜓，守宫也，象形。"《博物志》云："以朱饲之，其体尽赤，捣之万杵，以点女人，终身不灭如赤志。偶则落。故曰守宫也。"《周易》之义，疑出于此，取其阴阳构合而易。一曰：蜥易，日十二时变色，故曰易也。[21]

陆佃讲到有关"守宫"（蜥蜴）的一个典故：汉代人以朱砂长期喂蜥蜴，使蜥蜴通体变红，然后将其捣成细浆，以之点宫女手臂，终身不灭如赤痣，但若宫女与男人媾合，则此"赤痣"便会褪落。由此，蜥蜴又被称为"守宫"。李商隐《河阳诗》"巴陵夜市红守宫，后房点臂斑斑红"[22]即说此事。陆佃引用这个典故，"取其阴阳构合而易"，推想《周易》之义，疑出于此"。他又考虑到另一种解释，就是蜥蜴于十二时之间，每时一变色，由蜥蜴有此善于"变易"的特点，《周易》或由此得名。这里陆佃用了一个"疑"字，对己说抱持一种审慎的态度。陆佃此说的一个最大问题是，《周易》之名出现甚早，他无法确证周人是根据蜥蜴的特点而取义的。

南宋罗泌著有《路史》一书，其书卷三十二《明易象象》，推衍了陆佃的说法[23]。前引杨慎之言，基本是抄录《路史》之文。元明之儒只读性理之书，如陆佃之《埤雅》、罗泌之《路史》很少有人问津。杨慎喜爱泛观博览，所读顺手抄记，而时常不注出处。清儒毛奇龄亦号称博学，但并不知杨慎所言乃抄录前人，非其首创，以致他的批评不着边际。

（二）关于《尚书·舜典》"纳于大麓"的解释

《尚书·舜典》有"纳于大麓，烈风雷雨弗迷"之言，历来学者解释不一。相传为伏生所作的《尚书大传》称："尧推尊舜而尚之，属诸侯焉，致天下于大麓之野。"[24]训"麓"为山麓。司马迁《史记》卷一《五帝本纪》本其说，曰："尧使舜入山林川泽，暴风雷雨，舜行不迷，尧以为圣。"[25]此为《尚书》今文家之说。

而《尚书》孔安国传训"麓"为"录"："麓，录也。纳舜使大录万机之政，阴阳和，风雨时，各以其节，不有迷错愆伏，明舜之德合于天。"[26]此为《尚书》古文家之说。

东汉郑玄调和今、古文之说，曰："山足曰麓。麓者，录也。古者天子命大事，命诸侯，则为坛国之外，尧聚诸侯，命舜陟位居摄，致天下之事，使大录之。"[27] 唐代孔颖达《尚书正义》主孔安国传，即取古文家之说。宋儒似专与汉唐注疏之学立异，而反遵今文家之说。如苏轼《书传》卷二：谓：

> 古文"麓"作"菉"，故学者误以为"录"耳。或曰："大麓，太山麓也。"古者易姓告代，必因泰山，除地为墠，以告天地，故谓之禅。……《书》云："烈风雷雨弗迷。"是天有烈风雷雨，而舜弗迷也。……尧之所以试舜者，亦多方矣，洪水为患，使舜入山林，相视原隰，雷雨大至，众惧失常，而舜不迷，其度量有绝人者，而天地鬼神亦或有以相之欤！[28]

蔡沈从《史记》及苏轼之说，其所著《书集传》卷一谓："遇烈风雷雨，非常之变，而不震惧失常，非固聪明诚智、确乎不乱者不能也。"[29]

杨慎的观点又回归于汉唐注疏之学，他说：

> 《孔丛子》宰我问："《书》云：纳于大麓，烈风雷雨弗迷，何谓也？"孔子曰："此言人之应乎天也，尧既得舜，历试诸难，使大录万机之政，是故阴清阳和，五星来备，风雨各以其应，不有迷错愆伏，明舜之行合于天也。"此说与注疏合，意古相传如此。今以大麓为山麓，是尧纳舜于荒险之地，而以狂风霹雳试其命，何异于茅山道士之斗法哉！[30]

杨慎所肯定的是《尚书》古文家之说。他先引《孔丛子·论书》"宰我问"一章之言，又称"此说与注疏合"，所谓"注疏"是指汉孔安国传，唐孔颖达疏。杨慎相信此说自古传承有序。较杨慎稍后的明代学者陈第（1541—1617）与杨慎的观点较为接近。陈第《尚书疏衍》卷二指出："上古用字，惟取同音，不似后世之按字分义。故以'麓'为'录'，义自可通。"[31]"麓"与"录"上古音同属来母屋部，是同音字。古书多通假字，因而汉儒解经只要有所依据，往往并不拘泥于本字。

杨慎所批评的"今"说，实指宋儒之说，他提出"今以大麓为山麓，是尧纳舜于荒险之地，而以狂风霹雳试其命，何异于茅山道士之斗法哉！"杨慎经学思想的实质，是要摒弃宋学，回归汉唐之学，他的经学思想的可取之处，在于倡导一种理性的判断标准，而反对汉代今文经学附会祥的神秘色彩。但杨慎这里解释"烈风雷雨"一句似有故意曲解之嫌，因为此句应该理解为"天有烈风雷雨"，不一定非要理解为尧"以狂风霹雳试其命"，而有类于"茅山道士之斗法"。况且，尧舜的传说时代，是以"神权"为主导的时代，氏族领袖实兼有大祭司的职能，尧想让位给舜，要舜历试诸难以见其非凡能力，用以取信于国人，也是合乎情理之事，这与后世所谓"茅山道士之斗法"不可混为一谈。

（三）关于《尚书》"君子所其无逸"与"王敬作所不可不敬德"的解释

《尚书·无逸》有"周公曰：呜呼！君子所其无逸"一句，《尚书·召诰》有"王敬作所不可不敬德"一句，这两句中的"所"字原不易晓。孔安国《传》于前者谓："叹美君子之道，所在念德，其无逸豫，君子且犹然，况王者乎！"[32]于后者九字作一句读，谓："敬为所不可不敬之德，则下敬奉其

命矣。"[33] 在孔安国《传》中，两个"所"字皆作虚词解释。

南宋时，吕祖谦将"君子所其无逸"之"所"解为"居"，而朱熹以为"巧凿"。《朱子语类》卷七十九有这样一则材料：

> 柳兄言："东莱解《无逸》一篇极好。"（朱熹）曰："伯恭如何解'君子所其无逸'？"柳曰："东莱解'所'字为'居'字。"曰："若某则不敢如此说。"诸友问："先生如何说？"曰："恐有脱字，则不可知。若说不行而必强立一说，虽若可观，只恐道理不如此。"[34]

关于《尚书》中"君子所其无逸"与"王敬作所不可不敬德"两句中的"所"字，朱熹皆不欲以"居"或"处所"之意解释，以为这样解释虽然新巧可观，但恐穿凿，非古人之本意。然而朱熹的弟子蔡沈作《书集传》，于"君子所其无逸"一句谓："所，犹处所也，君子以无逸为所。"[35] 而于"王敬作所不可不敬德"九字分两句读作"王敬作所，不可不敬德"。并说："所，处所也，犹'所其无逸'之'所'，王能以敬为所，则动静语默，出入起居，无往而不居敬矣。"[36] 在孔安国《传》中，"所"字为虚词；而蔡沈将两"所"字皆视为实词，解作"处所"。他的这种解释得到后世许多学者的认同，如明代王樵谓：蔡氏解"所"为"处所"，"此说出于吕氏，人颇嫌其新巧，然理苟是，则何新巧之有？"[37]

以上所述，是有关《尚书》"君子所其无逸"与"王敬作所不可不敬德"两句中"所"字解释的历史公案，而杨慎根据同时代人魏校（1483—1543）和李梦阳（1473—1530）有关陕西方言"所"字的意思，又翻出新解：

> 魏子才曰："关西方言，致力于一事为'所'。"……

李献吉曰："西土人谓着力干此事，则呼为'所'。"《书》曰："王敬作所。"又曰："所其无逸。"皆是当时方言，今作"处所"解之，愈觉不通。此深得经旨，余特表出之。[38]

《尚书》中《无逸》和《召诰》两篇属于《周书》，周人用其地方言讲话，亦在情理之中。而在此两文例中将"所"理解为"勉力"或"致力"，其意亦甚好。因而杨慎的意见亦得到了明代袁仁的支持，袁仁《尚书砭蔡编》谓：

"君子所其无逸"注，训"所"为"处"，本吕东莱之说。当时朱晦翁亦讥其太巧。按《说文》引《诗》"伐木所所"，训"所"为"用力"。杨用修云："所"，犹"勉"也。西土人谓用力于有事为"所"。《召诰》"王敬作所"，与此义同，似觉明顺。[39]

（四）关于《诗经》太王"实始翦商"的考辨

《诗经·鲁颂·闷宫》："后稷之孙，实维大王，居岐之阳，实始翦商。至于文武，缵大王之绪，致天之届，于牧之野。"这是一首史诗，叙述了周文王的祖父太王（即古公亶父）为避狄难，由豳地迁于岐山，而从那时开始就有了灭商兴周的大志；文王、武王继续祖先事业，最后由武王通过牧野之战一举灭商。问题是：太王为殷商的诸侯，与商王有君臣的名分，当时商王并未失德，而做臣子的便有觊觎篡代之心，这合乎道德吗？《论语·泰伯》记孔子之语说："周之德，其可谓至德也已矣。"孔子的判断是正确的吗？这可以说是经学诠释上的一个难题。元儒胡一桂著《史纂通要》，书中断言太王绝无"一毫觊觎之心"，所谓"翦商"云云，纯属子虚乌有。杨慎引述其

言，并从经典文本入手，试图从根本上推翻"太王翦商"之说。他说：

> 胡庭芳曰："愚读《诗》至大王'实始翦商'，未尝不慨！后之论者皆不能不以辞害意也，何以言之？大王盖当祖甲之时，去高宗中宗（兴）未远也。后二（一）百有六年，商始亡，且武王十三年以前，尚臣事商，则'翦商'之云，大王不但不出之于口，亦决不萌之于心，特以其有贤子圣孙，有传立之志，于以望其国祚之绵洪，岂有一毫觊觎之心哉！议者乃谓大王有是心，泰伯不从，遂逃荆蛮，是大王固已形之言矣。夫以唐高祖尚能骇太宗之言，曾谓大王之贤反不逮之乎？"
>
> 余谓：此言是矣。但未知《诗》之字误也。按《说文》引《诗》作"实始戬商。"解云："福也。"盖谓大王始受福于商，而大其国尔。不知后世何以改"戬"作"翦"，且《说文》别有"翦"字，解云："灭也。"以事言之，大王何尝灭商乎？改此者必汉儒以口相授，音同而讹耳。许氏曾见古篆文，当得其实。但知"翦"之为"戬"，则纷纷之说自可息。若作"翦"，虽沧海之辨，不能洗千古之惑矣。曾谓古公亶父之贤君，而蓄后羿、寒浞之祸心乎？[40]

许慎《说文解字》引《诗经》"实始戬商"，并解"戬"为"福"[41]。是周从太王开始即"受福于商，而大其国"，这样解释与"翦商"（灭商）的意思正好相反。杨慎接受并发挥了这种理解。单从"实始戬商"一句而言，此解自有道理。但此诗后面还有"至于文武，缵大王之绪，致天之届，于牧之野"之句，文王、武王既然"缵大王之绪"，应该对周人"受福于商"心存感激才是，为何却要以上天的名义去消灭殷商呢？这里前后逻辑是不一致的。

杨慎之后的海瑞（1514—1587）则是从不同的角度来处理这一经学诠释难题的。海瑞认为，太王实有"翦商"之志，君父难免有过错，问题是做世子的泰伯不去谏止，反而逃走于荆蛮之地，这是"不忠不孝"的表现。孔子称许太王、泰伯有"至德"是不恰当的。海瑞说：

> 太王翦商之志，金仁山、胡双湖辩之详矣。愚窃谓：太王实有是志，太（泰）伯去之。夫子亦不当以"至德"许之。[42]
>
> 朱子之论泰伯曰："德足以朝诸侯而有天下。"夫足以朝诸侯有天下，而不能以大义回父心，吾不信之矣。以子事父，情有可为而不为；身为世子，权有可为而不为。以事父言，则不孝；以事商言，则不忠。启天下无君之祸，贻家门弑逆之羞，皆荆蛮一逃为之也。[43]

海瑞《太（泰）伯论》的中心思想是说，当君父有过错之时，作为臣子当做"诤臣""诤子"。后来海瑞被罢官，也正因为他做了"诤臣"。海瑞是从历史事实出发，加以道德的评判。而胡一桂、杨慎是要以道德理念重塑历史，他们的基本预设认为太王是"至德"之人，然后尽量搜集证据证明他们的观点，同时否认古代文献中对"太王"的不利描述。但杨慎仅仅搜得《说文》引《诗》作"实始戬商"的孤证，焉知"戬"字不是"翦"的假借字？

（五）对《礼记》鲁行郊禘之礼的考辨

周公制礼作乐，礼制成为维系国家和社会秩序的命脉，其中祭祀之礼表现为人神之间的互动关系，因而成为礼制的核心内容。在周代，郊礼和禘礼是天子礼，郊礼是祭天礼，以祖配天，溯远祖于后稷；禘礼是天子祭祖礼，主祭文王。换言之，郊禘之礼是周天子所独有的与自然神和祖先神的沟通权力。然而唯一特殊的是，鲁国也有郊禘之礼，《礼记·明堂位》解释说："成王以周公为有勋劳于天下，是以封周公于曲阜，地方七百里，革车千乘，命鲁公世世祀周公以天子之礼乐。"又《礼记·祭统》说："昔者周公旦有勋劳于天下，周公既没，成王、康王追念周公之所以勋劳者，而欲尊鲁，故赐之以重祭。"而《礼记·礼运》记载孔子对鲁行郊禘之礼的批评说："鲁之郊禘，非礼也，周公其衰矣。"孔子认为，鲁行郊禘之礼是"僭礼"，周公所制定的礼法从此衰坏了。对于鲁行郊禘之礼，汉唐儒者大体秉承《礼记·明堂位》及《祭统》之说，并无异义，而在宋儒那里，这个问题引起了怀疑和讨论，二程说："周公之功固大矣，然臣子之分所当为也，安得独用天子之礼乎？"[44]"人臣而用天子之所用，周公之法乱矣。成王之赐，伯禽之受，皆过也。"[45]朱熹《诗集传》："成王以周公有大勋劳于天下，故赐伯禽以天子之礼乐。"[46]二程和朱熹尚不怀疑这样的史实：周成王追念周公的功劳，特准鲁国以天子之礼乐世世代代祭祀周公。但二程认为，周成王和周公之子伯禽在最大的原则问题上犯了过错，破坏了礼制。然而在宋儒中也有不信成王赐鲁天子礼乐之事者，如刘敞说："吾以谓使鲁郊者，……必非成王，其殆平王以下乎？"[47]陈傅良说："诸侯之有郊禘，东迁之僭礼也。……位在藩臣，而胪于郊祀，君子惧焉，则平王以前未有也。"[48]程朱后学中如张洽、金履祥等人也不相信成王赐鲁天子礼乐之事。以上诸儒虽然对成王赐鲁天子礼乐之事抱有怀疑，但并未详细讨论。对此问题加以详细讨论的应该说是杨慎。虽然这一"问题意识"是宋儒的，但论证方法却是一种新式的考据学方法。杨慎作《鲁之郊禘辩》，指出二程虽然义正辞严，但考究不精，"鲁之僭天子礼乐，鲁之末造，非成王、伯禽之为也"[49]。

首先，杨慎认为，周成王是一位原则性很强的君王，绝不可能以天子之礼乐赐诸侯，"昔者成王命君陈，拳拳以遵周公之猷训为言，猷训之大，无大于上下之分，岂其命伯禽而首废之哉，此以理而断，其事之无也"[50]。《左传·定公四年》记载卫国祝佗（子鱼）陈述当年成王分封鲁、卫的情形，纤细备举，而无一言述及赐天子礼乐之事。杨慎说："祝鮀述鲁、卫初封之宠命赐物，其说鲁之宠锡：大辂、大旗、夏后氏之璜、封父之繁弱、土田陪敦、祝宗卜史、官司彝器。纤悉毕举。使有天子礼乐之赐，鮀也正宜借口以张大于此时，而反无一言及之乎？"[51]况且，以天子礼乐赐诸侯是一件大事，但在《春秋》三传及《国语》这些重要的历史文献中皆不曾有记载。杨慎说："且史者，载事之书也，以天子礼乐赐诸侯，岂细事哉？《左氏》未尝言之，《公羊》未尝言之，《穀梁》未尝言之，《国语》未尝言之。"[52]所以，成王赐鲁国以天子礼乐云云，纯属子虚乌有之言。

其次，杨慎举出《吕氏春秋·当染》篇的材料论证鲁隐公之父惠公曾向周天子请求行郊庙之礼，遭到周天子的拒绝。自伯禽至鲁惠公凡二十二世，假使真有成王赐郊禘之礼之事，鲁惠公又何必向周天子请命？周天子又怎能止之？杨慎说："予考《吕氏春秋》云：'鲁惠公使宰让请郊庙之礼于天子，天子使史角往报。'盖未允也。此岂非明证大案哉？"[53]（按：《竹书纪年》亦曾记其事，《竹书纪年》载：周平王"四十二年，鲁惠公使宰让请郊庙之礼，王使史角如鲁谕止之"。[54]）而当鲁隐公之时，鲁国所行为诸侯礼乐，并未行天子礼乐。《左传·隐公五年》记载：鲁隐公向众仲问及祭祀时羽舞的

人数，众仲回答：天子用八佾（八八六十四人），诸侯用六佾（六六三十六人），鲁隐公遂用六佾。如果周成王果赐鲁以天子礼乐，那众仲一定会回答用八佾的。杨慎说：

> 隐公尝问羽数于众仲，众仲曰："天子用八，诸侯用六，大夫用四，士用二。"公从之。于是初献六羽。若如八佾之赐果出成王，则众仲胡不举以对？据此，则隐之世未有郊可知。[55]

复次，《春秋》自鲁隐公、桓公而下，未有书郊禘者，至鲁闵公二年书"禘于庄公"，鲁僖公八年书"禘于太庙"，三十一年书"四卜郊"。而《诗经·鲁颂·閟宫》所歌颂的也是鲁僖公郊祀之事。根据这些资料，杨慎推断，鲁国行郊禘之礼，是从鲁闵公、僖公开始的僭越行为，绝非出于成王之赐。杨慎说：

> 《春秋》书"禘于庄公"，见禘之僭，始于闵公也。书"四卜郊"，见郊之僭，始于僖公也。《鲁颂·閟宫》之三章云"乃命鲁公，俾侯于东，锡之山川，土田附庸"，言成王命伯禽以爵土耳。其"周公之孙、庄公之子"以下，则诗人美僖公郊祀之事，未见出于成王之所命也。孔子于《春秋》书郊者九，始僖终哀，使隐、桓、庄、闵之世有郊，奚为而不书？《鲁颂》之颂僖，正以著其僭之始耳。此以《春秋》《鲁颂》考之，而知郊禘不出于成王之赐也。[56]

最后，杨慎指出《明堂位》《祭统》所言成王赐鲁国天子礼乐之事不可信，他认为这是鲁国陋儒的虚夸之言，汉儒无识，误信其说："鲁之陋儒，欲尊宗国，如亡是公之聘齐，乌有先生之夸楚，有是言，无是事也。其言也不足以扬名发誉，而适足以贬君自损。汉儒无远识，以《明堂位》入礼经，而《祭统》之说因之。"[57]杨慎同时指出《明堂位》及《祭统》之说自相矛盾："既曰'成王以周公有大勋劳，赐鲁以天子礼乐'，又曰'成王、康王赐鲁重祭'，既曰成王，又曰康王，成王既赐，康（王）不应复赐。执此以讯，如无情之狱，一鞫而见其肺肝矣。"[58]杨慎认为，成王赐天子礼乐之事之有无，关系经典的正确理解和解释，学者不可不为之辩明。他说："成王、伯禽之事，既不幸不得明者之辩，而号为大儒者，方引之以解经，使成王、伯禽蒙首恶之名于千载，子其可无辩乎？"[59]

（六）对《论语》"子见南子"章的解释

《论语·雍也》篇"子见南子"一章中写道："子见南子，子路不说。夫子矢之曰：予所否者，天厌之！天厌之！"旧说，南子是卫灵公夫人，其人貌美而淫乱，卫灵公为其所迷惑。孔子拜见南子，欲通过南子说服卫灵公推行治道。孔子的弟子子路为人刚直，不达孔子之意，认为君子不当见淫乱妇人，对孔子见南子之事很不高兴。孔子发誓表白说：自己若非为行治道而见南子，愿老天惩罚我！汉儒孔安国以为，子路不满孔子见南子，孔子便赌咒发誓表白自己，其事有无颇有可疑。而王充则谓："南子，卫灵公夫人也，聘孔子，子路不说，谓孔子淫乱也。孔子解之曰：我所为鄙陋者，天厌杀我！"[60]如此叙述就变成了孔子有无淫乱之事了。而刘知幾说："睹仲由之不悦，则矢天厌以自明，……圣人之设教，其理含弘，或援誓以表心，或称非以受屈。岂与夫庸儒末学，文过饰非，使夫问者缄辞杜口，怀疑不展，若斯而已哉！"[61]刘知幾称赞孔子，不因子路怀疑非难自己而恼怒，"援誓以表心"，有"大圣之德";但他批评庸儒"文过饰非"云云，似乎孔子见南子一事，其心迹虽明，其事仍有可议。《朱子语类》卷三十三载有这样一条材料：有学生向朱熹求教《论语》"子见南子"一章的解释，朱熹出人意料地作了一个浪漫诙谐的回答："此是圣人出格事，而今莫要理会它。向有人问尹彦明：今有南子，子亦见之乎？曰：不敢见。曰：圣人何为见之？曰：能磨不磷，涅不缁，则见之不妨。"[62]意思是说，如南子之冶艳，若没有出淤泥而不染的操守，很少有人不为之动心。而孔子之见南子，被说成是"圣人出格事"！以上种种解释，都将"子见南子"一事或明或暗地作了一种凡俗化的解释。《论语》一书，记事记言极其简练，有很大的解释空间。而杨慎所要做的，是要将《论语》的解释由凡俗化转向神圣化，特别是对"子见南子"一章，要去除以往解释中的浪漫化的倾向。杨慎说：

> 子见南子，子路不悦。子矢之辞，亦甚昭矣。而后世王符、刘子玄犹有异说。虽朱子谓"矢"为"誓"，"否"谓不合理、不由道，亦浅之乎观圣贤矣。孔鲋云："古者大享，夫人与焉，于时犹有行之者。意卫君夫人享夫子，则夫子亦弗获已矣。"栾肇曰："见南子者，时不获也，犹文王之居羑里也。天厌之者，言我之否屈乃天命所厌也。"合二说而观之，则"矢"者，直告之，非"誓"也。"否"音否塞之否。古者仕于其国，则见其小君。子路意以孔子既不仕卫矣，而又见其小君，是求仕。不说者，不说夫子之仕，非不说夫子之见也。子直告之曰：予道之不行，其否屈乃天弃绝也。天之所弃，岂南子所能兴，而吾道赖之行哉？见之者不过答其礼耳。如此则圣贤之心始白，而王符之徒亦无所吠其声矣。[63]

　　杨慎所言"王符"当为"王充"，王符并未对"子见南子"事有过任何评论。刘子玄即唐人刘知幾，子玄是其字。关于"子见南子"一章，杨慎的解释有这样几层意思：第一，按古礼，士人在一国做官，当拜见国君夫人，即"小君"。第二，卫君无道，孔子本无意在卫国做官。第三，孔子居卫之时，其处境如同周文王当初被拘羑里之时，身不由己。第四，卫君宴飨，夫人南子参与，当时南子实际左右着卫国政治，南子邀请孔子参加，孔子不好拒绝。第五，子路误会孔子拜见卫国"小君"，还是有意要在卫国做官。他不愿意孔子在卫国做官，并非怀疑孔子有"犯色"之想。第六，"矢"的意思是"直告"，而不是"发誓"。孔子直率地告诉子路说：吾道之所以不行，是天所弃绝，不是南子所能复兴的，我怎么会依赖她来推行治道呢？我之所以见南子，不过是出于礼貌而已。你看，通过这样一解释，不仅孔子不曾有浪漫之迹，就是子路也不曾怀疑孔子有浪漫之情。

　　杨慎在泛观博览的读书过程中，特别注意采纳前人的疑古见解，但他是基于一种道德理性的标准进行取舍的。凡符合道德理性的则信之不疑，凡不符合道德理性的有疑必取。上一节所述杨慎对于《诗经》"实始翦商"的考辨、对于鲁国郊禘之礼的考辨，以及对于《论语》"子见南子"章的解释，都可以看出杨慎维护道德理性纯粹性的良苦用心。因此我们可以说，杨慎的经典考据学不是为考证而考证，而是要维护一种完美的道德偶像。

第三节　杨慎考据学之缺陷

　　杨慎首开考据学之风气，深刻影响了清代考据学。但杨慎的考据学"草创未为光明",存在一些严重缺陷,如欠缺学术规范,引用旧文往往不注明出处,而采取暗用的方式。更为重要的是,考据学主要是靠材料证据说话。杨慎说经"喜推陈出新"[64],但许多时候,在材料证据不够充分,甚至很不充分的时候,率尔立论,结果是出新而不能推陈。兹举一例:

《尚书·说命上》称"(傅)说筑傅岩之野",殷高宗武丁起用他为相。《孟子·告子下》有傅说"举于版筑之间"的话,《孟子》以后之古注遂将"筑"字解为"版筑","版筑"是两面以木板相夹,中间夯土为墙。古注遂谓傅说以刑罪被罚在傅岩(一说傅险)筑墙,因以为姓。杨慎批评孟子及古注说:

> 《尚书》云:"说筑傅岩之野。""筑"之为言,居也。后世犹有"卜筑"之称,求其说而不得,遂谓"傅说起于版筑",虽孟子亦误矣。[65]

在杨慎看来,傅说属于圣贤一流人,圣贤是不会犯罪的,若讲傅说因罪被罚从事"版筑",便是有辱圣贤。所以杨慎释"筑"为"居",这是暗用吴棫、蔡沈之说。宋代吴棫《书裨传》将"筑"释读为"居";蔡沈《书集传》采用其说,注曰:"筑,居也。今言所居,犹谓之卜筑。"[66]杨慎暗用其说而未出注。需要指出的是,杨慎只认为《孟子》与古注不可信,并不怀疑《尚书·说命》的可信度。然而据清代阎若璩等人考证,《尚书·说命》属于东晋梅赜所献的伪《古文尚书》。这是杨慎所不曾想到的。

杨慎非议《孟子》以"筑"为"版筑"的解释,资料证据极为缺乏,以致遭到陈耀文的严厉批驳,称之为"瞽言",意谓虚妄之言。

陈耀文《正杨》首先引述胡侍(蒙溪)提出过的十二条反

证材料如下：

1.《孔子集语》卷下《孔子先》："傅说负壤土，释版筑，而立佐天子，则其遇武丁也。"

2.《孟子》云："傅说举于版筑之间。"

3.《庄子》云："傅说胥靡。"

4.《墨子》卷二《尚贤中》："傅说被褐带索，庸筑乎傅岩，武丁得之，举以为三公。"

5.《楚辞》卷一《离骚》："说操筑于傅岩兮，武丁用而不疑。"

6.《文选注》卷十三贾谊《鵩鸟赋》："傅说胥靡兮，乃相武丁。"

7. 班固《汉书》卷五十八《公孙弘卜式儿宽传·赞》："曩时版筑饭牛之朋。"师古曰：版筑，傅说也；饭牛，宁戚也。

8.《后汉书》卷八十二《崔骃传》"役夫发梦于王公"注：高宗梦得说，乃使百工营求诸野，得诸傅岩。

9.《文选补遗》卷二十五张衡《应间》"委臿筑而据文轩"注：委臿筑，谓傅说也。

10.《西晋文纪》十二夏侯湛《抵疑》："傅说操筑以寤主。"

11. 晋王嘉《拾遗记》："傅说赁为赭衣，春于深岩以自给。"

12.《文选注》卷五十载沈约《恩幸传论》云："屠钓卑事也，板筑贱役也，太公起为周师，傅说去为殷相。"[67]

按：上述十二条反证材料中，《庄子》一条实无其语，故不可作为反证。

在引述这些反证材料的基础上，隋耀文又补充十一条材料如下：

1.《荀子》卷四《儒效》："胥靡之人，俄而受天下之大器。"

2.《韩非子》卷三《难言三》云："傅说转鬻。"

3.《说苑》卷一《善说》："昔傅说衣褐带剑，而筑于秕传之城。"

4.《孔北海集·附录·杂考》：孔融曰："祢衡罪同胥靡，不能发明主之梦。"

5.《帝王世纪》云："筑者胥靡，衣褐带索，执役于虞虢之间、傅岩之野，名说，以其得之傅岩，谓之傅说。"

6.《吕氏春秋》卷二十二《求人》："傅说，殷之胥靡也。"注："胥靡，刑罪之名也。"

7.《韩诗外传》卷七："傅说负土版筑，以为大夫，遇武丁也。"

8.《前汉纪》卷二十四："武丁惧而修德，梦，得傅说版筑，以为相。"

9.《西汉文纪》卷二十载王闳《谏宠董贤书》："武丁显傅说于版筑。"

10.《尸子》云："傅岩在北海之洲。"

11.《地里志》："傅说版筑所隐之处，窟名圣人窟。"[68]

这十一条材料中,《尸子》一条看不出与傅说版筑(胥靡)有直接或间接的关系,故不应作为反证。除此之外的十条材料都是有效的。两部分反证材料加在一起,有二十余条之多,其中相当部分是先秦的材料。因而傅说曾为"胥靡"(刑罪之人)而为版筑之事,当不是空穴来风。杨慎无视这些材料,率而释"筑"为"居",试图以此消解有关傅说曾为"胥靡""版筑"之事的资料,那如何能办得到呢?况且,即使傅说曾为"胥靡"而为版筑之事,不仅无损他作为圣贤一流人,同时也可见殷高宗武丁不拘一格提拔人才的气度。有此一段佳话,有何不好?杨慎又何必要费力去做此类无功的考据呢!杨慎首开考据学风气,可以说嘉惠学林,但其驳杂琐碎的弊端亦深深影响了后世。

第四节 余论

杨慎的考据学杂而多端,经学只是其中的一个方面,他在史学、子学、古文字学、古音韵学、金石学、博物学、天文学、地理学等皆多所涉足。杨慎之后,陈耀文、胡应麟、焦竑、陈第、方以智等人继起为考据之学,其中推崇杨慎宏博者有之,与杨慎争胜斗博者亦有之,由是考据学于晚明蔚然成风。学问之道,后出转精。相对于清代考据学而言,杨慎的考据学尚欠精审,但其博杂之规模实已初步奠定了清代考据学的基础。以音韵学为例,清代音韵学家江永论及杨慎的贡献说:"宋吴棫才老,始作《韵补》,搜群书之韵,异乎今音者,别之为古音;明杨慎用修又增益之,为《转注古音》。音韵学者谓二家为古韵权舆。"[69]顾炎武亦言其所著《唐韵正》曾以杨慎《转注古音略》为蓝本,他说:"余不揣寡昧,僭为《唐韵正》一书，一循唐音正轨，而犹赖是书（指《转注古音略》），以寻其端委。"[70]近人刘师培总结明清以来古音韵学的发展说："杨慎作《古音丛目》《古音猎要》《古音余》《古音略例》，陈第作《毛诗古音考》《屈宋古音义》，程元初作《周易韵叶》，张献翼作《读易韵考》，潘恩作《诗韵辑略》，屠峻作《楚骚协音》，虽昧于古韵分部之说，然考订多精，则近儒顾、江、戴、孔、段、王考订古韵所昉也。"[71]杨慎开创考据学，其筚路蓝缕之功，于此亦可见一斑。

从方法论而言，考据学方法，属于一种知识求证的方法。无论其内容为自然知识、社会知识，抑或历史知识，考据学皆以"实事求是"、追求真知为准则。但就儒家经学而言，又有其本身的价值理想与道德关怀，这涉及儒学信仰的层面。在许多时候，一些儒家学者出于纯化或"捍卫"儒学价值理想的目的，试图通过考证的方法利用某一部分史料来改写和重塑历史，但这种做法往往会被进一步的史实考订所推翻。一方面，经学要依自己的原则重新塑造历史；另一方面，经典诠释的有效性又取决于史实考证，这种"经"与"史"的互动与紧张在明中叶以后逐渐突显出来，王阳明、李贽、章学诚等人的"六经皆史"论就是在这种背景下提出的。考据学的方法主要依据古书材料，左采右获，务多务全，但在资料大致相同的情况下，由于分析问题的立场、观点和方法不同，而可能得出不同的结论。但相对于宋儒的主观体认的独断论方法而言，考据学方法的可信度往往要高一些。中国经学的发展由汉唐注疏之学，到宋明义理之学，再到清代考据之学，经历了一个否定之否定的过程。而杨慎学术思想的价值就在于他倡导回归汉唐之学，从而开启了清代考据学的先河。

注释：

[1]〔清〕黄宗羲:《明儒学案》，北京：中华书局，2008 年，第 14 页。

[2]〔清〕皮锡瑞著，周予同注释:《经学历史》，北京：中华书局，1959 年，第 283 页。

[3][5][13][14][15][16][17][30][38][40][49][50][51][52][53][55][56][57][58][59][63][65]〔明〕杨慎:《升庵集》，上海：上海古籍出版社，1993 年，第 31，103，447，73—74，750，290，280-281，290，295，306—307，63，63，64，63—64，64，64，63，64—65，65，65，336—337，444 页。

[4] 丰家骅提出，杨慎卒年当在嘉靖四十一年（1562）。（参见丰家骅:《杨慎评传》，南京：南京大学出版社，1998 年，第 1 页。）

[6]〔明〕简绍芳:《杨升庵年谱》，载〔清〕黄廷桂等监修:《四川通志》，《景印文渊阁四库全书》第 561 册，台北：商务印书馆，1986 年，第 624 页。

[7]〔清〕张廷玉等撰:《明史》，北京：中华书局，1974 年，第 5038 页。

[8]〔清〕李慈铭著:《越缦堂读书记》（下），上海：上海书店出版社，2015 年，第 940 页。

[9] 李贽《续藏书》卷二十六《修撰杨公》列杨慎著述 117 种。焦竑《升庵外集题识》附杨慎著述 138 种。周亮工所录杨慎书目二百余种。今台湾学者林庆彰先生汇集各书目所著录，及各书所述及者，共得杨慎著述二百五十余种。据丰家骅考察，在全国各图书馆、博物馆、纪念馆等藏书单位现在能见到的杨慎著作约有 134 种。（参见丰家骅:《杨慎评传》，第 393—394 页。）

[10] 续修四库全书总目提要编纂委员会编:《续修四库全书总目提要·经部》，上海：上海古籍出版社，2015 年，第 1325 页。

［11］林庆彰：《明代考据学研究》，台北：学生书局，1986年，第47页。

［12］〔明〕杨慎：《答李仁夫论转注书》，见〔清〕黄宗羲编：《明文海》卷一七五，北京：中华书局，1987年，第1752页。

［18］〔清〕毛奇龄著，郑万耕点校：《易小帖》，北京：中华书局，2010年，第126页。

［19］［41］〔汉〕许慎：《说文解字》，北京：中华书局，1963年，第196，266页。

［20］〔晋〕郭璞注，〔宋〕邢昺疏：《尔雅注疏》，〔清〕阮元校刻：《十三经注疏》，北京：中华书局，2009年，第5744页。

［21］〔宋〕陆佃：《埤雅》卷十一，载陈梦雷原著，杨家骆主编：《禽虫典下》（5），《鼎文版古今图书集成·中国学术类编》，台北：鼎文书局，1977年，第1796页。

［22］刘学锴，余恕诚著：《李商隐诗歌集解》，北京：中华书局，2004年，第1829页。

［23］〔宋〕罗泌：《明易象象》，《路史》卷三十二，《景印文渊阁四库全书》第383册，第445—448页。

［24］〔清〕皮锡瑞：《尚书大传疏证》，见吴仰湘编：《皮锡瑞全集》第1册，北京：中华书局，2015年，第50—51页。

［25］〔汉〕司马迁：《史记》，北京：中华书局，1982年，第22页。

［26］［32］［33］〔清〕王先谦著，何晋点校：《尚书孔传参正》，北京：中华书局，2011年，第73，766，716页。

［27］转引自〔清〕孙星衍，陈抗、盛冬铃点校：《尚书今古文注疏》，北京：中华书局，2004年，第33—34页。

［28］〔宋〕苏轼著，李之亮笺注：《苏轼文集编年笺注》第12册，成都：巴蜀书社，2011年，第299—300页。

［29］［35］［36］［66］〔宋〕蔡沈撰，〔宋〕朱熹授旨，严文

儒校点:《书集传》,见朱杰人、严佐之、刘永翔主编:《朱子全书外编》,上海:华东师范大学出版社,2010 年,第 9,202,187,116 页。

［31］〔明〕陈第:《尚书疏衍》,《景印文渊阁四库全书》第 64 册,第 744 页。

［34］［62］〔宋〕黎靖德编,王星贤点校:《朱子语类》,北京:中华书局,1986 年,第 2058,838—839 页。

［37］〔明〕王樵:《尚书日记》卷十二,《景印文渊阁四库全书》第 64 册,第 554 页。

［39］〔明〕袁仁:《尚书砭蔡编》"君子所其无逸"条,《景印文渊阁四库全书》第 64 册,第 698 页。

［42］［43］〔明〕海瑞:《泰伯论》,《海瑞集》,海口:海南出版社,2003 年,第 718,719 页。

［44］［45］〔宋〕程颢、程颐著,王孝鱼点校:《二程集》,北京:中华书局,2004 年,第 71,1244 页。

［46］〔宋〕朱熹注,王华宝整理:《诗集传》,南京:凤凰出版社,2007 年,第 277 页。

［47］〔宋〕刘敞:《刘氏春秋意林》卷上,《景印文渊阁四库全书》第 147 册,第 512 页。

［48］〔宋〕陈傅良:《春秋后传》卷五,《景印文渊阁四库全书》第 151 册,第 650 页。

［54］〔清〕郝懿行著,安作璋主编:《竹书纪年校证》,济南:齐鲁书社,2010 年,第 3910 页。

［60］黄晖:《论衡校释》,北京:中华书局,1990 年,第 411 页。

［61］〔唐〕刘知幾撰,〔清〕浦起龙释:《史通通释》,上海:上海古籍出版社,1978 年,第 397 页。

［64］陆元辅说:"用修《经说》喜推陈出新,贬驳宋儒,然小

智则有之，闻道则未也。"（转引自〔清〕朱彝尊原著，林庆彰等编审，游均晶等点校：《点校补正经义考》第7册，台北："中央研究院"中国文哲研究所筹备处，1997年，第477页。）

［67］［68］〔明〕陈耀文：《正杨》卷一，《景印文渊阁四库全书》第856册，第57—58，58页。

［69］〔清〕江永编：《古韵标准·例言》，北京：中华书局，1985年，第3页。

［70］转引自傅增湘撰：《藏园群书题记》，上海：上海古籍出版社，1989年，第62页。

［71］刘师培：《国学发微》，《刘师培全集》第1册，北京：中共中央党校出版社，1997年，第498—499页。

第四十三章
梅鷟对《尚书》传世本的辨伪

今传《尚书》五十八篇，旧称汉孔安国作《序》并《传》，为东晋豫章内史梅赜所献。唐孔颖达为之作义疏，此即《五经正义》之一的《尚书正义》。传统上以此书为《古文尚书》，但经后人考证，其中的三十三篇乃由伏生所传《今文尚书》二十九篇（或云二十八篇）所分出，内容与《今文尚书》基本相同。其余二十五篇则疑为晋人之伪作。

长期以来，《尚书》被作为圣经之一为儒者所尊奉。自南宋以后，学者开始怀疑其中的古文经二十五篇以及孔安国《序》并《传》皆为晋人之伪作。吴棫《书裨传》首发其难，怀疑《古文尚书》之伪[1]，朱熹曾多次言及《古文尚书》为晋人伪作。此后，陈振孙《尚书说》开始考定今文、古文；赵孟頫《书古今文集注》开始将今文、古文分编，而吴澄《书纂言》开始专释今文。吴棫、朱熹、吴澄等人都对《古文尚书》抱持怀疑的态度，他们怀疑的主要理由约有四点：一、梅赜《书》传授不与汉儒相接，来历不明；二、梅赜《书》皆易读，伏生《书》皆难读[2]；三、梅赜《书》文字气象不似先汉文章雄浑厚重；四、千年古书最为晚出，竟如此完整。[3]这些儒者的怀疑尚仅凭一种感觉与印象，他们并没有像后世的梅鷟、阎若璩等人那样，撰著专书一一举证，指控其伪。

明代梅鷟《尚书考异》一书的问世，可以视为尚书学史上的一个重要的里程碑。《四库全书〈尚书考异〉提要》谓："宋吴棫、朱子、元吴澄皆尝辨其伪，然但据其难易以决真伪，未及一一尽核其实。鷟是书则以安国《序》并增多之二十五篇悉杂取传记中语以成文，逐条考证，详其所出。"[4]《尚书考异》一书对《古文尚书》进行了广泛而仔细的辨伪搜证工作，发现《尚书》古文经二十五篇中的文句与先秦两汉文献蹈袭雷同之处甚多。《古文尚书》辨伪工作自此进入了一个新的阶段。

梅鷟，生卒年不详，大约与杨慎同时。字鸣歧，号平埜，别号致斋，旌德（今安徽省旌德县）人。正德八年（1513）举人。曾为南京国子监助教，后官至云南盐课司提举。《旌德县志》卷八《文苑传》称："梅鷟，号致斋，鹗之弟，正德癸酉举人。幼与伯兄鹗同学。博闻强记，研析经义。所著有《尚书谱》《尚书集莹》《尚书考异》《春秋指要》《周易集莹》《古易考原》《仪礼翼经》《大元圜注》（按：当为《太玄图注》）、《童子问》等书，其旨多本于伯氏云。"[5]据《旌德县志》卷九《经籍书目》及《旌德县志补遗》卷一，梅鷟尚有《仪礼逸经》《文集》等。又据林庆彰先生考订，梅鷟还撰有《读易记》《尚书考正》《尚书辨证》《读诗记》《诗经集莹》《读春秋记》等书。其书多遗佚。今存者仅有《古易考原》《尚书谱》《尚书考异》数种。

日本学者本田成之著《中国经学史》，其中说："梅鷟底《古文尚书考异》六卷，在明儒中是最出色的著述。"[6]

《尚书考异》在明代及清初只有传抄本，并未刻板印行。台北故宫博物院藏《尚书考异》旧抄本两册，不著撰人姓名，不分卷。旧抄本年代不明，但可以断定它早于四库全书本的《尚书考异》，并且两者同属一系。《四库全书》本《尚书考异》

亦不著撰人姓名，不分卷。四库馆臣发现书中有"鷟按"字样，因而判定其书作者为"梅鷟"。《四库全书总目》谓：

> 《尚书考异》五卷，……《明史·艺文志》不著录。
> 朱彝尊《经义考》作一卷。此本为范懋柱家天一阁所
> 藏，不题撰人姓名，而书中自称"鷟案"，则出鷟手无
> 疑。原稿未分卷数，而实不止于一卷。今约略篇页，
> 厘为五卷。[7]

台北故宫博物院所藏抄本与文渊阁《四库全书》本相比较，后者订正了前者许多引文出处等方面的舛误，推测这个工作是由四库馆臣将此书收入《四库全书》时来做的。

清嘉庆中，孙星衍访得《尚书考异》善本，其书分为六卷。此本为孙星衍校刊平津馆丛书之一，也是《尚书考异》的第一部刊刻本（以下简称"平津馆本"），其书扉页有"嘉庆甲戌孟秋兰陵孙氏校刊"字样，甲戌年为公元 1814 年。平津馆本比文渊阁本字数多出近两万四千字。我们的总体印象是，文渊阁本《尚书考异》应该是作者考辨《古文尚书》的一个草稿本，而平津馆本《尚书考异》则是一部完成本的著作。但这并不意味平津馆本的文字完全是正确无误的。事实上，平津馆本沿袭了故宫抄本的许多错误，此书虽经顾广圻、孙星衍两位清代大学者"详加校正"，但书中舛讹之处仍然非常之多。而文渊阁本则是更正平津馆本的一个重要的参校本。

笔者于 2014 年在上海古籍出版社出版了《尚书考异·尚书谱》标点整理本，此本综合各本之长，是目前研究梅鷟尚书学思想的最好的研究资料。

第一节 辨"孔安国《尚书序》"之伪

孔安国《尚书序》，自清以来，学者称之为"伪孔序"。在南宋之时，朱熹已经怀疑此序是晋人的伪作。但朱熹本人以及后世学者并未作认真的分析与批评，有之，则自梅鹫始。梅鹫分析、批评此序，首先是指出其"妄诞"不经，不合逻辑。如此序开头便说：

> 古者伏羲氏之王天下也，始画八卦、造书契，以代结绳之政，由是文籍生焉。伏羲、神农、黄帝之书谓之"三坟"，言大道也。少昊、颛顼、高辛、唐、虞之书谓之"五典"，言常道也。……疏云："是故历代宝之，以为大训。"八卦之说，谓之"八索"，求其义也。九州之志，谓之"九丘"，丘，聚也，言九州所有、土地所生、风气所宜，皆聚此书也。《春秋左氏传》曰"楚左史倚相能读三坟、五典、八索、九丘"，即谓上世帝王遗书也。[8]

依此《序》而言，中国早在远古的伏羲氏时期就已经有了书契文籍。这有什么根据呢？原来《左传·昭公十二年》楚灵王称左史倚相"能读三坟、五典、八索、九丘"。贾逵云："三坟，三皇之书；五典，五帝之典。"[9]马融云："八索，八卦；九丘，九州之数也。"[10]此外《周礼》中又有"外史掌三皇五帝之书"之语，郑玄为之注曰："楚灵王所谓'三坟五典'是也。"[11]如此一来，"三坟"便是"三皇"之书，"五典"便是"五帝"之书。而《尚书序》所作的进一步推断为"三坟"，言大道也；"五典"，言常道也。由于"三坟""五典"为"上世帝王之遗书"，所以"历代宝之，以为大训"。此《序》又以孔子后裔的口吻说：

先君孔子，生于周末，睹史籍之烦文，惧览之者不一，遂乃定礼乐、明旧章，删《诗》为三百篇，约史记而修《春秋》，赞易道以黜八索，述职方以除九丘，讨论坟、典，断自唐、虞以下，讫于周。芟夷烦乱，翦截浮辞，举其宏纲，撮其机要，足以垂世立教，典、谟、训、诰、誓、命之文，凡百篇。[12]

《尚书序》作者叙述至此，便矛盾百出了。既称"三坟""五典"为"上世帝王之遗书"，"历代宝之，以为大训"，那孔子又凭什么"讨论坟典，断自唐、虞以下"呢？梅鷟于此批评说：

既曰"言大道""言常道""历代宝之，以为大训"矣，又曰"讨论坟典，断自唐虞以下"，则于"言大道"者尽见删去，于"言常道"者亦去其三，而于"历代所宝，以为大训"者，亦为宝非其宝，而不足以为训；所可宝训，独二典耳。岂夫子"信而好古"之义哉？[13]

事实上，前代儒者已经注意到孔《序》自相矛盾，如二程说经就曾极力弥缝其失。二程说：

孔《序》："伏羲、神农、黄帝之书，谓之'三坟'，言大道也；少昊、颛顼、高辛、唐、虞之书，谓之'五典'，言常道也。"又曰："孔子讨论坟典，断自唐、虞以下。"以二典之言简邃如此，其上可知。所谓大道，虽"性与天道"之说，固圣人所不可得而去也。如言阴阳、四时、七政、五行之道，亦必至要之语，非后代之繁衍末术也，固亦常道，圣人所不去也。使诚有所谓羲、农之书，乃后世称述当时之事，失其义理，如许行所为神

农之言及阴阳、医方称黄帝之说耳。此圣人所以去之也。……五典既皆"常道",又去其三,何也?盖古虽已有文字,而制立法度,为治有迹,得以纪载,有史官之职以志其事,自尧始。[14]

梅鷟对此回应说:"审如程子之言,则外史所掌,玉石不分;而倚相所读,疏稗并蓄,此又不通之论也。"[15]梅鷟以为,从孔子的一贯精神看,孔子强调"述而不作",主张学贵"多识",必不会将体现"大道""常道"的上古珍贵文献轻率删芟。他说:

> 殊不知吾夫子之赞《易》也,虽穆姜之言,亦在所取,况"八卦"之说,岂忍尽黜?诵《诗》也,虽鸟兽草木之名,亦贵"多识",况九州之地志,岂忍尽除?谁谓圣人之闻孙也,而有如此立论哉![16]

《左传·襄公九年》记鲁宣公夫人穆姜生前之言:"《周易》曰:'随,元亨利贞,无咎。'元,体之长也。亨,嘉之会也。利,义之和也。贞,事之干也。体仁足以长人,嘉德足以合礼,利物足以和义,贞固足以干事。"穆姜在孔子之前,而传说为孔子所作"十翼"之一的《文言传》有几乎一致的言论。梅鷟谓孔子作《文言传》,有取穆姜之言。他以此反证如"八索"果为"八卦"之说的来源,孔子怎么会将它尽行刊落呢?同理,孔子强调诵《诗》可以识鸟兽草木之名,"九丘"既然聚集"九州所有、土地所生、风气所宜"的资料,孔子又怎么会将它尽行刊落呢?梅鷟因而质问作为孔子之"闻孙"的孔安国,怎么会有如此不合逻辑、不合事理的拙劣立论呢?孔《序》又谓:

及秦始皇灭先代典籍，焚书坑儒，天下学士逃难解散，我先人用藏其家书于屋壁。汉室龙兴，开设学校，旁求儒雅，以阐大猷。……至鲁共王好治宫室，坏孔子旧宅以广其居，于壁中得先人所藏古文虞夏、商、周之《书》及《传》《论语》《孝经》，皆科斗文字。王又升孔子堂，闻金石丝竹之音，乃不坏宅。[17]

梅鷟指出，这段话中也有不合情理之处；第一，孔氏先人藏书屋壁之事，按《孔子家语》所言为孔腾（字襄）所藏，而《汉纪·尹敏传》则云孔鲋所藏。孔腾至孔安国不过四世，孔鲋至孔安国不过五世，数传之后，孔氏家人遂不觉有先人壁藏之经，岂近于人情？第二，鲁共王虽贵，良心犹存，当知圣人旧宅之不当坏，所谓"坏孔子旧宅以广其居"之事，此岂近于人情？第三，此《序》中称："（鲁共）王升孔子堂，闻金石丝竹之音，乃不坏宅。"此言事涉神怪，"金石丝竹之音"发于何处？"岂其鬼邪？为此说者欲以神其事耳，不知怪神之事，夫子所不道也。"[18]司马迁曾亲受业于孔安国，其所作《史记》并不曾记载鲁共王坏孔子宅之事。此事若出史家笔下，传闻失实，或有可原；而竟出自孔子"闻孙"，自述家事，会如此"妄诞"！如何可信？孔《序》又谓：

（鲁共王）悉以书还孔氏。科斗书废已久，时人无能知者，以所闻伏生之书，考论文义，定其可知者，为隶古定，更以竹简写之，增多伏生二十五篇。……其余错乱摩灭，弗可复知，悉上送官，藏之书府，以待能者。[19]

司马迁《史记·儒林列传》称："孔氏有《古文尚书》，而安国以今文读之，因以起其家，逸《书》得十余篇，盖《尚书》滋多于是矣。"[20] 班固《汉书·艺文志》称孔安国"悉得其书，以考二十九篇，得多十六篇"。[21] 是谓孔壁《古文尚书》只有"十六篇"，无所谓"二十五篇"。孔《序》谓"以待能者"，在梅鷟看来，刘歆即是西汉末之"能者"，刘歆领校中秘之书，曾亲眼见到《古文尚书》，而刘歆并不曾言《古文尚书》有"二十五篇"，而只称有"十六篇"（事见《汉书》卷三十六《楚元王传》所载刘歆《移让太常博士书》[22]）。因此所谓"《古文尚书》二十五篇"者，乃晋人之妄说。梅鷟于此强调孔安国《古文尚书》与梅赜所上《古文尚书》篇数不合，非为一书。篇数、篇目不合，乃《古文尚书》辨伪中的关键点之一，前此吴棫、朱熹、吴澄诸儒皆未言及之。这个问题虽然简单，但却是《古文尚书》考辨不容忽视的要点。

检讨梅鷟考辨所谓"孔安国《尚书序》"的方法，其主要着眼点在突显孔《序》妄诞不经、不合逻辑、不合事理，以此证明此序一定不出自孔子之"闻孙"孔安国之手。

此说虽然听似有理，但必须先来证明孔子之"闻孙"孔安国一定不会有此类拙劣之作。而要证明此点反而是非常困难的，因为历史上有关孔安国的资料留存极少。也正因为如此，梅鷟关于"孔安国《尚书序》"的辨伪显得不十分有力，因为人们可以承认"孔安国《尚书序》"写得不甚高明，但并不一定能排除此序为孔安国所作。虽然梅鷟在此后的考辨中讨论到篇数问题，但并未将它作为主要的着力点。

第二节 《古文尚书》为伪作的主要证据

四库馆臣评价梅鷟《尚书考异》说："鷟是书则以安国

《序》并增多之二十五篇悉杂取传记中语以成文，逐条考证，详其所出，……所指摘皆有依据。"[23]梅鷟《尚书考异》指控晋人所献《古文尚书》二十五篇为伪作，以下所列为梅鷟提出的较为有力的证据。

（一）考辨所谓"十六字心传"

《古文尚书·大禹谟》中的"人心惟危，道心惟微，惟精惟一，允执厥中"四句，自南宋朱熹以后称之为"十六字心传"或"道统心传"。梅鷟指出《大禹谟》中此四句话的前三句抄撮于《荀子》。其言曰：

> "允执厥中"，尧之言也，见《论语·尧曰第二十》。……自今考之，惟"允执厥中"一句信为圣人之言。其余三言盖出《荀子》，而钞略掇拾胶粘而假合之者也。《荀子·解蔽篇》曰："昔者舜之治天下也，不以事诏而万物成，处一之危，其荣满侧，养一之微，荣矣而未知。故《道经》曰：'人心之危，道心之微，危微之幾，惟明君子而后能知之。'"荀卿称《道经》曰"，初未尝以为舜之言。作古文者见其首称舜之治天下，遂改二"之"字为二"惟"字，而直以为大舜之言。杨倞为之分疏云："今《虞书》有此语，而云《道经》，盖有道之经也。"其言似矣。至于"惟精惟一"，则直钞略荀卿前后文字，……荀卿子上文有曰："心者，形之君也，出令而无所受令，故曰心容，其择也无禁，必自见其物也杂博，其精之至也不贰。"又曰："心枝则无知，倾则不精。"又曰："有人也不能此，精于田，精于市，精于器之三技，而可使治三官，曰：精于道者也。"下文有曰："好义者众矣，而舜之独传者，一也。自古及今，未尝

有两而能精者也。"又曰:"蚊虻之声闻,则挫其精,可谓危矣,未可谓微也。"此其"精"字、"一"字之所自来也。[24]

梅鷟并且指出,荀子著书,援引《诗》《书》,皆一一详细注明出处,凡引《尚书》处或称"《书》云",或称《尚书》之篇名。而独此处称引自《道经》,是此数语原出自《道经》一书,而不出自《尚书》之明证。他说:

> 夫《荀子》一书,引《诗》则曰"《诗》云",引《书》则曰"《书》云"。或称篇名者有之,何独于此二语而独易其名曰"《道经》"哉?若曰此二句独美,故以为"有道之经",则出此二语之外,皆为无道之经也而可乎?虽曰《荀》疵,不如是之悖也。[25]

《荀子》引述"人心之危"二语,称出于《道经》。问题是所谓"《道经》"是《尚书》的一种尊称呢,还是另一部专书?唐代杨倞注《荀子》所持即是前一种意见,他说:"今《虞书》有此语,而云'道经',盖有道之经也。"[26]这一注释在当时化解了一种理解的冲突。然而依梅鷟的考察,荀子著书,有严格的体例,凡引《诗》《书》,皆注明出处,独"人心之危"二语,单标出于《道经》,是《道经》乃别为一书。由此导出的问题是,并不是《荀子》引述《尚书》,而是《荀子》引述《道经》,晋世造伪书者又抄撮《荀子》,而所谓"十六字道统心传"云云,乃"钞略掇拾胶粘而假合"而成。

今之学者皆知关于"十六字心传"抄自《荀子》的考辨出自于清初的阎若璩,而不知早于阎若璩一百多年前梅鷟已对此作了详细的考证。

（二）对《大禹谟》"皋陶迈种德，德乃降"之文的质疑

《古文尚书·大禹谟》："禹曰：朕德罔克，民不依。皋陶迈种德，德乃降，黎民怀之，帝念哉！"其中"皋陶迈种德，德乃降"一语见于《左传·庄公八年》鲁庄公之语。《左传·庄公八年》记载："夏，师及齐师围郕，郕降于齐师。"这是说鲁庄公八年之夏，鲁国军队与齐国军队联合围攻郕国。鲁国与郕国为同姓之国，于义不该伐郕国。当时齐强而鲁弱，郕降鲁则齐怨，降齐则鲁不能争，于是郕独降于齐师，而齐师许其降。其时，仲庆父请求鲁庄公伐齐师，鲁庄公不许。《左传·庄公八年》记鲁庄公之语曰："不可。我实不德，齐师何罪？罪我之由。《夏书》曰：'皋陶迈种德。德乃降。'姑务修德以待时乎？"

这里的问题是，《左传》此条材料中的"德乃降"一句是鲁庄公所引《夏书》之文，还是鲁庄公本人之语？西晋之时，杜预将此句理解为鲁庄公本人之语。杜预为《春秋左氏传》作《注》，于"皋陶迈种德"一句下注曰："《夏书》，逸《书》也。称皋陶能勉种德。迈，勉也。"[27]依杜预的理解，鲁庄公所引《夏书》之语，只有"皋陶迈种德"一句，而"德乃降"以下乃是庄公之语。这一理解显然与《古文尚书·大禹谟》"皋陶迈种德，德乃降"不相吻合。唐孔颖达以晋人所献之《古文尚书》为真孔壁《古文尚书》，因而不能不对此作出解释，他说："杜（预）不见《古文》，故以为'逸《书》'，……不知'德乃降'亦是《书》文，谓为庄公之语，故隔从下注，言能慕皋陶之种德，乃人自降服之，自恨不能如皋陶也。"[28]这里隐含着这样一个问题：如果《大禹谟》为真《古文尚书》而传自西汉孔安国，何以西晋时代之杜预不得见，而将"德乃降"一语误解为鲁庄公之语？这不是表明《大禹谟》为晚出之《书》吗？

梅鷟正据此以揭《大禹谟》之伪:"《大禹谟》,伪书也。《春秋·庄八年》鲁庄公引《夏书》曰:'皋陶迈种德',此《书》词也。'德乃降'二字,乃庄公自言,杜预注此甚明。今乃连袭其文,而以鲁庄之语为《书》词,此非伪乎?"[29]

毛奇龄引录梅鷟之语后,随即站在孔颖达的立场上辩驳说:

> 《古文》不立学,故赵岐、杜预辈皆不见《古文》。……按:《左传》齐师围郕,郕降于齐师,公子庆父请伐齐师。庄公曰:"我实不德,《夏书》曰:'皋陶迈种德,德乃降。'如务修德以待时乎?"遂引师还。则明是以"郕降"之故,故引《书》之称"降"者以解之。使只"迈种德"三字,则与"郕降"何与而引其语?且德足降物,引《书》甫毕,然后以"修德"起意,故曰"如务"。未有连作己语而复加"如务"以起其意者。[30]

依毛奇龄之意,鲁庄公乃就"郕降"之事而引《夏书》"德乃降"之语,若《夏书》只有"迈种德"之文,而无"德乃降"之句,那与"郕降"之事有何关联而称引其文?毛奇龄是清代人,对于他的批评,早在九泉之下的梅鷟当然已无法答辩。可是与毛奇龄同时的阎若璩却起而驳斥毛氏之说,他说:

> 一部《左氏》,引古人成语,下即从其末之一字申解之者,固不独《庄八年》夏为然也。《宣十二年》君子引《诗》曰:"'乱离瘼矣,爰其适归',归于怙乱者也夫!"《襄三十一年》北宫文子引《诗》云:"'靡不有初,鲜克有终',终之实难。"《昭十年》武仲引《诗》曰"'德音孔昭,视民不佻',佻之谓甚矣。"皆其例也。

又不独《左氏》为然也，《中庸》卒章引《诗》曰："'德
辖如毛'，毛犹有伦。"亦其例也。若必以"德乃降"为
《书》语，则"毛犹有伦"亦应见于《烝民》诗矣，何
未之见也？[31]

阎若璩从《左传》和《中庸》中举出若干文例，认为《左
传·庄公八年》所引《夏书》只有"皋陶迈种德"一句，按
《左传》文例，"德乃降"一句乃是"引古人成语"之后的"申
解"语，两句不当相连为经文。阎若璩的搜证方法极见功力，
其反驳也具有相当的说服力。

（三）考辨"同德度义，受有臣亿万，惟亿万心，予有臣三千惟一心"之文

伪《古文尚书·泰誓上》有"同力度德，同德度义，受有
臣亿万，惟亿万心，予有臣三千惟一心"之文，梅鷟指出，此
一段乃抄缀《左传》而成。《左传·昭公二十四年》：召简公、
南宫嚚以甘桓公见王子朝，刘子谓苌弘曰："甘氏又往矣。"对
曰："何害？同德度义，《泰誓》曰：'纣有亿兆夷人，亦有离
德。予有乱臣十人，同心同德。'"

苌弘讲这番话的历史背景，正是东周王室"王子朝作乱"
之时。周景王之太子晋很贤明，但却早卒。景王宠爱庶长子
王子朝，欲立之，未果，而景王崩。国人立王子猛，即周悼
王。王子朝称兵作乱，攻杀王子猛。国人又立王子丐，即周敬
王。王子朝不甘心，自立为王。王子朝居王城之西，时人称之
为"西王"；而王子丐居狄泉，在王城之东，时人称之为"东
王"。周室诸臣遂分为两党，附王子猛、王子丐者为单穆公、
刘文公诸人，附王子朝者为召简公、南宫嚚、甘桓公诸人。而
苌弘是附随于刘文公的。当甘桓公等人又一次去见王子朝时，

刘文公担心他们又会合谋做坏事，因而不无忧虑地说："甘氏又往矣。"苌弘劝慰他说，这没有什么可担心的。只有同心同德的人才能谋义。接着他引用《尚书·泰誓》中武王之语说："纣有亿兆夷人，亦有离德。予有乱臣十人，同心同德。"意思是说，商纣王有亿兆民众，兼有四夷，可是离心离德。而我有治臣十人，人虽少，但同心同德。梅鸷将此语与伪《古文尚书·泰誓》一一加以比对，并特别指出，"同德度义"一语本是"苌弘之所自言，亦略以为经"。梅鸷说：

> 作《古文》者，无以钉饲成篇，并苌弘之所自言，亦略以为经。……殊不知"受有臣亿万"即"纣有亿兆夷人"，惟"亿万心"即"离心"，"万"字比"兆"字则变而少矣。"予有臣三千"即"予有乱臣十人"，"惟一心"即"同心"，"三千"比"十人"则变而多矣。"三千"，用《孟子》"虎贲三千人"也。[32]

在上一条中，我们或许还不能确证"德乃降"之语一定是鲁庄公之语。而在此一条中，我们完全可以认为，"同德度义"一句确系苌弘之语，而被造伪者抄缀进伪《古文尚书·泰誓上》中。梅鸷关于此条的指摘是颇有说服力的。

（四）对《君陈》"惟孝友于兄弟"之文的质疑

《古文尚书·君陈》："惟尔令德孝恭，惟孝友于兄弟，克施有政。"《尚书考异》作者以为，此语乃抄撮《国语·周语》与《论语》而成，《周语》单襄公曰：'晋襄公曰：骥，此其孙也，而令德孝恭，非此其谁也？'"《论语》：《书》云：'孝乎惟孝，友于兄弟，施于有政。'"《尚书考异》作者于此只是指出其作伪之迹，并未作进一步的分析，但辨伪者所要揭明的意识是清楚的，即《论语》本以"孝乎惟孝"为句，作伪者抄撮《论语》引《书》之语，而截去"孝乎"二字，而以"惟孝友于兄弟"为句。四库馆臣即以此条为辨《古文尚书》之伪的坚强证据之一，《尚书考异·提要》说：

> 汉石经《论语》"孝于惟孝"，"惟孝"谓所孝之人，与下"兄弟"对文。包咸本"于"作"乎"。古文乃掇"惟孝友于兄弟"，而截去"孝乎"二字，则《论语》《书》云孝乎"，不能成辞。[33]

关于《论语》以"孝乎惟孝"为句的根据，可以找到许多资料。宋洪适《隶释》载汉《石经论语》残碑，所存九百七十一字中有"子曰：《书》云：孝于惟孝，友于兄（下阙）"之文。[34]阎若璩《尚书古文疏证》卷一也指出：

> 《书》有句读本宜如是，而一旦为晚出《古文》所割裂，遂改以从之者，《论语》"《书》云：'孝乎惟孝，友于兄弟，施于有政'"三句是也。何晏《集解》引汉包咸注云："'孝乎惟孝'，美大孝之辞。"是以"《书》云"为一句，"孝乎惟孝"为一句，"友于兄弟"为一句。《晋书》夏侯湛《昆弟诰》"古人有言：'孝乎惟孝，友于兄弟。'"潘岳《闲居赋序》"'孝乎惟孝，友于兄弟'，此亦拙者之为政也。"是其证也。伪作《君陈篇》者竟将"孝乎"二字读属上，为孔子之言。历览载籍所引《诗》《书》之文，从无此等句法。[35]

阎若璩的论证补充了梅鷟的说法。伪《古文尚书》作者的局限在于他自认为《论语》"孝乎惟孝，友于兄弟"的句式较

怪诞，因而在采入其语时截去"孝乎"二字，而将"惟孝"连下读，而成"惟孝友于兄弟"。其实以"孝"来作为兄弟之间的伦理规范，本身就是不通的，更何况"孝乎惟孝"的句式原本就是成立的。

（五）考辨"满招损，谦受益"之文

《大禹谟》中益赞于禹曰："惟德动天，无远弗届。满招损，谦受益，时乃天道。"梅鷟以为，"满招损，谦受益"之语蹈袭《周易·谦》卦之《象传》："天道亏盈而益谦"。今易"盈"字为"满"字，易"亏"字为"损"字，所以新其字也；易"亏盈"为"满招损"，易"益谦"为"谦受益"，所以奇其句也。他认为这属于"蹈袭而无当"，因为"以上文观之，舜称禹不自满假，不矜不伐矣，禹何弗谦之有"？在此处梅鷟对"不矜""不伐"之语做了正确的理解，认为这是舜称许禹的话，既然如此，"禹何弗谦之有"？何须有此"满招损，谦受益"一番话。这是"于上文无当"。而"以下文观之，即引舜之至德要道所以感通神明者，谦又不足以言之也。是于下文无当"。然孔颖达《尚书正义》已经指出"满招损，谦受益"之言与《周易·谦》卦象辞之言具有一致性。其言曰：

> 《易·谦》卦《象》曰："天道亏盈而益谦"，……是"满招损，谦受益"，为天道之常也。益言此者，欲令禹修德息师，持谦以待有苗。[36]

笔者以为，《大禹谟》"满招损，谦受益"之言浅显易懂，而《周易·谦》卦象辞"天道亏盈而益谦"之言晦涩难明。假如《大禹谟》先有此精粹之格言，而后出之《周易·象传》岂不是拙于言辞者？

（六）考辨《古文尚书·武成》篇之伪

梅鷟在其另一部著作《尚书谱》中，考辨《古文尚书·武成》篇之伪，这里一并讨论。《孟子·尽心下》说："尽信书，则不如无书。吾于《武成》取二三策而已矣。仁人无敌于天下，以至仁伐至不仁，而何其血之流杵也！"孟子所看到的《尚书·武成》篇，是先秦真《古文尚书》，里面真实反映了武王伐纣战争的残酷和血腥。孟子认为它不符合儒家经典的价值准则，按照孟子的理解：仁者无敌，武王伐纣，"以至仁伐至不仁"，殷人应该"箪食壶浆以迎王师"，而不至于与周人拼杀至"血流漂杵"，所以孟子于《武成》篇只选择两三支简策可用者。可是，《古文尚书·武成》则写成这样："甲子昧爽，受（纣）率其旅若林，会于牧野，罔有敌于我师，前徒倒戈，攻于后以北，血流漂杵。""血流漂杵"并不是纣众与周人残酷拼杀造成的，而是纣众"前徒倒戈，攻于后以北"，自相残杀造成的。梅鷟指出：

> 东晋《武成》言："前徒倒戈，攻于后，以北，血流漂杵。"是纣众自杀之血，非武王杀之之血，其言可谓巧矣。然上之与汤以下七王德泽相碍，中之与七十万人同矢牧野相碍，下之与洛邑顽民始终不忍叛殷相碍。果曰怒纣而开周，则齐解甲以降周，使纣为独夫速殪乎太白之下，深足以偿其恨犯矣，何至自相屠戮，使无辜党与，什什伍伍，肝脑涂野土，独何心哉？……私意杜撰之书，既非孟子所见之文，而其言且躐居周初，致孟子为不通文理之读书，误认纣众自杀，以为武王虐杀，何其悖哉！赵岐所不见，安国所无有，孟子所悖驰，而儒者犹曰"真古文"，噫！弗思甚矣。[37]

在梅鷟看来，晋人之《尚书·武成》篇将"血流漂杵"解释为纣众"前徒倒戈"，自相残杀造成的，而不是周人攻杀造成的。如果说此篇便是孟子所见之《尚书·武成》篇，那就显得孟子太低能了，因为他读书如此"不通文理"，竟然"误认纣众自杀，以为武王虐杀"！而从《尚书》中的《大诰》《多士》等篇看，即使周人取得了政权若干年，仍有许多殷顽民伺机反扑夺回政权，牧野之战纣众怎么会轻易"前徒倒戈"呢？即使殷民"怒纣"残暴，热盼武王军队来解放自己，也只须降顺武王军队而已，又何至于"自相屠戮，使无辜党与，什什伍伍，肝脑涂野土"？由此可见，晋人之《尚书·武成》篇并非孟子所见之《尚书·武成》篇，而从事理上说、从历史经验看，也都不可信。

以上列举了梅鷟对东晋梅赜所献伪《古文尚书》的主要辨伪证据。对于梅鷟考辨《古文尚书》的成绩，清人朱琳《尚书考异跋》说："先生则力辨其伪，曲证旁通，具有根据，后阎百诗《尚书古文疏证》、惠定宇《古文尚书考》，其门径皆自先生开之。"[38] 平心而论，以专著形式一一举证，抉发《古文尚书》之伪，梅鷟《尚书考异》确实开风气之先。

第三节　梅鷟《古文尚书》辨伪方法的不足

（一）不应视孔壁所出《古文尚书》十六篇为伪作

梅鷟《古文尚书》辨伪方法有两点重大不足，一是在认为东晋所献之《古文尚书》二十五篇为伪作的同时，也认为西汉孔壁所出《古文尚书》十六篇也是伪作。关于后一点，梅鷟在《尚书谱》与《尚书考异》两部书中说法有所不同。在《尚书谱》中，梅鷟认为孔壁《古文尚书》十六篇乃是孔安国本人的伪作，这当然是对孔安国本人的极大不恭；在《尚书考异》中，梅鷟似乎受了孔颖达的影响，认为《古文尚书》十六篇是张霸的伪作。梅鷟《尚书谱序》谓：

> （汉）高祖……至孝武世，延七八十年间，圣孙名安国者，专治古文，造为伪《书》，自谓以今文读之，因以起其家，《泰誓》、十六篇显行于世。然革成周之籀篆，反仓颉之科斗，诬厥先祖父以不"从周"之罪，此岂近于人情？且辞陋而诸所引悉不在，故伪败而书废。……底东晋时，延四五百年间，称高士曰皇甫谧者，见安国《书》摧弃，人不省惜，造《书》二十五篇、《大序》及《传》，冒称安国古文，以授外弟梁柳，柳授臧曹，曹授梅颐，遂献上而施行焉。搜奇摘异著于篇，诸引无遗，人遂信为真安国书。[39]

又《尚书谱》卷二《孔安国专治古文谱》谓：

> 吾意安国为人，必也机警了悟，便习科斗文字，积累有日，取二十九篇之经既以古文书之，又日夜造作《尚书》十余篇杂之经内，又裂出数篇以为伏生老耄之误合。始出欺人，曰：家有《古文尚书》，吾以今文读之。是始以古文驾今文而取胜，终以今文定古文而征实，其计可谓密矣！曾弗思圣祖哲孙曷尝反古道、革时制，自食其言也哉！[40]

在梅鷟看来，所谓《古义尚书》，一开始就是一个乌龙事件。孔安国虽然号称圣人裔孙，但却是个头号的造伪者，他精心设计了一个大骗局，首先他花了许多时间学习远古时代仓颉所造之科斗文字，然后用此文体重新书写伏生《尚书》二十九篇，又另外赶造出十余篇杂列各篇之中，而成所谓《古文尚书》。书成后，又称以"今文读之"云云。梅鷟替孔安国"设计"了这样一个造伪计划之后，然后评论说："始以古文驾今文而取胜，终以今文定古文而征实，其计可谓密矣！"在梅鷟看来，司马迁、刘向、刘歆、班固诸大儒皆被此老所蒙骗。考证之学若流于无根据的猜度，则一切结论都有可能达成。反观梅鷟此论，武断臆测，不啻天方夜谭。

事实上，孔壁十六篇本《古文尚书》早已失传，我们已无法根据文本本身来讨论其真伪，我们所能做的是就历史文献有关它的记载的真实性问题加以判断。而在历史文献记载的真实性的判断上，我们更应重视作者是否在场者、亲见者和见证者。这正像公正的法官在审理案情时，会更重视在场者、亲见者和见证者的作证，而不会无视他们的证词，去专听传闻的意见。而当我们重新审查《古文尚书》的辨伪史的时候，我们每位研究者和读者都在扮演这个法官的角色。让我们来看这桩历史疑案的一些重要之点。

最早记载西汉孔安国《古文尚书》之事的是太史公司马迁，太史公叙其事的笔法，是将伏生所传《尚书》与孔安国《古文尚书》连类比照而写的。《史记·儒林列传》称：

> 孔氏有《古文尚书》，而安国以今文读之，因以起其家，逸《书》得十余篇，盖《尚书》滋多于是矣。

孔安国的主要活动在汉武帝时期，司马迁曾亲见孔安国，并"向孔安国问故"，其真实性当无可怀疑。唯司马迁当时记述此事较为简略，没有载明《古文尚书》的确切篇数与具体篇目，此后遂成公案。问题是，《史记·儒林列传》这条关于

《古文尚书》的记述内容是可信的吗？我们随后会看到，后来的刘向、刘歆、班固皆在印证和补充司马迁的记述。如果此说不可信，则司马迁"编假话"唱之于前，而刘向、刘歆、班固诸人"作伪证"随之于后，历史上会有这样的事吗？

汉成帝时刘向、刘歆父子领校中秘书。汉代荀悦《前汉纪》卷二十五《孝成二》称"刘向典校经传，考集异同"，并引其言云：

> 鲁恭王坏孔子宅，以广其宫，得《古文尚书》，多十六篇，及《论语》《孝经》。武帝时孔安国家献之，会巫蛊事，未列于学官。[41]

刘向显然是接着司马迁讲的，并于司马迁语焉不详处有所补充。司马迁说《古文尚书》"滋多"十余篇，刘向确切说"多十六篇"，并说此书得之于孔子旧宅屋壁中，武帝时，由"孔安国家"献之于朝廷。而孔壁《古文尚书》一入皇家藏书之秘府，便成为"中秘《书》"。由于刘向领校秘书的特殊身份，他毫无疑问地可以于秘府亲见此书。

刘歆与其父刘向于汉成帝时一同领校秘书，他的著名的《移让太常博士书》也曾言及逸《书》十六篇：

> 及鲁恭王坏孔子宅，欲以为宫，而得古文于坏壁之中，逸《礼》有三十九、《书》十六篇。[42]

班固于汉明帝在位（58—75）时为兰台令史，典校秘书。以理揆之，班固亦当亲见兰台秘阁所藏《古文尚书》。班固《汉书·艺文志》说：

武帝末，鲁共王坏孔子宅，欲以广其宫，而得《古文尚书》及《礼记》《论语》《孝经》凡数十篇，皆古字也。……孔安国者，孔子后也，悉得其书。以考二十九篇，得多十六篇。安国献之，遭巫蛊事，未列于学官。[43]

如上所述，司马迁曾亲见孔安国，刘向、刘歆、班固皆曾典校皇家秘书，于理皆可亲见孔安国所献之《古文尚书》，他们正是我们所说的历史的"在场者""亲见者"与"见证者"，以我们今天的观点看，他们关于《古文尚书》几乎众口一辞的记叙，其史料之真实性是不容置疑的。

《尚书考异》又提出"孔子屋壁古文尚书十六篇"为西汉"张霸之徒"所造之伪书，这一看法乃受唐孔颖达《尚书正义》之影响。孔颖达相信东晋梅赜所上《古文尚书》五十八篇，即今传《尚书》孔传，反认为孔壁《古文尚书》十六篇为伪作。他于《尚书注疏·原目》"《尧典》第一"条下说：

前汉诸儒知孔本有五十八篇，不见孔《传》，遂有张霸之徒于郑《注》之外伪造《尚书》凡二十四篇，……以此二十四为十六卷，以《九共》九篇共卷除八篇，故为十六。……篇即卷也，即是伪书二十四篇也。[44]

孔颖达以东晋梅赜所上《古文尚书》五十八篇为孔壁真古文，谓西汉诸儒知有其篇数而不曾见其书，于是有"张霸之徒"伪造《古文尚书》二十四篇（合《九共》九篇为一篇，即是十六篇）。

关于西汉张霸伪造《尚书百两篇》之事，《汉书·儒林传》有明白的记载：

世所传《百两篇》者出东莱张霸，分析合二十九篇以为数十，又采《左氏传》《书叙》为作首尾，凡百二篇。篇或数简，文意浅陋。成帝时求其古文者，霸以能为《百两》征，以中《书》校之非是。霸辞受父，父有弟子尉氏、樊并。时大中大夫平当、侍御史周敞劝上存之。后樊并谋反，乃黜其书。[45]

班固记述，西汉成帝在位（前32—前7）时，张霸曾伪造《尚书百两篇》献于朝廷，汉成帝命人以中《书》校之，结果当下便被识破。这里的关键人物应是刘向，当时刘向领校秘书，而用以校对的所谓"中《书》"，当即是孔安国所献之《古文尚书》。由此可见，张霸其人与孔氏《古文尚书》并无关涉。

而孔颖达悍然提出所谓《古文尚书》十六篇（或二十四篇）乃"张霸之徒"所伪造，刘向、刘歆、班固所载皆"张霸之徒"所造之伪书，其所谓"张霸之徒"云云，语意颇为含糊，它可以解释为张霸一类人，未必定指张霸其人。由此亦可见其并无确凿的根据，而纯属主观臆断。

（二）未能建立考辨《古文尚书》的逻辑基点

梅鷟《古文尚书》辨伪方法的另一点重大不足是，未能建立考辨《古文尚书》的逻辑基点。关于《古文尚书》的考辨，我们以为当分两个层面：一是考辨方法的层面，二是作伪举证的层面。两者比较，以第一层面更为重要。

梅鷟考辨《古文尚书》二十五篇，字字寻其出处，其考辨之成绩，足可证明《古文尚书》二十五篇与秦、汉诸传记文献确有蹈袭雷同之处。但问题在于，究竟是《古文尚书》二十五篇抄袭了秦、汉诸传记文献，还是秦、汉诸传记文献蹈袭了《古文尚书》二十五篇，若能确定《古文尚书》

二十五篇果后世造伪，则梅鷟已得其赃证矣。然而这个前提恰恰是需要证明的。而今虽然"赃证"在手，吾人却无法判定究竟"谁抄谁"。此犹两人皆声称是原作者，而互指抄袭，不能仅以两文相同部分为证据，而须能证明究竟谁为在先的原创者，谁为其后的蹈袭者。考辨《古文尚书》的难点也正在于此。而只有有了这方面的根据，才称得上是有价值的证据。

梅鷟以及其他许多考辨者已经先入为主地认定《古文尚书》是伪作，从此点出发，将所有发现的蹈袭雷同之处皆作为《古文尚书》缀辑逸《书》而造伪的证据。但《古文尚书》是伪作的预设立场恰恰是应该检讨的。所以真正的问题并不在于你发现了多少蹈袭雷同的证据，而是需要为《古文尚书》辨伪确立一个有说服力的逻辑基点，而这个起点应该建筑在历史文献记载真实性的基础上。古代史家如司马迁曾亲见孔安国，刘向、刘歆、班固皆曾典校皇家秘书，于理皆可亲见孔氏所献之《古文尚书》。如我们认同他们关于《古文尚书》的记述具有历史的真实性，则我们考辨《古文尚书》的逻辑基点就只有一种选择，即刘向、刘歆、班固所记述之《古文尚书》十六篇为真，而东晋梅赜所上之《古文尚书》二十五篇为假。有了这一逻辑基点，梅鷟等人所抉发的蹈袭雷同之迹才可避免究竟"谁抄谁"的循环论证。而只有有了这一逻辑基点，所谓"作伪举证"方显示其应有的价值。

清代学者程廷祚认为，关于《古文尚书》辨伪，其重点不在于梅赜《书》与伏生《书》是否有难读、易读等分别，也不在于梅赜《书》的思想是否合乎儒家义理，从这些方面很难判分《古文尚书》二十五篇的真伪。若考辨《古文尚书》之伪，重点应放在它来历不明这一点上。他说：

　　夫二十五篇之《书》，或谓其平正疏通无违于理道，而其为前古书传所引称者，视伏《书》为尤多，又奚以见其可疑也？若谓可疑者，文从字顺异于伏《书》，则伏《书》之中亦不皆诘曲聱牙也。且周穆王而下，暨秦穆公之时，其文载于《左》《国》者众矣，未尝与《吕刑》《文侯之命》《秦誓》同其体制，岂彼皆可疑乎？予则谓晚《书》之可疑，在于来历不明，而诸儒不能言其所以然，致使议论沸腾，能发之而不能定也。[46]

　　程廷祚所言是颇为中肯的。通观梅鷟《尚书考异》，梅鷟考证功夫虽勤，但却对《古文尚书》二十五篇"来历不明"这个关键点重视不够。比较明代梅鷟与清代阎若璩等人在《古文尚书》考辨工作上的成就，我们看到，梅鷟虽然费尽辛苦——抉发《古文尚书》二十五篇蹈袭之迹，却不能最终解决"谁抄谁"的问题。而清代阎若璩之《古文尚书》考辨，其逻辑基点正是认同刘向、刘歆、班固所记述之《古文尚书》十六篇为真，而东晋梅赜所上之《古文尚书》二十五篇为假。阎氏考辨《古文尚书》的成就之所以高于梅鷟，正在于他把两部《古文尚书》的"来历"问题作为一个基点性的问题来考察。

注释：

[1] 清代朱彝尊《曝书亭集》卷五十八《尚书古文辨》谓："南渡以后，新安朱子始疑之，伸其说者吴棫、赵汝谈、陈振孙诸家，犹未甚也。迨元之吴澄、明之赵汸、梅鷟、郑瑗、归有光、罗敦仁则攻之不遗余力矣。"（参见〔清〕朱彝尊：《曝书亭集》卷五十八，《景印文渊阁四库全书》第1318册，上海：上海古籍出版社，1987年，第297页。）朱彝尊以朱熹为始疑《古文尚书》之人，不确。按：吴棫为两宋

之际人，早于朱熹。吴棫（约 1100—1154）字才老，建安人，北宋宣和六年（1124）进士，高宗绍兴（1131—1162）中为太常丞，以为孟仁仲草奏忤秦桧，出为泉州通判以终。朱熹生卒年为公元 1130 至 1200 年。

［2］吴棫："安国所增多之书，……皆文从字顺，非若伏生之书诘屈聱牙。"（引自〔明〕胡广等撰：《书经大全·原序》，《景印文渊阁四库全书》第 63 册，第 195—196 页。）又朱熹云："孔壁所出《尚书》……皆平易，伏生所传皆难读，如何伏生偏记得难底，至于易底，全记不得？"（参见〔宋〕黎靖德编，王星贤点校：《朱子语类》，北京：中华书局，1986 年，第 1978 页。）

［3］吴澄："千年古书，最晚乃出，而字画略无脱误，文势略无龃龉，不亦大可疑乎？"（参见〔元〕吴澄：《书纂言·目录》，《景印文渊阁四库全书》第 61 册，第 7 页。）

［4］［7］［9］［13］［15］［16］［18］［23］［24］［25］［32］［33］［37］［39］［40］〔明〕梅鷟著，姜广辉点校：《尚书考异·尚书谱》，上海：上海古籍出版社，2014 年，第 373，375，102，102，102，103，107，373—374，139—140，140—141，240—241，373—374，502—503，443—444，473—474 页。

［5］旌德县地方志办公室（整理）编：《清嘉庆旌德县志清道光旌德县续志》，合肥：黄山书社，2010 年，第 494 页。

［6］参见〔日〕本田成之：《中国经学史》，台北：广文书局，2001 年，第 254—255 页。

［8］［12］［17］［19］［36］［44］〔汉〕孔安国传，〔唐〕孔颖达等正义：《尚书正义》，〔清〕阮元校刻：《十三经注疏》，北京：中华书局，2009 年，第 235—238，238，239—240，241，289，247 页。

［10］［11］［27］［28］〔晋〕杜预注，〔唐〕孔颖达等正义：《春秋左传正义》，〔清〕阮元校刻：《十三经注疏》，第 4483，

4483，3832，3832 页。

[14]〔宋〕程颢、程颐著，王孝鱼点校：《二程集》，北京：中华书局，2004 年，第 1032 页。

[20]〔汉〕司马迁：《史记》，北京：中华书局，1982 年，第 3125 页。

[21][22][42][43][45]〔汉〕班固：《汉书》，北京：中华书局，1962 年，第 1706，1968—1971，1969，1706，3607 页。

[26]〔清〕王先谦：《荀子集解》，北京：中华书局，1988 年，第 400 页。

[29][30] 笔者按：梅鷟此语并不见于《尚书考异》与《尚书谱》中，转引自〔清〕毛奇龄：《古文尚书冤词》卷四。（参见〔清〕阎若璩撰，黄怀信、吕翊欣校点：《尚书古文疏证（附：古文尚书冤词）》，上海：上海古籍出版社，2010 年，第 806，807 页。）

[31][35]〔清〕阎若璩撰，黄怀信、吕翊欣校点：《尚书古文疏证（附：古文尚书冤词）》，第 36，38—39 页。

[34]〔宋〕洪适：《隶释》卷十四，《景印文渊阁四库全书》第 681 册，第 604 页。

[38]〔清〕朱琳：《尚书考异跋》，清道光五年立本斋刊本。

[41]〔汉〕荀悦、〔晋〕袁宏著，张烈点校：《汉纪》，北京：中华书局，2002 年，第 435 页。

[46]〔清〕程廷祚著，宋效永校点：《青溪集》，合肥：黄山书社，2004 年，第 152 页。

第四十四章
心学的理论逻辑与经学重估
——以陆九渊、杨简、王阳明为例

第一节 心学的出场

自汉武帝以儒学作为国家的统一思想之后，儒家的圣人和经典遂成为不可亵渎的信仰对象。士大夫生于"圣人既殁"数千百年之后，而欲明"圣人之心"，舍经典诠释则别无他途。然而历代解经之书愈积愈多，汗牛充栋，已成为士人难以承受之重。这样的一种文化氛围，使人的主体性受到了极大压抑。换言之，人们被辞世已久的"圣人"留下的经典大训压住了，扼杀了他们本应具有的创造精神。学者欲寻求一种自我解脱之路，而又不损害经典的权威，于是而有宋明时期"六经注我"心学思潮的兴起与流行。这是心学产生的经学文化大背景。但心学作为一种哲学体系，也反映为人类认识世界的一种不同视角。它的"心外无理"的观念至少指出了这样一个事实：虽然真理的本质是客观的，但在形式上却是主观的。它必待人的发现而得以呈显，必待人的理论论证和实践检验而得以确立。在这个意义上，心学的理论是有其合理性的。

宋明时期的主流学术是理学。理学内部分为两大流派：以程颢、程颐、朱熹为代表的理学和以陆九渊、杨简、王阳明为代表的心学。张载以"气"为本体，与程朱理学有所不同，但传统的学术史家将其视作理学的创始人之一，笼统地划归于程朱理学一派。今人则将宋明理学分为三大学派，把张载一派单列出来，以表彰其"气"本论思想。

宋明理学家喜欢讨论"本体"问题，其所谓"本体"，是指我们所认知的自然和社会现象背后的根本原因，并非指宇宙发生学意义上的"第一者"。而为了认识自然和社会现象背后的原因或本质，理学各派的大学者都有一个"悟道"的过程。如张载悟求到的是"气"，并由此建立起"气"本论的哲学体系；二程、朱熹悟求到的是"天理"，并由此建立起"理"本论的哲学体系；陆九渊、杨简、王阳明悟求到的是"本心""良知"，由此建立起"心"本论的哲学体系，等等。他们从各自的哲学体系出发来解释先前的儒家经典。而他们各自的哲学体系实际成了他们理解和解释经典文本的"前见"。因此，我们只有抓住他们各自哲学体系的核心概念及其理论逻辑，才能了解其经典解释的内在理路。

现代学者以西方哲学范式来研究中国古代哲学思想，容易发生时空的错位。[1]大约西方古代哲学重视讨论世界本原"什么在先"的问题，中国古代哲学重视讨论世界本体"什么重要"的问题。比如今日学者习惯于将张载的"气"本论哲学看作唯物主义，因为当代中国人的世界观主要是唯物主义，认为唯物主义的认识论最符合客观世界的实际，所以对张载的"气"本论哲学给予很高的评价。但把张载还原回古代，由于物质性的"气"不具有神圣的意义[2]，不利于建构信仰体系，所以张载的"气"本论哲学在当时并不被人特别看重。

现代学者又习惯于将二程、朱熹的"理"本论哲学看作客观唯心主义，"理"字内含着一种神圣性[3]，人们对它容易产生"敬畏"之心；并且从因果律的角度看，任何事物的存在都有其存在的原因和理据。这原因和理据作为一种隐在秩序客观存在着，比如一粒种子隐含着日后展开为茎、叶、花、果的"理"，哲学家由此推想物质世界中隐含着作为世界"种因"的总理，因为有了它才展开为世界的无限多样性。因为这个缘故，以"理"或"天理"作为本体，比较容易为人们所接受。

现代学者又习惯于将陆九渊的"本心"论、王阳明的"良知"论看作主观唯心主义，而主观唯心主义又给人一种"信心自是"、脱离实际的印象，因而对之存在一种强烈的排斥心理。然而事实上，陆九渊的"本心"论、王阳明"良知"论的主要内涵是"仁义礼智"的先验伦理。陆九渊、王阳明的心学实质是要树立对"仁义礼智"先验伦理的信仰，即知即行。所以它并不是脱离实际的，相反却是重视道德践履和社会实践的。

如果说西方哲学关于唯物主义、客观唯心主义和主观唯心主义的哲学派别划分有其周延性的话，那在中国宋明时期，这些哲学派别以"气"本论、"理"本论、"心"本论的形式都先后出场了。其中持"心"本论的心学一派可以说是最后的出场者。这个学派在中国哲学史和经学史上所做出的贡献值得我们特别的关注。这里，我们要侧重讲心学的理论逻辑，以及心学家是如何对待经典、解释经典的。

"本心""良知"若作为宇宙本体，不容易为一般人所接受。这是因为，在一般人看来，人比起浩瀚的宇宙来毕竟是太渺小了。那人的"本心""良知"是如何成为"本体"的呢？心学的理论逻辑又是怎样的呢？

"心"作为思维器官，具有这样一种神妙功能：心量广大，包容万物；志之所趋，"不疾而速，不行而至"，感而遂通，无远弗届。即思维不受时间与空间限制，可以与宇宙同其广大，万象森罗。世界上万事万物虽说是客观的，但当我们思维所及，它们便打上了人的主观印记。比如人类现在所能观察到的宇宙已达百亿光年以上，当你谈论这达百亿光年的宇宙时，它便打上了人的主观印记。你可以问：百亿光年之外义是什么，宇宙有限论者会说是"无"，宇宙无限论者会说是"有"。可是因为我们对它一无所知，所以这"有"也就等于"无"。贺麟先生介绍柏雷有名的"自我心中的困难"时说："我们不能'设想'某个事物离开我们意识而存在，因为'设想'一个事物，那事物就已经进入我们观念之中了，我们不能说出一个不是观念的事物，因为说的时候，对于那个事物就已经形成观念。"[4] 既然，人的心量与宇宙同样广大，那"宇宙"与此"心"两者孰更重要？如果说宇宙可以独立于此"心"而独立存在，所以更为重要，那它与我有何干？所以只有此"心"对宇宙的感应与认知，宇宙才能呈现出它的意义。其实，陆九渊、杨简、王阳明等人的思想便持这样一种理论逻辑。在他们看来，程朱所说的"理"或"天理"不过是人的一种观念，它并不能脱离人心而独立存在，所以说"心外无理"。因为世界上万事万物的意义都是人赋予的，在这个意义上说，"心即理"。[5]

事实上，"心即理"的命题，并不是陆九渊等人的发明。唐代佛教禅宗兴盛，禅宗大师已经提出了"心即理"的命题，大照和尚《大乘开心显性顿悟真宗论》："问曰：云何是道，云何是理，云何是心？答曰：心是道，心是理。理则是心，心外无理，理外无心。"[6] 陆九渊等人当然知道"心即理"命题最先是由唐代禅师提出的，但他们并不在意旁人对他们"近禅""染禅"的批评，因为在他们看来，只要是真理，就不应在意它是由谁提出来的。正如陆九渊所说："东海有圣人出焉，此心同也，此理同也；西海有圣人出焉，此心同也，此理同也；南海、北海有圣人出焉，此心同也，此理同也；千百世之上有圣人出焉，此心同也，此理同也；千百世之下有圣人出焉，此心同也，此理同也。"[7]关键在于，人心要开悟，由此来认识"本心"或"良知"隐性的存在。

宋明理学家的经学思想，与各自的哲学宗旨有密切的关系。宋明时期心学一派解经著作不多，其解经的目的就在于指点迷津，认识"本心""良知"。而一旦认识"本心""良知"，就把它作为信仰坚持下来，并付诸道德践履与社会实践。

第二节　陆九渊：开创"本心"论哲学

陆九渊（1139—1193），江西抚州金溪青田人，字子静，南宋著名心学思想家。三十四岁时（乾道八年，公元1172年）中进士，五十岁时讲学于江西贵溪象山书院，学者称象山先生，五十三岁时奉旨守荆门，鞠躬尽瘁，因操劳过度，翌年卒于任所。

理学发展到南宋，形成朱熹理学和陆九渊心学两大学派。把"理"或"天理"作为自然和社会现象背后的原因或本质，这对朱熹、陆九渊两派而言，观点是一致的。所以两派同属于"理学"。区别在于，朱熹认为，"理"或"天理"是客观的，不以人的意志为转移，因而主张向外"格物穷理"。而陆九渊认为，"理"不外于心，即心是理，不假外求。

陆九渊从孟子那里找到"本心"的根据（见下文），孟子所谓的"本心"，原本是指人的天生善性，是伦理学的概念。而在陆九渊那里，"本心"不只是伦理学的概念，同时也是认识论的概念，因而他认为"本心"比"理"或"天理"更为根本。那么，陆九渊哲学的"本心"概念是怎么确立的呢？

（一）发明"本心"

1. "本心"概念源于孟子

《孟子·告子上》讲了这样一段话：一箪食，一豆羹，得到则生，得不到则死。但如果你吆喝着施舍给人，就连路上的饿汉也不愿接受；如果你用脚踢着施舍给人，那连乞丐也会不屑一顾。这是因为人当死生之际，犹有礼义廉耻之心，宁死而不受无礼之食。可是当安居乐业之时，有人愿意给他万钟的俸禄，他却不问是否合乎礼法便接受了。为什么呢？他考虑万钟的俸禄可以使自己有华美的住宅、有妻妾的侍奉，可以施舍给所认识的穷人，让他们感念自己的义气。不合礼法的利益，本该宁死也不接受的，现在却为了种种诱惑接受了，成为一个可悲的贪腐者。孟子因此指责说："是亦不可以已乎？此之谓失其本心。"孟子没有正面讨论什么是"本心"，这里所说的"失其本心"应是失其初心的意思。这也就是说，"本心"在孟子那里还不是一个具有本体论性质的哲学概念。

然而在陆九渊的哲学思想中，"本心"已经是一个核心的概念。陆九渊将孟子的语录重新编排穿连，正面论述了"本心"概念，他说：

> 孟子曰："所不虑而知者，其良知也；所不学而能者，其良能也。""此天之所与我者""我固有之""非由外铄我也"。故曰："万物皆备于我矣，反身而诚，乐莫大焉。"此吾之"本心"也。[8]

2. 由"宇宙"一词证"本心"之广大

陆九渊天资颖悟，性若天成。他三四岁时，一日忽问其父："天地何所穷际？"其父笑而不答。长大后，一日读古书见"宇宙"二字，解者曰："四方上下曰宇，往古来今曰宙。"

陆九渊忽大省悟，说："元来无穷，人与天地万物，皆在无穷之中者也。"[9] 又说："宇宙内事，乃己分内事；己分内事，乃宇宙内事。"[10] "宇宙便是吾心，吾心即是宇宙。"[11] 学人惊叹其出语"恢廓高明"[12]。

然陆九渊所讲"宇宙便是吾心，吾心即是宇宙"，也使人费解："宇宙"怎么可以同"吾心"画等号？盖此语不是表示一种事实判断，而是如同程颢所说"仁者以天地万物为一体，莫非我也"[13]，乃是表示一种仁者襟怀的思想境界。

更主要的是，陆九渊借助"宇宙便是吾心，吾心即是宇宙"这一命题，强调"心之体甚大，若能尽我之心，便与天同"[14]。告诫人们不要小觑人人皆有的"本心"！他说：

> 万物森然于方寸之间，满心而发，充塞宇宙，无非此理。孟子就"四端"上指示人，岂是人心只有这四端而已。[15]

事实上，此前的理学家关于"心"已经有过讨论，如邵雍曾提出："心为太极。"[16] 张载提出："大其心，则能体天下之物。物有未体，则心为有外。"[17] 程颢更提出"心"的许多神妙特性："人心缘境，出入无时，人亦不觉。"[18] 人心"所感万端，又如悬镜空中，无物不入其中"[19]。既然"心"如一面巨大无比的宇宙之镜，宇宙万物都可以被它照射，成为它的镜像，那"宇宙便是吾心，吾心即是宇宙"不就容易理解了吗？

3. 由"三才之道""四端之心"证"本心"之良善

《周易·说卦》称："立天之道，曰阴与阳；立地之道，曰柔与刚；立人之道，曰仁与义。"这是讲天、地、人三才各有其本质规定性："阴与阳"为天的本质规定性，"柔与刚"为地

的本质规定性，"仁与义"为人的本质规定性。

所谓"四端"之心，即孟子所说的："恻隐之心，仁之端也。羞恶之心，义之端也。辞让之心，礼之端也。是非之心，智之端也。……凡有四端于我者，知皆扩而充之矣。若火之始然（燃），泉之始达。苟能充之，足以保四海；苟不充之，不足以事父母。"（《孟子·公孙丑》）

由"三才之道"和"四端之心"可证，人的本质、人心的本质便是"仁义"或"仁义礼智"的善性。这是从儒家经典所自然推衍出来的。陆九渊认为，这就是人的"本心"之善。因此他说："道塞宇宙，非有所隐遁，在天曰'阴阳'，在地曰'柔刚'，在人曰'仁义'。故仁义者，人之本心也。"[20]人做事若不符合礼仪道德，那便是"失其本心"；而若能认识自己的错误加以改正，那又是"复其本心"。所以他说："知非，则本心即复。"[21]一个人生命的意义，就是发明"本心"，按"本心"的指引做事。"本心若未发明，终然无益。"[22]

4. 以发明"本心"为学术宗旨

陆九渊弟子毛刚伯概括其师的学术宗旨说：

> 先生之讲学也，先欲复"本心"以为主宰，既得其"本心"，从此涵养，使日充月明。读书考古，不过欲明此理，尽此心耳。其教人为学，端绪在此。"[23]

毛刚伯此语，准确地概括了陆九渊的学术主旨。不过，这一主旨说起来轻巧，却又极难做到，它就像禅宗教人成佛之道，先要人认识自己的"本来面目"，若能认识自己的"本来面目"，当下顿悟成佛。因为禅僧都有"顿悟成佛"的信仰追求，所以为了能认识自己的"本来面目"，千方百计，苦苦寻觅，生死以之。可是又有几人真的"顿悟成佛"了呢？

当然，陆九渊的"发明本心"思想，并不能等同于禅宗认识"本来面目"之说。两者的思维方式相近，但理论的内涵与主旨却不相同。自孟子以来，儒家讲"本心"，是说人心先天具有仁义礼智之"理"。陆九渊讲"发明本心"，就是要人先树立先天具有仁义礼智之"理"的信念，即所谓"先立其大者"。而读书考古，不过是要印证这个道理的真确。这个方法可以说是"由信而知"。

相比于陆九渊之说，朱熹也认为人心先天具有仁义礼智之"理"，不过，其认知方法是"格物致知"，通过"读书考古"的方法来建立对仁义礼智之"理"的信仰。这个方法可以说是"由知而信"。由此可见两家治学方法的不同。

（二）"六经皆我注脚"

就一般儒者的共识而言，"经以载道"，六经为圣人所撰述，承载着圣人之道，人们须通过学习经典来体会圣人之道。不过，在心学一派看来，圣人所称之"道"，原是人人"本心"固有之理，须从自家本心上体认、发明，若执着、拘泥于典册文字之间，岂不是舍本逐末吗？

理学家的为学宗旨是"学圣人"，为了实现这一目标，朱熹倡导"格物致知""读书穷理"的治学工夫，但是不是知识越多就越接近圣人呢？陆九渊对此持否定态度，斥之为"支离"，提出发明"本心"的简易工夫。因而当陆九渊晚年在江西贵溪象山书院讲学时，开创一种别样的教学方法。其弟子冯元质记其讲学时，"诸生皆俯首拱听，非徒讲经，每启发人之本心也。间举经语为证，音吐清响，听者无不感动兴起"[24]。陆九渊也讲儒家经典，但"讲经"本身不是目的，"启发人之本心"才是目的。据《象山语录》载：

临川一学者初见。(陆九渊)问曰："每日如何观书?"学者曰："守规矩。"欢然问曰："如何守规矩?"学者曰:"伊川《易传》、胡氏《春秋》、上蔡《论语》、范氏《唐鉴》。"忽呵之曰:"陋说!"良久复问曰:"何者为规?"又顷问曰:"何者为矩?"学者但唯唯。次日复来,方对学者诵"乾知太始,坤作成物。乾以易知,坤以简能"一章毕,乃言曰:《乾·文言》云:'大哉乾元。'《坤·文言》云:'至哉坤元。'圣人赞《易》,却只是个'简易'字道了。"遍目学者曰:"又却不是道难知也。"又曰:"道在迩而求诸远,事在易而求诸难。"顾学者曰:"这方唤作'规矩'!公昨日来道甚'规矩'。"[25]

当时程颐的《易传》、胡安国的《春秋传》、谢良佐的《论语说》、范祖禹的《唐鉴》享誉学林,这位临川学者称读这些书是"守规矩",似有向陆九渊挑衅的味道,被陆九渊斥之为"陋说"!当然陆九渊批评的不是这些书的作者,而是那位临川学者的治学"规矩"。而陆九渊为学者所立的"规矩"就是"发明本心"的"简易"工夫。

陆九渊认为,学问之道,首先是学做人,他说:"若某则不识一个字,亦须还我堂堂地做个人。"[26]

这句话或使人误解,似乎陆九渊不倡导读书,或者陆九渊自己读书不多。这种理解是大错特错的。事实上,陆九渊是反对"束书不观,游谈无根"[27]的。陆九渊平常手不释卷,他不仅读书多,而且记忆力也极好。从下面这条材料可以证明这一点:

来教谓:"容心立异,不若平心任理。"其说固美矣。然"容心"二字不经见,独《列子》有"吾何容心哉"之言。"平心"二字亦不经见，其原出于《庄子》："平者，水停之盛也，其可以为法也，内保之而外不荡也。"……又，韩昌黎与李翊论文书，有曰："平心而察之。"自韩文盛行后，学士大夫言语文章间，用"平心"字浸多。[28]

这是他回复朋友的一封信。朋友在来信中提出："容心立异，不若平心任理。"陆九渊在复信中当即指出"容心"和"平心"在古籍中的使用情况，如数家珍。试想，他如果读书不多，或记忆力不好，如何能做到这一点？

虽然陆九渊自己手不释卷，读书很多，但他强调学者要能"自做主宰"，不能成为书本的奴隶。即使对于经典，也是如此。陆九渊反对折中众家之言，而出以己意的解经方法。这种方法于己未必获得真知，于人又徒增一惑。他说："子亦见今之读书谈经者乎？历叙数十家之旨而以己见终之。开辟反覆，自谓究竟精微，然试探其实，固未之得也，则何益哉？"[29]

当宋代学者纷纷为经典重作注释之时，陆九渊对此却不屑一顾。"或谓陆先生云：'胡不注六经？'先生云：'六经当注我，我何注六经。'"[30]"或问'先生何不著书？'对曰：'六经注我，我何注六经。'"他又说："学苟知本，六经皆我注脚。"[31]这些略有不同的记载，都在说明陆九渊心学所彰显的是，"本心"与"六经"二者之间，"本心"是主，"六经"是副。"六经当注我，我何注六经"，是经典为我服务，不是我为经典服务。从中可见其哲学所彰显的一种顶天立地的主体精神。在他看来，阅读六经，应该更能增进这种主体精神，而不是减弱或湮没了这种主体精神。

第三节　杨简：以"本心"理论解经

　　杨简（1141—1226），明州慈溪（今属浙江宁波）人，字敬仲。因其晚年筑室于慈湖旁，学者称慈湖先生。孝宗乾道五年（1169）中进士，曾任富阳主簿、乐平知县等地方官吏，后入朝，官至宝谟阁学士、太中大夫。其著作流传至今的有《慈湖遗书》《先圣大训》《五诰解》《慈湖诗传》《杨氏易传》。后三部都是用陆九渊的"本心"理论来解经的著作。

　　杨简比陆九渊小两岁，比陆九渊早三年中进士，却拜在陆九渊门下为弟子，这在学林中传为佳话。当陆九渊三十四岁中进士时，时为富阳主簿的杨简向陆九渊请教"如何是本心"。陆九渊向他背诵了一遍孟子的话："恻隐之心，仁之端也；羞恶之心，义之端也；辞让之心，礼之端也；是非之心，智之端也。此即是本心。"杨简告诉陆九渊，您所背诵的孟子语录，我在儿时就会背诵。请问"毕竟如何是本心？"陆九渊又将原话背诵了一遍。杨简反复问了几遍，得到的都是同样的回答。陆九渊的意思是，真理就在圣贤的话语中，就看你能否觉悟。杨简一时未能省悟，这日恰好有人因卖扇之事讼于公堂。杨简断其曲直之后，再次提起前面的话题。陆九渊说：听到你适才判断卖扇讼案，是者知其为是，非者知其为非，这就是你的"本心"。杨简听后，当下大悟，领会到：人心自善，人心自灵，人心自明，人心即神，人心即道，本无所不通。杨简遂拜陆九渊为师，终身事之。[32]

　　杨简顿悟"本心"后，有心胸豁然开朗之感。他写了许多诗，表述他的"悟道"感受和心理体验，兹录三首如下：

> 此道元来即是心，
> 人人抛却去求深。

不知求却翻成外，
若是吾心底用寻？

谁省吾心即是仁，
荷他先哲为人深。
分明说了犹疑在，
更问如何是本心？

若问如何是此心，
能思能索又能寻。
汝心底用他人说，
只是寻常用底心。[33]

　　这些诗颇似禅师偈语，语似平常，但又不可以常意探索。其诗机趣横溢，既可以自娱，亦可用以启发人的觉悟。

　　心学一派学者通常没有解经的著作，如陆九渊、王阳明都没有专门的解经著作。但杨简是一个例外，他有《慈湖诗传》《杨氏易传》等完整的解经著作。然其解经的目的，却是要用儒家经典来证明"本心"理论的正确性。下面我们举《慈湖诗传》和《杨氏易传》为例来说明这一点。

　　先来看杨简的《慈湖诗传》。《慈湖诗传·自序》说：

　　人心自善、自正、自无邪、自广大、自神明、自无所不通。孔子曰："心之精神是谓圣。"孟子曰："仁，人心也。"变化云为，兴观群怨，孰非是心，孰非是正？人心本正，起而为意而后昏，不起不昏。直而达之，则《关雎》求淑女以事君子，本心也。《鹊巢》昏（婚）礼，天地之大义，本心也。《柏舟》忧郁，而不

失其本心也。《鄘·柏舟》之矢死靡它，本心也。……
学者取三百篇中之诗，而歌之咏之，其本有之善心，
亦未始不兴起也。……知吾心所自有之六经，则无所不
一，无所不通。[34]

这里，杨简指出：人心，就其本初的性质和功能而言，是
"自善、自正、自无邪、自广大、自神明、自无所不通"的。
孔子说："心之精神是谓圣。"孟子说："仁，人心也。"皆给予
"心"以至高的评价，绝无贬低之意。"人心本正"，这是前提，
必须相信。人心之所以昏蔽不正，乃由起于私意。私意不起，
便不会昏蔽。《诗经》之所以好，在于它直抒胸臆，乃是真心
真情的表达，所以《关雎》《鹊巢》《柏舟》《鄘·柏舟》等诗，
皆是"本心"的抒发。学者读三百篇中之诗，自然会产生共
鸣，兴起"本有之善心"。因此说，六经所说的义理，原来都
是我心中所本有的。

《诗经·国风·郑风》有《将仲子》一诗："将仲子兮，无
逾我里，无折我树杞。岂敢爱之，畏我父母。仲可怀也，父母
之言亦可畏也"云云。《毛诗序》称："《将仲子》刺（郑）庄
公也。……弟叔失道，而公弗制，祭仲谏而公弗听，小不忍以
致大乱焉。"[35]认为此事的背景是郑庄公克伐其弟共叔段之
事。《左传》曾详记此事，批评郑庄公不能善待其弟，存心杀
之。但这只是《左传》一家之言，实际的情况未必如此。后世
经学家多站在《左传》的立场上，《毛诗序》作者亦是如此。

杨简不赞同这种意见，认为此诗并无讽刺之意。他认为，
此诗正是郑庄公所作，表达其有诚"不忍杀其弟之心"。因为
此前祭仲曾进谏言："臣请除之。"郑庄公并没有接受。

故是诗曰："无折我树杞。""无折我树桑。""无折我

树檀。""我"云者，亲爱之真情也。曰"岂敢爱之"，其情实爱也。今人实爱而曰"不敢爱"者，每有是言。曰"畏父母""畏诸兄""畏人之多言"，此畏忌之心，非慢易之心也。夫不忍杀其弟之心，畏忌之心，此即"道心"。[36]

杨简认为，共叔段虽然无道，但郑庄公仍存"不忍杀其弟之心"，这就是人的"本心之善"，就是"道心"。

当需要解释经典中的字词时，杨简有时也采用"本心"的判断方法。《诗经·邶风·雄雉》中有"不忮不求，何用不臧"一句，《毛诗传》解"忮"为"害"。杨简不赞成，认为"害"只是后果，其本义乃是"支"："不由本心而支焉，则离正而入邪。"他说：

> 《毛传》曰："忮，害也。"取义未安。字从心从支。夫由本心以往，则正而已，无意无欲。不由本心而支焉，则离正而入邪，离无意无欲之正而入于淫欲，欲则有所求矣。此其末流致害虽多，而忮之本义，支而已矣。[37]

如此解字，颇似王安石《字说》的解字方法，不本《说文》，而一律以会意方法解字，所解乍看似也合理，但问题在于，古代文献所见"忮"字，并无以"支"为训的文例，所以此说不免望文生义。

再来看杨简的《杨氏易传》。在杨简看来，伏羲氏画卦，在于阐明天地万物之道只是"一"而已。

> 夫道一而已矣，三才一，万物一，万事一，万理

一。……大哉易乎！天之所以高明者，此；地之所以博
厚者，此；人之所以位乎两者之间与夫万物之所以生生
而不穷者，又此；三才中万变万化至于不可胜纪，无非
此。某之所以听者，此；某之所以说讲与今在堂之人所
以听者，亦此；所以事亲者，此；所以事君者，此；所
以事长者，此；所以临下、所以使民、所以应酬万端，
皆此；谁能出不由户？何莫由乎此？包牺氏深明乎此，
既不能言，又欲以明示斯世与万世，而无以形容之，乃
画而为一。[38]

这个"一"，就是"心"。一心包万有，万有在一心。这个
"此"，就是此心。"天之所以高明"，是此心知其高明；"地之
所以博厚"，是此心知其博厚。人能事亲、事长、应酬万端，
皆由此心。若无此心，哪有这一切？杨简所说的"此心"不是
小我之心，而是大我之心，大我之心有多大？那就是如陆九渊
所说："宇宙便是我心，我心即是宇宙。"

所以当解释《乾》卦《大象传》"天行健，君子以自强不
息"时，杨简说："君子之所以自强不息者，即天行之健也，
非天行之健在彼，而君子仿之于此也。天、人未始不一也。"
[39]这等于告诫人说：你就是天，天就是你。不是"天行健"，
你来仿效它；而是你能"自强不息"，就是"天行健"。"天、
人未始不一也"。杨简认为，这是一种圣人的境界，在这一点
上，即使如孔子的孙子——子思也未达到此一境界。他批评子
思说：

子思曰："诚者，自成也，而道自道也。"亦颇得此
旨，然犹未得其真。何以知其未得其真？不曰"诚者自
诚"，而曰"自成"，是犹有成之意，是于"诚实"之外

复起"自成"之意，失其诚矣。故子思之《中庸》篇多
"至诚"，于"诚"之上加"至"一言，亦复其意。……
子思盖习闻孔子之训而差者也。大道简易，人心即道。
人不自明其心，不明其心而外求焉，故失之。……明乎
此心未始不善，未始不神，未始或息，则乾道在我矣。[40]

在杨简看来，《周易》对于阅读者而言，并不是"客体性
的他者"，而是"主体性的自我"，比如读《乾》卦，需要阅读
者意识到你自己就是那条龙，明了当"潜龙勿用"时应该怎么
办，当"见龙在田"时应该怎么办，当"或跃在渊"时应该怎
么办，如此等等。

依杨简之见，一个开悟的人，就是一个能认识"本心"
的人，"本心"就像是"天神"的心灵，"自善""自灵""自
明""自神""无所不通"，当潜则知潜，当见则知见，当进则
知进，当退则知退。一部《周易》，便是一部书写"本心"之
书。例如，杨简解《乾》卦初爻《象传》"潜龙勿用，阳在下
也"说：

> 人之所以不能安于下，而多有进用之意者，动于意
> 而失其本心也。人之本心，至神至明，与天地为一。方
> 阳气在下，阳气寂然安于下，未尝动也。人能如阳气之
> 在下，寂然无进动之意，则与天地为一，不失其心矣。[41]

其解《乾》卦四爻《象传》"或跃在渊，进无咎也"说：

> 人皆欲进，惟得道者未尝有欲进之心。人之本心是
> 谓道心，道心无体，非血气，澄然如太虚，随感而应，
> 如四时之变化。故当跃斯跃，当疑斯疑，无必进之心，

故虽跃而未离于渊。[42]

其解《乾》卦用九《象传》"天德不可为首也"说：

> 能用九者，中虚无我，何思何虑，是谓本心，是
> 谓天德。意动则为首，则有我，是谓人而非天，非易之
> 道。[43]

由上可见，杨简解《易》在贯彻其"本心"论的哲学。而
他所说的"本心"，有如佛教讲的第八识——阿赖耶识，或
"本来面目"，虽然说人人具有，但并非普通大众所能认识。

那么应该用什么方法来认识"本心"呢？只有一个方法，
那就是"顿悟"。"顿悟"可能不止一次，杨简就曾多次经历
"顿悟"。他在给人书写的表轴中陈述了他二十八岁时的一次
"顿悟"体验说：

> 某之行年二十有八也，居太学之循理斋，时首秋入
> 夜，斋仆以灯至，某坐于床，思先大夫尝有训曰："时复
> 反观。"某方反观，忽觉空洞，无内外，无际畔，三才
> 万物，万化万事，幽明有无，通为一体，略无缝罅。畴
> 昔意谓万象森罗，一理贯通而已，有象与理之分，有一
> 与万之异。及反观后所见，元来某心体如此广大，天地
> 有象、有形、有际畔，乃在某无际畔之中。……始信人
> 人心量皆如此广大。孔子曰"心之精神是谓圣"即达磨
> 谓"从上诸佛，惟以心传心，即心是佛，除此心外更无
> 别佛"。……此心至妙，奚庸加损？日月星辰即是我，四
> 时寒暑即是我，山川人物即是我，风雨霜露即是我，鸢
> 飞鱼跃无非我。[44]

杨简对这种神秘体验津津乐道，以为是"顿悟"。为了强调这种"顿悟"体验的真确、合理，杨简甚至认为孔子之说与达摩之说有相通之处。这不仅不为儒者所认可，也不为禅僧所认可，认为这不过是"流连光景""玩弄精魂"。而今人或归之为一种变态心理学，一种静修或催眠术状态下所出现的精神幻觉。

鉴于杨简屡屡渲染这种神秘体验，当时儒者质疑杨简之学掺杂禅学。而陆九渊为其辩护说："杨敬仲不可说他有禅，只是尚有气习未尽。"[45]然而，朱熹后来明确表示，杨简的解经文字可能误导学人，皆应焚毁。"或曰：林黄中文字可毁。先生曰：却是杨敬仲文字可毁。"[46]但杨简之书并未被焚毁，反而在明代大行于世。正如四库馆臣所说：

> 考自汉以来，以老庄说易，始魏王弼；以心性说易始王宗传及简，宗传，淳熙中进士，简，乾道中进士，皆孝宗时人也，顾宗传人微言轻，其书仅存，不甚为学者所诵习。简则象山弟子之冠，如朱门之有黄榦，又历官中外，政绩卓有可观，在南宋为名臣，尤足以笼罩一世，故至于明季，其说大行。[47]

陆九渊曾说："六经注我，我注六经。"杨简正是这一理念的忠实践行者。对一位传统的经师而言，正确解经是他的使命和人生目标。但他人或许会认为，这种经师一生孜孜为学虽然可敬，但充其量只是一个书虫。如果世人皆效法他们，爬梳于典册之中，那对社会、人生究竟有多大益处？心学一派提出一种别样的读经、注经之法，其根本的目的是要张扬主体性的尊严与伟大。四库馆臣谓杨简"历官中外，政绩卓有可观"，其实心学学者如陆九渊、王阳明等人即知即行，重视道德践履，

政绩皆"卓有可观"。这可以说是心学一派的明显优点。但是心学一派过分强调所谓"顿悟"方法，或不免陷于虚妄，学者也当警惕。

第四节　王阳明："良知"论的经学视角

王阳明（1472—1529），浙江余姚人。本名守仁，字伯安，因曾筑室于会稽山阳明洞，自号阳明子，学者尊称之为阳明先生。明代著名思想家、政治家和军事家，官至南京兵部尚书，因平定宸濠之乱等功绩被封为新建伯，卒谥文成。著作收在《王文成公全书》中。

他是宋明心学的集大成者，也是朱熹之后影响最大的哲学家。

王阳明与陆九渊、杨简同属于心学，但他却取《孟子》中的"良知"一词作为其哲学的核心概念。众所周知，孟子的人性论是"性善"论，为了证成他的学说，他提出了"四端之心""本心""良心""良知"等词汇。虽然孟子本人不甚强调本体论，但不意味他的哲学没有本体论。如果我们要用一个词来概括他的本体论的话，那应该叫"仁心"论。《孟子·公孙丑上》："恻隐之心，仁之端也；羞恶之心，义之端也；辞让之心，礼之端也；是非之心，智之端也。""仁心"可以统括"四端之心"。又，《孟子·离娄上》："今有仁心仁闻，而民不被其泽，不可法于后世者，不行先王之道也。"宋明理学中的心学一派都从《孟子》一书中寻找思想资源。陆九渊选择用"本心"概念来作为本体，王阳明则选择"良知"概念来作为本体。他们都没有选用"仁心"作为本体的概念。

虽然在中华文献中，"本心"一词源自《孟子》，但唐代禅宗提出"直指本心，见性成佛"，影响深远而巨大。陆九渊之所以选择用"本心"概念来作为本体，应该说受了禅宗思想的直接影响。也正因如此，陆九渊的发明"本心"的治学方法，有似禅宗的认识"本来面目"，非经历"顿悟"不能做到。

王阳明虽然也用"本心"概念，但他更倾心于用"良知"概念来称谓"本体"。在他那里，虽然两者并没有本质的不同，但"良知"概念更有优势。他说："凡人之为不善者，虽至于逆理乱常之极，其本心之良知亦未有不自知者。"[48]又说："道心者，良知之谓也。君子之学，何尝离去事为而废论说，但其从事于事为论说者，要皆知行合一之功，正所以致其本心之良知，而非若世之徒事口耳谈说以为知者。"[49]由"本心之良知"的提法可见，"良知"是比"本心"更核心的概念。还有"良知"是一个纯粹儒学的词，不像"本心"一词那样，可以儒、佛两家共用。更重要的是，"良知"概念与"良心"是相通的。罗洪先曾说："良知犹言良心。"[50]胡松《刻阳明先生年谱序》也说："良知即良心之别名。"[51]而"良心"一语，愚夫愚妇耳熟能详，且大家都有这样一种认知，即使坏人在做坏事时，也自知是在做坏事。这种自知就是他的"良知"（良心），只是他昧着"良心"，才会做坏事。这样，大家就比较能够理解"良知"（良心）的意义。当然这只是对"良知"的一种通俗的、浅显的理解。阳明的"良知"论要精致、复杂得多。

阳明学之于象山之学有明显的继承关系。王阳明称赞："象山之学简易直截，孟子之后一人。"但他认为，象山之学"未免沿袭之累"[52]，还不够精到。比如陆象山认为，学问之道"有讲明，有践履"，将"致知格物"作为讲明之事，这就将知和行分作两事。而王阳明主张即知即行，知行合一，与象山之学不同。王阳明指出象山之学的受病之因说："致知格物，

自来儒者皆相沿如此说，故象山亦遂相沿得来，不复致疑耳。然此毕竟亦是象山见得未精一处，不可掩也。"[53]

虽然王阳明在《象山文集序》中申辩陆学不是禅学，但他自己却又不怕与禅学扯上关系，他说："不思善，不思恶时，认本来面目，此佛氏为未识本来面目者设此方便。本来面目即吾圣门所谓'良知'，今既认得'良知'明白，即已不消如此说矣。"[54]

心学一派最不容易为学者所理解的是，主观世界与客观世界的关系。如王阳明说："良知是造化的精灵。这些精灵生天生地，成鬼成帝，皆从此出，真是与物无对。"[55]这里，阳明似乎把"良知"说成了"与物无对"的造物主，"生天生地，成鬼成帝，皆从此出"。其实，阳明所说的是"意义世界"，不是客观的物质世界。客观的物质世界本身并无意义，它的意义乃是人赋予的。因而世界乃是打着人的印记的世界。完全没有人的观感的世界也就不成其为世界。《传习录下》记载：

> 先生游南镇，一友指岩中花树问曰："天下无心外之物，如此花树，在深山中自开自落，于我心亦何相关？"先生曰："你未看此花时，此花与汝心同归于寂；你来看此花时，则此花颜色一时明白起来，便知此花不在你的心外。"[56]

友人认为，岩中花树自开自落，是一种独立的客观存在，与我心知否无关。阳明不讨论离开人的客体存在问题，他认为那种讨论毫无意义。凡遇此类问题，都把它转化为客体存在对于主体的意义。在他看来，每个人都有他所观照和关怀的世界。在此世界中，主体与客体是一体交融的。

阳明对自己的"良知"论哲学颇为自负，他说："我此'良知'二字，实千古圣圣相传一点滴骨血也。"[57]又曰："某于此'良知'之说，从百死千难中得来，不得已与人一口说尽，只恐学者得之容易，把作一种光景玩弄，不实落用功，负此知耳。"[58]又说："良知之外，别无知矣。故致良知是学问大头脑，是圣人教人第一义。"[59]

阳明从他的心学理论出发，把六经看作圣人写"心"之书，他说：

> 六经者非他，吾心之常道也。故《易》也者，志吾心之阴阳消息者也；《书》也者，志吾心之纪纲政事者也；《诗》也者，志吾心之歌咏性情者也；《礼》也者，志吾心之条理节文者也；《乐》也者，志吾心之欣喜和平者也；《春秋》也者，志吾心之诚伪邪正者也。[60]

王阳明作了一个比喻，好比富家父祖有"产业库藏之积"，担心后世子孙遗忘散失，而"记籍其家之所有以贻之"。这部"记籍"只是指示"其家之所有"，并非"产业库藏之积"本身。圣人所作"六经"，就好比是这种"记籍"，它乃是写心之书，真正的宝藏却在"本心"之中。他说："故六经者，吾心之记籍也，而六经之实则具于吾心。"[61]

不难看出，王阳明这样一种看法，正是对陆九渊"六经注我"思想的生动阐释。王阳明几乎没有留下什么解经著作，他唯一所特别关注的是对《大学》一书的理解。历史有时好像在兜圈子。儒家自汉代至北宋用了上千年时间确立了十三经，到了南宋朱熹那里，却偏重四书：《大学》《论语》《孟子》《中庸》，而于四书中尤重《大学》。明代学者于其他经典无甚兴趣，也无大发明，却对《大学》用功颇深。偏偏原本《大学》在最关键的"格物""致知"两条目上又语焉不详。于是阳明学与朱子学两派人物在这两千字的《大学》上，在这语焉不详的"格物致知"四字上摆开战场，展开了旷日持久、针锋相对的学术辩论。

朱熹于所作《四书》中最重《大学》，以为郑玄所注《礼记》中的古本《大学》，原文有错简，因而为之作改本，并为之分经与传。《大学》一书八条目中原本没有"格物"传和"致知"传，而是从"诚意"传开始的。朱熹认为古本《大学》有阙文，因而为之作《格物致知补传》加于"诚意"传之前。在《格物致知补传》中，朱熹提出：《大学》始教，必使学者即凡天下之物，莫不因其已知之理而益穷之，以求至乎其极。"[62]朱熹将"格物致知"引向"读书穷理"，并据此提出他的"格物致知"的治学宗旨。

王阳明尊崇汉儒古本《大学》，几乎全部推翻了朱熹对于《大学》所做的工作，由此掀起《大学》古本与改本之争。阳明说：

> （《大学》）其书止为一篇，原无经、传之分。格致本于诚意，原无缺传可补。以诚意为主，而为致知格物之功，故不必增一"敬"字。以"良知"指示至善之本体，故不必假于见闻。[63]

儒家经典《中庸》有"尊德性而道问学"之语。程朱学派与陆王学派的争论，经常表现为"尊德性"与"道问学"或道德与知识何者为重的问题。[64]大约程朱学派教人以"道问学"（知识）为重，陆王学派教人以"尊德性"（道德）为重。王阳明在《大学》一书上与朱学的争论焦点也在这里。王阳明用"致良知"来解释《大学》的"致知"，认为此"知"乃是道德之"知"，不是知识之"知"。他说："致知云者，非若后儒

所谓充广其知识之谓也。致吾心之良知焉耳。"[65]王畿述其师
阳明语说："言良知，无知而无不知也，而知识闻见不与焉，此
学脉也。"[66]阳明之所以强调郑玄古本《大学》"以诚意为主"，
是因为"诚意"乃是树立道德信仰的基本概念。在他看来，学
者治学的首要工作，当先建立"本心""良知"的道德信仰，以
为做人的根基，而不是汲汲于汗漫无归的泛观博览上。而信仰
的建立，正如《中庸》所说："诚者，自成也。""不诚无物。"

第五节 结语

本章归结起来，主要论述两个问题：一是心学的理论逻
辑，二是心学的经学重估。

笔者认为，西方古代哲学重视讨论世界本原"什么在先"
的问题，中国古代哲学重视讨论世界本体"什么重要"的问题。
心学的理论逻辑是：人的心量与宇宙同大，"宇宙"与此"心"
两者相比，此"心"更为重要，因为只有此"心"对宇宙的感
应与认知，宇宙才能呈现出它的意义。心学不讨论离开人的客
体存在问题，凡遇此类问题，都把它转化为客体存在对于主体
的意义。因为世界上万事万物的意义都是人赋予的，在这个意
义上说，"心即理"。心学作为一种哲学体系，反映人类认识世
界的一种不同视角。它的"心外无理"的观念至少指出了这样
一个事实：虽然真理的本质是客观的，但在形式上却是主观的。
它必待人的发现而得以呈显，必待人的理论论证和实践检验而
得以确立。在这个意义上，心学的理论是有其合理性的。

笔者还认为，自汉武帝"罢黜百家，表章六经"后，千百
年间解经之书汗牛充栋，成为士人难以承受之重。人们被辞世
已久的"圣人"留下的经典大训压住了，失掉了他们本应具有

的主体性和创造精神。学者欲寻求一种自我解脱之路，而有宋明时期"六经注我"心学思潮的兴起与流行。心学一派处理"本心"与"六经"二者的关系，以"本心"为主，主张"六经当注我，我何注六经"，经典为我服务，不是我为经典服务，由此彰显出一种顶天立地的主体精神。

注释：

[1] 在传统学者的眼中，理学是关于事物本质和规律的学问。他们并不看重"理"或"天理"是否是世界本原（或第一性）的问题，如张元祯说："所谓理学者，非如俗儒之费功于记诵词章也，必于讲学之际，务造真知之地，……使凡身心事物皆有以究其所当然而不容已，与其所以然而不可易，于是而后真为理学也。"同样，在传统学者的眼中，心学所关注的是人的善心的体认与发用。他们并不看重"本心"或"良知"是否是世界本原（或第一性）的问题。因而张元祯又说："所谓心学者，非如异端之置心于虚无寂灭也。必于日用之间细验真心之发，如见孺子入井、见牛觳觫之类，由是推而究之，使皆油然而不可遏，沛然而无不达，如是而后真为心学也。"（上述两条引文均来自〔明〕张元祯：《添进日讲并东宫性理等书》，载于〔明〕黄训《名臣经济录》卷八，《景印文渊阁四库全书》第443册，台北：商务印书馆，1986年，第141页。）

[2]〔宋〕朱熹撰，朱杰人、严佐之、刘永翔主编：《朱子全书（修订本）》第23册《晦庵先生朱文公文集》，上海：上海古籍出版社；合肥：安徽教育出版社，第2755页。

[3] 对于此点，清代乾隆皇帝有很清楚的说解："盖理者，道也。道之大原出于天，其用在天下，其传在圣贤。"（〔清〕爱新觉罗·弘历：《读书以明理为先论》，见《御制乐善堂全集定本》，《景印文渊阁四库全书》第1300册，第287页。）

［4］贺麟:《现代西方哲学讲演集》,上海:上海人民出版社,2012 年,第 89 页。

［5］"心即理",就字面而言,容易使人误解为人的任何主观想法和做法都是合乎理义的。有人曾问王阳明:"人皆有是心,心即理,何以有为善,有为不善?"王阳明回答:"恶人之心,失其本体。"(参见〔明〕王守仁著,王晓昕、赵平略点校:《王文成公全书》,北京:中华书局,2015 年,第 19 页。)心学学者已经言明,他们所谓的"心"是指"本心",不是一般的意念之心。而"本心"是一种隐性的存在,只是不为人所觉知而已。事实上,任何对世界之"理"的认知,"本心"都是隐性的在场者、参与者和确立者。在这个意义上,"本心"与"理"是一体交融的,而"本心"更起到一种主导性的作用。有人曾质疑阳明的"心即理"之说:"程子云:在物为理,如何谓心即理?"阳明回答:"在物为理,'在'字上当添一'心'字,此'心'在物则为理。"(参见〔明〕王守仁著,王晓昕、赵平略点校:《王文成公全书》,第 150 页。)这说明,"心"总是在场者,虽然真理的本质是客观的,但在表现形式上是主观的,它必待人的发现而得以呈显。

［6］〔唐〕大照和尚:《大乘开心显性顿悟真宗论》,转引于韩传强著:《禅宗北宗敦煌文献录校与研究》,南京:江苏人民出版社,2018 年,第 247 页。

［7］［8］［9］［10］［11］［14］［15］［20］［21］［22］［23］［24］［25］［26］［27］［28］［29］［30］［31］［32］［45］〔宋〕陆九渊著,钟哲点校:《陆九渊集》,北京:中华书局,1980 年,第 388,5,483,483,483,444,423,9,454,57,502,501,429,447,419,149,471,522,395,514,447 页。

［12］〔元〕刘壎:《隐居通议》卷二,《景印文渊阁四库全书》第 866 册,第 32 页。

［13］［18］［19］〔宋〕程颢、程颐著,王孝鱼点校:《二程集》,

北京：中华书局，2004 年，第 15，53，52 页。

　　［16］〔宋〕邵雍著，郭彧整理：《邵雍集》，北京：中华书局，2010，第 152 页。

　　［17］〔宋〕张载著，章锡琛点校：《张载集》，北京：中华书局，1978 年，第 24 页。

　　［33］［44］〔宋〕杨简：《慈湖遗书》，《景印文渊阁四库全书》第 1156 册，第 672，898 页。

　　［34］［36］［37］〔宋〕杨简：《慈湖诗传》，《景印文渊阁四库全书》第 73 册，第 3，74，36 页。

　　［35］〔汉〕毛公传，郑云笺，〔唐〕孔颖达等正义：《毛诗正义》，〔清〕阮元校刻：《十三经注疏》，北京：中华书局，2009 年，第 711 页。

　　［38］［39］［40］［41］［42］［43］〔宋〕杨简：《杨氏易传》，《景印文渊阁四库全书》第 14 册，第 5—6，10，10—11，11，11，12 页。

　　［46］〔宋〕黎靖德编，王星贤点校：《朱子语类》，北京：中华书局，1986 年，第 2985 页。

　　［47］〔清〕永瑢等撰：《四库全书总目》，北京：中华书局，1965 年，第 13 页。

　　［48］［49］［51］［52］［53］［54］［55］［56］［57］［58］［59］［60］［61］［63］［65］［66］〔明〕王守仁著，王晓昕、赵平略点校：《王文成公全书》，第 1165，64，1558，219，254，82，129，133，1456，1456，88，309，309，1427，1117，1555 页。

　　［50］转引自〔清〕黄宗羲著，沈芝盈点校：《明儒学案》，北京：中华书局，2008 年，第 420 页。

　　［62］〔宋〕朱熹：《四书章句集注》，北京：中华书局，1983 年，第 7 页。

　　［64］朱熹曾自己反省说："大抵子思以来，教人之法惟以尊德

性、道问学两事为用力之要。今子静所说，专是尊德性之事，而
熹平日所论却是问学上多了。所以为彼学者多持守可观，而看得
义理全不子细，又别说一种杜撰道理遮盖，不肯放下。而熹自觉
虽于义理上不敢乱说，却于紧要为己为人上多不得力。今当反身
用力，去短集长，庶几不堕一边耳。"（参见〔宋〕朱熹撰，朱杰人、严
佐之、刘永翔主编：《朱子全书（修订本）》第 23 册《晦庵先生朱文公文集》，第
2541 页。）